本书系“教育部哲学社会科学研究重大课题公关项目——医疗纠纷解决机制的法律问题研究(批准号:06JZD0009)”的研究成果

侵权责任法“医疗损害责任”条文深度解读与案例剖析

QINQUAN ZERENFA “YILIAO SUNHAI ZEREN” TIAOWEN SHENDU JIEDU YU ANLI POUXI

主 审 孙东东 郭渝成
主 编 刘 鑫 张宝珠 陈 特
编 者 (以姓氏笔画为序)
王秀红 邓 虹 刘 鑫 杨 帆
杨鑫鑫 张 鹏 张宝珠 张思兵
陈 伟 陈 特 徐立伟 黄仙萍
彭金香 曾跃萍

人民軍醫出版社
PEOPLE'S MILITARY MEDICAL PRESS
北 京

图书在版编目(CIP)数据

侵权责任法"医疗损害责任"条文深度解读与案例剖析/刘　鑫，张宝珠，陈　特主编. —北京：人民军医出版社，2010. 4
ISBN 978-7-5091-3690-4

Ⅰ. ①侵…　Ⅱ. ①刘…　②张…　③陈…　Ⅲ. ①医疗事故—侵权行为—民事责任—法律解释—中国②医疗事故—侵权行为—民事责任—案例—分析—中国
Ⅳ. ①D922. 165

中国版本图书馆 CIP 数据核字(2010)第 066663 号

策划编辑：黄春霞　　文字编辑：郁　静　杨善芝　　责任审读：余满松
出 版 人：齐学进
出版发行：人民军医出版社　　经销：新华书店
通信地址：北京市 100036 信箱 188 分箱　　邮编：100036
质量反馈电话：(010)51927290；(010)51927283
邮购电话：(010)51927252
策划编辑电话：(010)51927300—8710
网址：www. pmmp. com. cn

印、装：北京蓝迪彩色印务有限公司
开本：710mm×1010mm　1/16
印张：22　　字数：403 千字
版、印次：2010 年 4 月第 1 版第 1 次印刷
印数：0001～3500
定价：46. 00 元

内容提要

“医疗损害责任”作为《侵权责任法》的重要组成部分，为医疗纠纷的民事处理提供了法律依据，是各级医疗机构避免职业风险、保障患者安全、防范和排解医疗纠纷，维护患者和医护人员合法权益，正确实施医疗事故技术鉴定的法律条文。本书作者立足于医疗工作实践，紧密结合《侵权责任法》第七章的内容，对法条含义、知识背景进行介绍，就新的规定提出了医疗风险和医疗纠纷防范对策，同时针对法条和重要法理原则列举案例加以分析。本书适合医疗卫生机构管理人员、医务工作者、医政管理人员、律师、法官和从事医事法学研究的人员阅读。

序 一

近几年，我国的医疗纠纷总体上呈上升趋势，暴力袭医现象也时有发生。这种不良的医疗环境，制约和影响了我国医疗卫生事业的发展，威胁到人们就医和住院治疗的安全，也成了影响构建和谐社会的障碍。因此，医疗纠纷已经到了必须解决的时候了。

回顾《医疗事故处理条例》(以下简称《条例》)立法，当时的情景至今历历在目。从20世纪90年代中期开始，医疗纠纷开始大量出现，医患之间的对立和矛盾时有所见，《医疗事故处理办法》已经不能适应医疗纠纷处理的现实需求了，急需一部新的法律来处理和解决医疗纠纷，《条例》正是在这样的背景下出台了。《医疗事故处理条例》出台正好成了浇灭医患之间矛盾之火的一场瓢泼大雨，成了医治医疗纠纷的一剂镇痛药。之所以说它是一场瓢泼大雨，是因为它的出台确实成了解决医疗纠纷的希望，也使医患之间的紧张关系得以缓和；说它是镇痛药，是因为《条例》在立法指导思想和具体内容上又确实存在一些问题，它只是在《医疗事故处理办法》基础上的改进。因此，在它出台的时候，确实让人们看到了客观公正处理医疗纠纷的希望。但是，随着时间的推移和纠纷处理实践的积累，《医疗事故处理条例》就不太适合了，最终《医疗事故处理条例》作为行政法规还是不能完全解决需要司法处理的问题，《医疗事故处理条例》在民事司法审判中逐渐被边缘化。在这样的情况下，制定一部能够代替《医疗事故处理条例》用于处理医疗纠纷民事赔偿的法律的呼声越来越强烈。

医疗损害责任属于侵权法律责任，无论是在我国还是其他国家，无论是有成文侵权法律制度的国家，还是实行判例法的国家，在对医疗损害的民事处理上都被纳入到侵权法中。在医疗纠纷民事处理要求立法的呼声如此强烈之时，适逢我国《侵权责任法》的制定，因此在2008年《侵权责任法草案》(第二次审议稿)中顺理成章地将医疗损害责任的内容写了进去。

《侵权责任法》第七章"医疗损害责任"虽然只有短短的11条内容，但是其中包含的立法指导思想是非常明确的——保护患者的合法权益，同时要保护医院和医护人员的合法权益，还要有利于医学科学的发展。它确立了医疗损害责任的基本构成、归责原则、过错责任及附条件的过错推定，对医疗服务过程中涉及患者权益受到侵犯的其他事项，如患者隐私、医疗产品和血液、过度医疗等，都做了明确规定，为统一我国医疗纠纷处理法律起到了显著的作用。不过，也应当指出，《侵权责任法》第七章绝不是对《医疗事故处理条例》的简单否定，而是在《医疗事故处理办法》实施15年，《医疗事故处理条例》实施7年的基础上，积累了大量的医疗纠纷民事处理经验和教训的基础上制定的。当初在制定《医疗事故处理条例》的时候，有关部门就曾经请示立法机关，医疗事故处理是否直接由全国人民代表大会进行立法。但立法机关的答复是，时机不成熟，可以先行政立法，在实践中总结一定的经验之后再进行国家立法。[①] 从这个角度来说，《侵权责任法》是对《医疗事故处理条例》民事赔偿部分的继承和发展，也是中国特色社会主义的立法模式。

《侵权责任法》虽然是一部重要的民事法律，显然它也不能完全代替《医疗事故处理条例》，毕竟《医疗事故处理条例》是一部行政法规，除了有少量的民事赔偿的内容外（主要体现在第四十八条、第四十九条、第五十条），大量的内容都属于医疗事故防范和医疗事故行政处理的范畴，这些内容仍然有效。不过，为了适应《侵权责任法》的需要，依据《医疗事故处理条例》建立起来的一些制度应当进行必要的改革，比如医疗事故技术鉴定制度。如果医学会设立的医疗事故技术鉴定机构仍然刻板地依据《医疗事故处理条例》《医疗事故技术鉴定暂行办法》做医疗事故技术鉴定，除了需要进行行政处理的医疗纠纷会提请到医学会来鉴定之外，人民法院受理的以医疗损害责任起诉的医疗纠纷，是不可能委托这些鉴定机构做鉴定的。于是，医学鉴定在现实生活中便处于尴尬的境地[②]，医疗事故技术鉴定必然被束之高阁。因此，对现有医疗事故技术鉴定体制进行改革是大势所趋。在《侵权责任法》实施的背景之下，应当建立这样一种鉴定制度：既采取司法鉴定的制度形式，实行个人负责制，异地鉴定等，避免同区域内的医学行业保护，又采取医疗事故技术鉴定制度的实体内容，由临床医学专家和法医共同对医疗活动作出客观、公正的鉴定，从

---

① 《医疗事故处理条例》起草小组编写：《〈医疗事故处理条例〉释义》，中国法制出版社2002年版，第2页。

② 孟强：《论医疗侵权损害赔偿双轨制的统一》，《法学杂志》2009年第6期。

而达到程序公正和实体公正的完美统一③。

我国的医疗机构及其医务人员应重视法律的学习，以免在医疗活动中好心办坏事，自己的权益受到侵犯也不会维护，甚至不知不觉地侵犯患方的合法权益。因此，在医院管理和医疗执业活动过程中，应当对医务人员强调学习法律的重要性。医疗机构可以借这次机会，组织医院管理人员和医务人员认真学习和研究《侵权责任法》，结合医疗行为规律和本医疗机构的具体特点，制定医疗损害事件防范预案和处理程序。

本书主要作者刘鑫、张宝珠、陈特等学者理论基础扎实，实践经验丰富，近些年来对医疗风险的防范与处理做了大量深入系统的研究，为我国的医疗卫生机构防范医疗纠纷、处理医疗纠纷作出了重要贡献。我相信，本书的出版，能对《侵权责任法》"医疗损害责任"做深刻而又切合实践的解读，对于医疗机构一线医务人员和法学专业人士学习和适用"医疗损害责任"是大有裨益的。

孙东东

北京大学法学院

2010年2月28日

---

③ 艾尔肯、方博：《论医疗损害鉴定制度——对〈侵权责任法（草案）〉（二次审议稿）第七章的建议》，《时代法学》2009年第5期。

序 二

改革开放30年来，随着社会的发展与进步，医学科学的发展一日千里，医疗技术水平日新月异。与此同时，伴随着经济体制的深刻变革，社会结构的深刻变动，思想观念的深刻转变，利益结构的深刻调整，医患关系也发生了深刻的变化。“医学乃仁者之术”，医院作为与百姓生命息息相关的“窗口”行业，近年来，医疗纠纷逐年增多，“医闹”事件时有发生，不仅干扰正常医疗秩序，甚至直接影响社会稳定。医患矛盾的产生有着深刻、复杂的社会历史背景，并不是医师与患者的“私人恩怨”。因此，只有严格规范医疗行为，依法处理医患纠纷，才能保障和促进医学科学的发展，才是构建和谐医患关系之本。

长期以来，我国对于医患纠纷的处理并没有统一的法律，主要依据的是行政法规。改革开放之初的《医疗事故处理办法》，由于其历史的局限性和该办法本身存在的问题，受到社会的广泛批评。2002年9月1日实施的《医疗事故处理条例》，尽管扩大了医疗事故的范围、改革了鉴定体制、提高了对医疗损害的赔偿数额、加大了对医疗机构行政处罚的力度等，但《医疗事故处理条例》实施后医患矛盾并未得到有效的缓解，也没有摆脱卫生行政部门偏袒医疗机构的嫌疑，加之行政法规与民事法律规范的不协调，导致医患纠纷案由多元化、鉴定双轨制、赔偿不统一，使医疗纠纷陷入了越来越难以处理的怪圈。导致医患矛盾的逐步加深，也造成了审判秩序的混乱，损害了司法权威。

《侵权责任法》设专章规定了医疗损害责任。统一使用医疗损害责任作为医疗侵权行为的统称；明确规定了医疗损害责任的归责原则及其责任构成；规定了医疗损害的不同类型及其免责事由；明确了认定医疗过失的标准；规定了侵犯患者知情同意权、隐私权、过度检查的法律责任；统一了医疗损害赔偿范围与赔偿计算标准；特别是对干扰医疗秩序的行为作了禁止性规定等。相信随着《侵权责任法》的实施，对妥善处理医疗纠纷，维护医疗机构和医务人员的合法权益，促进医学科学的进步和医药卫生事业的发展，将会产生深远影响。应当认真学习，深刻理解。

本书作者中，既有长期从事医事法学理论研究的学者，也有长期从事医疗纠纷处理实务的专业人士，还有多年从事医疗纠纷审判的资深法官等。他们在深度理解法条的基础上，结合工作实践，对《侵权责任法》“医疗损害责任”这一章逐条进行了解读，并结合医疗工作的实际需要提出了切实可行的防范医疗风险和处理医疗纠纷的对策。《侵权责任法“医疗损害责任”条文深度解读与案例剖析》是一本难得的好教材。概括起来，本书有三个显著的特点。

第一，具有较强的指导性。本书内容丰富，依据充分，理论性和实践性强。作者在对每一条的解读过程中，均贯穿了法理、立法背景及需要注意的问题等内容，对正确理解相关法律规范具有较强的指导作用。

第二，具有较强的系统性。本书将“医疗损害责任”的全部内容进行了准确分类，脉络清晰。在此基础上归纳出“医疗损害责任”一章的知识要点：一个核心、两个重点、三个免责、四个要件、五项告知、六种推定、七处责任、八种文书、九个概念、十种情形。整体性与个体性的有机结合，为学习和理解“医疗损害责任”的全部内容，理清了思路。

第三，具有较强的针对性。本书在系统介绍法律条文、主旨、释义、需要注意问题的基础上精选了部分很有针对性的案例，并根据案件事实结合法律规定进行评析，既有经验也有教训，对防范医疗纠纷有很好的警示作用。

很高兴来自不同领域的专家、学者能够紧密配合，写出这本书。我相信本书的出版，将对各级医疗机构业务管理人员学习乃至法学专家、学者和法律实务人员理解《侵权责任法》提供有益的帮助和指导。

郭渝成

中国人民解放军总医院

2010 年 3 月 1 日

目 录

第1章

我国医疗纠纷形势概览

有医疗服务的地方，就会发生医疗纠纷。

——题记

一、国外医疗纠纷情况

医疗过失伤害已经成了世界性的热门话题。医疗损害侵权行为一直是社会广泛关注的侵权行为类型，[①]医疗纠纷一直是困扰各国政府的重要民事纠纷。在讨论医疗纠纷的国际性方面，美国、日本和德国的医疗纠纷情况非常具有代表性。

美国社会一个最大的特征是依照法律实现正义。不同人种、不同民族共同生活在同一社会，自己的合法权益只能依法来得以保护，因而美国的诉讼案件增长速度很快。而与民生密切相关的医疗问题引发的诉讼也在大幅度攀升。根据调查，医疗法人提起的医疗过失诉讼的案件数，1976 年为 10 568 件，1983 年为 23 543 件(联邦法院地方法院管辖的案件数据，实际情况还应当加上 50 个州地方法院受理的案件)。据此可以推定向法院提起诉讼的医疗过失纠纷一年之间约有 25 000 件。这一数字若按 50 万医生的实际数(未包括牙科医生数)来分配，一名医生每年发生医疗纠纷的概率只有 0.05 件。但是，若按海因里希法则[②]来推算，一般的医

① 王成:《论医疗损害侵权行为规责原则的配置》,《证据科学》2009 年第 3 期，第 305 页。

② 20 世纪 40 年代，美国科学家海因里希(H. W. Heinrich)统计研究了事故发生频率与事故后果严重度之间的关系，提出了 1:29:300 法则，这一法则被称为海因里希法则。海因里希法则又称“海因里希安全法则”或“海因里希事故法则”，是美国著名安全工程师海因里希提出的 300:29:1法则。这个法则是 1941 年美国的海因里希从统计许多灾害开始得出的。当时，海因里希统计了 55 万件机械事故，其中死亡、重伤事故 1 666件，轻伤 48 334 件，其余则为无伤害事故。从而得出一个重要结论，即在机械事故中，死亡、重伤、轻伤和无伤害事故的比例为 1:29:300，国际上把这一法则叫事故法则。这个法则说明，在机械生产过程中，每发生 330 起意外事件，有 300 件未产生人员伤害，29 件造成人员轻伤，1 件导致重伤或死亡。海因里希首先提出了事故因果连锁论，用以阐明导致伤亡事故的各种原因及与事故间的关系。该理论认为，伤亡事故的发生不是一个孤立的事件，尽管伤害可能在某瞬间突然发生，却是一系列事件相继发生的结果。*See* H. W. Heinrich, *Industrial Accident Prevention*. McGraw-Hill, 1979.

疗纠纷数为已通过诉讼方式解决的案件数量的300倍，1名医生1年的医疗纠纷发生率为15件。美国医学会的调查报告显示，每100名医生被提起诉讼的案件数，从1980年的3.2件增加到1985年的10.1件，基本上每10名医生中就有1名医生会遇到医疗事故，大多数医生都有医疗纠纷诉讼经历。[③] 近年来，美国的医疗纠纷诉讼情况更是突出，诉讼案件数和法院判决赔偿金额都已经到了非常惊人的数字，美国的医疗纠纷已经造成了医疗执业责任保险费用的大幅度增加，从而反过来增加了患者的诊疗费用。美国医疗责任体制改革的动力直接源自其国内发生的3次医疗责任危机。第一次危机发生在20世纪70年代，在加州，在1968年至1974年间保险公司面临的索赔数量增加了1倍，医疗执业人员支付30万美元以上赔偿的案件数量增加了11倍，[④]一些保险公司拒绝提供医疗责任险服务，另一些保险公司则大幅度提高保费，最终导致患者求医受到严重影响。加利福尼亚等4个州采取对损害赔偿金封顶的改革措施，迅速有力地缓解了危机。第二次危机发生在20世纪80年代，经历了第一次医疗责任危机的保险业变得成熟，当索赔压力再次来临时，大量的保险公司不再选择退市，而是普遍大幅度提高保费，特别是对于高风险医疗专业。在一些被诉风险特别高的州，一些妇产科医生被迫停止执业。这次危机不仅使更多的州采取了类似加州的侵权责任法改革，也促使行政赔偿及健康法院等更为彻底的责任改革方案受到关注。两次医疗责任危机在包含法院在内的社会各界降低索赔的努力中逐渐缓解。第三次医疗责任危机出现在2000年以后，与前两次不同的是，这次危机突出的表现是看病难和看病贵。2003年3月4日，美国众议院通过了一项医疗过失损害赔偿数额的法案。参议院不久之后通过了该法案。该法案的核心条款是将医疗过失的一般损害赔偿即非财产损害赔偿的上限确定为25万美元。[⑤] 在了解了美国的医疗纠纷历程之后，我们会感受到，这种现象的发生绝非偶然，从某种意义上说，是人类历史发展的必然，是人类社会文明进步过程中必然要忍受的疼痛。[⑥]

在日本，从20世纪60年代开始，医疗纠纷诉讼逐渐增加。[⑦] 法院受理的医疗纠纷案件数从1995年和1996年开始急剧上升，2002年达到了896件。日本近年来医疗事务诉讼案件的处理情况及平均处理时间见表1-1。[⑧]

---

③ [日]植木哲:《医疗法律学》，冷罗生，陶芸，江涛等译，法律出版社2006年版，第51页。

④ American Medical Association, *Medical Liability Reform-NOW!* *Feb. 5, 2008: A compendium of facts supporting medical liability reform and debunking arguments against reform.* http://www.ama-assn.org/ amal/pub/ upload/mm/-1/mlrnow.pdf, Lasted Visted Date 2009-12-30.

⑤ House Would Expang Malpractice Shield, Los Angels Times, March14, 2003, Home Edition.

⑥ 陈志华、杨健:《回眸美国医疗过失诉讼历史》，《中国医药指南》2007年第6期。

⑦ 夏芸:《日本医疗诉讼改革及对鉴定结论的评价》，《证据科学》2009年第3期，第261页。

⑧ 前引③，第72—73页。

表 1-1　日本近年来医疗事务诉讼案件的处理情况及平均处理时间

年份	新收案件	已结案件	未结案件	平均审理时间(月)
1993	442	347	1 352	42.6
1994	505	392	1 465	42.0
1995	484	426	1 523	39.1
1996	572	500	1 595	37.5
1997	593	527	1 661	36.7
1998	622	584	1 699	35.3
1999	663	569	1 793	34.6
2000	775	690	1 878	35.5
2001	814	725	1 967	32.8
2002	896	853	2 010	30.4

德国的医疗纠纷情况也不容乐观。从德国联邦医师协会内部公开的资料显示，向鉴定机构和总裁机构提出申请的医疗纠纷案件数，1993 年为6 685件，1995 年为 8 189 件，1997 年大约 9 000 件，每年以 10％的速度在递增。⑨

二、我国医疗纠纷诉讼现状

我国进入 20 世纪 90 年代才开始出现医疗纠纷民事诉讼。我国的医疗纠纷严峻形势的后面到底隐藏着什么样的真实原因，我国的医疗纠纷与国外的情形又有何区别呢？

在我国，医疗纠纷的普遍程度与医疗卫生服务的普及程度是一致的，哪里有医疗服务哪里就有医疗纠纷。从医疗纠纷发生的地域来看，无论是先进、富裕的省会城市，还是贫穷落后的穷乡僻壤；无论是东部经济发达的沿海城市，还是地处闭塞交通不便的中西部地区，都会有医疗纠纷发生。从医疗纠纷发生的机构性质和规模来看，无论是诊疗技术先进的三级甲等医院，还是技术和设备都简单的乡村诊所；无论是公立的国有医疗机构，还是个体医疗机构；无论是面向社会承担全民基本医疗保健的社会医疗机构，还是定向服务的职工医院、学校医院和军队医院，都可能发生医疗纠纷。从发生医疗纠纷的医务人员来看，无论是技术优良享誉中外的权威专家教授，还是刚刚出道参加工作的住院医师；无论是负责诊断和治疗的医师，还是专司护理的护士；无论是以手术为主要治疗手段的外科医师，还是以药物

⑨　前引③，第 75—76 页。

为主要治疗手段的内科医师，都有可能发生医疗纠纷。可以说，医疗纠纷无处不在，到底我国的医疗纠纷的数字有多少，无论是卫生行政机关，还是人民法院，都没有一个明确的统计数字。但是我们还是可以从一些局部资料管窥其一二。

北京市海淀区人民法院承担的最高人民法院 2007 年重点调研课题"关于医疗纠纷法律适用问题的调研"，提供了该法院近年来的医疗纠纷诉讼数据。⑩ 1999 年海淀区人民法院审理的医疗纠纷案件仅有 9 件，此后案件数量呈持续增长态势。2002 年，随着国务院《医疗事故处理条例》和最高人民法院《关于民事诉讼证据的若干规定》的实施，案件数量比 2001 年增长了 150%，2007 年更是比 7 年前上升了 16.8 倍，年均增长率超过 43%，见图 1-1、表 1-2。

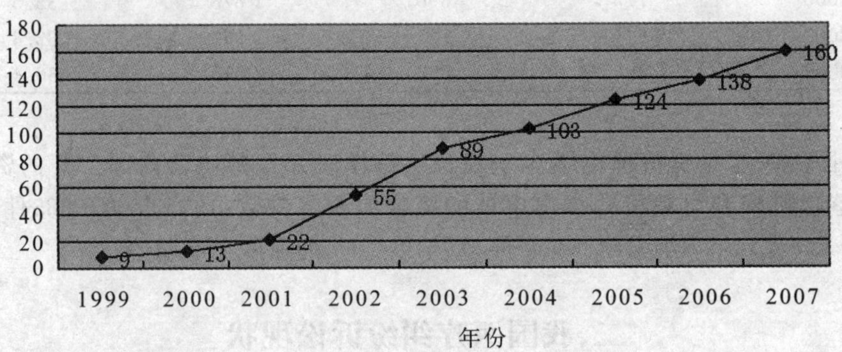

图 1-1　海淀区人民法院受理医疗纠纷案件情况

表 1-2　海淀区人民法院受理医疗纠纷案件数量年增长率

年份	1999—2000	2000—2001	2001—2002	2002—2003	2003—2004	2004—2005	2005—2006	2006—2007	年均增长
增幅(%)	44.4	69.2	150.0	61.8	15.7	20.4	11.3	15.9	≈43

这只是北京的一家区级法院受理医疗纠纷诉讼的案件情况，北京总共有 18 个区县，海淀区并非医疗机构最集中的区，⑪医疗机构自行调解的医疗纠纷数应当比这个数大得多。如果我们也按照海因里希法则进行推算，由此可以推知北京市一

⑩　北京市海淀区人民法院课题组:《关于医疗纠纷案件法律适用情况的调研报告》,《法律适用》2008 年第 7 期。

⑪　据北京市公共卫生信息中心 2009 年发布的信息资料显示，截止到 2008 年底，北京市全市共有医疗机构数达 6 523 家(不含部队卫生机构及 3 124 家村卫生室)，其中医疗机构 6 371 家，三级甲等医院 58 家。

年的医疗机构有多少涉及诉讼的医疗纠纷，在医疗机构中又发生了多少医疗纠纷。

北京市高级人民法院近年来对全市受理的医疗纠纷案件情况也进行了统计。相关数据见表 1-3。从受理案件总数和总体结案率来看，北京市最近 3 年内法院受理的一审医疗损害赔偿案件数量逐年增加，2008 年较之 2007 年有比较明显的增加。而从当年的结案率来看，最近 3 年则是逐年下降，到 2008 年终时当年受理的医疗纠纷案件有近三分之一尚未结案。

表 1-3　北京市法院 2006 年至 2008 年一审医疗纠纷案件情况⑫

年份	受理（件）	审结（件）	结案率（%）	判决（件）	判决率（%）	撤诉（件）	撤诉率（%）	调解（件）	调解率（%）	裁驳（件）	其他（件）
2006	428	417	97.4	210	50.4	121	29.0	64	15.3	18	4
2007	468	335	71.6	165	49.3	72	21.5	81	24.2	13	4
2008	715	483	67.6	236	48.9	118	24.4	106	21.9	14	9
合计或平均	1 611	1 235	78.9	611	49.5	311	25.0	251	20.3	45	17

全国的医疗纠纷诉讼形势可以从最高人民法院公布的数据中了解部分，详细数据见表1-4。⑬医疗纠纷案件受理量在 2002 年比较特殊，因为当年涉及《医疗事故处理条例》和《最高人民法院关于民事诉讼证据若干规定》开始实施，必然引发医疗纠纷诉讼案件的一轮高峰，甚至有一些案件是当事人从 2001 年推迟到 2002 年来起诉的。从 2003 年的数据来看，可以说是第二轮医疗纠纷诉讼的低谷，然后逐年攀升，到了 2009 年增加了近 1 倍。以 2007 年全国法院受理的民事案件数据为例，当年受理的民事案件中，排前六位的案件及数量分别是：①道路交通事故人身损害赔偿案件，296 969 件；②财产损害赔偿案件，75 176 件；③知识产权侵权案件，15 118件；④医疗事故损害赔偿案件，11 009 件；⑤雇员受害赔偿案件，9 839 件；⑥工伤事故损害赔偿案件，5 446 件。医疗纠纷案件数名列第四，超过了雇员损害和工伤赔偿。

---

⑫　此表系徐立伟根据陈特等所著有关调研报告中的数据制作而成。陈特、赵长新：《北京市法院医疗损害赔偿纠纷案件审判的情况、问题与初步意见》，《卫生法学通讯》（北京卫生法学会）2009 年第 2 期（总第 2 期），第 55 页。

⑬　此表根据林文学提供的数据整理。参见奚晓明：《〈中华人民共和国侵权责任法〉条文理解与适用》，人民法院出版社 2010 年版，第 385 页。

表 1-4　2002－2009 年全国医疗事故案件受理与结案数

年份	收案(件)	结案(件)	年份	收案(件)	结案(件)
2002	10 249	8 741	2006	10 248	10 129
2003	9 079	9 046	2007	11 009	10 477
2004	8 854	8 738	2008	13 875	12 858
2005	9 601	9 029	2009	16 448	15 757

从医疗纠纷的表现形式来看，更是形式多样，五花八门。有心平气和的投诉者，有理直气壮的告状者，有气势汹汹的闹事者，还有理性处理的诉讼者。其中，影响最大的是围堵医疗机构，封堵医疗机构出入口，殴打甚至杀害医护人员，打砸医院财物、设备，占据医疗机构诊疗场所，扣留患者尸体或者在医疗机构设置灵堂。这些行为已经严重背离了法制的原则，与我们今天倡导的构建和谐社会、依法治国的主旋律背道而驰，严重破坏了医疗机构的正常诊疗秩序，使医疗机构不能正常开诊，医师不能放心施诊，患者不敢或者不能安心就诊，已经影响到其他患者的正常就医活动。而且这种非理性的“维权方式”(即媒体所称的“医闹”)还有很恶劣的示范效应，越来越多的“维权”患者会采取这种方式到医疗机构讨说法，从而导致恶性循环，医疗纠纷愈演愈烈。

从发生医疗纠纷的争议内容来看，除了对医疗服务和医疗结果不满意引发医疗事故侵权纠纷、医疗服务合同纠纷之外，还有其他多方面的争议内容，包括患者在医疗机构内发生摔伤等意外伤害、患者在医疗机构被仇人伤害、患者在医疗机构内自杀身亡、患者在医疗机构内财物被盗、患者的隐私权受到侵犯、患者的知情权同意权被侵犯、患方家属委托医疗机构保存患者遗体发生损害、实施不必要的诊疗措施、医疗机构乱收费、医疗欺诈等。

三、医疗纠纷产生的根源

医疗纠纷已经严重困扰着诊疗活动的所有参与者，医疗纠纷甚至已经成了我国医疗卫生事业发展的“瓶颈”。对于医疗纠纷发生的原因，不同的专家学者站在不同的立场和角度可以得出不同的结论，可谓见仁见智。我们认为，分析医疗纠纷发生的原因，不能站在表面做一般观察，不能就事论事。原因何在？问题就在于过去我们只注重表面观察、分析、研究问题，对医疗纠纷防范和处理的机制构建也只能停留在表层，当然就达不到应有的效果。如果不能揭示医疗纠纷发生的根本原因，就不可能从根本上防范它，也就不可能真正保障患者的医疗保健权。正是居于这样的原因，我们有理由重新来剖析我国当前的医疗纠纷发生的深层次原因，找到引发医疗纠纷的根本原因，最终为我国医疗纠纷的彻底解决献出根治的良方。

当然，医疗纠纷频繁地不分国度大量发生，与医疗活动的特点有密切的关系。事故很可能发生在某种类型的系统中。Perrow 将这种类型的系统归纳出两个特点，即复杂性与组成部分之间偶联的紧密程度。⑭ 那些更复杂和偶联更加紧密的系统更易出事故。由于复杂性和偶联性，小的差错也能铸成大的事故。⑮ 当然，这里讲的是给社会和个人造成了损害的真正的事故。而在我国当前的医疗纠纷中，还包括一些并非医疗过错而患者出现了损害结果引发医疗纠纷的事件，这也是用医疗系统的复杂性和偶联性难以解释的。

在测量学中关于误差的理论中，将误差分为偶然误差和系统误差。偶然误差亦称随机误差，是由随机的偶然的原因造成的，在分析操作中是不可避免的。系统误差是由某种固定的原因所造成的，使测定结果系统偏高或偏低。单向性是系统误差具有的最重要的特性，此外系统误差还带有普遍性。正是由于系统误差发生于系统本身存在的缺陷，因而不会因个别因素的改变而得以避免。系统误差的大小、正负是可以测定的。系统误差是由于测量系统本身的缺陷所造成，如果能够找到系统存在的缺陷并加以改进，就可以避免系统误差。当前我国的医疗纠纷发生情况与此非常类似，由于医疗纠纷带有非常强的单向性和普遍性，所以可能是系统发生问题的结果。

综合分析我国医疗纠纷发生的一般规律，无论地域、无论医疗机构级别、无论医务人员诊疗技术水平，都会发生医疗纠纷。这种带有普遍性的纠纷特点，充分向我们揭示一个问题，我国的医疗纠纷之痛应当源于相关体制，应当从制度层面去找原因。

这里所说的体制，包括医疗卫生体制、医疗健康保障制度、药品制造与流通制度、社会救济制度、社会养老保障制度、失业保障制度、社会保险制度、价格制度等。有的制度政府正在改革之中，而且制度的改革难度较大，比如医疗保障制度。因此，改革与构建新制度的漫长过程可想而知，从而医疗纠纷的彻底消除和解决也是一个比较漫长的过程。我国的医疗卫生管理体制确实从制度层面上关系着我国的医疗纠纷的处理，这是本书就相关问题剖析中要涉及的内容。

在制度层面上还有法律制度，包括立法制度和司法制度。长期以来，我国对于医疗机构给患者造成的损害，在立法和实践中都采用事故模式，动辄扣上医疗事故的帽子，医疗事故成了医务人员在医疗执业中永远挥之不去的阴影。而规定将医疗过失事件界定为医疗事故的法律正是《医疗事故处理条例》（其前身是《医疗事故处理办法》），这部行政法规存在某些缺陷和问题。人民法院在处理医疗纠纷民事

---

⑭ Perrow，Charles，Normal Accidents，New York：Basic Books，1984.

⑮ ［美］Linda T. Kohn，Janet M. Corrigan，Molla S. Donaldson：《孰能无错——创建更加安全的医疗卫生保健系统》，王晓波、马金昌主译，中国医药科技出版社 2005 年版，第 66 页。

赔偿案件的时候，一方面由于《医疗事故处理条例》是国务院的行政法规，里面除了涉及医疗事故的行政处理内容之外，还有医疗事故民事赔偿的内容，法院不可能说法院审理案件不适用该条例。但是条例中民事赔偿的规定确实又与《民法通则》的规定有不一致之处。在这种现实与立法、行政与司法、医与患之间的矛盾冲突之下，法院只能选择这种二元化的处理模式来解决司法中法律适用上的难题。这恐怕是我们长期讨论医疗纠纷民事处理二元化产生的根源之所在。要解决这个问题，只能寄希望于国家立法机关从法律的层面来解决。以至于近年来，要求制定"医疗事故处理法"的呼声越来越高，⑯2008 年 12 月，《侵权责任法草案》(第二次审议稿)再次出现在第十一届全国人大常委会第六次会议上的时候，医疗损害责任作为一章出现在该侵权责任法草案中了。2009 年 12 月 26 日《侵权责任法》在十一届全国人大常委会第十二次会议正式通过。

至此，《侵权责任法》成了解决医疗纠纷争议适用法律混乱的希望。让我们逐页打开《侵权责任法》第七章中的内容吧。

⑯ 这是一个误会。实际上关于"医疗事故处理法"的立法工作，在国务院 2007 年行政法规的立法计划中仅列为"委托卫生部做立法调研"，在卫生部 2007 年的卫生立法计划中，也提到立法调研。

第2章

侵权责任法概况

《侵权责任法》于2009年12月26日全国人大常委会第十二次会议讨论通过，并将于2010年7月1日起实施。本章简要介绍有关侵权法的立法发展趋势、《侵权责任法》立法历程、特点和主要内容，让读者对《侵权责任法》有个宏观的了解。

一、侵权责任立法趋势与我国《侵权责任法》立法历程

(一)侵权责任立法趋势

侵权责任法律制度是一项古老的法律制度。大约在公元前1250年的古巴比伦汉穆拉比法典中即有侵权责任的规定，公元前450年古罗马十二铜表法中也有侵权责任的内容。随着社会的发展，人们社会活动的增加，侵权行为的类型和调整方法也在不断变化，因此，侵权法律制度的内容也在不断更新、扩充。

侵权责任法律制度的基本内容是归责原则，从归责原则来看，侵权责任法律制度几千年的发展大致可以分为三个时期。第一，结果责任时期，主要是奴隶社会和封建社会。这一时期主要以古代民事法律制度为代表。结果责任强调谁造成了损害谁就应当承担责任，而不考虑行为人主观上是否存在过错，在责任方式上体现了同态复仇的基本思想。第二，过错责任时期。关于过错责任的思想，其实在结果责任时期已经开始出现并逐渐发展，到了资本主义时期基本发展成熟，以1804年法国民法典为代表，将过错责任作为一般侵权责任写入了法典。第三，过错责任与无过错责任并存时期，从19世纪末20世纪开始至今。主要是进入工业社会之后，生产技术日新月异，生产力高度发达，社会经济飞速发展，与此相伴的是事故大量发生，极大地危害了人们的生命和财产安全，因此开始产生了无过错的责任方式。尤其在现代，这种无过错责任与现代保险制度的发展密切相关。①

21世纪是一个走向权利的世纪，也是公民的权利更容易受到侵害的世纪。比

① 王胜明主编：《中华人民共和国侵权责任法解读》，中国法制出版社2010年版，第3—4页。

如，高科技产品层出不穷，互联网高度发达，都会对个体的隐私权等构成威胁。这就特别需要完善侵权行为法。有权利必有救济，救济应当走在权利之前，因此，专为救济私权特别是专为救济绝对权而出现的侵权行为法必将变得越来越重要。随着社会的发展，侵权责任法的基本理论和内容也在发生变化。近半个世纪以来，侵权责任法律制度的发展变化主要体现在五个方面。②

第一，侵权责任法保障的权利范围不断扩大。侵权法最早主要是保护财产权。以后，由于知识产权不断发展，知识产权纳入侵权的保护对象中。第二次世界大战以后，由于人格权概念的产生和发展，侵权的对象又扩张到人格权领域。过去，由于侵权法主要以保护物权为目的，因此侵权法的一个主要的责任方式就是损害赔偿。过去为什么把侵权行为称为损害赔偿之债，很大程度上是从损害赔偿是对侵权行为的受害人的主要的补救方式上考虑的。但是随着侵权法向人格权、知识产权的扩张，侵权法自身也发生了很多变化，侵权责任承担的方式也呈现多样化。

第二，侵权责任法在民法中的独立性得到增强，已经逐渐从债法中分离。侵权责任法独立的原因，一是补救方式的多样化；二是由于现代社会侵权行为法发展得非常迅速，侵权责任法的内容越来越丰富。

第三，责任主体与赔偿主体逐渐分离。出现这种变化的原因是社会保险和商业保险的发展以及专项赔偿基金的设立。这得益于损害分散的思想逐渐成为侵权责任法的思考方式。损害分散理论认为，损害可先加以内部化，由创造危险活动之企业负担，再由商品或服务的价格功能，或保险（尤其是责任保险）加以分散，由多数人承担。③ 从19世纪末到20世纪初，不少国家的社会保险、强制保险、专项赔偿基金制度和侵权责任法律制度，共同在解决侵权纠纷中发挥作用。

第四，侵权行为类型的多样化。社会越发展，侵权的形态就越复杂，为了明确各种侵权行为的构成要件，法律应当在一般条款之外，就各种特殊侵权作出规定，明确具体的构成要件和免责事由。所以，我们应当采用一般条款与具体列举相结合的方式。

第五，侵权法的归责原则日益多样化。归责原则是侵权责任法的核心，现代侵权责任法的归责原则已经由最开始的结果责任发展到现在的过错责任、严格责任、公平责任等多种归责原则并存的局面。

（二）我国侵权责任法立法历程

我国从改革开放以来，立法机关非常重视侵权责任法律制度的立法和完善。

---

② 关于侵权责任法律制度发展趋势，以下内容综合了王利明、王胜明的观点。王利明：《侵权行为法的发展趋势》http://blog.sina.com.cn/s/blog_4df559fe0100f1bq.html～type＝v5_one&label＝rela_prevarticle，最后访问时间：2010年1月3日；王胜明主编：《中华人民共和国侵权责任法解读》，中国法制出版社2010年版，第3－4页。

③ 王泽鉴：《侵权责任法》，第一册，中国政法大学出版社2001年版，第8页。

在 1986 年的《民法通则》中，专章设立了“民事责任”，对过错责任、无过错责任的归责原则、责任方式、典型的侵权类型做了规定。在此之后，我国立法机关根据实际需要，还制定了四十余部包含侵权责任内容的单行法律。这些立法工作为我国制定独立的《侵权责任法》奠定了基础。

2002 年九届全国人大常委会，“侵权责任法”第一次出现在人们的视野中，当时它真正的名称是“民法典”草案中的“侵权责任法编”。

2008 年 12 月，第十一届全国人大常委会第六次会议对二审侵权责任法草案进行了审议。草案分为 12 章，共 88 条。二审稿增加了一章专门对医疗损害责任进行规定。

2009 年 10 月，第十一届全国人大常委会第十一次会议对侵权责任法草案进行了第三次审议，在二审稿的基础上，对医疗损害赔偿、死亡赔偿标准、劳务活动侵权等事关民生的重大问题作出了进一步规定。

2009 年 12 月 22 日至 26 日，第十一届全国人大常委会第十二次会议继续审议侵权责任法草案，并于 2009 年 12 月 26 日以 139 票赞成、10 票反对、15 票弃权的表决结果通过了《侵权责任法》。

二、《侵权责任法》的特点[④]

(一)《侵权责任法》在立法形式上的特点

在立法形式上，《侵权责任法》最大的特点就是吸收和借鉴，并延续我国民事立法制度，它兼具了大陆法系侵权法的成文法特点，又有和英美法系侵权法相对独立的特点，是一部具有相对独立性的成文侵权法。

首先，《侵权责任法》是一部具有相对独立性的成文法，它继承了大陆法系侵权法立法传统。其条文数仅次于《埃塞俄比亚民法典》中的侵权法。目前大陆法系国家都将侵权法归入其民法典之下，侵权法是民法典的有机组成部分。如《埃塞俄比亚民法典》的侵权法有一百三十五个条文，《日本民法典》中的侵权法有十六个条文，《法国民法典》中的侵权法只有五个条文。

其次，《侵权责任法》作为一部独立的法律规范，借鉴了英美法系国家侵权法的立法特点。很多大陆法系国家，都是把侵权法作为债法的有机组成部分，与合同之债、代理权授予之债、无因管理之债、不当得利之债相并列。在英美法系国家的民法中，侵权法与财产法、合同法等处于同等地位。我国《侵权责任法》是作为一部独立的法律，并且与《合同法》《物权法》一样，具有同等地位，是充分借鉴英美法系国

④ 杨立新:《〈中华人民共和国侵权责任法〉精解》，知识产权出版社 2010 年版，第 2—15 页。

家侵权法的立法形式。

最后,《侵权责任法》保留了《民法通则》的传统,基本上继承了《民法通则》的立法精神和宗旨。在《民法通则》中就有独立的"民事责任"一章,并且对于过错责任、过错推定责任、公平责任、无过错责任等都有原则性规定,《侵权责任法》将《民法通则》中有关侵权责任的规定具体化了。因此,《侵权责任法》继承和发扬了《民法通则》的传统,法律内容和体例基本上一脉相承。

(二)《侵权责任法》在立法模式上的特点

立法模式上,《侵权责任法》也对大陆法系和英美法系国家侵权法予以充分借鉴。大陆法系侵权法的立法模式是一般化立法模式,即对侵权责任做一般性规定,具有高度的抽象性、概括性和简洁性特点。英美法系国家侵权法的立法模式则采取侵权行为类型化规定的方法,即通过判例的形式,对侵权行为做了类型化规定,都是一些具体的可以与现实生活相对照的侵权类型。比如,《美国侵权法重述》将侵权行为分为故意侵权行为、过失侵权行为、严格责任、虚假陈述、毁谤、侵害的虚伪不实、侵害隐私权、无正当理由的诉讼、干扰家庭关系、对优越经济关系的干扰、侵犯土地利益、干扰不同的保护利益和产品责任 13 类。我国《侵权责任法》将两大法系侵权法的立法模式结合起来,既有侵权责任的一般性条款,也有侵权行为类型化规定,形成了一种新型的侵权法立法模式。

(三)《侵权责任法》在立法结构和体例上的特点

在立法结构和体例上,总的来看,大陆法系国家的侵权法立法结构简单,实际上是一个总则性规定;而英美法系国家的侵权法都是一些具体侵权行为的类型化规定,更像是没有总则的侵权法分则。我国《侵权责任法》在立法结构和体例上,同时借鉴了大陆法系和英美法系的立法结构特点,采取了总则和分则的立法结构和体例。这也符合我国一贯的立法结构模式。《侵权责任法》共分为 12 章,其中第 1 章至第 3 章为总则部分,第 4 章到第 11 章为分则部分,第 12 章为附则。当然,分则部分也不是穷尽一切类型化的侵权行为,而是只规定了 7 种特殊的侵权类型,相当于是一个不完善的侵权法分则。

(四)《侵权责任法》在立法内容上的特点

《侵权责任法》基本上按照侵权法律理论的内容进行列举和规范,从立法目的、基本概念、归责原则、责任形式、侵权类型等方面予以规制。在具体内容上,有很多内容都是首次在民事立法中做出明确规定。比如,隐私权问题在最近两年成为媒体和公众的焦点,尤其是通过互联网泄露公民隐私的现象比较严重(即所谓的"人肉搜索"),一些接触得到公民个人信息的机构或者单位随意买卖他人的个人信息,《侵权责任法》在第二条对侵权法所保护的权益范围,首次规定了隐私权。可以说,《侵权责任法》在具体内容上具有非常鲜明的时代性特征,将我国现实生活中存在的侵权现象和侵权案件处理中反映出来的难点问题都做了具体规定。

因此，可以说《侵权责任法》在立法体例和内容上，并不是对国外侵权法的简单借鉴和移植，是一部吸收和借鉴了英美法系和大陆法系国家侵权法的立法经验并根据中国的具体实践需要制定出来的法律，具有鲜明的中国特色。

三、《侵权责任法》的主要内容

《侵权责任法》各章条文数量分布见表 2-1。

表 2-1　《侵权责任法》各章条文数量分布

章序	名 称	条文数	特 点
1	一般规定	5	立法宗旨、适用范围等一般规定
2	责任构成和责任方式	20	本法的重点和核心。侵权责任构成，归责原则，责任方式
3	不承担责任和减轻责任的情形	6	对方或者第三方过错，正当防卫，紧急避险，与医疗损害免责相关
4	关于责任主体的特殊规定	9	无或限制民事行为能力人，昏迷者，用工单位，服务场所，网络服务的责任承担
5	产品责任	7	移植《产品责任法》，产品责任，追偿，与医疗物品法律责任相关
6	机动车交通事故责任	6	与《道路交通安全法》相关，租用、借用、买卖未过户、报废、被盗等车辆责任
7	医疗损害责任	11	立法难度最大的一章
8	环境污染责任	4	举证责任倒置
9	高度危险责任	9	无过错赔偿，主要规定减责、免责情形，举证倒置
10	饲养动物损害责任	7	无过错赔偿，主要规定减责、免责情形，举证倒置
11	物件损害责任	7	建筑物、构筑物或者其他设施及其搁置物、悬挂物，林木折断，公共场所或者道路上挖坑，窨井
12	附则	1	2010 年 7 月 1 日实施

第3章

医疗损害责任立法概述

《侵权责任法》第七章“医疗损害责任”是针对发生在医疗机构内与医疗行为相关的侵权责任形态所做的规定。由于《侵权责任法》系全国人民代表大会常务委员会制定和发布的，其法律效力高于《医疗事故处理条例》，在将来的医疗纠纷民事处理方面，该章的内容将会取代《医疗事故处理条例》民事赔偿的内容。因此，《侵权责任法》将会对我国医疗纠纷民事处理产生深远影响。

一、医疗损害责任立法概况

目前，世界上还没有哪个国家对医疗侵权赔偿进行专门立法，在侵权法中也没有直接规定医疗损害责任制度，差不多都是在执业医师法中作出规定，并且将其归纳在“专家责任”的侵权类型中。[①] 我们可以从美国、德国、日本的法律制度中看到这一点。英美法系国家的法律制度是以判例来构成的，比如在美国就没有专门的医疗侵权责任法，医疗损害赔偿的处理主要依据侵权责任法中的一般规定。[②] 大陆法系国家的法律制度是以成文法构成的，但是同样没有哪个国家制定有专门的医疗侵权责任方面的法律。全国人大法工委在2006年曾经专门到德国进行过侵权责任立法考察。在德国，现在还没有一部专门的法律调整医疗纠纷的处理问题，都是以民法典的服务合同和雇主责任为模板，确定法律适用问题。至于医疗侵权的特殊性，则由司法具体化。[③] 在日本，医疗事故的赔偿完全依据《日本民法典》第五章侵权行为部分，该章从第七百〇九条到第七百二十四条共16条，没有关于医

① [德]克雷斯蒂安·冯·巴尔：《欧洲比较侵权行为法》（下卷），焦美华译，张新宝审校，法律出版社2004年版，第354—357页。

② 参见高野陶、吕略钧、陈进清：《中美医疗纠纷法律法规及专业规范比较研究》，南京大学出版社2003年版，第95—106页；刘涓、王朝曦、宋文质：《美国医疗损伤责任纠纷相关法律》，《中国医院》2006年第11期；[美]文森特·R.约翰逊：《美国侵权法》，赵秀文等译，中国人民大学出版社2004年版。

③ 杨立新：《医疗侵权法律与适用》，法律出版社2008年版，第23页。

疗侵权的具体规定。1965 年注释民法丛书(有斐阁)的第 19 卷出版发行,这是一部民法第七百零九条至第七百二十四条的注释专著,在该书中,对交通事故、事业灾害、制造物责任、医疗行为责任、生活妨害等,按照事故类型作了类型化尝试。④在我国台湾、澳门法域,医疗侵权的立法工作仍然处于调研、咨询阶段。澳门医疗改革咨询委员会法律咨询专责小组于 2004 年 8 月成立了《医疗事故法》工作小组,负责《医疗事故法》咨询文本的起草,到 2005 年 1 月拟出有关咨询文本并向有关方面征求意见,不过至今也没有得到立法机关的通过。⑤ 我国台湾地区"卫生署"起草的"医疗纠纷处理法草案",共分 4 章,计三十九条,目前也未获立法机构通过。⑥

我国《侵权责任法》在最开始的立法框架中并没有对医疗损害问题进行规定。我国《侵权责任法》的立法调研工作中,有的专家建议稿有医疗损害责任,有的统归在专家责任中。⑦ 到了 2002 年 12 月形成正式《侵权责任法草案》(第一次审议稿)呈请九届全国人大常委会审议时,该草案并没有专章规定医疗损害责任。⑧ 主要原因在于,当时《医疗事故处理条例》刚刚开始实施,且医疗侵权赔偿案件中的医疗过错和因果关系均由医疗机构举证,缓解了患方诉讼的负担和压力,且司法实践的成效还没有显现出来,此前形成的比较紧张的医患关系基本上得到了缓解,在这样的情况下由全国人大常委会来对医疗纠纷的民事处理进行立法就显得不太必要了。时隔 7 年之后,2008 年 12 月提交给十一届全国人大常委会审议《侵权责任法草案》(第二次审议稿)中就出现了第七章"医疗损害责任"。第二次审议稿从第五十三条至第六十六条共 14 条,医疗损害责任的雏形已现,与今天《侵权责任法》第七章相比,内容上虽然有差别,但差别已经不大。第二次审议稿出来后,向各相关部门广泛征求意见时,我们作为医事法学专家也应全国人大法工委、卫生部、中国医师协会、中国医院协会等部门邀请,对第二次审议稿进行了研究和讨论。2009 年 10 月,提交给十一届全国人大常委会审议《侵权责任法草案》(第三次审议稿)中第七章"医疗损害责任"的内容发生两个变化,一是将二审稿中第五十九条有关因果关系举证责任倒置的规定删除了;二是增加了第六十条医疗机构不承担赔偿责任的三种情形规定。随后,全国人大法工委在其官方网站将该《侵权责任法草案》(第三次审议稿)公示,向全社会广泛征求意见。在此基础上,于 2009 年 12 月形成

---

④ 于敏:《日本侵权行为法》,第二版,法律出版社 2006 年版,第 29 页。

⑤ 澳门医疗改革咨询委员会:《澳门〈医疗事故法〉立法咨询文本》,丁香园网站。http://www.dxy.cn/portal/article/2/13/19.html,最后访问时间:2010-02-25。

⑥ 台湾地区"医疗纠纷处理法草案",http://www.ba.ncku.edu.tw/stuff/teacher/yong/zhe/filedown/malpractice/002.htm,最后访问时间:2010-02-25。

⑦ 中国民法典立法研究课题组:《中国民法典·侵权行为编草案建议稿》,《法学研究》2002 年第 2 期。王利明:《中华人民共和国民法典草案学者建议稿条文及说明》,《政法财经资讯》2004 年第 5 期。

⑧ 王胜明主编:《〈中华人民共和国侵权责任法〉解读》,中国法制出版社 2010 年版,第 267 页。

了《侵权责任法草案》(第四次审议稿)呈交给十一届全国人大常委会第十二次会议审议,并最终获得通过。到了最后阶段,关于医疗损害责任一章的规定还有比较大的争议,卫生部副部长带领相关部门人员到全国人大法工委做过一次沟通。⑨

《侵权责任法》第七章"医疗损害责任"共计十一条。医疗损害责任在《侵权责任法》中以专章规定,在世界上也是首创,是中国特色的《侵权责任法》。⑩ 总的来看,它将医疗损害责任的三大类型——医疗技术损害责任、医疗伦理损害责任、医疗产品损害责任,全部囊括其中。这种医疗损害责任的分类方法,借鉴了法国医疗损害责任法把医疗过失行为分为医疗科学过失和医疗伦理过失的经验,以及美国侵权法中医疗产品责任的经验。⑪ 从形式上看,虽然这只是《侵权责任法》12 章中的一章,但它是《侵权责任法》七种特殊侵权类型中的一种,是我国立法上第一个纳入民法调整的专业人员责任类型,为我国今后制定专家责任法做了有益的立法探索。从内容上看,它包含了医疗侵权责任的概念及构成、医疗过错的认定原则、医疗过错推定的条件、医疗机构免予赔偿的事由、医疗物品责任、医疗机构制作并管理病历的责任、患者的知情权同意权及其保障、患者的知情权与隐私权,同时对过度医疗和"医闹"做了禁止性规定。内容非常全面而具体,虽然有一些瑕疵,但基本上达到了立法的初衷——统一医疗纠纷民事处理法律,从诉讼案由和法律适用上将医疗侵权诉讼由二元向一元转归。

二、医疗损害责任立法特点

(一)医疗侵权纠纷处理由二元走向一元

20 世纪 80 年代以来,医疗损害赔偿诉讼在法律适用上就面临二元化的选择:是按照《医疗事故处理办法》还是按照《民法通则》。到了 2002 年《医疗事故处理条例》的出台,这种法律适用上的二元化并没有减弱,反而得到加强,除了法律适用存在二元化之外,还引出了医疗侵权诉讼案由二元化、医疗鉴定二元化等衍生物。这种法律适用上的二元化,造成了人们对医疗纠纷认识上的混乱,削弱了我国司法机关裁判的权威。由于《侵权责任法》采用的是医疗损害责任的概念,规避使用医疗事故概念,从其外延上来看,医疗损害责任要大于医疗事故责任,并且《侵权责任法》是计划中的我国民法典中的一部分,从其法律效力位阶来看,高于《医疗事故处

---

⑨ 参见全国人大常委会法工委副主任王胜明于 2009 年 12 月 29 日在中国人民大学民商事法律科学研究中心、中国法学会民法学研究会和中国人民大学法学院主办的"《中华人民共和国侵权责任法》通过研讨会"上的发言。《〈中华人民共和国侵权责任法〉通过研讨会实录(二)》,http://www.bokee.net/dailymodule/blog_view.do?id=523447,最后访问日期:2010 年 1 月 3 日。

⑩ 杨立新:《〈中华人民共和国侵权责任法〉精解》,知识产权出版社 2010 年版,第 17 页。

⑪ 同上,第 14 页。

理条例》。因此，可以预期，《侵权责任法》实施之后，《医疗事故处理条例》中关于医疗事故损害赔偿（主要是第 50 条）的规定将自动失效，医疗侵权赔偿案件，无论是否构成医疗事故，都将适用于《侵权责任法》。

（二）削弱了举证责任倒置制度

2002 年以来的医疗纠纷处理中，在权衡医患双方利益的时候，过分注重保护患方的利益，而对医疗机构及医务人员的合法权益保护偏弱，典型的表现是“一刀切”式的举证责任倒置的规定。这次《侵权责任法》在立法中有一个很重要的特点，就是注重保护患者的利益与保护医疗机构及其医务人员的利益方面进行权衡，防止出现偏向一方而打压另一方的情况。在保护医院和医护人员的合法权益、促进医学科学的发展方面，首先明确了过错责任原则，医疗机构只有存在过错的情况下才承担赔偿责任。其次，采取了附条件的过错推定原则（实际的结果表现为举证责任倒置），与最高人民法院 2001 年《关于民事诉讼证据的若干规定》第四条第一款第八项的规定相比，更为客观、公正而科学，也与国外立法、司法相一致，并且没有因果关系举证倒置的规定。

（三）规定了医疗赔偿免责事由

《侵权责任法》在立法中充分考虑到医疗行为的特殊性。具体表现在，它继承了《医疗事故处理条例》第三十三条的规定，对于急诊急救等紧急情况、患方不配合造成不良后果、现有医学技术的局限性等，作为免责事由规定医疗机构不承担民事赔偿责任。

（四）突出了医疗机构的告知义务和病历管理义务

《侵权责任法》突出了医疗机构告知、病历制作管理两大义务。医疗告知制度是舶来品，过去我们没有这项制度，即使在 20 世纪 90 年代开始在卫生行政法规中出现，无论是医方还是患方，都不习惯。长期以来，国人对医疗告知这项制度争议比较强烈。这次《侵权责任法》对医疗机构的告知义务和要求做了规定，并且第一次对医方没有尽到告知义务，侵犯患者知情权同意权应当承担赔偿责任做了规定。关于病历资料的问题，在《侵权责任法》中有三条都有涉及，从医疗机构及其医务人员规范书写、管理，到患者在病历中的隐私权和知情权，以及医疗机构违反时所面临的法律后果，都做了详细规定。

三、医疗损害责任立法主要内容

《侵权责任法》第七章“医疗损害责任”共计十一条，为了帮助读者了解和掌握相关内容，我们对其中的具体内容分布和要点予以归纳，详细情况见表 3-1、表 3-2。

表 3-1 《侵权责任法·医疗损害责任》的内容及条文分布

内 容	条 文	评 价
医疗侵权责任构成	第五十四条	患者就医过程中健康权、生命权受到医方损害所应当承担的责任
医疗侵权过错认定	第五十七条、第五十八条	
医疗侵权过错排除	第六十条	
医方诊疗过程中的告知义务	第五十五条第一款	患者就医过程中知情权、同意权受到医方侵犯所应当承担的责任
侵犯患方知情权同意权责任	第五十五条第二款	
特殊情况下医方诊疗义务	第五十六条	
患者病历知情权及医方的保障义务	第六十一条	患者的病历权益及医方的保障义务，由此可能引发侵犯患者隐私权的纠纷
患者病历隐私权及医方的保障义务	第六十二条	
医疗用品质量责任	第五十九条	医疗产品质量责任
医方不得实施过度医疗的义务	第六十三条	一般性规定。有可能涉及医疗机构侵犯患方的财产权益而承担的责任
医方的合法权益受法律保护	第六十四条	一般性规定

表 3-2 《侵权责任法·医疗侵权责任》内容要点简表

序号	概括	内容	说明
1	一个核心	医疗损害	结束二元，统归一元
2	两个重点	医疗告知，病历资料	各有 3 个法条规定
3	三种免责	第六十条第三项	可以扩展为若干种
4	四个要件	违法行为，损害后果，因果关系，过错	传统侵权责任构成理论
5	五项告知	病情，医疗措施，手术，特殊检查，特殊治疗	需要实施医疗告知的医疗内容及风险
6	六种推定	违法，隐匿病历，拒绝提供病历，伪造病历，篡改病历，销毁病历	从第五十八条第三项提炼
7	七处责任	第五十四条，第五十五条，第五十七条，第五十九条，第六十条“赔偿责任”，第六十二条“侵权责任”，第六十四条“法律责任”	五赔一侵一法

（续 表）

序号	概括	内容	说明
8	八种文书	住院志，医嘱单，检验报告，手术及麻醉记录，病理资料，护理记录，医疗费用(单据)，等	七种具体病历文书等，包含所有病历资料
9	九个概念	医疗损害赔偿责任，知情权，同意权，替代医疗方案，当时医疗水平，符合诊疗规范的诊疗，合理诊疗义务，当时的医疗水平难以诊疗，过度医疗	都是新概念，有的概念可能过去在行政法律法规规章出现过，但在民事立法中第一次出现
10	十种情形	技术过失，侵犯知情权，侵犯同意权，泄露隐私，公开病历，过度医疗，药品缺陷，消毒药剂缺陷，医疗器械缺陷，血液缺陷	涉及承担民事责任的具体医疗活动，侵犯知情权包含不允许患者查阅、复印病历

四、医疗损害责任立法缺陷

《侵权责任法》第七章“医疗损害责任”仍然存在一些缺陷。

(一)出现了一些错误医学术语

法律的概念应当是严谨的，尤其当它涉及具体学科和专门知识的时候，更是应当注意概念的准确性。但是，《侵权责任法》第七章却出现了一些错误。

1.《侵权责任法》第六十条第三项“限于当时的医疗水平难以诊疗”，该表述不准确。因为现在从医学上来说，“诊”和“疗”是两个不同的行为，前者为诊断，后者为治疗。一般而言，只有在诊断清楚的情况下才能实施有效治疗，但有时即使诊断不清楚，也可以实施对症治疗。目前，可以说绝大多数的病症都是可以诊断清楚的，医学中的难题不在诊断而是在治疗上。即使发病之初诊断不清，在疾病经过一段时间发展之后，也可以明确诊断。但是对有些病症的治疗却很难找到有效的办法。不过，就“治疗”而言，在医学上也可以有多种含义，从治疗目的来分，包括对症治疗、姑息治疗、根治疗法等。即使是目前的绝症，比如艾滋病、晚期恶性肿瘤，首先在诊断上是没有困难的，在治疗上，根治不可能，但是可以对症治疗，缓解患者的病痛。因此，目前医学上几乎不存在“限于当时的医疗水平难以诊疗”的疾病。事实上，《侵权责任法》第六十条第三项所要想表达的意思，应当是“目前医疗水平难以明确诊断或者诊断清楚但是不能根治的”，法条中的语义表述不到位。

2.《侵权责任法》第六十条，对病历制作使用的是“填写”一词，显然不够准确。

填写应当是在表格空白处书写，而病历资料中仅有一部分涉及表格，大量的病历文件都是由医务人员像写文章一样整篇书写的。我国长期以来的医疗卫生管理法律、法规、规章等，使用的都是“书写”而非“填写”，比如《病历书写基本规范》。另外，在该条中还有一个错误，就是在列举具体病历文件时，列举了“医疗费用”。医疗费用不是病历文件的组成部分，无论是2002年的《病历书写基本规范（试行）》，还是2010年新版的《病历书写基本规范》，都没有这个文件。在医疗实践中，也没有这个文件。实际上，我们理解立法者所要表述的是“医疗费用清单”。医疗费用清单不属于病历资料的范畴，而是医疗机构的财务收支管理文档。

3.《侵权责任法》第六十三条的核心意思是对“过度医疗”予以禁止，但在条文中却表述成“不得违反诊疗规范实施不必要的检查”，落脚点在“检查”上。“过度医疗”包括过度检查和过度治疗，过度治疗较过度检查更为严重。一般而言过度检查仅仅耗费患者的钱财，但过度治疗除了增加的经济开支之外，很多治疗手段还会造成患者身体损害。

（二）有的规定没有新意

最典型的就是第五十五条、第五十六条有关医疗告知和知情同意的规定。法学界人士和媒体对这两条规定大加赞赏，认为是立法上首次对患者需要做手术而没有人签字时医疗机构负责人可以签字并立即实施手术进行规定，其目的是为了避免“北京某医院产妇死亡事件”再次发生。实际上这是对我国医疗卫生法律的不了解。1994年国务院发布的《医疗机构管理条例》第三十三条就做出了这样的规定，2002年《病历书写基本规范（试行）》第十条也有类似规定。这项规定并不能解决“产妇死亡事件”中遇到的问题。“产妇死亡事件”遇到的是医疗机构及其医务人员有没有强制医疗的权利和强制医疗的能力问题，并非知情同意权问题。倒是用《侵权责任法》第六十条第一项“患者或者其近亲属不配合医疗机构进行符合诊疗规范的诊疗”来解决其中的责任问题更为恰当。

（三）有的规定没有必要

主要表现在，不是《侵权责任法》的内容却被拿到《侵权责任法》中来规定了，表现在第六十一条、第六十四条。这两条内容应当在行政法律、法规中出现。第六十一条对医疗机构及其医务人员制作病历的文件类型做了详细的罗列性规定，既不到位，也没有必要。根据2010年新版的《病历书写基本规范》第十六条规定，单住院病历就包括13种文件类型，比较《侵权责任法》第六十一条规定的7种类型，都是“客观病历”，没有医务人员对患者病情的分析和意见，对医疗纠纷的处理帮助不大。第六十四条所涉及的情况虽然是当前非常严重的社会问题，应当在《侵权责任法》中规定的，所以在条文表述上最后不得不尴尬地用到了“依法承担法律责任”，而没有提“侵权责任”。实际上，类似规定在《执业医师法》、《治安管理处罚法》、《医疗事故处理条例》、《护士条例》中已经有规定。目前的“医闹”现象不是没有法律禁止的问题，而是有法不依、执法不到位的问题。

虽然《侵权责任法》第七章存在一些缺陷和不足，但是《侵权责任法》第七章的内容总体上还是非常好的，基本上构建起了我国的医疗损害赔偿的法律体系，对于我国医疗纠纷的民事解决起到了很好的规范作用。

第4章

医疗侵权责任与构成

本章是对《侵权责任法》中有关医疗损害责任相关规定进行解读。重点剖析了《侵权责任法》有关医疗损害责任中的归责原则和医疗侵权责任构成这两个基本法律问题。《侵权责任法》确定了医疗损害责任归责原则为过错责任原则，以附条件的过错推定原则为例外，并明确规定了医疗损害责任构成的认定要素和条件。另外，本章还将《侵权责任法》中与医疗损害责任相关的法律条文也列于各条之后，并分别进行了简要解释，以便于读者更好地理解《侵权责任法》中医疗损害责任的有关规定。

第五十四条　患者在诊疗活动中受到损害，医务人员有过错的，由所属的医疗机构承担赔偿责任。

【主旨】

本条是对医疗损害赔偿责任及其构成要件的规定。

【释义】

本条是对医疗损害责任及其构成要件的规定，在医疗损害责任一章中起到提纲挈领的作用。医疗损害责任是指医疗机构或其医护人员因为其自身的过错，在诊疗活动中对患者造成了损害，从而需要由医疗机构对患者及其家属承担的损害赔偿责任。《侵权责任法》在二审稿中专门增加医疗损害责任一章，对医疗损害责任的构成及处理医疗损害责任赔偿纠纷的方法等内容进行明确规定，是因为考虑到近年来全国范围内医患关系紧张，医患矛盾激化，医疗纠纷诉讼案件激增的现实，是为了从法律层面对医疗纠纷进行规制，改变目前医疗纠纷领域法律规定、法律适用的混乱局面，进而缓和与化解医患矛盾。

一、医疗损害责任的基本问题

《侵权责任法》第五十四条的规定涉及两个基本问题，一是医疗损害责任的归责原则，二是医疗损害责任的构成。这两个问题是医疗纠纷民事处理的基本问题，对于这两个问题的不同回答，将会导致医疗侵权处理机制的不同。这从我国医疗侵权赔偿案件的处理机制演变的历程可以清楚地看到这一点。

2002 年 4 月 1 日以前，我国的医疗侵权赔偿案件基本上采用过错责任原则，侵权责任构成的四个要件全部由患方举证。而那时有两个重要的制度又影响和制约着患方的举证，一是医疗机构把持着病历，不允许患方查阅病历，在患方看不到自己诊治经过记录的情况下，患方收集证据来证明医疗行为的过错几乎是不可能的。二是司法鉴定制度也在制约患方的举证能力。在司法鉴定体制上，虽然在那个时代，在医疗事故技术鉴定委员会之外也存在法医鉴定机构，但是那时医疗事故技术鉴定与法医鉴定泾渭分明，法医鉴定仅仅局限于做传统法医学鉴定项目，鲜有涉及医疗问题的鉴定，只是到了 20 世纪 90 年代末期，才有个别法医鉴定机构开始涉足医疗过错及因果关系鉴定，且争议声音极大，认可法医鉴定的法院非常少。而医疗事故技术鉴定委员会又是在地方卫生行政机关的掌控之下开展工作，鉴定为不属于医疗事故的案件非常多，鉴定为医疗事故的案件少之又少。这也在制约患方的举证能力。因此，在采取谁主张谁举证的举证规则之下，患方获得胜诉的可能性微乎其微。在司法实践中，法院往往不会受理医疗损害赔偿案件，即使受理也是按照《医疗事故处理办法》来审理，最终判决患方胜诉的案件很少。

2002 年 4 月 1 日以后，最高人民法院《关于民事诉讼证据的若干规定》出台，该司法解释的第四条第一款第八项明确规定：因医疗行为引起的侵权诉讼，由医疗机构就医疗行为与损害结果之间不存在因果关系及不存在医疗过错承担举证责任。该司法解释规定了在医疗侵权案件中实行过错推定和因果关系推定，从而确定了医疗侵权诉讼的归责原则是过错推定原则。尤其是在其后国务院公布的《医疗事故处理条例》第二十八条，强制性地要求医疗机构在医疗事故技术鉴定中负有提交病历资料的义务，如果医方拒绝提交病历将面临鉴定结果对其不利的结局。在鉴定费的承担上，实际上也是要求医疗机构承担。《医疗事故处理条例》第三十四条规定，鉴定属于医疗事故的，鉴定费由医疗机构承担；对于不属于医疗事故的鉴定结论，鉴定费由申请医疗事故技术鉴定的一方承担。最高人民法院民一庭负责人对媒体公开表态：对因果关系和医疗过失的认定，涉及医学领域中的专门问题，一般都要通过鉴定才能认定。因此，在这样的情形下，医疗机构所需要做的，不过是申请鉴定、启动鉴定程序。① 因此，在医疗事故处理过程中，涉及证据的问题，基本上都因为举证倒置的规定，影响着医方在医疗纠纷处理中的角色。比如：病历需要医方妥善保管并在封存上要主动说明；患者死亡的，医方要主动向患者家属说明解

---

① 王连印：《最高人民法院民一庭负责人就审理医疗纠纷案件的法律适用问题答记者问》，《人民法院报》2004 年 4 月 12 日。

剖的重要性，如果患方不同意解剖，还必须要拿出证据来证明；如果患方同意解剖了，医方往往还要承担解剖的费用；如果患方对医疗过程中医方使用的医疗物品的质量、成分等提出质疑，医方要主动说明封存的重要性，可疑医疗物品的检测鉴定费用往往也由医疗机构承担等。由此可以看出，《医疗事故处理条例》的出台，给医疗侵权诉讼中的举证责任倒置的规定起到了“火上加油”的效果，加大了医方的举证负担。

二、医疗损害责任的归责原则采过错责任原则

任何国家的侵权责任法皆面临一个基本问题：因权益受侵害而产生的损害应由被害人承担，抑或由加害人负损害赔偿责任？关于此点，各国法律多采相同原则，即被害人须自己承担所产生的损害，仅于有特殊理由时，始得向加害人请求损害赔偿。② 所谓的特殊理由，是指应当将损害归由加害人承担，使其负赔偿责任的事由，学说上称之为损害归责事由或归责原则。③ 整个侵权法就是对现实生活中发生或者可能发生的应当承担侵权责任的“特殊理由”加以抽象规制和展开的。

归责(imputatio/imputation)，是指行为人因其行为和物件致他人损害的事实发生以后，应依何种根据使其承担责任，这种根据体现了法律的价值判断，即法律应以行为人的过错还是应以已发生的损害结果为价值判断标准，而使行为人承担侵权责任。④ 归责原则(criterion of liability)在学理上的定义有些差别。王利明认为，是确定侵权人承担侵权损害赔偿责任的一般准则，它是在损害事实已经发生的情况下，为确定侵权人对自己的行为所造成的损害，以及对自己所管理下的人或物所造成的损害，是否应当承担赔偿责任的原则。⑤ 张新宝认为，侵权责任法中的归责原则，则是对于各种具体侵权案件的可规则事由(责任基础)进行的一般性抽象，抽象出同类侵权行为共同的责任基础。⑥ 侵权法的归责原则，实际上是归责的规则，它是确定行为人的侵权民事责任的根据和标准，也是贯彻于整个侵权法之中，并对各个侵权法规范起着统帅作用的立法指导方针。一定的归责原则直接体现了统治阶级的侵权立法政策，同时又集中表现了侵权法的规范功能。⑦

侵权行为法中的归责原则应当如何确定尚存在争议，有一元说、二元说和多元说之争。一元说是以王卫国为代表的主张以单一的过错归责原则为侵权责任法的

② 王泽鉴：《侵权行为法》，第一册，中国政法大学出版社 2002 年版，第 11 页。

③ 王泽鉴：《民法学说与判例研究(2)》，中国政法大学出版社 1998 年版。

④ 王利明：《侵权法归责原则研究》，中国政法大学出版社 1992 年版，第 17－18 页。

⑤ 同上。

⑥ 张新宝：《侵权责任法原理》，中国人民大学出版社 2005 年版，第 25 页。

⑦ 前引④。

归责原则，该观点否认了在过错责任之外还可以适用其他的归责原则，主张扩大过错责任来解决侵权责任法领域的新的问题(如高度危险作业致人损害、环境污染致人损害等)。[⑧] 二元说一般认为，过错责任原则和无过错责任原则同为我国侵权责任法的归责原则，对于一般侵权行为，适用过错责任原则，对于特殊侵权行为，适用无过错责任原则。[⑨] 多元说是指对侵权责任的归责原则的种类主张由三元或者三元以上构成，比较复杂，即使是赞同三元说者，也可能存在具体归责原则的内容上不同。一种观点认为我国侵权行为的归责原则由过错责任原则、无过错责任原则(危险责任原则)和公平责任原则构成；一种观点认为我国侵权行为的归责原则由过错责任原则、过错推定责任原则和公平责任原则构成；一种观点认为我国侵权行为的归责原则由过错责任原则、过错推定责任原则和公平责任原则构成，无过错责任原则不是一种独立的归责原则；还有一种观点认为，侵权行为法的归责原则包括过失责任原则、不问过失责任原则和推定过失责任原则，公平责任原则不是一种独立的归责原则；[⑩]也有作者主张我国侵权行为法的归责原则体系应当采取多元归责体系，即以过错责任与严格责任作为两项基本的固执和原则相并列，而以公平责任原则为补充，以绝对的无过错责任为例外。[⑪] 我国《侵权责任法》规定了多种归责原则，但到底是采二元说还是采多元说，各家说法不一。杨立新认为，我国《侵权责任法》立法中采取了三元说的分类方法，即规定归责原则有过错责任原则、过错推定责任原则和无过错责任原则，其内容分别规定在《侵权责任法》的第六条第一款、第六条第二款和第七条。[⑫] 奚晓明等则认为，我国《侵权责任法》立法中的归责原则采取了二元说的分类方法，即过错责任原则和无过错责任原则，将过错责任原则作为民事责任的一般归责原则，过错推定责任作为过错责任的一种特殊形式，规定在过错责任中。[⑬] 我们基本上赞同奚晓明等人的观点。在我国《侵权责任法》立法中，采取过错责任原则和无过错责任原则二元归责体系，过错推定原则只是过错责任的一种特殊形式，规定在过错责任之中。因此，在《侵权责任法》中，过错责任原则和过错推定原则同处于第六条之中，并且在第七章医疗损害责任的归责体系中，也是以过错责任原则为其一般归责原则，以过错推定为例外的归责原则。

---

⑧ 王卫国：《过错责任原则：第三次勃兴》，浙江人民出版社 1987 年版，第 200－212 页。

⑨ 米健：《再论现代侵权责任法的规则原则》，《政法论坛》1992 年第 5 期。

⑩ 徐峰：《论公平责任原则在我国侵权法归责原则体系中的地位》，www.lunwentianxia.com/product.free.4032344.1/，2010 年 1 月 10 日浏览。

⑪ 王利明：《侵权行为法研究》，上卷，中国人民大学出版社 2004 年版，第 208 页。

⑫ 杨立新：《〈中华人民共和国侵权责任法〉精解》，知识产权出版社 2010 年版，第 43－44 页。

⑬ 奚晓明主编：《〈中华人民共和国侵权责任法〉条文理解与适用》，人民法院出版社 2010 年版，第 46－47 页。

医疗损害责任采过错责任原则的精神，体现在《侵权责任法》第五十四条之中。条文中的表述“医务人员有过错的”，明确无误地表明了这层意思。同时，在《侵权责任法》第五十八条又规定了三种推定过错的情形。这表明医疗侵权责任适用过错推定责任并不是一刀切地适用于所有医疗侵权纠纷，而是只有在满足《侵权责任法》第五十八条规定的三种情形中的任何一种的情况下，方可适用。这较之前的最高人民法院 2002 年 4 月 1 日实施的《关于民事诉讼证据的若干规定》所确定的医疗侵权纠纷采取的规则原则是不同的。最高人民法院司法解释所确定的医疗侵权纠纷的归责原则有两个特点：第一，采过错推定和因果关系推定的两项规定，因而其归责原则是过错推定原则；第二，不问医疗纠纷案件的具体情况，只要涉及医疗侵权诉讼，法官就可不假思索地适用过错推定，即举证责任倒置。这种规定，可以说比较早地在医疗侵权案件适用举证责任倒置的英美等国家的法律还要严厉，在实践中表现出不公平，因而这次在全国人民代表大会常务委员会的立法活动中遭到了否定。

过错责任原则(fault liability)的基本含义是：过错是加害人承担民事责任的基础。之所以规定由加害人承担相应的民事责任，是因为其主观上具有可以归责的事由——故意或者过失，如果加害人主观上没有过错，当然就无需承担责任了。[14]耶林曾经对过失或者过错责任做出过这样的经典表述：使人负损害赔偿责任的，不是因为有损害，而是因为有过失，其道理就如同化学上之原则，使蜡烛燃烧的，不是光，而是氧，一般的浅显明白。[15] 可见过错是过错责任所抽象出来的“可归责事由”或者说加害人承担民事责任的基础。

过错责任原则是一种主观归责原则，要求在判断侵权人的责任时，应当依据行为人的主观心理状态来确定，而不是依据行为人的客观方面来确定。过错责任原则以行为人在主观上有无过错为归责的绝对标准。

三、医疗侵权责任构成

《侵权责任法》第五十四条阐述的另外一个基本问题就是医疗侵权责任的构成。侵权责任构成理论是侵权责任法的核心。任何民事活动，如果要认定其违法，应当承担侵权责任，就必须要符合法定的侵权责任构成的条件。在这些法定的构成条件中，如果被诉的民事行为缺乏任何一个条件，即可以认定侵权责任不能成立。侵权责任构成理论中最为重要的是侵权责任构成要件。侵权责任构成要件是

⑭ 前引⑥，第 31 页。

⑮ 前引③，第 144－145 页。

指承担一般侵权责任的各种作为必要条件的因素。[16]

在法理上，侵权责任构成有三要素说和四要素说。[17] 以王利明为代表的三要素说认为，侵权责任构成要件包括损害事实、因果关系和过错，认为违法性不足以作为侵权责任的构成要件。[18] 这种主张源于法国和英美法系的侵权行为理论，对于侵权责任构成学说做了新的阐释。[19] 我国学者大多主张侵权责任构成要件四要素说，即认为侵权责任构成须具备行为的违法性、违法行为人要有主观上的过错、损害事实存在、违法行为与埙害事实之间具有因果关系。[20] 本书中我们采四要素说。医疗损害赔偿责任的构成需要符合以下四方面的要素：违法行为，损害后果，因果关系，主观过错。只有在这四方面要素同时具备的情况下，医疗损害赔偿责任才能成立，才需要由医疗机构承担赔偿责任。

(一)医疗机构及其医护人员在诊疗活动中存在违法行为

医疗损害责任的构成必须是医疗机构及其医护人员在诊疗活动中存在违法行为。医疗机构及其医护人员在诊疗活动中存在违法行为是构成医疗损害责任的必备条件，也是医疗损害责任成立必不可少的要件之一。这一要件事实上包括三方面的要素，即主体必须是医疗机构及其医护人员，必须发生在诊疗活动过程中，同时必须存在违法行为。

1. *主体必须是医疗机构及其医护人员*　根据《医疗机构管理条例》及其《实施细则》的规定，医疗机构是指经登记取得《医疗机构执业许可证》，从事疾病诊断、治疗活动的医院、卫生院、疗养院、门诊部、诊所、卫生所(室)以及急救站等机构。医护人员是指根据《执业医师法》《护士条例》等法律法规取得相应资质并在一定的医疗机构注册进行执业的医师、护士、药师、技师、医疗机构管理人员等。只有上述医疗机构及经过合法注册执业的医护人员才是构成医疗侵权行为，承担医疗损害责任的适格主体。

2. *必须发生在诊疗活动过程中*　诊疗活动过程中是医疗损害责任发生的时空条件，其限定了医疗机构或医护人员侵害患者的相关权利的行为必须发生在对患者的诊疗过程中，如果侵害行为不是发生在诊疗活动过程中，那么就不构成本章所规定的医疗损害责任，在一定情况下可能构成其他侵权行为，如在诊疗活动之外医患之间因为故意伤害造成的侵权行为就不构成医疗损害责任，而是构成一般的人身损害责任。诊疗活动是指患者到医疗机构就医从而在医患之间成立医疗服务

---

[16] 前引⑥，第 47 页。

[17] 侵权责任构成三要素说以王利明教授为代表，四要素说以杨立新教授为代表。

[18] 王利明：《民法・侵权行为法》，中国人民大学出版社 1993 年版，第五章。

[19] 杨立新：《侵权法论》，人民法院出版社 2004 年版，第 145 页。

[20] 中央政法干校民法教研室编著：《中华人民共和国民法基本问题》，法律出版社 1958 年版，第 324—338 页；前引⑥，⑲等。

合同关系之后，医疗机构及其医护人员按照相关医疗卫生法律法规而实施的一系列诊断、治疗行为，具体包括门诊检查、门诊治疗、住院检查、住院治疗、康复治疗、疾病预防等方面的行为。

3. 必须存在违法行为。违法行为是指医疗机构或者其医护人员在对患者实施诊疗活动时存在违反相关医疗卫生法律法规、行政规章以及其他有关诊疗规范的规定的行为。按照相关医疗卫生法律法规、行政规章以及其他有关诊疗规范的规定，医疗机构及其医护人员在对患者实施诊疗行为过程中必须遵守相关规定，遵守《执业医师法》《传染病防治法》《献血法》《医疗机构管理条例》《医疗事故处理条例》《病例书写基本规范(试行)》等法律法规、规章制度的规定，严格执行无菌操作、病历书写、病历管理等方面的规定，从而为患者实施诊疗行为。然而，现实中存在某些医疗机构或医护人员无视上述规范，在诊疗实践中肆意违反相关规定，违反操作常规，就构成了此处所称的违法行为，那么在同时符合其他要件的情况下，医疗机构就需要承担责任。

(二)必须对患者造成了损害后果

“无损害则无责任”，只有在损害后果发生的情况下，才需要考虑医疗机构及其医护人员是否存在过错，是否要由医疗机构承担医疗损害责任。损害后果必须是法律明确规定的后果，必须是侵害了患者的受法律保护的合法权利。根据《侵权责任法》第二条的规定，侵权责任法所保护的民事权益包括生命权、健康权、姓名权、名誉权、荣誉权、肖像权、隐私权、婚姻自主权、监护权、所有权、用益物权、担保物权、著作权、专利权、商标专用权、发现权、股权、继承权等人身、财产权益，而医疗损害责任主要侵害患者的权利包括生命权、健康权、财产权益，在一定情况下还会侵害患者的隐私权、监护权等权利。也就是说，医疗机构及其医护人员的行为必须侵害了患者的上述合法权利，产生了一定的损害后果，才可能构成医疗损害责任。

仔细观察《侵权责任法》第二条所规定的诸项权利或者权益，我们不难发现这里面没有知情权、同意权(抑或知情同意权)、身体权等，当然在法条的表述上以“等”来结束，是否这个“等”字中就包含了这些与医疗服务密切相关的权益呢？不得而知。对于这个问题，我们将在第七章有关知情同意权中加以讨论。

(三)医疗机构及其医护人员的违法行为和患者的损害后果之间存在因果关系

因果关系是侵权责任构成中非常重要的一个方面，其所反映的是违法行为与损害后果之间的引起与被引起的关系，是医疗机构及其医护人员的违法行为和患者的损害后果之间客观上存在的联系。其中，医疗机构及其医护人员的违法行为发生在前，患者的损害后果发生在后，前者是后者发生的原因，后者是前者引起的结果。这种因果关系是客观存在的而非虚幻的，是从医学知识出发分析必然发生的而不是可能发生的。实践中对医疗纠纷中因果关系的判定是专业性极强的问题，很多情况下必须借助于医学会、司法鉴定机构等专业鉴定机构的鉴定才能确定。在疾病的发展演变过程中，很少存在简单的一因一果的情形，较多存在的情况是多因一果、一因多果，甚至有多因多果的情况存在，患者罹患疾病、诊疗行为、营养、自身机体特异性等方面因素之间存在错综复杂的关系，并共同作用最终引起了损害结果的发生。另外，还存在着直接因果关系和间接因果关系之分，盖然性因果关系与必然性因果关系之分。某一诊疗行为与患者最终的损害后果之间的关系必须从医学实践出发，考虑患者病情的普遍性和特殊性，审慎分析各种影响因素，从而能够得出令人信服的结论。

全国人大常委会在立法讨论中，于第三审阶段删除了《侵权责任法》二审稿第五十九条规定的“患者的损害可能是由医务人员的诊疗行为造成的，除医务人员提供相反证据外，推定该诊疗行为与患者损害之间存在因果关系”的规定，也就是将因果关系举证责任倒置的规定予以删除。删除此条的原因在于有的代表认为医疗损害责任中因果关系的举证十分困难，很多情况下医疗机构也难以举证，有的代表认为举证责任的分配问题属于民事诉讼法的范畴，侵权责任法作为实体法无须对此进行规定。[21] 我们认为，这一规定表面上看对医疗机构是有利的，减轻了医疗机构在医疗纠纷处理中的举证责任，但是，鉴于目前我国司法实践的情况，加之医疗侵权行为的特殊性，举证责任倒置的规定在今后的实践中如何运用尚须拭目以待。医疗机构目前需要做的，就是在医疗实践中严格遵守有关规定，切实按照规范常规进行操作，从而避免承担损害赔偿责任。

医疗损害因果关系是一个十分复杂的专业问题。对于医疗纠纷案件中的因果关系认定，恐怕难以通过一般的举证责任的分配来解决的。将该举证责任无论是分配给医疗机构，还是分配给患者，其实都难以完成这样的举证任务。在实际操作中只能是通过鉴定加以解决。正如最高人民法院民一庭负责人所讲的那样，医疗事故诉讼中对因果关系和医疗过失的认定最终依据鉴定结论。[22] 因此，鉴定将会成为医疗侵权诉讼的核心证据。因果关系的举证责任，在司法实践中就有可能演变成提起医疗鉴定的责任。从这个角度来看，《侵权责任法》所规定的举证责任倒置的要求与最高人民法院 2002 年的司法解释所规定的举证责任倒置的要求，没有太大的区别，惟一的不同就是谁来提起鉴定。其实，提起鉴定这样的问题在一般民事诉讼中没有太大的难度，但是在医疗侵权诉讼中却可能隐藏风险。因为一般的

㉑ 参见《全国人民代表大会法律委员会关于〈中华人民共和国侵权责任法（草案）〉修改情况的汇报》（2009 年 10 月 27 日第十一届全国人民代表大会常务委员会第十一次会议）。载王胜明：《中华人民共和国侵权责任法解读》，中国法制出版社 2010 年版，第 459 页。

㉒ 前引①。

民事诉讼,诉讼标的低,专业问题不复杂,即使涉及专业技术问题,进行一般的技术鉴定即可,费用不高,负担不大。但是,目前的医疗纠纷案件所涉及的医疗专业技术的鉴定有医疗事故技术鉴定和法医鉴定双轨制,医疗事故技术鉴定机构的收费相对较低,而法医技术鉴定收费则比较高,很多鉴定机构动辄收鉴定费逾万元,一些案件还进行了多次鉴定,势必在鉴定费上增加了当事人的负担。如果由患方承担举证责任,也就是由患方来提出鉴定申请,患方得预交鉴定费,这对处于贫困阶层的医疗纠纷诉讼患者而言,当然也就成了难题。这也将是留给人民法院的一道难题。

(四)医疗机构及其医护人员主观上存在过错

这是医疗损害责任构成的主观要件,表现了医疗机构及其医护人员的侵害行为在主观上的应受责难性。过错是指加害人在实施行为时主观上的一种可归责的心理状态,即加害人在实施行为时,心理上没有达到其应当达到的注意程度。[23] 过错表现为故意和过失两种基本形态。故意分为直接故意和间接故意,直接故意指明知损害结果会发生,并且希望损害结果发生的心理状态,间接故意指能够预见到损害后果发生的结果,并放任这种损害后果发生的心理状态。过失分为疏忽大意的过失和过于自信的过失,疏忽大意的过失指行为人应当预见到自己的行为会引起损害后果的发生,因为疏忽大意而没有预见,最终导致损害后果发生的心理状态,过于自信的过失指已经预见到损害后果的发生,但是轻信能够避免,结果导致损害结果发生的心理状态。这种区分在刑法上有非常重要的意义,对于判定犯罪嫌疑人的刑事责任非常关键,但在民法中的区分并没有这么严格,其原因在于民法中注重的不是惩罚功能而是弥补功能,无论行为人主观上的心理状态如何,只要存在一定的过错且行为造成了损害后果,就需要依法承担相应的责任。按照侵权责任法的有关规定,医疗机构及其医务人员存在过错需要由患者一方承担举证责任,即由患者一方提供证据证明医疗机构及其医务人员的行为存在主观过错。当然,考虑到患者一方证明医疗机构主观过错的困难性,《侵权责任法》第五十八条规定了三种推定医疗机构存在过错的情形,其目的在于减轻患者的举证责任,平衡医患双方的力量对比。

按照本条规定,医疗损害责任的承担方式是替代责任,也就是说由医疗机构代替医务人员承担相应的医疗损害责任。之所以如此规定,是因为医务人员实施的医疗行为本质上是履行职务的行为,除了个别个体诊所外,医务人员需要根据《执业医师法》的规定在一定的医疗机构注册后才能够执业,医务人员对外实施诊疗行为都是以医疗机构工作人员的名义进行,医务人员利用的场所、仪器、设备等都由

[23] 江平:《民法学》,中国政法大学出版社 2007 年 9 月第 1 版,第 552 页。

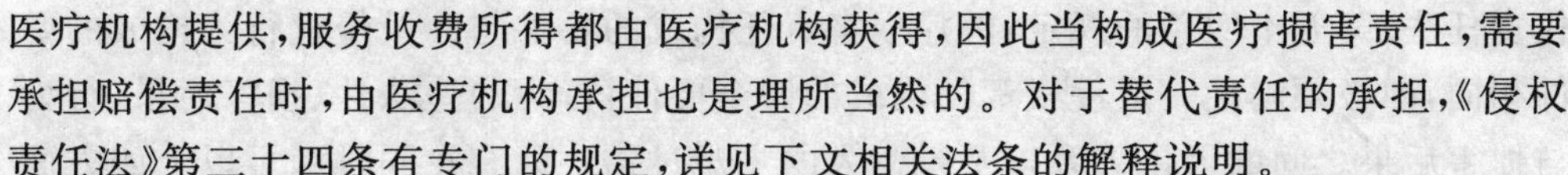

医疗机构提供，服务收费所得都由医疗机构获得，因此当构成医疗损害责任，需要承担赔偿责任时，由医疗机构承担也是理所当然的。对于替代责任的承担，《侵权责任法》第三十四条有专门的规定，详见下文相关法条的解释说明。

【案例与评析】

案例 4-1　杨某等与某市妇幼保健院医疗侵权赔偿纠纷上诉案[24]

杨某于 2005 年 8 月 4 日到某市妇幼保健院进行产前检查，于次日在该妇幼保健院建立孕产妇卡，并进行了孕产期常规体检和保健检查。其后杨某先后于当年 8 月 4 日、11 月 20 日、2006 年 1 月 23 日在某市妇幼保健院进行产前 B 超检查，均未发现异常。在此期间，某市妇幼保健院为杨某进行了常规的血细胞分析，结果亦为正常。某市妇幼保健院还按规定对杨某进行了孕产期保健提示和保健医学指导。2006 年 2 月 21 日，杨某在某市第二人民医院剖宫产下一男婴李某，李某左手掌先天缺失。为此，杨某、李某某（李某之父）向四川省彭州市人民法院提起医疗侵权之诉，要求某市妇幼保健院赔偿各项损失共计 320 000 元。

四川省彭州市人民法院一审认为，目前很多医学问题尚处于探索之中，超声检查方法和技术仍存在一定的局限性。在产前检查中，由于医疗技术水平本身的局限性和受胎儿体位、胎儿活动、胎儿骨骼声影及羊水等多因素影响，超声显像尚不能将胎儿的所有结构显示出来，胎儿畸形的概率客观存在。某市妇幼保健院按照医疗规范和常规尽到了注意义务，主观上没有过错，客观上没有违反医疗卫生管理法律法规和规章及诊疗护理规范，其医疗行为不具违法性。李某左手掌缺失，系其在胎儿妊娠过程中形成的畸形，该缺陷不是由于医生的过失造成，即使没有医生的行为介入，其也注定是有遗传缺陷的。因此，该损害结果与彭州市妇幼保健院的产前检查行为没有因果关系，故某市妇幼保健院的医疗行为不构成侵权责任，不应当承担赔偿责任。因此，一审判决驳回杨某、李某某的全部诉讼请求。

原告不服一审判决，上诉至四川省成都市中级人民法院。二审法院经审理认为：某市妇幼保健院的产前检查行为符合现行法律法规规定，不具有违法性，妇幼保健院主观上没有过错，其医疗行为与李某先天畸形的结果之间也不存在因果关系，故某市妇幼保健院不构成侵权责任，无需承担赔偿责任。故二审驳回上诉，维持原判。

评析

本案是法院根据医疗损害责任构成的四要素进行判决的典型案件。根据《侵

---

[24] 案例见四川省成都市中级人民法院民事判决书（[2008]成民终字第 296 号），引自北大法宝，vip.chinalawinfo.com。

权责任法》第五十四条的规定，医疗损害责任构成的要件与一般侵权行为构成的要件相同，即必须满足一般侵权责任构成的四个要件：行为的违法性、损害后果、行为与损害后果之间的因果关系以及行为人的主观过错。只有在同时满足以上四方面的要素时，侵权行为才能成立，行为人才需要依法承担相应的侵权责任。

从行为的违法性来看，某市妇幼保健院的行为符合现行法律法规、规章制度的规定，不具有违法性。依据《母婴保健法》《计划生育法》《母婴保健法实施办法》等法律法规的规定，医疗保健机构应当为育龄妇女和孕产妇提供孕产期保健服务，应当为孕产妇提供下列医疗保健服务：①为孕产妇建立保健手册（卡），定期进行产前检查；②为孕产妇提供卫生、营养、心理等方面的医学指导与咨询。在本案中，杨某与某市妇幼保健院建立产前保健检查关系后，从对杨某进行血液化验分析到超声检查，某市妇幼保健院均按照孕期检查常规和超声《临床技术操作规范》的规定进行，医疗行为符合医学诊疗规范，没有违反诊疗护理常规和操作规范的行为，故不具有违法性。

从损害后果及行为与损害后果之间的因果关系来看，本案中李某出生后左手掌缺失的结果是因为其父母的基因缺陷或其自身在妊娠过程中的各种原因造成，其产生原因具有复杂性，有的尚不为现代医学所能判定。某市妇幼保健院的产前检查行为只是定期通过 B 超和血液生化检查来判断有无严重畸形，并对孕产妇进行孕期健康教育，其不可能产生导致胎儿畸形的后果。也就是说，即使没有医疗行为的介入，李某出现先天性左手掌缺失畸形的可能性依然存在，该损害结果并非市妇幼保健院的产前检查行为所致，因此李某左手掌缺失与妇幼保健院的产前检查行为之间也不存在因果关系。

从主观过错方面来说，某市妇幼保健院的产前检查行为符合现行的相关规范，不具有过失。根据现行的《临床技术操作规范》的规定，中晚期妊娠常规超声检查内容包括：①胎位；②胎儿径线测量双顶径（BPD），股骨长度（FL）；③是否为多胎；④检查胎儿有无明显性脊柱裂、无脑儿、腹裂、心脏外翻；⑤测量胎心率及观察胎动；⑥确定胎盘位置；⑦测量羊水深度。另外，有条件单位可给出双顶径、头围、腹围、股骨长度四项参数，以便更准确预测胎龄，可应用彩超频谱测量脐带动脉 S/D。可见，胎儿手掌并非产前常规超声检查的内容。此外，杨某、李某某也未与妇幼保健院约定就胎儿手掌进行特别检查。据此判断，某市妇幼保健院按照常规的检查内容对杨某进行检查，其检查内容符合双方约定，也符合常规检查技术规范的要求，尽到了在现有医疗条件下通常的注意义务，主观上并无过错。

不难看出，本案中医疗机构的医疗行为未违反医疗卫生管理、行政法规、部门规章和诊疗护理规范、常规，不存在医疗过失行为，李某出现先天畸形与医疗机构的医疗行为之间不存在因果关系，医疗机构主观上也不存在过错。因此，法院判决医疗机构不承担损害赔偿责任也是符合法律规定的。本案提醒医疗机构及其医务人员在医疗行为过程中要严格依法执业，切实遵守相关规范，只有这样，才能够避免构成医疗侵权，从而承担赔偿责任。

案例 4-2　伍某与广州某医院医疗损害赔偿纠纷上诉案㉕

2005 年 9 月 7 日，邱某某（伍某的母亲）因“B 超发现右肾结石 1 年余，伴尿痛及镜下血尿 1 周”入住广州某医院分院，诊断为：①右肾铸型结石；②左肾积液，左肾功能严重受损；③高血压病。入院后完善各项检查，经医师查房，嘱完善检查，拟行右 PCNL（经皮肾穿刺取石术）。9 月 8 日，广州某医院与邱某某签订手术知情同意书，其中载明：手术名称为微创经皮右肾取石术，术中可能发生的问题包括术中、术后出血，严重时须输血或介入栓塞止血。广州某医院于术前作了总结，其中的手术困难估计中包括术中、术后出血，预防措施为术中操作细致，术后加强止血，但未做术前讨论，也未为手术备血。

9 月 9 日 9 时，广州某医院为邱某某行微创经皮肾穿刺取石术。术后邱某某转入麻醉后恢复室监护。当天下午患者病情发生恶化，出现肾内出血，并有缺血休克症状，起初主管医师未做病程记录也未及时发现并采取措施。后在上级医师指导下复查血常规、凝血四项、B 超、胸片等检查，并开始备血进行输血，待输血补充血容量，生命体征相对稳定后，家属签署知情同意书后送总院放射科行介入栓塞止血。临床诊断为右肾铸型结石 PCNL 术后出血，广州某医院当即对患者行超选择性右肾段动脉造影栓塞术，术中发现患者右肾中部两支动脉末梢出血，下支假性动脉瘤改变，上支造影剂外溢至肾包膜外，之后转入监护室治疗。

9 月 10 日 21 时 45 分，邱某某被转入 ICU 进一步治疗。在治疗过程中，出现肾衰竭，广州某医院对患者进行连续性肾脏替代治疗（CRRT），并多次进行会诊，在征得患者家属签字同意后，于 11 月 2 日对患者行右肾周血块清除术，术后病情无好转。11 月 9 日患者开始出现昏迷，次日出现低血压，心律失常，心搏骤停。经抢救无效，于 11 时 20 分临床死亡，死亡诊断为多器官功能衰竭。广州某医院建议尸检，伍某拒绝。

伍某诉至广州市越秀区人民法院，要求广州某医院赔偿各项损失 76 万余元。在诉讼中，一审法院委托广州市医学会就本案进行医疗事故鉴定，其结论为医方对患者诊断明确，术式选择、手术操作及对并发症的处理，符合诊疗护理规范。患者术后出现危象以至死亡，系 mPCNL 之并发症所致，加之出现 DIC 等因素导致并发症加重，最终发展到多器官功能衰竭、感染致死亡。但是，医方未做术前讨论，存在

㉕　案例见广东省广州市中级人民法院民事判决书（[2007]穗中法民一终字第 3016 号），引自北大法宝，vip. chinalawinfo. com。

不足。综上所述，未发现医方的医疗行为违反医疗卫生管理、行政法规、部门规章和诊疗护理规范、常规；无医疗过失行为，有医疗不足；患者的死亡属 mPCNL 之并发症，与医方的医疗行为及医疗不足之间不存在因果关系。故认为本案不构成医疗事故。法院据此判决驳回邱某的全部诉讼请求。

伍某不服，上诉至广州市中级人民法院。二审法院审理后认为：广州某医院虽在术式选择、履行告知义务、术中操作等方面处理得当，但在术前准备、术后监护方面存在一定的过错。术前未备血致术后不能及时输血，术后监护不力致未能及时应对病情变化，这些医疗过失行为虽与患者术后出血、DIC 等并发症之间无因果关系，但对术后出血的发现和休克的抢救造成一定程度的延误，与患者最终发生多器官衰竭乃至死亡之间有一定的因果关系。因此，广州某医院已构成侵权，对伍某的损失应承担相应的赔偿责任。关于责任比例的分担，应综合考虑医院的过错、患者的原发病因素以及合理的医疗风险进行综合考量，法院认为邱某某自身的原发病因素和合理的医疗风险是其死亡的主要因素，医疗过错为次要因素，因此酌定广州某医院对伍某的损失承担 20% 的赔偿责任。最终，二审法院判决撤销原判，并要求广州某医院赔偿伍某各项损失合计 15 万余元。

评析

本案也是非常典型地运用医疗侵权责任构成要件来判定医疗机构承担责任与否及责任大小的案件。其中一审判决与二审判决的巨大差别，足以引起医疗机构的重视，也必须在执业行为中注意以下几方面的问题：

1. 医疗损害责任的构成要件采取四要素说，必须在四个要件同时具备时医疗机构才需要承担相应的责任。本案审理过程中，一审判决未对整个医疗过程进行客观分析，单纯以广州市医学会作出的医疗事故鉴定结论作为判定案件的主要依据，据此认为医疗机构的医疗行为合法合规，仅仅存在些许不足，但医疗行为和医疗不足与患者的损害后果之间不存在因果关系，医疗机构亦无主观过错，故无需承担损害赔偿责任。二审判决则从本案的客观实际出发，在基本采信医学会鉴定结论的基础上，对术前准备、术后监护等方面存在的医疗不足与患者术后出现严重并发症并最终死亡之间的因果关系进行分析，同时又充分考虑到患者基础疾病的严重程度和治疗行为的巨大风险，认定患者自身的原发病因素和合理的医疗风险是其死亡的主要因素，医疗过错为次要因素，并据此判决医疗机构的行为构成医疗侵权，依法需承担部分赔偿责任。从一审二审判决结果的巨大差异可见，医疗损害责任的成立必须符合违法行为、损害后果、因果关系和主观过错四个要件，只有在这四个方面同时满足时，才能判定医疗侵权行为成立，才需要承担相应的侵权责任。

2. 医疗机构在医疗行为中必须切实遵守有关规定，注意细微之处。在本案中，二审判决客观地对医疗行为进行了分析，认为医疗行为的主要方面不存在过错，在术式选择、履行告知义务、术中操作等方面处理得当，患者发生严重并发症并最终死亡的主要原因是其疾病原因及自身因素。但是，医疗机构在术前准备、术后监护病情变化方面存在的些许不足也是导致患者发生严重并发症并最终死亡的次要原因，理应承担相应的部分责任。这一认定结果提醒医疗机构及其医务人员必须切实注意医疗行为的方方面面，无论是门诊还是住院，无论是术前检查、术式选择还是手术知情告知、术前准备，无论是手术操作还是术后监护、并发症的处理，都必须严格按照有关法律法规、规章制度的规定进行，严格遵守操作常规，尽到医疗机构及医务人员应尽的谨慎的注意义务，从而能够避免造成不良后果，承担医疗损害责任。

【需要注意的问题】

一、侵权责任构成的四个要件仍是医疗侵权责任构成不可或缺的要件

笔者注意到一些律师在对本条进行解释和说明时，从字面表述出发，强调本条规定摒弃了将因果关系作为侵权责任构成要件的看法，认为本条规定表明构成医疗损害责任并不要求医疗机构及其医护人员的违法行为与患者及其家属的损害后果之间存在因果关系，只要具有了其他三个构成要素，即具有违法行为、损害后果和主观过错，那么医疗损害责任就能够成立。笔者认为这种理解过分局限于本条的字面含义，将本条与《侵权责任法》其他条款规定割裂开来，忽视了医疗损害责任作为民事侵权责任的一种，也应当符合侵权责任构成的四方面要件，并且四个要素缺一不可。试想，如果该条规定不要求医疗机构及其医护人员的违法行为与患者的损害后果之间存在因果关系，那么违法行为与损害后果之间是孤立的，二者没有发生关系的可能性，侵权责任当然也无从构成。如果二者之间没有因果关系，要么违法行为没有引起损害后果，没有对患者造成人身、财产损害，也就没有医疗损害责任构成的可能；要么损害后果不是由违法行为造成，而是由合法行为或正当行为构成，比如在紧急情况下为抢救患者生命而采取紧急医疗措施而带来的伤害结果等，其在一定条件下可能成立紧急避险，按照《侵权责任法》的相关规定，这些情况是无需承担责任的，当然也就没有医疗损害责任成立的可能性了。因此，在对本条规定进行理解分析时，不能将本条规定孤立起来，而是要将其与整个《侵权责任法》的规定结合起来，从四要素方面理解医疗侵权责任的构成，从而保证法律的正确理解和适用。

二、医疗过错和因果关系的认定有赖于医疗技术鉴定

虽然,医疗机构及其医务人员实施的医疗行为是否存在过错,及其与患者出现的损害结果之间是否具有因果关系,属于诉讼当事人举证的范围。本次《侵权责任法》在归责原则上适用过错责任原则(患方举证),以过错推定原则为例外(医方举证);而医疗行为与损害后果之间是否存在因果关系,采谁主张谁举证的原则,应当由患方举证。因此,从立法层面来看,医疗机构在诉讼中的举证负担大大减轻,而患方在诉讼过程中的举证负担则比较重。但是,正如《侵权责任法》实施前施行的医疗过错与因果关系均由医疗机构举证一样,审判机关不会完全从医患双方所列举的证据来判断医疗过错与因果关系,即使医疗机构或者患方所提供的证据已经证明了医疗过错和因果关系的问题,但是法官未必能够从当事人所提交的证据中解读出来,因而法官仍然难以形成可以下判的心证。在这样的情况下,人民法院的一般做法,就是寻求第三方的帮助,通过第三方对相关证据的解读,给法官提供直接可以援引和使用的证据,协助法官做出医疗过错和因果关系的判断。这第三方就是法定的鉴定机构。

可以预计,在《侵权责任法》实施之后,法院在审理医疗侵权案件的时候,仍然会重视医疗专业技术鉴定。虽然从诉讼举证责任分配的角度来看,在更多的时候应当由患方提起鉴定申请,从而启动司法鉴定程序,但是涉及鉴定费用的承担,而患方当事人往往又处于经济贫困状态,因而最后法官一定会与医疗机构协商,由医疗机构来预付相关的简单费用。从这个角度来看,医疗机构的地位仍然没有太多的改观。不过,对于没完没了的重复鉴定,今后医疗机构就可以拒绝垫付鉴定费用。从杜绝和避免重复鉴定的角度来看,这倒很有现实意义。

【相关法条与解释】

第二条　侵害民事权益,应当依照本法承担侵权责任。

本法所称民事权益,包括生命权、健康权、姓名权、名誉权、荣誉权、肖像权、隐私权、婚姻自主权、监护权、所有权、用益物权、担保物权、著作权、专利权、商标专用权、发现权、股权、继承权等人身、财产权益。

【释义】

本条第一款是对民事侵权责任的总体规定。该款将侵权责任法的主要内容予以概括规定,明确规定侵害民事权益的应当依照侵权责任法的规定承担侵权责任。该款规定确立了侵权责任法在民事侵权法律中的核心地位,是我国完整民法体系

的重要组成部分。其中需要注意的是“民事权益”，其意指自然人、法人或其他组织依法享有的民事方面的权利与利益，也即侵权责任法所保护的是民事方面的权利和利益。第二款是对侵权责任法所保护的“民事权益”的具体解释，采用列举加概括说明的方式对“民事权益”进行界定，将本法所保护的民事权益的内容详细加以规定，其中比较引人注目的是隐私权，这是迄今为止我国法律中第一次对隐私权进行明确规定，也是侵权责任法的一大亮点。

本条中提到的生命权、健康权、隐私权及财产权益等民事权利是在医疗损害责任中比较容易受到侵害的，也是医疗损害责任侵害患者合法权利的主要方面。生命权是指自然人依法享有的以自身的生命维持和安全利益为内容的人身权，其权利客体是自然人的生命，侵权方式是剥夺他人的生命。健康权是指自然人依法享有的保持身体功能正常和维护健康利益的权利。身心健康是公民生存和进行正常民事活动的前提条件，也是公民作为民事主体所应享有的基本权利。对公民器质健康、生理健康、心理健康的侵害均构成对公民健康权的侵害，健康权的权利客体是自然人的身体功能的正常和健康利益的维护，侵权方式是损害他人的健康。隐私权是自然人的自由权在私法上的保护，是指自然人所享有的私生活领域及私人信息不受侵扰的人格权。㉖ 其权利客体是自然人的隐私，即自然人享有的对其个人的与公共利益无关的个人信息、私人活动和私有领域进行支配的权利，对隐私权的侵权方式是泄露他人的隐私，对他人的精神、财产等造成损失。

这一条出现了一个关键性的名词“民事权益”，权利、其他民法利益和民事权益之间是什么关系呢？权利仅限于指称名义上被称作权利者，属于广义法益的核心部分，其余民法上的利益均称其他法益。㉗ 民事法益具有类似民事权利的某些属性但又有不同于民事权利的特征，部分民事法益可能上升为民事权利，而另一部分则只能以受到法律保护的利益形态存在。民事权利与民事法益合称为民事权益。㉘ 侵权责任法保护的一切民事法律应当保护的利益，包括权利和其他民事法益。

第六条　行为人因过错侵害他人民事权益，应当承担侵权责任。

根据法律规定推定行为人有过错，行为人不能证明自己没有过错的，应当承担侵权责任。

【释义】

本条第一款和第二款分别是对归责原则中过错责任原则和推定过错责任原则

㉖ 江平：《民法学》，中国政法大学出版社 2007 年 9 月，第 73 页。

㉗ 龙卫球：《民法总论》，第二版，中国法制出版社 2002 年版，第 121 页。

㉘ 前引⑥，第 13 页。

的规定。

第一款规定的是过错责任原则，这一归责原则是民事侵权责任法中的基本原则，在无法律特殊规定的情况下侵权责任的构成都采用这一原则。过错责任原则与本法规定的其他归责原则的不同之处在于其要求侵权责任的构成必须有加害人的主观过错存在，如果加害人主观上没有过错，那么侵权责任就不能成立。在过错责任归责原则的构成要件中，必须满足一般侵权责任构成的四个要件，即只有在违法行为、损害后果、因果关系和主观过错四个要素同时具备时，侵权责任才能成立。

第二款规定的是推定过错责任原则。其与第一款规定的过错责任原则具有相似之处，即二者在根本上都要求侵权人主观上存在过错，也就是说，有过错才有责任，无过错就无责任。然而，本款规定的推定过错责任原则与第一款的规定还是存在区别的，其区别在于在采用推定过错责任原则时，加害人的主观过错是采取推定方法确定的。也就是说，当受害者一方举证证明的事实达到一定程度，符合有关法律的相关规定时，受害者一方无需就加害人的主观过错进行举证，法官就可以按照法律的有关规定推定加害人存在主观过错，从而在侵权责任构成的其他三个要素都符合的情况下，认为侵权责任成立。但是，推定加害人存在主观过错只是法律的一种设置，目的是维护受害者的利益，适时将举证责任转移到加害人身上，推定的过错能否最终作为判定侵权责任成立的依据尚取决于加害人能否证明自己没有过错。如果在推定加害人存在过错后加害人没有充分证据证明自己不存在过错，那么推定就可以成立，侵权责任成立，加害人需要承担侵权责任；反之，如果在法官推定加害人存在主观过错后加害人提出了充分的证据用于证明自己不存在过错，且该证据达到了足以推翻主观过错的推定的程度时，可以认定加害人没有主观过错，侵权责任就不能成立。

第七条　行为人损害他人民事权益，不论行为人有无过错，法律规定应当承担侵权责任的，依照其规定。

【释义】

本条是对归责原则中无过错责任原则的规定。无过错责任原则也称为严格责任、危险责任或者风险责任。无过错责任原则是与过错责任原则相对应的归责原则，是指行为人的行为损害他人民事权益，不论行为人在实施该行为时是否存在过错，只要法律明确规定需要承担侵权责任的，那么行为人就必须承担相应的侵权责任的归责原则。这一归责原则规定的情形中侵权责任的成立不以行为人的主观过错为必要条件，而是依据法律的规定应当承担侵权责任。

侵权责任法之所以如此规定，是考虑到某些特殊情况下对受害人的利益进行更好的保护。在很多民事侵权的情况下，要求受害人举证证明行为人主观上存在过错非常困难，如果按照一般侵权行为的构成要件来要求受害人举证，那么证明难度极大，很可能无法举证，其结果是不利于对受害人权利的保护。侵权责任法在本条规定无过错责任的归责原则，目的正是要通过法律对特殊情形的明确规定，保护受害人的合法权益。采用无过错责任归责原则的情形较多，如生产者承担的产品缺陷责任，高度危险作业人承担的侵权责任等。另外，根据本条规定，必须明确的是，行为人承担无过错责任的依据必须是法律，此处的“法律”应当是指狭义的法律，即由全国人大及其常委会通过并颁布实施的规范性文件，而不包括行政法规、部门规章、地方性法规等。

无过错责任原则的适用，强调要有法律规定。这里讲的法律，当然是全国人民代表大会及其常委会制定、颁布的规范性法律文件，也包括国务院制定、颁布的行政条例。至于其他地方性条例、行政规章等，则不在此列。具体到医疗损害责任中，《侵权责任法》第五十九条的规定中也涉及无过错责任。根据第五十九条的规定，药品、消毒药剂、医疗器械的生产者和血液及其制品的提供者在其生产的药品、消毒药剂、医疗器械和提供的血液及其制品存在缺陷，造成患者损害的，生产者和血液提供机构应当对患者承担无过错责任。而过去的医疗纠纷诉讼实践中，有法院在具体案件处理上，也曾经适用过无过错责任原则，显然是错误的。

第八条　二人以上共同实施侵权行为，造成他人损害的，应当承担连带责任。

【释义】

本条是有关共同侵权行为承担连带责任的规定。《民法通则》第一百三十条规定“二人以上共同侵权造成他人损害的，应当承担连带责任”，其含义与本条相同。根据本条规定，二个以上的行为人共同实施侵权行为，对他人造成损害的，应当由共同加害人承担连带责任。其中比较重要的是要正确理解共同侵权行为的构成和连带责任的承担方式。

构成共同侵权行为需要符合以下几个要件：从主体方面说，必须是存在二个以上的共同加害人，这是共同侵权行为与其他一般侵权行为的根本区别所在，共同加害人可以是自然人，也可以是法人或其他组织；从行为方面说，必须是二人以上共同实施侵权行为，各个加害人的行为具有关联性，是构成损害结果的不可或缺的一部分，他们相同或相似的有过错的行为是造成同一不可分割的损害后果的共同原因；[29]共同侵权行为必须对他人造成了损害后果，且该结果是一个统一的、不可分割的结果；二个以上的侵权行为人存在共同过错，过错的内容相同或相似。

连带责任，也称共同责任，是指共同侵权人作为一个整体对损害结果共同承担责任，其中的任何一个义务人都有义务对全部损害结果承担责任。当其中的一人

㉙　江平：《民法学》，中国政法大学出版社 2007 年版，第 571 页。

或数人对全部损害后果承担责任后，有权向未承担责任的共同加害人追偿。对于受害人来说，既可以要求全部加害人承担损害赔偿责任，也可以要求其中一人或数人承担损害赔偿责任，这一点在《民法通则》中未做明确规定，《侵权责任法》则在第十三条进行了明确规定，即“法律规定承担连带责任的，被侵权人有权请求部分或者全部连带责任人承担责任”。一旦一个或数个加害人履行了全部赔偿义务，受害人不得再向其他加害人主张权利。反之，如果受害人的请求权尚未得到满足或未得到全部满足，他仍然可以要求其他加害人承担全部赔偿责任或剩余部分的赔偿责任。[30]

在医疗损害责任中，也常常发生构成共同侵权行为，需要承担连带责任的情形。比较典型的例子如患者在不同医疗机构之间先后转诊，并因为不同医疗机构的不当医疗行为造成共同的损害结果的情形，在这种情形下，不同医疗机构之间就应当承担连带责任。

第十条　二人以上实施危及他人人身、财产安全的行为，其中一人或者数人的行为造成他人损害，能够确定具体侵权人的，由侵权人承担责任；不能确定具体侵权人的，行为人承担连带责任。

【释义】

本条是有关共同危险行为的责任承担方式的规定。共同危险行为，又称“准共同侵权行为”或“表见型共同侵权行为”，是指二人或二人以上共同实施有侵害他人危险的行为，并且造成损害后果，而不能判明其中谁是真正加害人。共同危险行为在古罗马法中即有萌芽，后世界各国对此大都予以规定。《德国民法典》在共同侵权条款中确立了共同危险行为，其第八百三十条规定：“数人因共同侵权行为造成损害者，各人对被害人由此所受的损害负其责任。不能查明数关系人中谁的行为造成损害时，亦同。”这一模式，为大陆法系国家相继采用。《日本民法典》第七百一十九条规定：“因数人共同为不法行为而对他人加以损害时，应各自连带负其赔偿责任。共同行为中，何人加其损害不能确知者，亦同。”[31]共同危险行为在《民法通则》中未做明确规定，最高人民法院于2003年发布的《关于审理人身损害赔偿案件适用法律若干问题的解释》中有明确规定。该解释第四条规定“二人以上共同实施危及他人人身安全的行为并造成损害后果，不能确定实际侵害行为人的，应当依照民法通则第一百三十条规定承担连带责任。共同危险行为人能够证明损害后果不是由其行为造成的，不承担赔偿责任。”

共同危险行为的构成需要具备以下几方面的要件：第一，二个以上行为人实施

㉚ 前引㉙，第573页。

㉛ 王利明：《共同危险行为若干问题研究》，《法学杂志》2004年第4期。

了共同的危险行为。主体须是二个以上的行为人，否则就是独立行为人的侵权行为。另外，实施共同危险行为的行为人须是确定的。第二，二个以上行为人的行为均具有危险性，均有可能造成损害结果。第三，加害人具有不确定性，无法明确确定加害人。如史尚宽先生所言，共同危险行为与纯粹之共同侵权行为人不同者，非因全体之行为使其发生损害，惟因其中之某人之行为而使其发生结果，然不知其为谁之时也。[32] 第四，二个以上加害人具有共同过错。第五，引起的损害后果具有统一性。

共同危险行为的责任如何承担，需要根据案件的具体事实来判定。第一种情况，能够确定具体侵权人的，由侵权人承担责任。其原因在于如果能够确定具体侵权人，就可以要求具体侵权人承担相应的赔偿责任，能够有效地弥补受害人的损失，此时要求共同危险行为人共同承担连带责任的必要性也就不复存在。第二种情况，不能确定具体侵权人的，共同危险行为人承担连带责任。如此规定是各国的通行做法，其目的在于有效地弥补受害人的损失，避免因为无法确定具体加害人而使受害人的损失无法弥补。这样规定也符合效率和公平正义的原则，要求共同危险行为人承担连带责任更有利于发现事实真相，确定真正的加害人。需要注意的是，根据《关于审理人身损害赔偿案件适用法律若干问题的解释》第四条和《最高人民法院关于民事诉讼证据的若干规定》第四条第一款第七项的规定，在共同危险行为诉讼中，如果共同危险行为人主张自己可以免责，那么必须由该共同危险行为人就其行为与损害结果之间不存在因果关系承担举证责任。只要行为人能够证明自己的行为与损害后果之间不存在因果关系，就可以主张免除责任。

第十一条　二人以上分别实施侵权行为造成同一损害，每个人的侵权行为都足以造成全部损害的，行为人承担连带责任。

【释义】

本条是有关叠加的共同侵权行为的规定。叠加的共同侵权行为是共同侵权行为的一种特殊类型。在主观上，这种侵权行为的行为人并没有主观上的意思联络，也没有共同的过错，而是分别实施侵权行为，造成了同一个损害结果，但是每一个侵权行为人的侵权行为都足以造成全部的损害结果。[33] 按照本条规定，在叠加的共同侵权行为的情况下，侵权行为人承担连带责任，各个侵权行为人之间责任的承担按照本法有关连带责任的规定进行分配。

构成叠加的共同侵权行为，需要满足以下几个要件：第一，侵权行为人为二个以上。叠加的共同侵权行为是共同侵权行为的一种特殊类型，因此其主体也必须

---

[32] 史尚宽：《债法总论》，中国政法大学出版社 2000 年版，第 175 页。

[33] 杨立新：《〈中华人民共和国侵权责任法〉精解》，知识产权出版社 2010 年版，第 64 页。

是二个以上。第二，行为人主观上没有意思联络，也没有共同的主观过错。这是叠加的共同侵权行为与一般的共同侵权行为相区别的主要特征。第三，行为人分别实施侵权行为，造成了同一个损害结果。行为人各自实施的侵权行为是相互独立的，之间没有相互配合共同实施。第四，每一个侵权行为人的行为都足以造成全部的损害后果。这是对每个侵权行为人的侵权行为的造成损害后果的程度的规定，也是法律规定由共同侵权行为人承担连带责任的主要原因。

第十二条　二人以上分别实施侵权行为造成同一损害，能够确定责任大小的，各自承担相应的责任；难以确定责任大小的，平均承担赔偿责任。

【释义】

本条是关于无意思联络的数人的侵权行为的责任承担的规定。所谓无意思联络的数人的侵权行为，是指二人以上没有意思联络，没有共同的过失，针对同一对象分别实施侵权行为，造成了同一损害结果。无意思联络的数人的侵权行为从表面上看与共同侵权行为非常类似，在实践中也容易混为一谈，但是，无意思联络的数人的侵权行为本质上并不是共同侵权，不能将之与共同侵权混淆。两者之间存在着以下两方面显著区别：第一，从主观上看，无意思联络的数人的侵权行为人之间没有共同过错，既没有意思联络，也没有对损害结果发生的共同预见或追求。而共同侵权行为人之间则存在共同过错，一般都是有共同的意思联络和对损害结果的预见。第二，从客观上看，无意思联络的数人的侵权行为是分别进行的，其造成的损害结果是可以分割的。而共同侵权行为人的侵权行为是侵权人共同实施的或者之间存在分工配合，其造成的损害结果也是同一的，是不可分割的。[34]

无意思联络的数人的侵权行为在我国《民法通则》中没有规定，最高人民法院《关于审理人身损害赔偿案件适用法律若干问题的解释》第三条最早进行规定，即"二人以上共同故意或者共同过失致人损害，或者虽无共同故意、共同过失，但其侵害行为直接结合发生同一损害后果的，构成共同侵权，应当依照民法通则第一百三十条规定承担连带责任。二人以上没有共同故意或者共同过失，但其分别实施的数个行为间接结合发生同一损害后果的，应当根据过失大小或者原因力比例各自承担相应的赔偿责任。"第三条第一款是有关共同侵权行为的规定，其中包括两种情形，一种是侵权人具有共同故意或共同过失从而致人损害的共同侵权行为；一种是虽无共同故意或共同过失，但侵害行为直接结合造成同一损害后果的，也认定为共同侵权行为。出现这两种情形的，侵权行为人之间要承担连带责任。第三条第二款的规定与侵权责任法第十二条的规定相同，是无意思联络的数人的侵权行为。

㉞　前引㉝，第72页。

按照本条规定，无意思联络的数人的侵权行为人之间是按份责任，各个行为人要根据过失大小或者原因力比例各自承担相应的赔偿责任。如果难以确定各个侵权行为人责任大小的，平均承担损害赔偿责任。法律如此规定，其原因在于在无意思联络的数人的侵权行为的情形下，各个侵权行为人的侵权行为是独立的，之间不存在承担连带责任的基础和可能。实践中要将本条规定的情形与本法有关连带责任的规定认真加以区别。

第十三条　法律规定承担连带责任的，被侵权人有权请求部分或者全部连带责任人承担责任。

【释义】

本条是对连带责任承担方式的规定。连带责任是指两个以上的民事主体因不履行连带债务或共同实施侵权行为而应共同承担民事责任的方式，其中任一责任主体均有义务应权利主体的请求承担全部责任，承担责任超过内部责任份额者有权向其他责任者追偿。连带责任制度在激励连带债务人相互监督、积极履行债务方面，以及在受害人遭受数人共同侵权而针对各个侵权行为人的过错和行为致害的原因力举证困难时，有自己独特的激励和保护机制。[35] 法律之所以规定在一定情况下由责任人承担连带责任，其目的在于加强对受害人权利的保护，更好地维护受害人的利益。

根据本条的规定，在法律规定由共同侵权行为人承担连带责任时，被侵权人有权请求部分或全部连带责任人承担责任。法律如此规定，是考虑到保护被侵权人的利益，方便被侵权人主张权利。任一连带责任人无权拒绝被侵权人的要求承担全部责任的请求，不得以侵权责任需要由连带责任人共同承担或自己承担部分超过侵权人内部责任份额为由拒绝向被侵权人承担责任。但是在共同侵权人内部，各个共同侵权人之间则是具有份额的，当某一或某些共同侵权人向被侵权人承担了全部侵权责任后，承担责任超过自己应分担份额的共同侵权人有权向其他未承担责任或承担责任未达到自身应承担份额的侵权人追偿。这些内容在侵权责任法第十四条也有明确规定，第十四条规定“连带责任人根据各自责任大小确定相应的赔偿数额；难以确定责任大小的，平均承担赔偿责任。支付超出自己赔偿数额的连带责任人，有权向其他连带责任人追偿”。

第三十四条　用人单位的工作人员因执行工作任务造成他人损害的，由用人单位承担侵权责任。

劳务派遣期间，被派遣的工作人员因执行工作任务造成他人损害的，由接受劳

---

[35] 郭晓霞：《连带责任制度探微》，《法学杂志》2008 年第 5 期。

务派遣的用工单位承担侵权责任；劳务派遣单位有过错的，承担相应的补充责任。

【释义】

本条是有关用人单位责任及劳务派遣时责任承担方式的规定。用人单位责任指用人单位在其工作人员的职务行为侵害他人利益造成损害时承担的损害赔偿责任。用人单位责任本质上属于替代责任的一种，是由用人单位代替其工作人员承担职务行为引起的损害赔偿责任的责任承担方式。用人单位责任由公职人员责任演变而来，我国《民法通则》第一百二十一条就对国家机关或者国家机关工作人员在执行职务中，侵犯公民、法人的合法权益造成损害时承担民事责任的方式有明确规定。最高人民法院《关于审理人身损害赔偿案件适用法律若干问题的解释》第八条则对用人单位责任进行明确规定，该条规定“法人或者其他组织的法定代表人、负责人以及工作人员，在执行职务中致人损害的，依照《民法通则》第一百二十一条的规定，由该法人或者其他组织承担民事责任。上述人员实施与职务无关的行为致人损害的，应当由行为人承担赔偿责任。”该条规定从正反两个方面规定了用人单位责任的承担要件。根据本条第一款规定，用人单位责任的构成要件如下。

1. 侵权人必须是用人单位的工作人员，这是用人单位责任构成的主体要件。只有在用人单位的工作人员实施了侵害他人合法权益的行为，给他人造成损害，需要承担损害赔偿责任时，才有用人单位责任成立的可能。具体到医疗损害责任，一般来说，对患者的权利构成损害的工作人员须是依据相关法律法规取得相应资质，并在一定的医疗机构进行执业注册登记，从而获得合法执业资格的医师、护士、药剂师、技师、后勤人员、医疗管理人员等。如果不是医疗机构的工作人员，而是其他人员，比如患者家属、患者自行聘请的护工等非医疗机构工作人员对患者的权利造成损害，需要承担医疗损害赔偿责任的，医疗机构作为用人单位无需承担责任。

在医疗机构管理的具体实践中，需要特别注意的是在医疗机构内大量存在的进修生、实习生、临床研究生等问题，尤其是一些比较大型的医疗机构或者是医学院校、医学研究机构附属的教学医院等，这些问题更加突出，也非常容易引发纠纷。笔者认为，既然医疗机构接受进修生、实习生、临床研究生参加临床工作，就必须严格按照《中华人民共和国执业医师法》《中华人民共和国高等教育法》《医学教育临床实践管理暂行规定》《病历书写基本规范（试行）》等法律、规章的规定进行操作，在进修生、实习生、临床研究生参加临床实践的过程中做好相关的管理，严格约束进修生、实习生、临床研究生的行为，同时也要为进修生、实习生、临床研究生的行为引起的侵权后果承担相应的责任。其原因在于在医疗机构接受进修生、实习生、临床研究生参加临床工作的同时，在一定程度上已经赋予了进修生、实习生、临床研究生准工作人员的身份，而且对患者来说，进修生、实习生、临床研究生与医疗机构正式的工作人员并无明确区别，在进修生、实习生、临床研究生的行为引起患者的损害，需要承担赔偿责任时，由医疗机构承担责任也是顺理成章的事。

2. 必须是工作人员的职务行为引起的损害结果。本条中规定的"执行工作任务"事实上就是职务行为，一般是按照用人单位的安排和指示，利用用人单位提供的工作设施和条件，进行的工作成果和相关责任承担均归用人单位所有的行为。只有在工作过程中为了执行工作任务而采取职务行为，造成了患者损害需要承担侵权责任的情况下，才能够由用人单位承担相应的替代责任。与职务行为相对应的是非职务行为，工作人员实施的非职务行为是指工作人员在工作之外或在工作期间实施的与履行职务无关的行为，非职务行为产生的结果由工作人员个人承担，与用人单位无关；当然，在因为工作人员的非职务行为而产生侵权后果需要承担侵权责任的，用人单位也不承担责任。

3. 必须是工作人员的行为对受害者造成了损害后果，需要承担侵权赔偿责任。换言之，必须是工作人员的职务行为对受害者造成了损害后果，在职务行为与损害后果之间存在因果关系，且工作人员主观上存在过错。有的情况下，用人单位的工作人员实施了职务行为，受害者也出现了损害后果，但是二者之间不存在因果关系，或者是工作人员的职务行为造成了受害者的损害后果，但是工作人员主观上不存在过错，或者是因为正当防卫、紧急避险等免除责任的法定事由，那么用人单位也不需要承担相应的侵权赔偿责任。

本条第二款是对劳务派遣的情况下用人单位责任承担的特殊规定。劳务派遣是一种新兴的用工形式，过去劳务派遣人员在工作期间侵犯他人合法权益时，是由派遣单位承担责任还是由用工单位承担责任，经常出现纷争，使权益被侵害的受害人得不到及时救济。按照本款的规定，在劳务派遣期间，被派遣的工作人员实施职务行为引起他人损害结果时，首先要由接受劳务派遣的用工单位承担赔偿责任。其原因主要在于，在劳务派遣的情况下，尽管工作人员与劳务派遣单位之间存在劳动合同关系，但是工作人员的工作过程处于用工单位的支配和控制之下，用工单位对工作人员的支配力较劳务派遣单位要强，而且工作成果也由用工单位享有，因此在工作人员因为职务行为导致他人损害，需要承担损害赔偿责任时，由接受劳务派遣的用工单位承担侵权责任也是符合常理的。

同时，该款还规定在劳务派遣单位存在过错时，要承担相应的补充责任。对这一规定要从以下两个方面进行理解：第一，劳务派遣单位承担的是过错责任。也就是说，劳务派遣单位承担责任的必要条件是其存在过错，有过错则有责任，无过错则无责任。劳务派遣单位存在过错，是指其对工作人员对他人造成的损害后果存在的主观心理状态，也即主观上的应受责难性。这一点提示我们在判定劳务派遣单位是否需要承担责任时必须首先判定劳务派遣单位主观上是否存在过错，只有在主观上存在过错时才能考虑其是否承担侵权责任和在多大程度上承担侵权责任。第二，劳务派遣单位承担的是补充责任。补充责任属于不真正连带责任（或称不真正连带债务）中的一种，是指多数行为人就基于不同发生原因而产生的同一给付内容的数个责任，各个负担全部履行义务，并因行为人之一的履行行为而使全体行为人的责任均归于消灭的侵权责任形态。[36] 简单地说，劳务派遣单位承担责任必须是在接受劳务派遣的用工单位穷尽其财产仍无力承担赔偿责任之时，而且其应当承担的责任只能是用工单位承担责任后无力承担的份额。补充责任与连带责任不同，劳务派遣单位作为补充责任人是第二责任人，在第一责任人（接受劳务派遣的用工单位）未承担责任时，享有抗辩权，即有权在受害者未要求接受劳务派遣的用工单位承担责任时拒绝受害者要求其承担责任的要求。

随着近年来劳动用工制度的改革和人事代理、劳务派遣制度的广泛运用，许多医疗机构也越来越多地采用劳务派遣的方式接受新的员工，劳务派遣员工在职工中的比例逐渐提高，比如医院的保洁员、护工、陪护人员以及营养食堂等。因此要充分理解该款规定，在涉及劳务派遣员工侵权行为的责任承担时要依据法律规定，合理合法地维护自身的利益。一方面，在接受的派遣员工实施职务行为侵犯他人权利，需要承担侵权责任时作为接受劳务派遣的用工单位必须依法承担责任。另一方面，如果进行劳务派遣的一方在派遣员工时存在过错，如提供的员工不具备相应的资质、派遣的员工不符合双方的劳务派遣合同的约定，那么作为接受劳务派遣的用工单位的医疗机构就应当要求劳务派遣单位承担相应的补充责任。

---

[36] 杨立新：《论侵权责任的补充责任》，《法律适用》2003年第6期。

第5章

医疗过错与过错推定

本章与前一章的内容非常密切，但鉴于篇幅，因而另立一章。本章主要就医疗过错认定的标准、医疗过错推定的法定情形进行深入剖析和实践展开，从而指导医疗机构在诊疗过程中如何规范医疗行为，使其更好地服务于患者，保护患者的合法权益。如果把前一章称为理论篇的话，那么本章就可以称为实务篇。

第五十七条　医务人员在诊疗活动中未尽到与当时的医疗水平相应的诊疗义务，造成患者损害的，医疗机构应当承担赔偿责任。

【主旨】

本条是对诊疗义务及其判定标准的规定。

【释义】

本条是对医疗损害责任构成及其判定标准的规定，实际上就是对《侵权责任法》第五十四条“医疗机构及其医务人员有过错”中的“过错”进行解释。在法理上，过错是指行为人在主观上具有可非难性，包括故意和过失两种。但是在具体医疗实务中，由于医疗行为具有高度的专业性，医疗机构及其医务人员的诊疗活动是否具有过错，则可能出于难以说清楚的问题，过去我国的立法上从来没有对此清楚地规定过，即使是《医疗事故处理条例》，也只是用了“过失”一词。① 在实践中，对于医疗过错的认定则非常混乱，有的简单地以“违反医疗卫生管理法律、行政法规、部门规章和诊疗护理规范、常规”加以认定，有的简单地以医疗行为的最终后果（造成患者误诊、误治、伤残、死亡）加以认定。在医疗事故技术鉴定过程中，由于缺乏医疗过错的判定标准，鉴定专家在具体案件的鉴定过错中也各行其是，以自己的个人价值观来理解。因此，在立法上对医疗过错进行解释，确立一个合理的判断标准是

① 参见《医疗事故处理条例》第二条：本条例所称医疗事故，是指医疗机构及其医务人员在医疗活动中，违反医疗卫生管理法律、行政法规、部门规章和诊疗护理规范、常规，过失造成患者人身损害的事故。

非常必要的。

一、医疗过失的含义

医疗过错包括医疗故意和医疗过失。医疗故意是指医务人员对于患者可能出现的损害结果持积极的追求心态，或者医务人员对于患者所出现的损害结果有预见而予以放纵，从而使损害结果最终得以发生。需要鉴别的是，在实践过程中，有时医务人员在医疗活动中违反法律、法规、规章、诊疗规范、操作规程是故意的，比如医师值班期间饮酒、上网玩游戏、离岗等，是否就可以认定是故意呢？不是，这只能说医务人员在违法上是故意的，这是医务人员的行为违法性问题。而侵权构成要件中讲的故意，是指行为人对损害结果出现的心理态度。只有医务人员出于不良动机，要使其正在诊治的患者身体或者生命受到损害而实施了危及患者身体健康或者生命的行为，才属于医疗故意。当然，这很可能已经构成了刑法上的犯罪，但并不排除民事责任的承担。显然，在侵权法上对于故意是比较好考察的，在医疗侵权中也是如此。因而，医疗过失的考察就成了侵权法上的重点和难点了。过失的概念包含了三层含义，即被告对原告负有注意义务、被告违反此注意义务、被存造成了对原告的注意义务。[②] 在专业技术领域，理解专业技术方面过失的关键在于该专业领域对注意义务的界定，这种注意义务包括最佳注意义务和危害结果回避义务两方面。医务人员在给患者实施以诊治疾病为目的的诊疗行为，这些诊疗行为也同时存在损害患者的健康，医务人员在应当对患者的病情做出自己能力范围的评价，并根据医学理论和诊疗水平提出切合患者情况的诊断和治疗方案，对于所实施的诊疗方案存在的风险应当有清楚的认识，对于可能给患者造成的损害后果应当尽已所能建议避免。如果医务人员没有能够对患者的病情和诊疗措施的风险进行预见，就属于没有尽到最佳注意义务；如果医务人员已经注意到了相关的风险，但是在具体医疗行为实施过程中没有能够采取措施避免对患者造成的损害，就属于没有尽到危害结果回避义务。因此，医疗过失的认定就转化为最佳注意义务与危害结果回避义务的认定上来了。只有医务人员同时尽到了最佳注意义务和危害结果回避义务，才能认定医疗行为没有过错。在最佳注意义务和危害结果回避义务二者的关系方面，前者是后者的前提和基础，后者是前者的结果保证。如果医务人员尽到了注意义务，就曾在免除责任的前提和基础，在此基础上，如果医务人员又尽到了危害结果回避义务，则可以免除医务人员的侵权责任。如果医务人员根本就没有尽到注意义务，就无需考察其是否尽到危害结果回避义务，直接可以认

② 龚赛红：《医疗损害赔偿立法研究》，法律出版社 2001 年版，第 164 页。

定存在医疗过错。

(一)最佳注意义务

注意义务是判断具体危害行为是否存在过错的基本标准,因而在侵权责任法中起着灵魂性的作用,在判断包括医务人员在内的专家责任上也是如此。在英美法上,注意义务是指行为人采取合理的注意而避免给他人的人生或财产造成损害的义务。[③]《牛津法律词典》对注意义务解释为:一种为了避免造成损害而加以合理注意的法定责任。在侵权法中,行为人无需因疏忽而承担责任,除非其造成损害的行为或疏忽违反了应对原告承担的注意义务。如果一个人能够合理地预见到其行为可能对其他人造成人身上的伤害或财产上的损害,那么,在多数情况下他应对可能受其影响的人负有注意义务。因此,医生对其病人负有注意义务,高速公路的驾车人应对其他人负有注意义务。[④] 注意义务是法律施加于行为人身上的一种责任。当遇到某种风险时,行为人应以一种特定的方式来行为,如果他不那么做,而因此使他人蒙受伤害或者损失,他就要对受害人承担责任。[⑤]

专家的执业义务包括最佳注意义务、忠诚义务和保密义务三个方面。[⑥] 最佳注意义务是判断专家在其执业过程中的专业行为是否存在缺陷的依据;而忠诚义务和保密义务都属于专家执业伦理义务,与具体的专业技术行为关联性不大。因此,最佳注意义务是专家责任的核心,是判断专家的专业技术行为是否存在过失的关键。

梁慧星等认为,专家的高度注意义务是指专家因具有高度的专业知识或专门技能所产生的义务,一般以同专业领域的专家在执业活动中所通常应履行的注意义务为判断标准。[⑦] 医务人员的注意义务是以法律赋予医务人员的职业规则相关联的义务。《中华人民共和国执业医师法》第二十二条规定,医师在执业活动中应当遵守法律、法规,遵守技术操作规范。《医疗机构管理条例》第二十五条规定,医疗机构执业,必须遵守有关法律、法规和医疗技术规范。那么,什么是诊疗规范?在医疗活动过程中,是否所有的诊疗行为都有诊疗规范?如果有制定好的成文化的诊疗规范,医务人员的行为是否符合该规范,自然容易判断。但事实上,由于医

---

③ William P. Statsky, Tort: Personal Injury Litigation, West Publishing Company 1990, p. 245.

④ A Dictionary of Law. Oxford Unicersity Press, 1994, p. 137.

⑤ 刘茂勇、高建学:《英美法过失侵权中"注意义务"》,《河北法学》2003 年第 2 期。

⑥ 田韶华、杨清:《专家民事责任制度研究》,中国检察出版社 2005 年版,第 48－61 页。不过田韶华等使用的是注意义务,我们使用最佳注意义务。因为笔者认为,既然是讨论专家责任,其法定的义务就有其特殊性和特别的要求,使用最佳注意义务,有别于普通人的一般注意义务。相关的用法还有"最大注意义务"、"最善注意义务"等。在中国社会科学院法学研究所提交的《侵权行为法专家建议稿》中使用的是"高度注意义务"。参见中国民法典立法研究课题组:《中国民法典・侵权行为编草案建议稿》,《法学研究》2002 年第 2 期。

⑦ 中国民法典立法研究课题组:《中国民法典・侵权行为编草案建议稿》,《法学研究》2002 年第 2 期。

学的复杂性和科学技术的迅猛发展，能够制定为文本的诊疗规范非常有限，即使在这为数不多的成文化的诊疗规范中，也往往由于制定者修订不及时，或者修订、出版有一定的程序，因此，我们拿到的成文化的诊疗规范并不能充分反映诊疗技术和水平的真实状况。另一个方面，具体医疗机构和具体医务人员的诊疗技术和水平总是存在差别的，即使在成文化的诊疗规范指引之下开展医疗活动，该诊疗规范也需要医务人员发挥自己的主观能动性，在诊疗规范的指导之下，凭借自己的知识和经验，对具体病例进行分析判断，然后提出和实施具体的诊疗活动。显然，医务人员是否尽到了最佳注意义务，也是非常难以判断的事情。

医务人员的诊疗活动中应当尽到的最佳注意义务，应包括：①对患者疾病的诊断；②对疾病进程和预后的评估；③适合患者的诊断方法，既要考虑到患者的身体情况，还要考虑到患者的经济承受能力；④适合患者的治疗方法，同样要考虑到患者的身体情况和经济承受能力；⑤即将用到患者身上的诊断和治疗方法对患者而言存在什么风险。

医务人员对具体患者诊治中的注意义务的履行，一般是通过问诊、查体和做必要辅助检查之后，在掌握了充分的疾病信息基础上才能做出。而医务人员是否尽到最佳注意义务，往往需要通过一定的载体予以体现，具体而言就是体现在病历文书中。病历资料中记载医务人员问诊所获得的患者患病的主观信息，通过查体和辅助检查可以了解到患者的病症客观信息，医务人员是否尽到其注意义务，可以通过询问患者的内容和检查的项目就可以判断。我们经常提到的《手术同意书》《特殊检查同意书》中的相关内容，也是反映医务人员是否尽到注意义务的重要证据。因此，病历资料是判断医务人员是否尽到最佳注意义务的基本依据。当然这里存在医疗机构和医务人员的诊疗水平差异问题，在判断中需要予以考虑。会诊是医疗机构及其医务人员最佳注意义务实施的一种特殊形式。通过会诊，邀请相关临床学科的医务人员共同对患者的病症进行诊断，提出更为全面而合理的施治方案，能够更加充分地把握患者的病症情况。

(二)危害结果回避义务

任何一项专业活动的开展，都是专家经过深思熟虑之后的决定。由于该类活动需要交给专家来执行，说明外行人是不可能操作不可能完成的，因而存在因专业操作不当而引发不良后果的风险。专家的执业活动就是要在其尽到最佳注意义务的基础上，充分掌握自己行为可能存在的这类不良后果，包括自己行为不当对事务本身存在的风险不能控制，也包括自己的不当行为给事务本身增加新的危险。如果专家根本没有意识到事务的风险或者自己行为能不能影响相应的风险，当然就谈不上对危害结果的回避。但是，如果专家已经意识到了其中的风险，只是没有采取措施来控制或者避免这些风险的发生，应当认定为没有尽到危害结果回避义务。

在医疗过程中，医务人员的危害结果回避义务应当包括三种方式。

1. 舍弃危险行为　如果行为人已经预见到其行为会给对方带来危险的结果(即损害)，则应当舍弃该行为，以避免损害结果的发生。如果继续为该行为，而给他人造成了损害，即为过失。⑧ 当然，对于某些医务人员而言，有的医疗行为属于危险的医疗行为，而对于另外的医务人员却不是危险的医疗行为，与医疗机构的等级和医务人员的水平有关。对于这样的问题的认定，有赖于卫生行政机关对医疗活动的严格规制。2009年3月2日卫生部医管司发布的《医疗技术临床应用管理办法》，就是严格管理医疗技术临床应用的规范文件，医疗机构没有根据该办法建立医疗技术临床应用管理机制，就很容易被认定为不尽危害结果回避义务。例如，某医疗机构在正常诊疗活动过程中，某一名尚不具备手术资格的住院医师，在急诊中接诊一名“转移性右下腹疼痛”的老年患者，诊断为“急性化脓性阑尾炎伴穿孔”，在没有请示上级医师的情况下擅自做主给患者实施手术，术中发现患者除了“急性化脓性阑尾炎伴穿孔”之外，还有结肠肿物伴穿孔。该医师显然没有能力实施这样的大手术，最终只能草草结束手术，使得该患者不得不接受二次手术。本案中，该住院医师没有舍弃危险行为，因而应当认为其没有尽到危害结果回避义务。当然，如果是在急诊急救中，尤其是在医疗条件缺乏的地方，医师即使没有相应的资质，也没有相应的设备，而实施了相应的医疗措施，不能认定为没有尽到危害结果回避义务。转诊是典型的舍弃危险的医疗行为。因为，转诊是医疗机构没有诊治具体患者病症的能力和条件，从而将患者转给其他有能力诊治该病症的医疗机构，而自己不实施具体的医疗行为。

2. 提高注意义务并采取安全措施　行为人认识并预见其行为的危险后，仍继续为其行为，并不必然就意味着存在过失。专业活动总是跟一定的生产力发展状况相适应的。尤其是医疗执业活动，更是受到医疗执业的软件条件和硬件环境的制约。对于某些病症而言，有的医疗机构或者医务人员没有能力诊治，而换了另外的医疗机构或者医务人员就可以诊治。具体说，在基层医疗机构，诊疗条件受到了很大的限制，只能对没有诊疗难度的常见病进行诊疗，有时即使是常见病，但由于患者个体情况特殊，比如病变器官存在复杂的解剖变异，患者年岁已高，或者患者有其他严重的伴发症，那么基层医疗机构也无力实施诊疗。但是诊疗实力比较强的上级医疗机构或者专科医疗机构却可以比较安全地实施诊疗。对于一般的住院医师，只能对常见病进行诊疗，对于主治医师，可以对稍微有点复杂的病症实施诊疗，而对于副主任医生、主任医师，则可以对很多复杂疑难病症进行诊疗。因此，医疗机构及医务人员在尽到最佳注意义务的情况下，在认识和把握清楚患者的病症

⑧ 前引②，第164—165页。

和风险的情况下，只要其具有把控这些风险的能力或者技术，就可以实施这些医疗行为。

3. *危害结果发生后的救济行为* 医疗行为具有一定的风险性，任何人都不可能有绝对的把握回避这种风险的出现，有时医务人员已经尽到了注意义务，患者的病症和诊治措施的风险也认识得非常清楚，医务人员的技术能力和水平也足够高，但仍然会出现一些预计到的或者根本就意料不到的危害结果发生了，医疗机构及其医务人员是否就存在过失呢？当然也不是。医疗行为伴发的损害后果出现之后，一方面医务人员是否能够及时认识到这种损害已经发生，另一方面是否能够采取有效的措施来干预该损害后果，恢复已经造成的损害，或者控制损害后果使其不至于扩大。比如，医务人员在给病情较重或手术难度较大的患者实施手术之前，一般都需要进行术前讨论，在手术前由上级医师主持对拟实施手术方式和术中可能出现的问题及应对措施所作的讨论。再比如，青霉素皮试阴性的患者在注射青霉素之后出现了过敏性休克，这本来是由于患者体质特殊导致的患者损害，医疗机构不应当承担责任。但是如果患者在出现过敏性休克之后，护士查看患者时没有认识到是过敏性休克，或者认识到了但是医师擅自离岗，或者虽然医师前去抢救患者了，但是抢救方法不当，都可以认为医方没有尽到危害结果回避义务，都应当承担相应的责任。

二、医疗注意义务的判断标准

(一)判断注意能力的三种学说

医疗过失的判断标准，就是医疗注意义务的判断标准。医务人员是否尽到其注意义务，首先应当判断其是否具有履行该注意义务的能力。

如何判断医师是否有注意能力，学界有三个不同的学说：①主观说，亦称个人标准说。以医师的个人的注意能力来确定医师是否履行注意义务的标准。主观说认为注意能力的有无，应以行为人的主观能力为标准，注意能力需要分析行为人对自己的行为后果的理解、判断、控制、认识等方面的状况，以意志产生的过程来确定注意义务的程度。②客观说，亦称平均标准说。即以一般医师的注意能力为标准确定某一医师是否违反注意义务。④折中说。认为把具有相当情况的医师的注意能力加以抽象化，作为一种类型化标准。[⑨]

主观说充分考虑到医师的专业知识、智力水平、实践经验等个人情况，但存在明显不足。因为如果强调了医师的个人能力，便会鼓励医疗机构及其医务人员维

⑨ 刘鑫、王岳、李大平：《医事法学》，中国人民大学出版社 2009 年版，第 87－88 页。

持现状,不更新设施设备,不求上进。实际上对落后的医疗机构及医务人员是一种保护,客观上是鼓励落后,打击了先进。主观标准说的严重缺陷就在于它只看到各个人的不同的认识能力,而忽视了人的认识能力得以正常发挥所必需的客观环境和条件。因此在中国内陆,目前关于纯粹的主观标准说的主张几乎销声匿迹。⑩

客观说的立论基础是医疗法律法规是为全体医师制定的,不能迁就某些人,只有制定统一的标准,法律的执行才有保证。作为特定行业对于人的生命健康有高度责任的医师必须经过统一的考试,达到一定的知识水准,方能取得执业资格,这本身就是一客观标准。如从事医疗行为,不完全考虑自己的经验能力,而轻率地进行不能胜任的医疗行为即认为违反注意义务。同时,在一定专业技术资格水平的医师,不及时更新医学知识达到相应的知识水平,本身同样是对注意义务的违反。医师所具有的学识技术能力应达到一定的水准,个人能力、经验差异不能左右对医师注意能力的认定与要求。但客观说存在以下不足:①未能充分认识到医师水平由于地域、级别、专科、职务级别的不同而存在巨大的差异,使地域偏远、级别较低的医师承担的注意义务过重,这同他们收费低廉相比显然是不公平的;②客观说也可能使那些本身注意能力较高的医师逃避责任。⑪ 这一标准在地域范围内来考察尤其具有说服力。对于我国西部某地一所乡镇卫生院注意能力的考察,是按照世界的医疗水平来评价,还是按照亚洲的标准来评价,还是按照中国的标准来评价,抑或是按照该乡镇卫生院所在地的标准来评价,适用不同的评价标准,其是否具有注意义务的结果是不同的。

折中说有其一定的合理性。一方面,应当为医师的注意能力制定一般的标准。这是由于医疗行为关系到人们的生命和健康,医师从事医疗活动必须具备相应的医疗技术和能力。同时,医师注意能力的一般标准,要充分考虑到级别、地域等因素,对不同级别、地域的医师的注意能力要求应有所不同。另一方面,所制定的一般标准的内容要求应当适度,不宜过高或者过低,应当考虑我国的具体国情。过低,不能起到促进医师谨慎从事医疗行为的目的。我国目前存在的突出问题是医师和医疗机构执业标准过低,这一问题在广大农村地区尤为严重。过高,可能导致医师为了避免受到过失诉讼而采取过度的防御性行为,过多地考虑自己的安全而较少地考虑患者的利益,抑制医师对患者进行治疗的积极性,甚至产生防御性医疗现象,从而损害患者的利益。在实践中常有医师由于种种原因未能达到一般标准对患者造成损害,对此同样应认为医师有过失,因为医疗资质实行严格准入制度,一旦拥有医疗资质,即认为具有相应的医疗水平。行为人明知自己的医疗技术不

---

⑩ 周光权:《注意义务研究》,中国政法大学出版社 1997 年版,第 80 页。

⑪ 前引⑨。

能够胜任特定的医疗行为,仍从事超越个人能力的业务,应认为有过失。⑫

(二)判断医师注意能力的标准——医疗水平

既然医师的注意能力依折中说,那么为医师的注意能力设定一个合理的标准便成了问题的关键。医师注意义务的基准也是判断医疗过失的标准。

在域外法上,目前医疗过失抽象判断标准上占据最重要地位的是医疗水平说。医疗水平说的产生是医疗过失理论发展史上的一次革命,它使医疗过失问题真正在法学上形成了自己的理论,改变了在此之前纷繁复杂的局面。⑬

在日本,关于医疗过失的认定,过去也是采合理医师标准。医疗水平的概念最早是由日本法医学教授松倉豊治提出。引出医疗水平说是源于日本岐阜地方裁判所 1974 年早产新生儿视网膜病变的判决。⑭ 法院在该案判决中认为,本案的原告出生时,日本医疗界已经出现了治疗早产儿视网膜病变的新疗法——光凝固疗法。但该疗法在当时仅在临床实施了数例,并没有得到一般医师的承认,尚未形成临床标准疗法。对此,本案原告主张,被告(日本红十字医院)应当采取措施使当时患早产儿视网膜病变的原告转院或者劝说原告转院,以使原告能够在其他医院接受光凝固疗法治疗。对于原告的上述主张,岐阜地方裁判所认为,被告是设有早产儿资料中心规模的医院,在当时对患有早产儿视网膜病变的本案原告没有及时采取转院或者劝说转院措施是有过失的。因为"当治疗不能奏效,眼看患者将会病情恶化时,作为医师应尽的最大注意义务就是采取适当的医疗措施,阻止最坏情况发生。诸如以该医疗措施不是临床常规疗法为由而坐视病情恶化等行为都是绝对不能容忍的"。总之,为防止患者病情恶化,即使医疗行为尚未得到医疗界一般承认,医师也应当实施——这是医师应尽的最大注意义务。⑮

学术界在对法院判词中"诊疗当时的医学知识"的讨论中,松倉豊治教授认为,法院判词中的"诊疗当时的医学知识"可以做两种解释:一种是学术研究范围的"医学水平",一种是临床实践范围的"医疗水平"。医学水平具体指在医学学术会议上发表、经过基础医学或临床医学学者或学术会议的充分研究讨论,在医学界大致得到了承认的新开发的医学知识;而医疗水平具体指学术研究范围内形成的"医学水平"已经成为医疗实践中的"具有一般普遍性的临床医疗实施的目标",不应当受大学附属医院、大规模医院与开业医师诊所之间的业务水平差距的影响。医疗水平才应当是判断医师是否应该承担光凝固疗法实施义务的标准(定期眼底检查的实

---

⑫ 前引⑨。

⑬ 赵秉志:《犯罪总论问题探索》,法律出版社 2002 年版,第 295 页。

⑭ 日本岐阜地方裁判所高山支部 1974 年 3 月 25 日判决,载《判例時報》738 号,第 39 页。

⑮ [日]新美育文:《診療契約の内容特定のための'醫療水準'》,《ジユリスト临时增刊》1995 年第 1091 号,第 63 页。转引自夏芸:《医疗事故赔偿法——来自日本法的启示》,法律出版社 2007 年版,第 112－113 页。

施义务、转院义务和转院说明义务）。松餐教授还认为，医疗水平应当具备两个方面的条件：一是研究成果已经在权威性学会上报告和讨论以及在专业杂志上发表，又经过多次追加试验或者在一般临床医疗界（必要时还要在基础医学界）被反复介绍和意见交换；二是要以有相关的医疗设备、充实的技术以及人才研修培训作为基础。[⑯] 归纳起来就是：①医疗行为的有效性和安全性已经得到认可；②医疗行为已经成为临床医疗实施的目标。[⑰]

在学者提出医疗水平概念的基础上，司法判例开始对此学说加以运用。日本福冈高法院判决昭和 57 年 6 月 21 日的判例在此学说基础上对此问题阐述到：作为新疗法发表的作品，为正在进行试验的作品，在检讨远期成绩，比较自然经过，确认治疗效果与副作用，经医学会一致认定后，再进行普及、教育，开始作为临床专门医的治疗方法确定下来。该段判词形成了司法判例中医疗水平的初步理论。此后经过上百件的早产儿网膜症事件使这一理论的地位最终得以确立，成为了医疗过失的抽象判断基准。[⑱]

三、我国医师注意能力判断标准

过去，在我国立法中没有医师注意义务的判断标准，在司法实践中也没有形成明确的判定原则，法院在审判中一般是依照鉴定文书中对医疗行为是否存在过失的结论性表述。

《侵权责任法》对医师注意义务的判断标准做出了明确规定，采纳了日本法上的医疗水平说，这也是我国立法中的一大进步。不过，第五十七条的表述是“当时的医疗水平”在立法套路存在比较大的争议。对于“当时”应做何理解，成为该法条适用的关键。在《侵权责任法（草案）》第三审稿中本条的规定还有第二款：“判断医务人员注意义务时，应当适当考虑地区、医疗机构资质、医务人员资质等因素。”在征求公开意见时，有人提出来有区别对待个体生命健康的嫌疑，且无法具体衡量，建议删除。[⑲] 立法机关考虑到诊疗行为的实际情况很复杂，对该规定予以删除。但是，如果孤立地将医疗水平理解为时间上限制的“当时”，未免过于狭窄且不符合实际。因为，医疗技术水平的差异，不

---

⑯　[日]松倉豊治：《未熟児網膜症によゐ失明事例といわゆゐ'現代医学の水準'》，《タィムズ判例》311 号，第 61 页；松倉豊治：《医学法律间》，判例タィムズ社 1977 年版，第 130 页以下。转引自夏芸：《医疗事故赔偿法——来自日本法的启示》，法律出版社 2007 年版，第 113－114 页。

⑰　夏芸：《医疗事故赔偿法——来自日本法的启示》，法律出版社 2007 年版，第 114 页。

⑱　[日]饭田隆：《注意义务的程度(2)》，载根本久编，第 161 页。转引自艾尔肯：《医疗损害赔偿研究》，中国法制出版社 2005 年版，第 108－110 页。

⑲　参见全国人大法工委：《社会公众和有关单位对侵权责任法草案的意见》，载王胜明主编：《中华人民共和国侵权责任法解读》，中国法制出版社 2010 年版，第 466－473 页。

仅有明显的时代性，而且还有很强的地域性。在地域性方面，既有世界范围无洲际、无国际的概念，也有实际范围洲际、地区际的概念，如亚太地区、东盟地区、亚洲等。就是在一国之内，医疗水平也有不同片区、不同省、不同城市的差别。在医院的性质和级别上，三级医院较一级医院水平高，对于某些病症而言，专科性医院较综合性医院医疗水平高，地方普通医院较职工医院医疗水平高。即使同是三级甲等医院，地处北京的医院肯定比地处西部地区的医院医疗水平高。这是不争的事实。如果不顾这些事实，笼统地用“当时的医疗水平”标准来判断医疗机构及其医务人员是否尽到注意义务，恐怕既不科学，也不公平。全国人大常委会法工委副主任王胜明先生认为，地区、资质等因素能否在适用本条时加以考虑，应当结合具体情况进行分析。法律、行政法规、规章以及诊疗规范规定了具体要求的诊疗行为，医疗机构和医务人员一般都应当遵守，不应当因地区、资质的不同而有差别。除此之外，有的诊疗行为属于基本性操作，也不一定要考虑这些因素。反之，对于有的诊疗行为，在有的情况下，“与当时的医疗水平相应的诊疗义务”也可以理解为包括地区、资质等因素。[20] 因此，可以将本条理解为：除了①法律、法规、规章及文本化的诊疗规范，②基本性操作之外，当时的医疗水平应当考虑地区、资质等因素予以确定。实际上，大量的诊疗规范都经历了一个在实践中个别操作总结、小范围科学研究、局部地区技术推广、行业协会总结推荐、行业协会制定发布文本的过程。因此，诊疗规范和基本操作也非常不好界定，我们认为只能以“成文化”的诊疗规范作为认定的依据。那么大量的不成文的操作要求，则必须要结合本地区、本部门、同类医疗机构和同一个技术职称等级的情况来确定。

在将来的实践中，对于“与当时的医疗水平相应的诊疗义务”的判断，对法官而言仍然是非常困难的事情，因此，在将来的医疗事故技术鉴定中，可以考虑将其扩展为鉴定项目，有医学会组织特定临床学科的专家来协助法庭判断，出具可供法官直接使用的鉴定结论。当然，即使是由临床医学专家来评价“与当时的医疗水平相应的诊疗义务”，参加鉴定的医学专家对于不属于那两种特定的情形的，评价时医疗机构及其医务人员的诊疗义务时，应当结合本地区、本部门、同类医疗机构和同一个技术职称等级的情况。

四、在本条理解上需要注意的问题

(一)必须严格按照《侵权责任法》第五十四条的规定来判断医疗损害责任的成立与否

根据第五十四条的规定，医疗损害侵权责任的成立需要满足四个要件，即医疗

[20] 王胜明主编：《〈中华人民共和国侵权责任法〉解读》，中国法制出版社 2010 年版，第 283 页。

机构及其医务人员的违法行为，对患者造成的损害后果，违法行为与损害后果之间的因果关系和医疗机构及其医务人员的主观过错，只有同时符合这四个要素时，医疗损害侵权责任才能成立。在本条规定中，也进一步强调了这四个要素在构成医疗损害侵权责任中的作用。本条规定明确了构成医疗损害侵权责任的主体是医务人员，即依法获得相应资质并在医疗机构内经过注册进行执业的医师、护士、药师、技术员、医疗管理人员等。

(二)必须注意本条规定中规定的诊疗义务的判定标准是“当时的医疗水平”

其中的“当时”如何理解，在侵权责任法制定过程中曾经引起较大的争议，有人认为应当进一步进行细化，具体界定当时的医疗水平如何判定。个人认为，对这一规定的理解，要注意以下两方面问题：

1. 须以医疗行为发生当时的医疗水平为标准。医疗纠纷案件的一大特点是处理期限较长，经常需要持续一两年以上，而许多案件要先后经历数次鉴定，往往在鉴定时距医疗行为发生时已经非常久远，在这种情况下，要通过鉴定判定医疗行为的正当性，就必须以医疗行为发生当时的医疗水平为基准，而不能以鉴定当时或诉讼当时的医疗水平为标准。近年来，医疗技术发展日新月异，人们对医学知识的认识也与日俱增，如果用后来的医学标准来判定很久以前医疗行为的正当性，其客观性和可行性将大打折扣。笔者曾经接触过的一例医疗纠纷案件中，医疗行为发生在 20 世纪 80 年代初期，患者因怀疑病理误诊造成损害而于 2007 年将当时参与治疗的医疗机构诉至法院，法院先后将这一案件委托进行医疗事故鉴定和司法鉴定。在鉴定过程中，判定医疗行为的正当性的标准如何确定引起医患双方的激烈争议，医疗机构认为应当按照治疗当时的医疗标准进行判定，而患者则坚持按照鉴定当时的标准进行判定。个人认为，本案的鉴定应当按照治疗当时的医疗标准进行判定，这样才能够客观地反映治疗当时的医疗行为的合理与否。

2. 判定医务人员是否尽到诊疗义务还必须考虑到执业的医疗机构所在地区、医疗机构资质和医务人员资质等方面的因素。地区不同，医疗水平相差较大，发达地区与相对落后地区的医疗水平标准显然不能一致。医疗机构之间也存在着资质的差别，用三级甲等医疗机构的标准去判断乡镇卫生院的医疗行为或者相反都是荒谬的，是不符合实际的。医务人员之间同样存在着资质的不同，从住院医师到主治医师、副主任医师和主任医师，其资质和医疗水平都存在着很大的不同，临床实践能力和医疗经验也存在不同，在具体案件中判定是否尽到诊疗义务的，必须充分考虑到这些方面的差异。

【案例与评析】

案例 5-1　张某诉江苏某中医院违反术前准备规程损害赔偿案[21]

2001 年初，患者王某(张某的儿子)因进食哽咽感，并进行性加重伴消瘦，遂到江苏某中医院进行胃镜检查，发现贲门部新生物。同年 6 月 29 日，王某在该院行胃镜检查示：贲门狭窄，贲门癌可能性大，并建议手术治疗。7 月 2 日，王某在被告医院住院，术前医生有进行 CT 检查的医嘱，但并未执行。术中经探查发现，贲门癌已在腹腔、腹膜广泛转移，回盲部有肿块与腹壁粘连固定，质硬，未能切除腹腔肿块，术后病理显示为低分化腺癌。出院后，王某进行了化疗和中医治疗，最终因贲门癌晚期死亡。其后，张某与江苏某中医院就此事发生纠纷，协商未果后诉至法院。

原告认为医院在诊断患者为贲门癌后，术前已经有进行 CT 检查的医嘱，但是并未执行。被告在未对患者进行 CT 检查，未明确是否存在转移的情况下进行手术，显然违反手术常规，不仅使肿瘤进一步扩散，加重患者病情，更由于腹腔反复探查导致术后并发肠梗阻，最终导致患者的死亡。故要求赔偿各项损失合计 10 万余元。江苏某中医院称医院在术前对患者进行了常规检查，有手术指征，无手术禁忌证。贲门癌术前必须进行的检查包括 B 超、X 钡剂检查和纤维胃镜检查，被告均已进行。CT 检查不是必须进行的常规检查，也并非可以选择的非必要检查，故被告未进行 CT 检查不能认为存在过错。另外，术前已经将手术可能发生的风险和结果对患者及家属有详细的告知，患者及家属也表示同意。肠梗阻是肿瘤增大的自然结果，与手术没有关系，且患者死亡的原因是贲门癌晚期而非肠梗阻。所以，患者死亡是其疾病的自然转归，被告对此没有过错，要求法院判决驳回原告的诉讼请求。

法院经审理认为：被告在术前进行了常规检查，未进行 CT 检查并不违反有关诊疗常规，虽然未执行已经做出的进行 CT 检查的医嘱，存在不够严谨之处，但常规检查未发现手术禁忌证，医院已经尽到了相当的注意义务，不存在过错。至于原告提到的多次手术探查导致肠梗阻，也是患者的死因之一，根据现有证据能够证明患者死于贲门癌晚期而非肠梗阻，且肠梗阻主要是患者自身疾病发展所致，故原告所称手术造成肠梗阻并导致患者死亡的理由不能成立。综上，由于手术治疗是目前治疗胃癌的主要方法，医院在进行常规检查未发现禁忌证的情况下对患者进行手术，是符合诊疗常规的，不存在过错。被告未进行 CT 检查与患者的死亡之间没

---

[21] 杨太兰：《医疗纠纷判例点评》，人民法院出版社 2003 年版，第 71—74 页。

有因果关系，被告实施手术与术后肠梗阻和死亡亦无明确因果关系。因此，被告江苏某中医院的医疗行为符合诊疗常规，与患者的死亡之间没有因果关系，主观上亦无过错，不构成侵权行为，故判决驳回原告的诉讼请求。

评析

本案例涉及医疗机构及其医务人员在实施医疗行为过程中应当尽到何种程度的注意义务的问题，也是按照"当时的医疗水平"标准进行认定的案例。对本案进行分析，需要注意两方面的问题。

1. 医务人员的注意义务的内容　医务人员的注意义务是指医师在实行医疗行为过程中，依据法律、规章和诊疗护理常规，保持足够的小心谨慎，以预见医疗行为结果和避免损害结果发生的义务。它要求医师在医疗行为的实施过程中对患者生命与健康利益具有高度责任心，在对患者人格尊重及对医疗工作敬业忠诚和技能上追求精益求精的同时，对每一环节的医疗行为所具有的危险性加以注意。在日本的医疗过错责任制度中，医师的注意义务被称为"最善的注意义务"或"万全的注意义务"。我国台湾地区的医疗法规中使用的是"必要的注意义务"。医务人员应尽的高度注意义务包括结果预见义务和结果避免义务两种。高度注意义务要求医师在疾病的诊断、治疗和预防保健过程中，应当按照最优化原则，选择最为合理的医疗、预防、保健方案，尽可能地避免诊疗手段带来的不良影响，最大限度地维护患者的健康利益。[22]

医师的注意义务一般表现为对相关的法律和规章所规定的具体医疗行为的操作规程和医疗惯例的遵守和执行。一般来说，只要医务人员在实施医疗行为过程中遵守和执行了相关法律法规、规章对具体医疗行为规定的操作规程和医疗惯例，那么就可以认为医务人员已经尽到了注意义务。反之，如果医务人员在医疗行为中违反相关操作规程和医疗惯例，进而给患者造成损害后果的，就不能认为医务人员已经尽到了注意义务。这一点在《侵权责任法》第五十八条推定医疗机构存在过错的第一种情形中已经进行了规定。

在本案中，江苏某中医院在对王某实施手术前进行了包括 B 超、X 钡剂检查和纤维胃镜检查在内的常规检查，通过这些检查认定患者的情况适合进行手术治疗，不存在明确的禁忌证。医院的这些检查是按照医疗行为发生当时的医疗常规和惯例进行的，医师的术前检查行为尽到了合理的注意义务。然而，术中因肿瘤广泛转移和粘连严重而无法切除，都是术前无法预料的，也是现有诊断手段所无法解决的。在医务人员已经进行了相关常规检查，尽到了高度注意义务时，不能苛求医务人员超过一般的规定而进行额外的检查，因此也就不能据此认定医疗机构及其医

---

[22] 艾尔肯：《论医疗注意义务》，《法学杂志》2006 年第 6 期。

务人员存在主观过错。

2. *必须以医疗行为发生当时的医疗水平标准进行判断* 医学是快速发展的科学，医疗技术的进步也是日新月异的。医疗纠纷的处理又面临着举证困难、多次鉴定等问题，其结果是久拖不决，处理周期过长。很多医疗纠纷在处理时的医疗水平与医疗行为发生时的医疗水平已经不能同日而语，如果在进行鉴定时用现时的医疗水平标准去对医疗行为发生时的医疗行为进行判断，其结果一定是勉为其难，难免会对医疗机构提出过于苛刻的要求。本案处理中法院就妥善地把握了这一原则，在审理中以医疗行为发生时的诊疗常规和有关规定为标准，以此对医疗机构的行为进行判断，进而得出医疗机构的术前检查行为未违反有关常规和标准的结论，是符合实事求是原则的。

3. *判断医疗机构及医务人员的注意义务必须注意地区、资质等特殊情况* 在判断医疗机构及医务人员的注意义务时必须注意到地区、医疗机构资质、医务人员资质和医疗收费等方面的特殊情况。地区、医疗机构资质、医务人员资质方面问题在下面的论述中有详细说明，在此不再赘述。对于医疗收费方面，是针对目前许多医疗机构开展的特需医疗服务而言。与一般患者门诊挂号一次 9 元、14 元的挂号费不同，特需医疗的挂号费高达 200 元、300 元，甚至更高。在特需医疗服务的情况下，患者花费了高额的挂号费用，除了能够享受到就诊便利、环境幽雅等方面优待之外，患者应当获得的医疗服务的水平和质量就应当达到较高的程度。如果医疗机构及医务人员在接诊特需医疗患者时，只是尽到了接诊一般患者时的注意义务，进而对患者造成了损害后果的，就不能认为医务人员已经尽到了高度的注意义务。这也是实践中许多医疗机构派出具有较高知名度的专家、教授在特需医疗出诊的原因。

【需要注意的问题】

《侵权责任法》草案（第三稿）中本条的规定与全国人大常务委员会最终审议通过的文本有一定的区别，第三稿中本条的规定是“医务人员在诊疗活动中应当尽到与当时的医疗水平相应的注意义务。医务人员未尽到该项义务，造成患者损害的，医疗机构应当承担赔偿责任。判断医务人员注意义务时，应当适当考虑地区、医疗机构资质、医务人员资质等因素。”

最终审议通过的文本与第三稿相比，有以下几点不同：第一，将两款减少为一款，将第二款内容“判断医务人员注意义务时，应当适当考虑地区、医疗机构资质、医务人员资质等因素”删去。笔者认为，其主要目的在于行文的简练和给予法律更大的解释余地。从最终颁布的法律条文来看，第五十七条已经强调医务人员要尽到与当时的医疗水平相应的诊疗义务，其中的“当时”如何判定是一个很重要的问题，也将是今后医疗损害责任诉讼中一个容易引起医患双方争议的问题。如何判定医务人员的诊疗行为是否符合当时的医疗水平，将是一个十分专业和重要的问题。尽管最终的条文将第二款删去，但是在判定当时的医疗水平时也必须考虑到第三稿中第二款规定的内容，即必须要适当考虑地区、医疗机构资质和医务人员资质等方面的差异，尽可能地从医疗行为发生当时客观的医疗水平出发进行判定。

必须注意的是，由于我国地域辽阔，经济发展严重不平衡，东西差距、城乡差距巨大，在对具体的医疗行为进行判定时，必须充分注意到这种地区差异，如果用北京、上海等地的医疗水平标准去要求青海、西藏等地的医疗机构及医务人员，难免过于严苛；反之，如果用青海、西藏等地区普遍的医疗水平标准去衡量北京、上海等地的医疗机构及医务人员，难免又过于宽松。另外，医疗机构也存在分级分类的现象，有一级、二级、三级医疗机构之分，有综合性、专科性医疗机构之分，其自身的医疗技术水平、诊疗水平必然存在着差异，如果采用单一标准而脱离医疗机构的实际情况，会陷入过于死板的局面。同样，医务人员也存在着资质、职称、执业年限等方面的差别，其专业技能水平、医疗实践经验等方面都会存在不同，如果忽视这些差异而采取“一刀切”的判定标准，难免会脱离实际。

第五十八条　患者有损害，因下列情形之一的，推定医疗机构有过错：

（一）违反法律、行政法规、规章以及其他有关诊疗规范的规定；

（二）隐匿或者拒绝提供与纠纷有关的病历资料；

（三）伪造、篡改或者销毁病历资料。

【主旨】

本条是对医疗行为推定存在过错的具体情形做出的列举性规定。

【释义】

上一章我们在讨论《侵权责任法》关于医疗损害责任的归责原则时，提到我国的医疗损害责任的归责原则是以过错责任原则为一般要求，以过错推定责任原则为例外。也就是说，医疗损害责任的一般归责原则是以过错责任原则，只有在法律规定的特殊情形之下，才实行过错推定。过错推定实施的结果就是举证责任倒置。那么本条所规定的内容，就是来落实施行医疗过错推定的法定适用情形。本条规定了三种情况，这三种情况在具体适用中也有一些要理解的问题。

本条是对推定医疗机构存在过错的情形的规定，是从主观过错方面对医疗机构承担医疗损害赔偿责任的构成要件进行规定。根据本条的规定，在患者发生损害后果时，如果是因为本条中列举的三种情形的，那么就能够推定医疗机构存在主观过错，在医疗机构无法举证证明自身不存在主观过错时，就需要承担相应的医疗损害赔偿责任。

推定是根据某一事实的存在而作出的与之相关的另一事实存在(或不存在)的假定,这种推定与证据问题息息相关,它可以免除主张推定事实的一方当事人的举证责任,并把证明不存在推定事实的证明责任转移于对方当事人。推定是法律假定的一种状态,是法律对举证责任的一种分配方式,其目的在于保护在证明能力上处于弱势的一方,维护受害者的利益。在医疗损害责任纠纷中,当患者举证证明了自己受到损害,损害后果与医疗机构及其医务人员的行为存在因果关系,且医疗机构具有本条规定的三种情形的,患者的举证责任就已经完成,而不需要就医疗机构的主观过错进行举证,法官就能够据此认定医疗机构存在主观过错。在这种情况下,转而由医疗机构承担举证责任,证明其医疗行为不存在过错,只有医疗机构能够证明自身医疗行为不存在过错时,法官才需要由患者继续承担举证责任,如果患者不能举证证明医疗行为存在过错,那么就不能认定医疗侵权责任成立。反之,如果医疗机构不能举证证明自身的医疗行为不存在过错,那么医疗机构存在过错的推定就能够成立,医疗机构就需要承担相应的医疗赔偿责任。

过错推定是为了平衡原被告双方对证据和相关知识掌握的情况,权衡双方的诉讼地位和诉讼实力而实施的举证负担的重新分配。施行过错推定,本意是要减轻作为原告的患方举证负担。本条列举了三种需要施行医疗过错推定的情形,只有存在这三种情形中的任何一种,法官即可以在具体案件中对医疗机构的医疗行为推定存在过错。这三种情形就属于基础性的事实。那么,由谁来承担对基础性事实的举证责任呢?根据谁主张谁举证的原则,显然应当由原告患方来举证。但是我们观察和理解立法中说规定的这三种情形,对患方来说在举证方面难度极大,甚至可以说有的情形如果患方已经举证证明了,也就说明了被告医疗机构的医疗行为存在过失。所以,《侵权责任法》第五十七条是否规定了过错推定,实则成了一个说不清楚的问题。说它是推定,它又不是现行法上人们熟悉的推定,而且也无法起到减轻原告举证负担的作用;说它不是推定,它又有过错推定的表述。[23]

在本条的主干内容中,法条的表述是"患者有损害,因下列情形之一的,推定医疗机构有过错",这里用了"因",立法讨论中有人认为应当用"有",到底用哪一个字更为恰当呢?有关立法专家解释,这里用"因",是强调因果关系,即患者所出现的损害是由于下列情形之一造成的,二者之间存在因果关系。只有二者之间存在因果关系,才推定医疗机构的医疗行为存在过错。而且,法条中所表述的三种情形,都是包含在医疗行为之中的具体情节,系医疗行为的有机组成部分。因此,可以理解为医疗行为与患者出现的损害之间具有因果关系,且医疗行为中存在以下情形

㉓ 王成:《论医疗损害侵权行为归责原则的配置》,《证据科学》2009 年第 3 期。

之一的，推定医疗行为存在过错。不过在理解上需要注意，因下列情形之一，并不是说下列情形造成了患者的损害，而是包含了下列情形之一的医疗行为造成了患者的损害。强调使用“有”的人，主要是顾忌人们在理解中会简单地将“下列情形之一”与“患者的损害”之间做简单的因果关系相连。

一、违反法律、行政法规、规章以及其他有关诊疗规范的规定

首先应当对法律、行政法规、规章、诊疗规范这四个概念进行解释。

法律是指由全国人大及其常委会审议通过的规范性文件，是效力等级最高的规范性文件，目前与医疗卫生有关的法律文件主要有《执业医师法》《义务献血法》《母婴保健法》《传染病防治法》《食品卫生法》《国境卫生检疫法》《药品管理法》等，这些法律构成了现阶段我国的医疗卫生法律体系的基础。

行政法规是国务院为领导和管理国家各项行政工作，根据宪法和法律而制定的政治、经济、教育、科技、文化、外事等各类规范性文件的总称，是效力仅次于法律的规范性文件，一般以“条例”命名。目前医疗卫生方面主要的行政法规有《医疗事故处理条例》《医疗机构管理条例》《护士条例》《医疗器械监督管理条例》《乡村医生从业管理条例》《突发性公共卫生事件应急条例》等，这些条例作为层次较高的规定，对涉及医疗卫生的各个方面进行调整。

规章是指由国务院组成部门以及一定的地方政府颁布实施的就某方面事项进行调整和规定的规范性文件，分为部门规章和地方政府规章。卫生部作为全国医疗卫生行业的行政主管部门，按照有关法律、行政法规的规定，单独或与其他相关行政机关共同制定了许多具体的规范，用于对医疗卫生行业进行调整。现行医疗卫生方面的规章很多，如《处方管理办法》《放射工作人员职业健康管理办法》《医院感染管理办法》《医疗美容服务管理办法》《医疗事故技术鉴定暂行办法》《医疗机构管理条例实施细则》等，都就医疗卫生行业中某些方面的问题进行具体规定，为医疗机构及其医护人员依法执业提供了依据。

诊疗规范具体指代什么尚存在争议。我们认为应指除了上述法律、行政法规、规章之外的用以调整医疗卫生法律关系的各项规范，包括卫生行政机关、有关行业协会制定的诊疗常规、治疗指南等。关键的问题是，在诊疗规范方面，成文化的诊疗规范是少数，大量的诊疗行为没有成文化的规范，但在业界已经约定俗称达成了共识，是否属于这里讲的诊疗规范呢？我们认为不属于，因为约定俗称达成共识的诊疗规范，由于没有成文化的文本，其内容具有不稳定性，而且可能因地域的变化而有差别。

其次，需要分析患方应当如何来举证医疗机构“违反法律、行政法规、规章以及

其他有关诊疗规范的规定"这一基础性事实。证明某一具体行为是否违法，需要从两个方面进行举证：一是明确具体行为的内容，二是法律如何规定。但是，患方如何确定医方的具体医疗行为的内容呢？无论是患者还是家属，他们既不懂医，有的医疗行为他们也没有身临其境。只能凭借医务人员记录的病历文书来判断。让一个不懂医的外行来读病历资料，要搞清楚其中医学术语的真正含义谈何容易。加之患方对病历只享有客观病历的知情权，指可以查阅、复印客观病历资料。客观病历资料只是病历资料的一部分，涉及会诊、查房、讨论等内容的主观病历资料，可能更有助于患方了解真正的医疗行为，但他们接触不到。另一方面，患方在搞清楚了医疗行为的具体内容之后，还必须要全面掌握相关的法律、行政法规、规章以及其他有关诊疗规范，这对患方来说也是非常不易的事情，尤其是诊疗规范，有的行业协会发布的技术规范，在公开场合或者公开渠道并不能获取，有的技术文件如果要获取还需要额外的经济支出。因此，这项基础性事实的举证如果让患方来完成，几乎是一件无法完成的任务。实践中，对于该基础性实施的定性和说明，有可能最终将交给鉴定机构来一并完成。

二、隐匿或者拒绝提供与纠纷有关的病历资料

从本项规定的内容来看，主要指医疗机构及其医务人员在能够提供纠纷相关病历资料，而在法院等机构要求医疗机构提供时故意将这些资料隐藏起来或者拒不提供，致使医疗过程无法判定，使医疗纠纷的处理陷入困境。因而做出这项规定，如果医疗机构及其医务人员隐匿或者拒绝提供与纠纷有关的病历资料，通过采取过错推定的方式推定医疗行为有过错，这对医疗机构而言是个不利的结果，医疗机构要想摆脱这个不利的结果，只能积极地将自己手中掌控的病历资料提交出来，从而有利于医疗纠纷的处理。本项规定的初衷是好的，但是实施中恐怕会遇到难以实现的困境。

所谓隐匿病历资料，是指在发生医疗纠纷时故意将与纠纷有关的病历资料隐藏起来，让外人难以发现难以找到。患方要想举证证明医疗机构隐匿病历资料，必须要完成 4 个要件的证明。①医疗机构及其医务人员手中有病历资料，这是一种客观存在的证明。患方仅仅是曾经看到医疗机构有病历，都难以完成这项举证，而是要拿出证据来证明此时此刻病历就在医疗机构手中。②医疗机构及其医务人员将病历资料予以隐藏，即将其放到了外人难以发现难以察觉的地方。如果医疗机构真正将病历资料隐藏到了这样隐蔽的地方，患方如何察觉得到并拿到相关证据呢？③医疗机构及其医务人员不向法庭提供病历资料，这是一种在法庭上法官、医患双方都已经看到了的事实，不存在证明的问题。④医疗机构的隐匿病历资料的

行为是出于主观上的故意。要证明某个机构某个人的行为意图，这恐拍是最困难的事情。患方如何来证明医疗机构是故意而为的呢？即使在医疗机构偶然发现了纠纷涉及的病历资料，医方也可以说是工作中疏忽而将病历遗落于此，也是一种过失而非故意。

拒绝提供病历资料，是指医疗机构及其医务人员故意不将手中掌握的病历资料提交给法庭。拒绝提供病历资料与隐匿病历资料相比，惟一的区别是后者将病历资料隐藏到了一个隐蔽的地方，让人难以发现；而前者则没有隐藏的行为。患方要证明医疗机构及其医务人员拒绝提供病历资料，同样要完成 3 个要件的证明：①医疗机构实际掌握着病历；②医疗机构及其医务人员不向法庭提供病历资料；③医疗机构不提供病历资料的行为是出于主观上的故意。这也是一项难以完成的举证任务。

那么，医疗机构有没有主动向法庭提交病历的义务呢？从《侵权责任法》来看，医疗机构没有这项义务，因为《侵权责任法》没有做出这项规定。但是从其他规范性法律文件来看，医疗机构似乎又有这项义务。比如《医疗事故处理条例》第二十八条规定，在进行医疗事故技术鉴定的时候，医疗机构应当将手中掌握的病历资料提交给医学会。这是目前为止惟一的一条要求医疗机构提交病历资料的义务性规定，而且其提交病历资料的对象是实施鉴定的医学会，而不是人民法院。从这个角度来看，医疗机构不提交病历给法庭，尤其是不提交其主观病历，法庭不能据此做出对医疗机构不利的结论。当然患方可以根据《侵权责任法》第六十一条的规定，要求查阅、复制自己的病历资料，如果医疗机构隐匿或者拒绝提供，给患方造成损害后果的，患方可以追究医方的侵权责任。

三、伪造、篡改或者销毁病历资料

在本项规定中，伪造、篡改或者销毁病历资料是指医疗机构及其医务人员制造虚假的病历资料、将真实的病历资料进行改动、将医疗机构保管的病历资料销毁使之不复存在。上述三种行为是通过伪造、篡改、销毁的方式将病历资料改变或毁灭，从而使真实的原始病历资料无法得到，进而无法进行鉴定，无法判定医疗机构的医疗行为是否合法，使医疗纠纷的处理陷入困境，因而做出这项规定。依照该规定，如果医疗机构及其医务人员伪造、篡改或者销毁病历资料，通过采取过错推定的方式推定医疗行为有过错，这对医疗机构是不利的，医疗机构要想摆脱不利结果，只能按照规范性文件的要求管理病历，并不得实施这些破坏病历的行为，从而有利于医疗纠纷的处理。本项规定的初衷是好的，但是实施中同样会遇到难以实现的困境。

对于患方而言，完成伪造、篡改或者销毁病历资料的证明，同样存在难以完成的问题。按照《现代汉语词典》的解释，“伪造”是指假造，㉔即模仿真实的，假造虚假的，是一种无中生有的行为。例如，医务人员没有实施的医疗行为，在病历中出现了该医疗行为的记录；医疗机构没有给患者做某项检查，但是病历中却出现了该检查的报告单；等等。“篡改”是指用作伪的手段改动或曲解，㉕即将某一内容或者某一事物改为另一内容或者另一事物，是一种由此作为彼的改动。“销毁”是指烧掉、毁掉，㉖即通过认为的破坏性手段对客观存在的物进行彻底性破坏，使之最终不再存在。对于这三种行为的证明，患方都必须要从行为上和医方的主观目的上进行证明，其难度可想而知。

上述第二种、第三种情形都和病历有关，足见病历资料在今后医疗损害赔偿责任纠纷中的作用是举足轻重的。无论是隐匿或拒绝提供保存的病历资料，还是将保存的病历资料进行伪造、篡改、销毁，其目的都是阻止有关机构获得原始的真实的病历资料，其结果是无法对真实的医疗过程进行分析，无法判定医疗机构及其医务人员的行为是否合法，无法判定医疗行为与患者的损害后果之间是否存在因果关系，也就无法认定医疗损害责任的成立。侵权责任法规定过错采取推定的方式，其目的在于限制医疗机构的行为，要求医疗机构能够在纠纷发生时提供真实的完整的病历资料，从而对医疗损害责任的成立与否作出认定。

该条规定对诸多医疗机构的病历资料的保管也提出了更高的要求。在现实中，许多医疗机构并不重视对病历资料的保管，常常发生病历资料丢失、缺少等现象，在发生医疗纠纷时许多医务人员不是如实保留医疗行为的真实记录资料，而是忙于对病历资料进行修改、整理，事实上就是对病历资料的篡改、伪造，更有甚者将病历资料销毁，这些行为在以往的医疗纠纷处理过程中将产生什么后果并无法律明文规定，有的法院据以认定医疗机构无法举证，要求医疗机构承担医疗损害赔偿责任，有的法院并未如此认定。在2010年7月1日《侵权责任法》正式实施之后，隐匿、拒不提供、伪造、篡改、销毁病历资料的行为将产生的后果是有法可依的，在医疗机构有如此举动时，法院可以据此推定医疗机构存在主观过错，进而要求医疗机构及其医务人员对其医疗行为不存在过错进行举证。这样，既能严格要求医疗机构及其医务人员的医疗行为，也能更好地保护在医疗纠纷中处于相对弱势地位的患者的利益。

㉔ 中国社会科学院语言研究所词典编辑室编：《现代汉语词典》，第5版，商务出版社2005年版，第1418页。

㉕ 同上，第233页。

㉖ 同上，第1495页。

【案例与评析】

案例 5-2 白某与某附属医院医疗损害赔偿纠纷上诉案[27]

患者白某因剧烈运动后出现阵发性心悸于 2001 年 3 月 19 日在某附属医院进行射频消融手术。术中出现三度房室传导阻滞，治疗无好转。术后第 7 天，白某通过其他关系复印了住院病历。2001 年 6 月 5 日，白某在华西医院安置了永久性心脏起搏器。白某于 2001 年 6 月向泸州中院起诉，要求赔偿并申请司法鉴定。泸州中院委托四川高院司法技术鉴定中心进行鉴定，其结论为：①某附属医院在对白某的诊治过程中、手术及手术后病程记录认识不同、材料不实被认定操作不当。考虑患者疾病的个体因素，认定某附属医院医疗损害参与度为 50%。②白某因三度房室传导阻滞，必须佩戴永久性心脏起搏器，其伤残等级应评定为四级。③白某所置心脏起搏器每 9 年需更换一次，每次人民币 4.8 万元。泸州中院据此判决某附属医院赔偿患者白某各项费用合计 135 083.53 元。

原告、被告双方均不服一审判决，向四川省高级人民法院提起上诉。二审法院经审理认定：①某附属医院在患者出院后"重整病历"，对病历的相关部分进行重抄，致使其提交的病历真实性无法认定，无法判断实际的医疗过程。②某附属医院认为一审中的鉴定结论存在问题，申请重新鉴定。但患者认为其提供的术后 7 天复印的病历能够证明医院存在修改病历的行为，且所复印病历的原件在某附属医院手中，但医院从未提供，故不同意以复印件为依据再行鉴定。某附属医院代理人在二审庭审中也明确表示，白某所提供复印件的病历原件已毁，不能提供。依据《医疗事故处理条例》第二十八条规定，在某附属医院不能提供手术原始病历原件的情况下，依法不能再进行医疗事故技术鉴定，故对某附属医院提出的鉴定申请不予支持。③本案鉴定人的鉴定资格不存在问题，鉴定结论不能按时作出不是鉴定机构原因所致。故某附属医院以鉴定机构、鉴定人员不具法定鉴定资格、鉴定程序违法而要求重新鉴定的理由不能成立。④虽然经华西医院专家根据患者提供的病历复印件认定手术操作无过错，但由于没有证据确定该复印件就是原始病历的复印件，因此，不能以此认定医院在手术操作中无过错。综上，某附属医院所举证据及具有专业知识的人员出庭说明，均不能证明其在手术中没有过错，应承担举证不能的责任，其"重整病历"的行为不符合有关规定，不能成为免责事由，依法应当承担相应的赔偿责任。最终二审法院判决某附属医院赔偿患者各项费用合计 201 416.53元。

---

[27] 案例引自北大法宝网站，见 vip. chinalawinfo. com。

评析

本案是典型的因为医院无法提供病历致使无法进行鉴定，导致医院承担赔偿责任的案件。对该案件中二审法院最终认定的事实进行分析，有以下两方面值得特别注意的问题。

一、医疗机构必须保证病历的真实性和完整性，不得在医疗纠纷发生后伪造、篡改、隐匿、销毁或者拒绝提供病历。本案中医院一方面对病历进行“重整”，其实质上是在事后对病历的篡改或伪造，严重损害了病历的真实性和完整性。另一方面，在法院及鉴定机构要求医院提交患者住院期间病历原件时，医院拒绝提供，导致无法通过鉴定及时判断医疗行为合法与否，其结果是法院认定医院未尽举证责任，没有能够证明自身医疗行为的合法性，从而判决医院承担相应的赔偿责任。

《病历书写基本规范》规定，病历书写应当文字工整，字迹清晰，表述准确，语句通顺，标点正确。书写过程中出现错字时，应当用双线划在错字上，修改时，应当注明修改日期，修改人员签名，并保持原记录清楚、可辨。不得采用刮、粘、涂等方法掩盖或去除原来的字迹。上级医务人员有审查修改下级医务人员书写的病历的责任。《医疗事故处理条例》和《医疗机构病历管理规定》等法规规章也规定，医疗机构应当严格病历管理，严禁任何人涂改、伪造、隐匿、销毁、抢夺、窃取病历。这些规定都对保持病历的真实性和完整性有非常明确的要求，给医疗机构的病历管理提出了很高的要求。之所以对病历管理提出较高的要求，是由病历在医疗过程中和纠纷发生时的作用决定的。从医疗过程来看，病历是对患者接受医疗过程的客观记录，对于及时了解病情、确定诊疗方法、判定患者预后等都具有非常关键的作用，是患者就医过程中最为关键的材料，一旦被伪造、篡改、销毁，对患者的治疗将产生严重的不良影响。从医疗纠纷处理来看，医疗机构要想举证证明医疗行为与损害后果之间不存在因果关系及不存在医疗过错，就必须提交原始的完整病历，由相关机构进行鉴定，进而证明医疗行为的合法性。病历对于证明医疗行为的合法性起到决定性的作用，在很多情况下也对医疗纠纷案件最终的结果起到决定性的作用。

二、《侵权责任法》第五十八条的规定在很大程度上增强了医疗机构承担医疗损害责任的可能性，在实践中需要引起医疗机构管理人员的注意。医疗机构管理人员应当加强对医务人员进行相关法律法规、规章制度的宣传和教育，提高医务人员的法律意识和水平，使医务人员在医疗行为中严格按照法律法规的规定进行操作，遵守操作常规，保证执业行为的合法性。另外，因为推定过错的 3 种情形中 2 种与病历有关，这更加要求医疗机构管理人员加强对病历的管理，在病历的书写、制作、保管、借阅、复印或复制等方面严格按照《病历书写基本规范（试行）》《中医、中西医结合病历书写基本规范（试行）》《医疗机构病历管理规定》《医疗事故处理条例》等法规规章的规定执行，确保病历资料的客观、真实、完整。

【需要注意的问题】

运用该条规定,需要注意以下几方面的问题:

一、举证责任的转移是有前提的,而不是全部的无条件的转移

根据侵权责任构成的一般原则,侵权责任的认定采用过错责任原则,并且在诉讼中采取"谁主张,谁举证"的原则。具体到医疗损害责任诉讼中,需要由患者一方对医疗机构构成医疗损害责任的四方面要件进行举证,只有当患者能够举证证明医疗机构存在违法行为、自身遭受损害后果、违法行为与损害后果之间存在因果关系和医疗机构存在主观过错,才能够认定医疗机构需要承担医疗损害赔偿责任。但是,按照本条规定,患者的举证责任在一定程度上有所减轻,对主观过错方面的举证责任可以在一定条件下转移给医疗机构承担。必须注意的是,这种举证责任的转移是存在条件限制的,患者一方仍然需要承担大部分的举证责任,需要就医疗机构存在违法行为、自身遭受损害后果、违法行为与损害后果之间存在因果关系三方面进行举证,然后还需要证明存在本条规定的三种情形,只有在患者举证证明了上述内容,举证责任才能够转移给医疗机构,由医疗机构对其医疗行为不存在过错进行举证。如果患方没有完成这些举证,可以视为患方在诉讼中没有完成举证任务,就不应当发生举证责任的转移,即医方无须对医疗行为不存在过错进行举证。

二、医疗机构必须进一步加强对病历资料的保管,提高对病历重要性的认识

如前所述,本条规定的采取推定过错责任的三种情形中,有两种情形都和病历直接相关,足见病历资料的重要性。医疗机构必须改变以往对病历资料不加以重视的态度,加强对医务人员的教育,对病历资料的重要性进行宣传,提高医务人员保存真实完整病历资料的意识。医疗机构要通过技术控制、监督管理、病历质控等方面措施加强对病历的管理,杜绝在病历资料方面的弄虚作假,力争提供真实完整的病历资料,才会在医疗纠纷诉讼中不因为病历的问题而陷入被动。

三、本条规定存在现实不可行性

根据前面的分析,我们可以看到,要想实施医疗行为存在过错的推定,首先应当由患方对这三种情形中的任何一种进行举证证明,如果患方无法完成举证,法庭不可

能实施医疗过错推定。而事实上患方确实无法依照法律的规定来完成举证，如果按部就班地套用法条，诉讼的情况必然会对患方不利。因此，在将来的司法实践中，我们预测法官会对这一条规定进行变通执行，不会生搬硬套，而是只要医疗机构及其医务人员不提交病历，就采用推定过错的方式来处理。

第 6 章

医疗侵权免责事由

本章对《侵权责任法》规定的医疗机构无需承担医疗损害责任的具体情形进行了解读，尤其是医务人员在医疗实践中如何把握该规定以便更好实施医疗行为做了扩展性的研究，旨在引导医院管理人员如何将医疗实践中的情况与法条对号入座。

第六十条　患者有损害，因下列情形之一的，医疗机构不承担赔偿责任：

(一)患者或者其近亲属不配合医疗机构进行符合诊疗规范的诊疗；

(二)医务人员在抢救生命垂危的患者等紧急情况下已经尽到合理诊疗义务；

(三)限于当时的医疗水平难以诊疗。

前款第一项情形中，医疗机构及其医务人员也有过错的，应当承担相应的赔偿责任。

【主旨】

本条是对医疗损害赔偿责任的免责事由以及混合过错时责任承担的规定。

【释义】

与其他侵权责任一样，医疗损害赔偿责任在一定条件下也可以免除或者减轻。本条第一款是对医疗机构不承担损害赔偿责任的情形做出了具体规定，也就是免责事由。本条规定的医疗损害赔偿责任中的免责事由是指医疗机构及其医务人员的医疗行为已经符合医疗损害赔偿责任的构成要件，依法需要承担相应的医疗损害责任，但是在出现本条第一款规定的三种情形时，依据侵权责任法的规定，医疗机构无需承担赔偿责任。

一、免 责 事 由

免责事由，可以包含减责事由，是指可以免除或者减轻行为人责任的理由。免责事由，是抗辩事由从抗辩成立后的结果上来看。抗辩事由，是被告针对原告的损害赔偿请求，证明自己责任不成立或者可以减轻责任的理由，在大陆法系民法理论中也称为违法阻却的事由。[①] 免责（减责）事由可以依据不同的标准做出不同的分类：正当理由，外来原因；一般免责事由，特殊免责事由等。在免责事由中，还有一类比较特殊的抗辩事由，即以第三人或者受害人的过错抗辩免责（减责）的，应当引起重视，这在医疗损害责任的免责抗辩中比较多见。

正当理由是指损害虽然系由被告的行为所致，但其行为具有合法性，因此可以免除责任。大陆法系学者一般将正当理由划分为：①正当防卫；②紧急避险；③自助；④法定权力或者其他合法权力；⑤受害人同意。在英美法系中，有学者将正当理由分为：①受害人同意；②正当防卫；③防卫他人；④拘捕与防范犯罪；⑤对财产的防卫；⑥从动产或者不动产上获取权益；⑦执行军事命令与纪律。

外来原因是指损害不是由被告的行为所致，而是由外在于其行为的独立原因造成，因此被告的行为与损害结果之间不具有因果关系，如不可抗力、意外事件等。不可抗力系指：①火灾；②天灾；③战争或者武装冲突；④政府或者主管部门的行为、检疫限制或者司法扣押；⑤罢工、停工或者劳动受到限制。可以归纳为三个方面，即自然原因的不可抗力，社会原因的不可抗力，国家原因的不可抗力。[②]

二、与《医疗事故处理条例》第三十三条的比较

《侵权责任法》第六十条规定了三种免责事由，这对医疗机构来说是件好事，但是很多医务管理人员在仔细研读了这三种情形之后，才发现《侵权责任法》第六十条规定的三种免责事由太少了，不能够充分保护医疗机构的合法权利，不能够促使医务人员放心大胆地实施医疗措施，比起《医疗事故处理条例》第三十三条所规定的6种情形要少。我们认为，《侵权责任法》第六十条规定的三种免责事由与《医疗事故处理条例》第三十三条所规定的6种免责事由其实是一致的，只是表述的方法不一样而已。这里我们将有关内容陈列于表6-1中比对。

---

① 江平：《民法学》，中国政法大学出版社2007年9月第1版，第557页。

② 张新宝：《侵权责任法原理》，中国人民大学出版社2005年版，第129页。

表 6-1　《侵权责任法》第六十条与《医疗事故处理条例》第三十三条比较

《侵权责任法》第六十条	《医疗事故处理条例》第三十三条	说 明
(一)患者或者其近亲属不配合医疗机构进行符合诊疗规范的诊疗	(五)因患方原因延误诊疗导致不良后果的	《侵权责任法》列举了患方的具体行为,《医疗事故处理条例》概括性地表述了患方行为,当然后者的范围更加宽泛
(二)医务人员在抢救生命垂危的患者等紧急情况下已经尽到合理诊疗义务	(一)在紧急情况下为抢救垂危患者生命而采取紧急医学措施造成不良后果的	都是紧急情况下对患者的抢救
(三)限于当时的医疗水平难以诊疗	(二)在医疗活动中由于患者病情异常或者患者体质特殊而发生医疗意外的 (三)在现有医学科学技术条件下,发生无法预料或者不能防范的不良后果的 (四)无过错输血感染造成不良后果的 (六)因不可抗力造成不良后果的	《侵权责任法》是一种概括性的抽象表述,《医疗事故处理条例》则是具体罗列,显然后者的 4 种情形全部包含在前者的抽象表述中

《侵权责任法》第六十条第一项与《医疗事故处理条例》第三十三条第五项相对应,《侵权责任法》第六十条第二项与《医疗事故处理条例》第三十三条第一项相对应,都是比较好理解的,关键是《侵权责任法》第六十条第三项能否与《医疗事故处理条例》第三十三条第二,三,四,六项相对应。我们认为完全可以对应起来。《侵权责任法》第六十条第三项是概括性的抽象表述,是指医疗行为受限于当时的医疗水平,不能够正确地诊治疾病,或者实施了相应的诊疗行为,却不能够避免患者病情恶化,强调了医疗水平对医务人员从事医疗活动的限制,也说明了医疗行为不是万能的,很多问题是医务人员无法解决的。《医疗事故处理条例》第三十三条第二,三,四,六项罗列的 4 种情形,都是目前医疗水平难以达到或者解决的医学难题。因此,我们认为二者之间还是存在包含对应关系。

三、对三种免责事由的理解

(一)患者或者其近亲属不配合医疗机构进行符合诊疗规范的诊疗

本条是说患者或其近亲属拒绝合理诊疗的,医疗机构不承担赔偿责任。在这种情形之下造成患者损害的,不是医疗机构的医疗行为出现了问题,而是由于患方不配合的过错造成的,属于患方过错免责抗辩事由。诊疗活动是医患双方进行配合合作的过程,需要医患双方通力合作才能完成。患者及其家属要向医务人员提供全面真实的既往病历资料,不得隐瞒有关的病史,要遵守医疗机构的诊疗秩序,维护正常的就医环境;要对医务人员采取的符合诊疗常规的诊疗措施进行配合,如按时服用药物,定期进行复查,发现不适情况及时告知等,只有这样,医疗机构及其医务人员才能正确地对患者的病情进行判断,作出正确的诊断,采取合理的治疗措施,从而使患者恢复健康。理解这一免责事由,有以下几点需要特别注意的。

1. 拒不配合诊疗的主体是患者或者其近亲属。这是对这一免责事由适用时主体的限制,即必须是患者本人或者其近亲属拒绝配合合理的诊疗行为,医疗机构才能免责。患者作为独立的民事主体,在其是完全民事行为能力人时,也即患者年满 18 周岁,心智健全时,患者对自身的身体、健康有自行决定和处分的权利,任何人不得强迫患者接受各种诊疗行为。患者可能出于各种原因的考虑而拒绝医疗机构的诊疗行为,只要该行为未对社会和公众利益造成损害,即不属于法定需要进行强制医疗的传染病、精神病等,那么拒绝诊疗都是合法的,医疗机构无权强制患者接受诊疗。当患者是限制民事行为能力人或无民事行为能力人,也就是说患者不满 18 周岁或者虽年满 18 周岁但患有精神病的情况下,患者自己无法对医疗行为的运用与否作出判断,需要由其近亲属来作出决定。根据《民法通则》及其解释的有关规定,此处的“近亲属”应当包括配偶、父母、子女、兄弟姐妹、祖父母、外祖父母、孙子女、外孙子女。在现实中,有些情况下患者的近亲属未在身边,而是由患者的朋友、同事等送患者到医疗机构,这些人也可能因为各种原因而拒绝医疗机构实施诊疗行为,在这种情况下医疗机构就必须注意,应当要切实审查这些人是否符合本项规定的近亲属,其拒绝诊疗的行为是否能够免除医疗机构的责任,如果不能,那么医疗机构就不能据此作为要求免责的理由。在这种情况下,如果不是侵权责任法第五十六条规定的“因抢救生命垂危的患者等紧急情况”,可以“经医疗机构负责人或者授权的负责人批准,立即实施相应的医疗措施”外,医疗机构应当慎重地决定是否对患者实施诊疗行为,以免造成不必要的纠纷。

2. 患者或其近亲属拒不配合的须是医疗机构进行的符合诊疗规范的诊疗。如果医疗机构进行的诊疗行为违反医疗卫生相关的法律法规、规章制度、诊疗规范，没有考虑患者的实际病情而随意决定进行治疗或手术，或者是进行不必要的检查或治疗，或者是在治疗中违反无菌操作等基本规范，可能对患者造成各种损害的，患者及其近亲属当然有权拒绝，而且因此影响治疗的后果需要由医疗机构承担。因此，医疗机构在医疗损害纠纷中需要引用本项规定为自身辩护时必须确保自身实施的诊疗行为是符合诊疗规范的，是合法合理的。只有在保证诊疗行为符合诊疗规范的情况下，患者及其近亲属拒不配合的，医疗机构才能够据此免除赔偿责任。

3. 患方不配合医疗机构进行的符合诊疗规范的诊疗的具体情形。在医疗实践中，患方不配合医疗机构符合诊疗规范的诊疗的情形是比较多的，有的比较明显，患方的表现即可以直接指向患方是不配合医疗机构符合诊疗规范的诊疗；有的比较隐蔽，需要进一步剖析之后才得以发现。这里我们简单罗列一些常见的患方不配合医疗机构进行的符合诊疗规范的诊疗的具体情形如下。

(1)患方不同意医方建议，拒绝留观。患者前往医疗机构的门诊或者急诊就医，虽然当时的病情并不一定严重，但是接诊医师根据自己的临床经验，考虑到患者的病情有一定的不确定性，有进一步加重或者恶化的风险，因而建议患者留观于医疗机构。但患方不予配合，不同意留观，径直离开医疗机构。如果患者在回家途中，或者回到家中之后，病情出现了变化，由于得不到及时有效的治疗，造成了不良后果的，医方可以免责。

(2)患方不同意医方建议，放弃治疗。在医疗活动过程中，经常会出现患者或其家属对于患者的疾病治疗前景不看好，对于疾病治疗丧失信心，或者出于经济窘迫等原因，患方放弃对病人的继续治疗。表现在患方拒绝医师开处方，或者患方要求终止治疗而出院。患方放弃治疗的行为，从医疗服务合同的角度来看，实际上是患方终止医疗服务合同的行为。对医疗机构而言，医疗服务合同具有强制缔约性，因而医方在一般情况下不得擅自解除合同，只有患方可以单方面解除合同。患方单方面解除医疗服务合同，包括中止治疗、放弃治疗、出院、转院等。[③]

(3)患方不同意医方建议，拒绝必要检查。这里所讲的检查既包括需要借助仪器、设备的辅助检查，也包括医师的手法检查。医务人员对患者疾病的诊疗活动，检查是必不可少的措施。没有必要的检查，就不可能充分揭示患者的疾病信息。然而，有的检查会对患者造成一定的损害，如 X 线透视、拍照 X 线片、CT 扫描等；有的检查让患者痛苦难忍，比如胃镜检查；还有的检查充满着危及患者健康、生命的风险，如冠状动脉造影；还有的检查费用比较昂贵，比如核磁共振成像检查。在诊疗过程中，有的基于自身的身体感受或者经济上的考虑，对于医师建议的检查予

③　刘鑫、王岳、李大平:《医事法学》，中国人民大学出版社 2009 年版，第 237 页。

以拒绝。由于检查没有及时做，对患者疾病确诊可能会造成影响，或者对于患者疾病治疗效果和影响缺乏判断指标，给患者造成了不良后果，医疗机构不承担责任。

(4)患方不同意医方建议，拒绝必要治疗。这里所讲的治疗，是指具体的治疗方法，包括药物治疗和手术治疗。治疗方法本身可能存在对患者的伤害，有的治疗手段给患者造成一定的痛苦，因而有的患者会拒绝医师提出的治疗建议。比如，有的患者对于手术治疗心存疑义，因而不愿意接受医师的手术建议，而要求医师对其疾病进行保守治疗。比如某患者因急性化脓性阑尾炎入院，医师根据患者的病情，建议实施手术治疗，但是患者在过去也有过阑尾炎发作的经历，并且多次保守治疗均治愈出院，因此对于医师本次手术治疗建议不予理睬，结果患者病情没有控制住，最终病情恶化，阑尾穿孔，导致患者出现败血症，危及患者生命。

(5)患方私自停药。药物有一定的不良反应，且长期服药可能是件痛苦的事情。有的患者不遵医嘱，在出院之后，没有继续按照医师的要求服药，擅自减量甚至停药，从而给患者疾病治疗造成了负面影响。例如，某肺结核的患者，在医院内治疗基本上控制了病情，医院给患者制定好出院后长期抗结核治疗的方案后出院，但是患者回到家中，没有按时服药，在治疗效果明显，症状减轻之后直接停药，最终导致患者疾病复发、恶化，最终死亡。

(6)患方私自拔管。有的病人需要在身体上安插一些导管，比如术后在手术部位的引流管，在患者的胃中插上胃液引流管。有的病人感觉到这些引流管碍事或者感觉不舒服，擅自将引流管拔出。或者患者意识不清，烦躁不安，家属没有严加看护，结果病人在躁动中将引流管拔掉，又没有及时通知医务人员插管，导致病情恶化。

(7)患者不遵医嘱，擅自食用禁止食物。有的疾病在治疗过程中需要患者忌食，有的食物不能吃。比如糖尿病患者不能吃含糖高的食物，但是患者不听医务人员的劝告，擅自食用了这类食物，导致病情加重。另外目前我国的食品安全也存在很大隐患，有时患者随便食用医院门口小摊上购买的不洁食物，造成食物中毒。如果医疗机构在患者入院时对于饮食的要求做了清楚的告知，而患者仍然我行我素，不听劝告，出现了问题，只能自己承担责任。

(8)患方未经医护人员同意，私自外出。医疗机构对住院患者实施严格禁止外出的管理，因此，医疗机构在其入院之初应当让患者签署《住院须知》，该文书上要写明“患者住院期间，未经医护人员同意，不得擅自外出”。如果患者未经请假外出，造成患者出现不良后果的，医疗机构不承担责任。不过，医疗机构为了便于管理，应当要求住院病人统一着病号服，医院门卫要严格管控身穿病号服的患者外出。

(9)患方不配合，不设立陪护人员，造成患者摔伤、坠床、自杀。住院患者因病重，或者活动不便，或者有自杀的倾向，或者没有民事行为能力等，医疗机构应当通过设立陪护的方式来防止患者出现摔伤、坠床、自杀等情况发生。因此，医疗机构应当规范陪护制度，对于需要陪护的患者，应当向家属告知陪护的要求，签署《陪护风险告知书》。如果家属不设陪护，或者虽然设有配合，但陪护人员不恪尽职守，导致患者出现了不良后果的，责任由患方自行承担。[④]

4. 本条第二款是对混合过错时责任承担的规定。混合过错是我国民法学上的称谓，在国外也称为"过失相抵"或"与有过失"，指受害人的过错仅仅是损害发生的一个实质性要素，加害人对此也存在过错。[⑤] 根据民法学的一般原理，当存在混合过错的情形时，根据双方过错的情况，由双方分别承担相应的责任。我国的《民法通则》第一百三十一条规定，受害人对于损害的发生也有过错的，可以减轻侵害人的民事责任。《侵权责任法》第二十六条也有同样的规定。根据该款规定，如果患方对于医疗机构符合诊疗规范的诊疗不予配合，但同时医疗机构在诊疗过程中也存在过失，比如告知不充分，导致患方没有清楚理解医方拟实施的医疗行为的作用和性质，从而拒绝接受相应的诊疗，这种情况医疗机构仍然有责任。

(二)医务人员在抢救生命垂危的患者等紧急情况下已经尽到合理诊疗义务

法谚云：紧急时无法律。其基本的含义是，在紧急状态下，可以实施法律在通常情况下所禁止的某种行为，以避免紧急状态所带来的危险。正当防卫、紧急避险、自救行为、义务冲突都是在紧急状态下实施的权利行为，而这些权利行为的共同特点是，将法律在通常情况下所禁止的行为作为手段来保护合法权益。在紧急状态下所产生的这种权利，被称为紧急权。[⑥] 在医疗服务过程中，往往会遇到患者生命垂危的紧急情况，此时对患者的救助需要争分夺秒，救治患者的措施和方法也可以超出常规，不受诊疗规范所限制，以救治患者的生命为惟一目的。

在救治生命垂危患者的紧急情况下对医务人员医疗救治行为的宽容要求，国外有相关的法律规定。比如在意大利的医疗损害赔偿制度中，就有重大过失承担赔偿的规定。《意大利民法典》第二千二百三十六条规定："若某一任务的履行涉及具有特殊难度的技术问题，那么履行者对其造成的损害不承担赔偿责任；但是具有故意或重大过失的除外。"[⑦]再如在美国的 Raybtun v. Day 一案中，外科医师注意到可能有纱布遗留于患者腹腔中，经努力查找未果的情况下，但基于患者情况危急，未继续寻找而将手术切口予以缝合，法院在判决中认为，这属于紧急情况下的"诚实错误"，不能仅因纱布遗留于患者腹部即要求医师承担损害赔偿责任。在我

---

④ 刘鑫、张宝珠：《护理执业风险防范指南》，人民军医出版社 2008 年版，第 53—55 页。

⑤ 江平：《民法学》，中国政法大学出版社 2000 年版，第 787 页。

⑥ 张明楷：《刑法格言的展开》，法律出版社 1999 年版，第 241 页。

⑦ 杨立新：《医疗损害责任研究》，法律出版社 2009 年版，第 57 页。

国台湾地区的“民法典”第一百七十五条也规定：管理人为免除本人生命、身体或财产上之紧迫危险，而为实务之管理者，对于因其管理所生之损害，除有恶意或重大过失者外，不负赔偿责任。在我国过去的立法中，除了《医疗事故处理条例》第三十三条第一项对紧急救治做了原则性规定之外，尚未看到其他立法对该问题做出过规定，这对于我国医疗急救工作是非常不利的。医疗机构及其医务人员由于没有法律的明确规定，其急救行为没有法律的保护，因而医疗机构及其医务人员在急诊急救中，缩手缩脚，不敢大胆地实施救治患者的医疗行为，使得很多本有希望获救的患者最终没有获救。曾经有学者提出，我国的医疗责任的承担应当以重大过失为原则，具体轻过失为例外。[⑧] 在出现紧急情况时，医师做出医疗判断的时间紧促，对各种状态无法详尽地检查、观察、思考、判断，自难要求其与通常情况下的注意能力一致。[⑨] 因此，在紧急情况下所实施的医疗行为，法律对医务人员的注意程度的要求通常应当低于一般的医疗情形。[⑩]

《侵权责任法》做出的该项规定，是从国家立法的层面对我国医疗急诊急救工作的规范和保护。在有了明确的急诊急救工作规范的宽松要求之后，我们相信今后医疗机构及其医务人员就可以放心大胆地对生命垂危的患者进行救治了。该项规定的核心意思，是指医务人员在为了抢救生命垂危的患者等紧急情况下，只要其医疗行为的实施已经尽到了合理的诊疗义务，即使给患者造成了损害结果，医疗机构也不需要为此承担赔偿责任。其实质是在患者的生命权与其他权利之间发生冲突的时候，生命权应当放在第一位。在为了挽救患者生命保护患者的生命权的紧急情况下，可能会采取一些紧急的诊疗措施，只要医务人员采用这些措施时已经尽到合理诊疗义务，就不需要承担赔偿责任。这是属于正当理由的免责抗辩事由，与法律对紧急避险的规定相类似。医疗机构运用本项规定要求免责赔偿责任，需要注意以下两点。

1. 运用该项规定的前提必须是在抢救生命垂危的患者等紧急情况下，这是对该项免责事由适用时空条件的规定。根据侵权责任构成的一般原理，如果医疗机构的医疗违法行为给患者造成了损害后果，主观上也存在过错，那么医疗机构就需要承担赔偿责任。但是，医疗机构的医疗过程中经常会遇到许多紧急情况，如发生大规模灾害事故、发生严重工程事故等情况时，常常有大量的患者需要紧急抢救，而且常常是进行挽救患者生命的抢救活动。在这种情况下，抢救生命的紧迫性要求医疗机构采取紧急措施，也对医疗机构的诊疗行为提出了相对宽松的要求。反

---

⑧ 宋晓亭：《论医疗行为的过失豁免——兼谈〈医疗事故处理条例〉中的过失应当如何理解》，《法律与医学杂志》2002 年第 3 期。

⑨ 邱聪智：《民法研究》(1)(增订版)，中国人民大学出版社 2002 年版，第 312 页。

⑩ 田韶华、杨清：《专家民事责任制度研究》，中国检察出版社 2005 年版，第 301 页。

之，如果是在日常的诊疗过程中，不存在抢救患者生命的紧急情况，也就没有本项规定适用的空间和余地了。

2. 运用该项规定时要求医务人员已经尽到合理诊疗义务。即使是在抢救患者生命的紧急情况下，医疗机构及其医务人员也必须遵守基本的诊疗规范，按照卫生部及有关机构出台的《医院工作制度》等规定实施抢救过程，力争将抢救的副作用降至最小。这一方面内容要求医务人员在实施抢救患者生命等紧急情况下依旧要严格按照有关法律法规的规定，遵守诊疗规范，符合诊疗常规，尽到合理的诊疗义务；否则就可能违反有关诊疗规范，未尽到合理诊疗义务，其结果是无法运用本项规定免除责任，而是要构成侵权责任，需要承担相应的赔偿责任。当然，医务人员是否尽到合理的诊疗义务，是一个相对的问题，没有绝对的标准限制。因为在紧急情况下抢救危重患者的生命，可能医疗条件是有限的，比如没有消毒包，没有充分的已经消毒的医疗器械，对于多人需要急救时，可能多位患者就得共用一套医疗器械，交叉感染在所难免，即使这样，医疗行为也应当免责。对于医务人员是否尽到合理的诊疗义务的判断，由于涉及专业技术方面的内容，因而也可能需要交给医学会医疗技术鉴定机构予以鉴定。

3. 该项规定概括性地表述为“在抢救生命垂危的患者等紧急情况下”，将医疗急救行为规定了三个判断条件：①抢救行为；②患者生命垂危；③情况紧急。《侵权责任法》没有具体罗列哪些情况符合这些要求并可以免责。因此，医疗机构的管理人员应当比照这三个条件对医疗过程中符合条件的医疗行为加以明确，以便于一线医务人员了解什么样的情况可以比照该规定实施医疗行为。我们认为，符合这三个条件的医疗行为有以下几种。

(1)急诊急救行为。无论是急诊还是急救，都体现了一个“急”字，此时患者病情发展迅速，生命垂危，需要医疗紧急干预。医疗机构及其医务人员按照既定的急诊急救程序，对患者实施救治，即使没有救治过来，或患者最终落下严重残疾，医疗机构仍然应当免责。不过，这提醒医疗机构在管理上应当组建急诊急救的组织，订立急诊急救的程序性文件，保证医疗机构的急诊急救渠道畅通。

(2)术中大出血。医务人员在给患者实施手术的过程中，经常会在术中遇到突如其来的情况，如术中大出血。例如，在对产妇剖宫产的过程中，产妇系瘢痕子宫，有胎盘植入，术中出血不止，为了保住患者性命，医务人员将患者的子宫切除。这样的行为是符合本项规定的，医疗机构对于患者子宫切除的情况不承担责任。

(3)患者有紧急输血的必要，医疗机构又没有充足的库存血，医疗机构可以自采血。虽然根据我国《献血法》及血库管理相关规定的要求，医疗机构不得自采血。但是在边缘地区，患者需要紧急输血，而医疗机构库存血又不够的情况下，医疗机构可以自采血。虽然自采血可能不能保证血液的质量，患者可能由此感染血源性疾病，但此时患者面临生命权与健康权的冲突，医疗机构在对患者权利的取舍上应当以生命权为重，健康权是以生命权的存在而存在的，如果患者没有了生命，根本谈不上健康权。不过，医疗机构的自采血需要注意对献血员做体检和力所能及的检查，并与患方签署《自采血输血风险告知书》。

(4)抢险救灾、战争等特殊情况下对生命垂危患者的救治。

(三)限于当时的医疗水平难以诊疗

医学是一门非常古老的学科，也是日新月异飞速发展的学科。时至今日，尽管医学发展迅速，医学理论研究、医学技术水平都有了极大的提高，运用医学手段治愈疾患的能力有很大进步。但是，不容否认的是，医学发展到今天，仍然存在许多方面是无能为力的，医学也并未能够达到包治百病的地步。例如，尽管人们意识到化疗药物会产生极大的副作用，放射治疗也会对人体正常的功能造成损害，但是在目前阶段化疗、放疗作为肿瘤治疗的重要手段依然在广泛运用，在许多晚期肿瘤及肿瘤术后治疗中起到重要的作用。另外，虽然人们早就认识到许多手术可能会出现严重的并发症，但是在不进行手术治疗就无法改善的情况下，两害相权取其轻，人们还是要进行手术治疗。不难看出，现阶段的医疗水平还是存在局限性的，不能苛求医疗能够解决一切的病患。本项规定是指在医疗机构的医疗行为给患者造成了损害后果，应当承担损害赔偿责任时，如果该损害后果的发生是由于受当时的医疗水平的局限而难以诊疗，那么医疗机构就可以要求据此免除赔偿责任。这是属于外来原因的免责抗辩。

在判断损害后果是否是由于限于当时的医疗水平难以诊疗时，必须考虑到医疗行为发生当时当地的具体情况，需要考虑医疗机构所在地区的医疗水平、医疗机构的资质和医务人员的资质、患者体质是否存在特殊情况等多方面的因素，综合进行判断，而不能采取一刀切的方式进行判断。另外，必须明确的是判断损害后果的发生是限于当时的医疗水平难以诊疗的举证责任需要由医疗机构一方来承担。在患者一方已经举证证明医疗机构的医疗行为构成侵权，依法需要承担赔偿责任时，如果医疗机构试图引用本项规定来免除责任，那么就需要由医疗机构承担举证责任，通过举证证明在当时的医疗水平下，患者的病患难以诊疗，损害后果的发生难以避免。证明成立的，医疗机构就无需承担赔偿责任，不能成立的，医疗机构仍然需要承担赔偿责任。实践中，医疗机构可以通过申请鉴定，由鉴定机构来对患者的损害后果发生是否是因为当时的医疗水平所限进行鉴定，从而完成自己的举证责任。

根据第二款规定，患者及其近亲属拒不配合医疗机构及其医务人员实施符合诊疗规范的诊疗行为，造成损害后果的，医疗机构无需承担赔偿责任，但是如果医疗机构及其医务人员也存在过错的，应当承担相应的赔偿责任。也就是说，在这种情况下，医疗机构及其医务人员承担的是过错责任，有过错则有责任。在医疗机构能够举证证明患者及其近亲属拒不配合医疗机构及其医务人员实施符合诊疗规范的诊疗行为，造成损害后果的，医疗机构就可以根据第一款规定拒绝承担赔偿责任。这时，举证责任又转移到患者一方，只有患者一方能够证明医疗机构及其医务人员存在过错，才能要求医疗机构承担相应的赔偿责任。在确定双方都存在过错后，就应当在医患双方之间按照其过错的大小与损害后果之间的参与度来划分责任，从而确定医患双方各自应当承担的责任大小。在此情况下，医疗机构及其医务人员的过错主要可能是未在采取相应诊疗行为之前明确告知患者及其家属诊疗有关的情况，需要实施手术、特殊检查、特殊治疗的，医务人员未及时向患者及其近亲属说明医疗风险、替代医疗方案等情况，并要求患者或其近亲属书面同意；或者是在要求患者及其近亲属配合诊疗行为的过程中存在过错，这些都可能成为要求医疗机构承担赔偿责任的原因。

限于当时的医疗水平难以诊疗的核心还是医疗水平的局限性，如何判断医疗机构的诊疗行为是受到医疗水平局限性制约而发生的难以诊治的情况呢？在司法实践中有可能需要委托医学会医疗技术鉴定机构组织相关学科的专家来评价。我们认为，以下列举的具体情形属于限于当时的医疗水平难以诊疗的情况。

(1)在医疗活动中由于患者病情异常或者患者体质特殊而发生医疗意外的。患者的病情异常，往往导致患者疾病发展迅速，医疗机构可能还来不及实施医疗干预措施，患者疾病已经出现了难以逆转的改变甚至死亡。比如患者因急性心肌梗死到医疗机构急诊，在医师询问患者家属的过程中患者死亡，从进院到死亡前后经历约 20 分钟，就不能认为医院对患者的死亡负有责任。再有患者体质特殊往往会在医疗过程中发生一些难以预料难以治疗的情况，比如患者系过敏体质，在麻醉过程中对麻醉药物过敏，最终因过敏性休克抢救无效死亡。

(2)在现有医学科学技术条件下，发生无法预料或者不能防范的不良后果的。现有医学技术条件是当时医疗水平的同义语，不仅有时间相关性，更有地域和人员相关性。有的疾病在三甲医院可以有效救治，但是在基层卫生院却无力救治；有的病症在医学专家的检查之下可以很快确诊，但是在一个住院医师接诊时却摸不着头脑。

(3)无过错输血感染造成不良后果的。血液是重要的医疗用品，无法人工生产，只能从活人身上采集。虽然，在采血之前要对献血员进行体检，但是目前仍然存在难以解决的窗口期问题，即有 5%左右的献血员在感染丙型肝炎、艾滋病等血源性疾病的早期，虽然实施了目前的检查方法却无法检测出病毒指标，这种血被当做正常的血液输给了患者，造成了患者感染血源性疾病。只要血站和医疗机构能够证明自己在采血、输血的过程中没有过错，血站和医疗机构应当免责。

(4)对罕见病、少见病的误诊误治。医务人员对疾病的正常诊断思维是将患者表现出来的疾病症状和体征与常见病谱相比对，是从常见病上进行诊断的，罕见病、少见病鲜有被考虑者。另外，由于罕见病、少见病发病率低，在临床工作中的病例数不多，很多医师执业一辈子对于一些罕见病、少见病可能根本就没有遇到过，没有见识就没有经验，自然也增加了误诊的概率。因此，对于罕见病、少见病的误诊，只要医务人员已经尽到了必要的诊疗义务，医疗机构即可以免责。

(5)因不可抗力造成不良后果的。关于不可抗力，法理上强调它是一种客观的外部因素，也强调当事人以最大的注意预见不可抗力，以最大的努力避免不可抗力和克服不可抗力，但仍然不可避免地发生了危害后果。概括地说，不可抗力具有三个“不能”的特性，即不能预见，不能防范，不能避免。符合这三个条件者即为不可抗力事件。

【案例与评析】

案例 6-1　江某与北京某医院医疗事故赔偿纠纷⑪

2001 年 12 月 24 日，王某(江某之女)到北京某医院治疗，被确诊为“结核性胸膜炎”，该院于当日及当月 27 日两次对王某进行胸穿，抽取积液。之后开始进行药物化疗，2002 年春节前，经接诊大夫同意王某回湖北，并继续服用北京某医院所开化疗药物。2002 年 9 月 17 日下午王某去世，死亡原因系猝死。

之后，江某诉至北京市某区人民法院。法院经审理后认为，侵权民事责任的构成要件包括侵权方的主观过错、侵权行为、受害方的损害结果，以及侵权行为与损害结果间的因果关系。本案中，江某称北京某医院的主要侵权行为包括：当王某要求住院时医院拒收；接诊医生只要求王某进行肝功 1 项检查即可，而没有要求其进行拍胸片等其他检查。并认为上述侵权行为违反了《结核病防治管理办法》中“全程督导化疗指治疗全过程中每次用药均在医务人员直接观察下进行；全程管理化疗指治疗全过程中通过定期门诊取药，家庭访视，尿液监测，家庭督导及误期追回的管理方法”的规定。

医疗手册、病历等是医护人员对患者病情诊断、治疗措施、治疗结果等情况的原始记录，在患者否定其记录的真实性但没有提出相应证据的情况下，应当认定病历的真实性。北京某医院在王某的医疗手册中明确写明“建议患者住院治疗，家属不同意”及“建议查肝功能、胸片”。庭审中江某虽对上述记录内容提出异议，但均未能向法庭提供相应证据，故本院对北京某医院在医疗手册上所做记录的真实性

⑪　案例见：http://hi. baidu. com/%C1%D9%B4%B2%CA%D4%D1%E9/blog/item/ef5392de9989425694ee376f. html.

予以认定，并据此进一步认定，该院未实施针对王某的侵权行为。虽然有关规章规定，医疗机构应对结核病人的化疗管理实行全程督导和全程管理，但考虑到王某的亲属拒不接受北京某医院住院治疗的建议，且该院也无强制王某住院的权利，故对江某所称北京某医院对王某的医疗行为违反国家相关规定，本院不予采信。

综上，本院认定王某的死亡与北京某医院的医疗行为之间无因果关系，江某要求北京某医院承担相应的民事赔偿责任，无事实及法律依据，故本院对其诉讼请求不予支持。据此，判决驳回江某的全部诉讼请求。

评析

本案是因为患者或其近亲属拒不配合医务人员进行符合医疗常规的诊疗，从而判定医疗机构免责的案件。在本案中，法院判决医疗机构不承担损害赔偿责任，其原因在于患者及其家属拒不听从医务人员的有关医疗建议，没有按照医师的要求住院治疗并接受有关检查。另外，患者是在出院后死亡，且其死亡原因系猝死，这一结果与医疗机构的医疗行为之间无因果关系，故根据医疗损害赔偿责任构成的要件，医疗机构无需承担赔偿责任。本案中需要注意如下问题。

1. 医疗机构应严格按照医疗法律法规、规章等规定实施诊疗行为　本案中，北京某医院在对患者确诊后就积极按照有关规章的规定进行系统的抗结核化疗，还根据患者的病情需要建议患者住院和进行胸片等检查，并将有关的知情告知等内容在医疗手册中如实加以记录，这些做法符合《执业医师法》《医疗机构管理条例》《病历书写规范（试行）》的规定，为最终法院认定医疗机构不存在过错奠定了基础。

2. 医疗机构及其医务人员必须做好知情告知工作，预防纠纷的发生　医务人员在医疗行为过程中，不可避免地遇到患者出现特殊情况，进行特殊检查、特殊治疗等情形，在这些情况下，按照《侵权责任法》第五十五条及其他有关规定，医务人员必须将医疗行为有关的医疗措施、医疗风险、替代方案、可能的风险和结果等情况告知患者或其近亲属，并征得患者或其近亲属的同意。一般情况下，告知应当采用书面形式，在条件具备时也可以采取录音录像等形式，一旦发生纠纷，书面、录音录像等形式能够再现告知当时的情形，能在一定程度上免除医务人员的责任。但许多医务人员经常采用的口头告知的形式是不能接受的，这种告知方式无法再现，也容易因为时间过久等原因而无法确定。

3. 医疗机构及其医务人员要正确理解《侵权责任法》第六十条的规定，合理利用免责事由维护自身利益　法律在本条规定免责事由，其目的是为了明确医疗机构无需承担责任的情形，保护医疗机构及医务人员的合法利益。但是，运用这些免责适用的条件是医疗机构实施的医疗行为符合相关规定，主观上不存在过错，客观上未对患者造成损害或造成损害是因为合法的医疗行为所致，或者医疗行为与损害后果之间不存在因果关系。只有保证医疗行为合法合规，才能够运用这些免责事由维护自身的利益。

案例 6-2　从某某与南京某医院因错误手术损害赔偿纠纷⑫

1997 年 9 月 18 日，原告从某某因右乳房包块入住被告医院，入院诊断是"右乳包块待查：右乳腺小叶增生症?"。经术前穿刺细胞学检查和各项常规检查，医院认为无手术禁忌证。经全科术前讨论，认为不排除恶性可能，决定行"右乳包块切除术＋快速冰冻切片检查"，若快速冰冻切片为恶性，则行"右乳癌改良根治术"。术前将有关情况告知患者家属，家属同意并签字。9 月 25 日，医生实施手术，术中包块组织经快速冰冻切片检查诊断为恶性肿瘤，医生将该诊断结果告知家属并经签字同意后，对从某某实施了"右乳癌改良根治术"，手术顺利。术后该院病理科对术中切除的组织进行免疫组化检查，出具报告称从某某右乳包块为侵袭性颗粒肌母细胞瘤，属低度恶性或境界恶性，手术切除后不必进行其他治疗，但须密切随访。从某某得知该报告后，将其获得的术后病理切片送至多家医院检验，均认为并非恶性肿瘤。因此从某某认为南京某医院术中快速冰冻切片检查诊断有误导致其右乳组织被全部切除，给自己带来严重精神痛苦，存在重大过错，从某某遂要求医院承担损害赔偿责任。经从某某申请，南京市区、市两级医疗事故委员会进行鉴定，均诊断为颗粒肌母细胞瘤，并认为本例不属于医疗事故，但均认为"南京某医院快速切片病理诊断从某某右乳包块为恶性肿瘤存在不谨慎之处，并导致了临床手术扩大化。"

从某某对此结论不服，诉至法院，要求医院承担过错责任，赔偿相关损失。医院则认为其医疗行为并无过错，术中快速冰冻切片仅仅为给肿瘤细胞定性，最终病理报告亦诊断肿瘤细胞为侵袭性。既然是侵袭性，即属于低度恶性或有恶变趋势，临床治疗可与恶性肿瘤相同。

法院委托鉴定机构对术后病理切片进行鉴定，结果认为原告所患肿瘤是侵袭性或恶性肿瘤，为颗粒肌母细胞瘤，是一种非常罕见的软组织肿瘤，国外文献报道极少，其中恶性颗粒肌母细胞瘤更为少见，在南京地区各主要医院病理科尚未遇到过。该肿瘤属少数来源未确定，良恶性质难以准确界定的肿瘤之一，目前病理界对此肿瘤形态命名各异，标准不一，临床上对该病可以同恶性肿瘤一样采取根治术，也可根据患者具体情况，考虑在适当范围内切除。

综上，法院认为原被告存在医患关系，医疗机构在实施医疗行为时尽到了其应尽的义务。因本案中所涉及的肿瘤为一罕见肿瘤，目前医疗水平尚无法准确诊断，

⑫ 杨太兰：《医疗纠纷判例点评》，人民法院出版社 2003 年版，第 101－104 页。

尤其是在术中进行快速冰冻切片检查时。虽然医疗机构的诊断未达到精确的地步，但是并不能视为误诊或错诊，且在此诊断基础上对患者实施根治术亦符合行业惯例。患者右乳缺失的结果虽然和医疗机构的行为有关，但医疗行为不存在过错，不能认为构成医疗侵权行为。因此，一审法院判决驳回原告的诉讼请求。原告不服，上诉至南京市中级人民法院。二审法院审理后认为，原告所患肿瘤为非常罕见的疾病，现有病理学诊断方法和认识水平难以对此进行准确认定，医院在快速冰冻切片检查时诊断存在一定偏差但不能过于苛刻，不宜认为其诊断错误，因此，被告选择进行根治术未尝不可。故二审法院判决：驳回上诉，维持原判。

评析

本案是因为限于当时的诊疗水平难以诊疗故认定医疗机构的医疗行为不存在过错，进而免除责任的案件。对本案事实及法院判决意见进行分析，需要注意以下方面。

1. 医疗机构尽到了当时水平条件下的义务，不能认定其行为存在过错　对本案中的医疗行为进行分析，不能苛求其快速冷冻切片诊断结果的绝对准确。其原因有：第一，本案中患者所患疾病是非常罕见的疾病，在世界范围内都十分罕见，有关报道及论述较少，南京地区各大医院病理科无一先例。属少数来源未确定，良恶性质难以准确界定的肿瘤之一，目前病理界对此肿瘤形态命名各异，标准不一，因此这一病理诊断对医务人员的水平要求十分高，客观上也超过了医务人员一般水平下的注意义务，存在一定的偏差也是情理之中的事情。第二，医疗机构已经尽到了谨慎的注意义务，无论是选择先行快速冷冻切片检查，根据结果判断后续术式，还是在快速冰冻显示恶性肿瘤后采取根治术，都是在充分考虑患者疾病情况的基础上作出的合乎医疗常规的决定，尽管最终结果存在一定的偏差，但其根本治疗方法与过程都是正确的。第三，目前的医学知识仍然是有限的，人们对疾病的认识水平和诊疗技术仍存在很大的缺陷，在本案中就体现出来。医学具有一定的探索性和冒险性，如果要求没有一点儿风险是不可能的，其结果只能是阻碍医学进步和影响患者的抢救。只要医疗机构及医务人员在实施医疗措施中尽到了充分注意义务，合理运用现有手段，符合现行法规规章，那么就不能认定其行为存在过错，当然也就无需要求其承担责任。

2. 医疗机构对患者病症诊治不清的注意事项　当医疗机构遇到疑难病例或者依靠目前诊疗技术无法进行治疗等情况时，必须适时按照有关规定操作，或者请相关专家会诊确定，或者转至上级医疗机构进行救治，或者在紧急情况下按照现有技术进行对症治疗等。在这种情况下，医疗机构必须比处理一般医疗问题尽到更谨慎的注意义务，更加严格遵守有关规章制度，更加注意严密监护及时抢救，更加按时规范完成有关病程记录等病历资料书写，只有这样，才能够在发生损害后果时依据《侵权责任法》第六十条的规定要求免除责任。

【需要注意的问题】

在实践中理解和运用本条规定，有以下问题需要特别注意：

一、本条第一款规定的是免责事由，其目的在于免除医疗机构的责任

免责事由的作用在于免除侵权人应当承担的责任，而其行为在事实上已经构成了侵权行为，只是因为法律的特殊规定，而将责任免除罢了。因此，在实践中运用该条规定时，必须首先由患方举证证明医疗机构及其医务人员的诊疗行为已经符合医疗损害赔偿责任的构成要件，即已经具备了违法行为、损害后果、因果关系和主观过错四个要素，构成侵权行为。此时，医疗机构可以援引本条第一款的规定，举证证明存在第一款规定的三种情形之一，即可以据此要求免除需要承担的赔偿责任。不难看出，该条的规定只有在侵权行为已经成立的条件下方能使用，如果患者一方无法证明医疗机构及其医务人员的行为已经符合医疗损害侵权责任的构成要件，就根本没有本条规定适用的余地。

二、医疗机构免责情形不止法条上罗列的三种

关于免责情形，在《侵权责任法》第三章做了专章规定，医疗机构及其医务人员的医疗行为是否可以免责，也可以援引第三章罗列的六条内容来免责。

除了本条第一款规定的三种免责事由外，根据民事侵权责任的基本原理，医疗机构还可以援引其他的情形作为抗辩事由，要求免除损害赔偿责任。这些情形如不可抗力、正当防卫、紧急避险、受害人同意、受害人故意、第三人的过错等，在《民法通则》及《侵权责任法》中亦有这方面的规定。在出现这些情形时，医疗机构可以根据相关法律的规定要求免除或者减轻应当承担的赔偿责任。

《医疗事故处理条例》第三十三条规定：“有下列情形之一的，不属于医疗事故：在紧急情况下为抢救垂危患者生命而采取紧急医学措施造成不良后果的；在医疗活动中由于患者病情异常或者患者体质特殊而发生医疗意外的；在现有医学科学技术条件下，发生无法预料或者不能防范的不良后果的；无过错输血感染造成不良后果的；因患方原因延误诊疗导致不良后果的；因不可抗力造成不良后果的。”其中的第一项，第三项和第五项分别与侵权责任法第六十条第一款规定的三种情形相类似。而除此之外的三种情形，即医疗意外、无过错输血和不可抗力，也是医疗机构及其医务人员能够据以引用作为抗辩事由的情形。《侵权责任法》第五十九条已

经就输血相关的损害赔偿责任的承担进行了明确规定,但未对医疗意外和不可抗力进行规定。但是,考虑到《侵权责任法》第二十九条明确规定不可抗力作为侵权责任的免责事由,并且第二十九条作为总则部分可以统领整个侵权责任法,因此医疗机构也可以将不可抗力作为医疗损害赔偿责任的免责事由。至于在医疗活动中由于患者病情异常或者患者体质特殊而发生的医疗意外,医疗机构在实施该医疗行为过程中不存在主观过错,甚至根本就不存在医疗违法行为,因此医疗损害侵权行为根本无法成立,当然也就不存在承担赔偿责任的可能了。至于正当防卫、紧急避险、受害人同意、受害人故意、第三人的过错等免责事由,是《民法通则》和《侵权责任法》中明确规定的免责事由,医疗机构在正确理解的基础上可以引用以免除责任。

三、医疗机构的免责情形由医方举证

医疗机构及其医务人员的医疗行为是否可免责,由医疗机构承担举证责任。即医疗机构要拿出证据来证明医疗行为具有可免责性,符合法律规定的免责情形。那么,医疗机构如何才能够完成这方面的举证呢?

首先,医疗机构要强化医务人员的医疗告知义务。医疗告知是医疗活动实施中必不可少的重要组成部分,医疗告知是医患沟通的重要内容,医疗告知如果能够切实履行,就可以保障患方的知情同意权。这次《侵权责任法》对医疗告知的内容作了重点要求,因而医疗机构在贯彻实施《侵权责任法》的时候,也应当注重对医疗告知的贯彻。为了保证医疗机构在医疗过程中能够举证免除自己的医疗侵权责任,最为重要的是对当前医疗告知制度的改革。我们建议:①医疗机构今后的告知文书,都要制作成两联制式,采取复写的方式填写、签署,一联由医院留存病历中备查,一联交由患者或其家属;②重新审定和修改《患者住院须知》,将医疗机构应当让患方配合、遵守的内容全部写入,增加内容和篇幅,也采用两联制式,患方签署;③对于医疗过程中的特殊检查、特殊治疗、手术的知情同意书重新审定和修改;④补充一些存在较大风险的医疗环节的风险告知文书,如护理方面的告知文书。

其次,医疗机构要强化病历规范书写与保管的义务。在2010年7月1日以后的医疗纠纷诉讼中,病历将会成为法庭上争诉的焦点,患方将会在病历上做更多的文章。这一点毋庸置疑。为此,卫生部在2010年2月4日发布了《病历书写基本规范》,对2002年8月16日发布的规范做了修订。医疗机构及其医务人员应当更加谨慎地书写病历,以应对患方更为挑剔的眼光。医疗机构尤其要注意:病历中的修改要规范,不得出现刮、粘、涂等现象;不得出现少页、缺页;签名要亲自而为不得代签,且要注意执业资格问题;病历的格式和内容要符合规范性文件的要求;病历记录不能仅仅局限于医疗情况的记录，还要记录与医疗过程相关的一些特殊情况，包括医方的告知和患方的不配合等；尤其不要出现“完善”病历的情况。

最后，加强普法宣传和教育，强化证据意识，注意自我保护。医务人员由于其所学所从事的专业是医疗专业，与法学等人文社会科学有一定的距离，对包含法学在内的人文社会科学缺乏必要的了解。很多医务人员在工作过程中只会埋头苦干，低头拉车，以为把自己的本职工作做好了就行了。其实，从目前的医疗纠纷的情况来看，医务人员不会沟通，不注重留存证据，最后不仅自己吃亏，医院也跟着受累。医务人员在学好自己的本职工作之余，适当学习法律知识，树立证据意识和自我保护意识，在当前乃至今后的医疗实践中都是非常必要的。

【相关法条与解释】

第二十六条　被侵权人对损害的发生也有过错的，可以减轻侵权人的责任。

【释义】

本条是对过失相抵时责任承担的规定。过失相抵是指加害人的加害行为不是损害结果发生的唯一原因，受害人对损害结果的发生也存在过错，那么就可以在一定程度上减轻加害人的侵权责任。《民法通则》第一百三十一条也有同样的规定。

依据本条规定，当损害后果发生时，一般情况下，由受害人证明加害人的行为符合侵权责任构成的四个要件，从而认定侵权责任成立，受害人可以据此要求加害人承担侵权责任。但是，如果加害人能够证明被侵害人对损害结果的发生也存在过错，那么可以要求减轻加害人需要承担的赔偿责任。

在医疗损害责任承担中，产生过失相抵的情形很多，很多情况下损害后果的发生都是医患双方因素造成的。例如，医务人员在实施诊疗行为时存在一定的过错，该过错给患者造成了较小的损害，其后患者不遵从医务人员的医嘱，没有按时服药亦未定期复查，其结果是造成了严重的损害后果。在这一情况下，医务人员的过错在前，患者的过错在后，医务人员的过错和患者的过错混合的结果造成了最终较为严重的损害后果。如果单纯认定是医务人员的过错导致了患者最终的损害后果，显然有失公允，因此患者的过错行为就可以减轻医疗机构及其医务人员的责任。在最终的责任承担时，应当通过鉴定判定医患双方的过错对损害后果发生的原因力的大小，据此判定医疗机构及医务人员的责任份额。

第二十七条　损害是因受害人故意造成的，行为人不承担责任。

【释义】

本条是对受害人故意这一免责事由的规定。按照本条规定，如果损害结果的发生是因受害人的故意而造成的，那么加害人无需承担责任。一般来说，侵权责任的构成需要四方面的要件，即违法行为、损害后果、因果关系和主观过错。也就是说，只有在加害人的行为同时符合这四方面要素时，才能认定其行为构成侵权行为，才需要承担侵权责任。在受害人故意造成损害后果的情况下，加害人的行为与受害人的损害后果之间不存在因果关系，加害人主观上也没有主观过错，因此侵权行为无法成立，当然也就无需承担侵权责任。《民法通则》第一百二十三条规定“从事高空、高压、易燃、易爆、剧毒、放射性、高速运输工具等对周围环境有高度危险的作业造成他人损害的，应当承担民事责任；如果能够证明损害是由受害人故意造成的，不承担民事责任。”其中就明确地将受害人故意作为高度危险作业致人损害的侵权责任的免责事由。

在医疗损害赔偿责任中，受害人故意的情形也很多，在这些情况下，医疗机构无需承担赔偿责任。如有的患者或其近亲属因为经济上的困难，拒绝接受医疗机构及其医务人员实施诊疗行为，有的患者因为对治疗失去信心或轻生的念头，趁医务人员不注意而将大量药物吞服或将注射针头拔掉等，甚至有的因为交通事故或受到他人殴打而住院的患者为了能够获得更多的赔偿金而故意将伤口划开，制造出伤情严重的假象，诸如此类的情形，受害人遭受的损害后果都是受害人故意造成的，与医疗机构及其医务人员的医疗行为无关，因此医疗机构无需承担责任。

必须注意的是，在医疗损害赔偿责任中，存在受害人故意的情形的举证责任由医疗机构一方承担。医疗机构能够证明受害人的损害后果是因为受害人的故意而造成时，医疗机构就能够以此作为抗辩，拒绝承担责任。反之，如果医疗机构无法证明受害人故意造成损害后果，那么在符合侵权责任构成要件时，医疗机构必须依法承担相应的侵权责任。

第二十八条　损害是因第三人造成的，第三人应当承担侵权责任。

【释义】

本条是对第三人过错这一免责事由的规定。第三人过错，是指加害人和受害人之外的第三人对损害后果的发生存在过错。按照本条的规定，损害结果的发生中存在第三人的过错时，第三人应当承担侵权责任。具体说来，第三人过错又存在两种情形：[13]

第一种情形，第三人的过错是造成损害后果的惟一原因，也就是说，受害人的损害后果完全是由第三人的过错引起。在这种情形下，因为受害人的损害后果完全是由第三人引起，因此应当全部由第三人承担责任，行为人无需承担责任。具体

---

⑬　江平：《民法学》，中国政法大学出版社2000年1月第1版，第787—788页。

到医疗损害赔偿责任中，如果是由于医疗机构及其医务人员以外的第三人的不法侵害行为引起了患者的损害后果，那么就需要由第三人承担损害赔偿责任，医疗机构无需承担责任。在实践中第三人导致患者损害后果的情形时有发生，如患者的近亲属等以看望患者的名义进入医疗机构对患者实施加害行为，引起患者的损害后果，患者自行聘请的护工在护理过程中违反约定对患者造成人身损害后果等，在这些情形中，医疗机构及其医务人员并无过错，患者的损害后果完全是因为第三人的行为而引起，因此应当由第三人承担损害赔偿责任。

第二种情形，第三人的过错不是造成损害后果的惟一原因，而是与其他加害人的过错共同导致损害后果的发生。在这种情况下，责任如何承担是一个有争议的问题，有的国家采取第三人与加害人承担连带责任的方式解决，有的国家则规定根据不同加害人的过错大小公平确定责任。在我国的民法传统中，对此问题尚无明确规定，一般认为采用后一种解决方式，即根据不同加害人的过错大小公平确定责任。

具体到医疗损害赔偿责任中，如果医疗机构及其医务人员的过错行为和第三人的过错行为共同导致患者的损害后果的发生，那么就应当由医疗机构与第三人按照其过错大小公平确定其责任的大小。例如，医务人员在对患者实施手术治疗时存在一定的缺陷，导致患者术后感染，而患者自行聘请的护工在术后护理患者过程中，违反有关护理原则，结果导致患者感染加重，最终导致患者的死亡。在这一损害后果发生的过程中，医务人员的过错在前，其行为导致了患者的术后感染，但尚不至于达到死亡的境地；而护工的不当护理行为则在已经发生的感染基础上使感染更加严重，结果导致了死亡结果的发生。在确定医疗机构及护工的责任时，就必须考虑双方过错大小和过错与最终死亡结果之间的关系大小，进而合理地确定医疗机构与护工分别应当承担的责任大小。

第二十九条　因不可抗力造成他人损害的，不承担责任。法律另有规定的，依照其规定。

【释义】

本条是关于不可抗力的免责事由及其例外情形的规定。《民法通则》第一〇七条对不可抗力亦有规定，且与本条的规定相同。根据《民法通则》第一百五十三条的规定，“不可抗力”是指不能预见、不能避免并不能克服的客观情况。从这一解释来看，不可抗力是必须同时满足不能预见、不能避免并且不能克服三个要件的客观情况。不可抗力包括自然事件（如地震、台风、海啸、洪水等）和社会事件（如战争等）。不可抗力作为独立于当事人主观意志之外的客观现象，不受当事人的意志所支配，当事人对于不可抗力是无能为力的，因此在各国民法学上基本都将之规定为侵权责任的免责事由。[14] 理解本条规定，有以下几点需要注意：

一、本条中规定"因不可抗力造成他人损害的，不承担责任"，其适用是有前提条件的，即不可抗力是造成他人损害后果的惟一原因。如果损害后果的发生部分是由于不可抗力，部分是因为加害人的加害行为，那么加害人就不能免责，而需要对不可抗力之外的部分损害结果承担责任。之所以将不可抗力规定为免责事由，是因为不可抗力是独立于当事人主观意志之外的因素，当事人对不可抗力没有支配力，如果将不可抗力引起的损害后果也由行为人来承担，既与民法的公平原则相违背，也无助于今后损害发生的避免。但是在行为人的行为与不可抗力共同作用于受害人引起损害结果发生时，就不能无视行为人的加害行为的存在而完全免除加害人的责任，而由加害人承担因自己的加害行为导致的部分损害后果的责任是比较公平合理的。

二、不可抗力在一般侵权行为中都可以作为免责事由，但是，"法律另有规定的，依照其规定。"也就是说，在法律明确规定不可抗力不能作为免责事由的情况下，需要依照法律的规定承担责任。例如，《合同法》第一百一十七条明确规定，"因不可抗力不能履行合同的，根据不可抗力的影响，部分或者全部免除责任，但法律另有规定的除外。当事人迟延履行后发生不可抗力的，不能免除责任。"其中就明确规定当事人迟延履行后发生不可抗力的，不能免除责任，那么在此情况下违约一方就不得依据该条规定引起免除责任。另外，有关环境保护的法律，如《环境保护法》第四十一条，《海洋环境保护法》第九十二条等，均在不可抗力的基础上增加"并经及时采取合理措施"的要求，都属于本条规定的法律另有规定的情形，要根据特别法优先适用的原则优先适用。

《侵权责任法》第七章医疗损害责任并未明确将不可抗力规定为医疗损害责任的免责事由，但是也并未明确规定不得将不可抗力作为免责事由。笔者认为，医疗机构可以将不可抗力作为要求免除责任的理由。其原因有二：第一，《侵权责任法》第二十九条在侵权责任法中处于总则的地位，根据法律规定的一般规则，总则规定的一般性的内容也同样能够适用于分则，因此在分则未明确规定的情况下将第二十九条规定的不可抗力适用于医疗损害责任也并无不当。第二，从医疗损害责任的实际情况来看，将不可抗力作为免责事由也是恰当的。在发生地震、海啸、战争等不可抗力事件时，医疗机构也往往难以幸免于难，必然面临着物资短缺治疗不力的困境，也有可能对患者造成损害后果，但是这种结果的发生是医疗机构主观意志以外的，也是医疗机构无法支配的，理应免除医疗机构的责任。

第三十条　因正当防卫造成损害的，不承担责任。正当防卫超过必要的限度，

⑭ 杨立新：《〈中华人民共和国侵权责任法〉精解》，知识产权出版社 2010 年版，第 122－123 页。

造成不应有的损害的，正当防卫人应当承担适当的责任。

【释义】

本条是有关正当防卫时责任如何承担的规定。正当防卫是指为了使国家、公共利益、本人或者他人的人身、财产和其他权利免受正在进行的不法侵害，而采取的制止不法侵害的行为。民法上规定的正当防卫与刑法中的正当防卫基本相同，都是防卫人为了维护一定的合法权利免受正在进行的不法侵害，而采取的未超过必要限度的制止不法侵害的行为，是受到法律鼓励的合法行为，在其造成损害后果但符合一定限度条件时，无需承担责任。正当防卫的成立需要满足五方面的条件：

1. 必须存在针对国家、公共利益、本人或者他人的人身、财产和其他权利的不法侵害。成立正当防卫，必须是因为存在针对国家、公共利益、本人或者他人的人身、财产和其他权利的不法侵害行为，如果不法侵害行为根本没有存在，那么就没有成立正当防卫的可能。不法侵害必须是现实存在的而不能是臆想的，否则就是假想防卫。还必须注意的是侵害行为必须是违法的，而不能是合法行为。如果针对合法行为进行防卫，如针对正当防卫行为进行反击，针对警察的追捕行为进行反抗等都是非法的，因为存在的侵害行为是合法行为。

2. 不法侵害行为必须正在发生。不法侵害行为必须是正在发生的行为，而不能是尚未发生或者是已经结束的行为。针对尚未发生或已经结束的侵害行为进行防卫，称为事前防卫或事后防卫，事实上会构成新的侵害行为，而不能成立合法的正当防卫。

3. 必须针对不法侵害人进行防卫，这是正当防卫成立的对象条件。正当防卫只能针对不法侵害人本人进行，而不能针对侵害人之外的第三人实施。正当防卫的目的是制止不法侵害人的侵害行为，针对不法侵害人实施防卫行为，能够直截了当地制止侵害。如果针对第三人实施防卫，则可能构成新的侵权行为。

4. 防卫人的主观目的必须是为了使国家、公共利益、本人或者他人的人身、财产和其他权利免受正在进行的不法侵害，这是正当防卫成立的主观要件。防卫人必须出于保护合法权利免受侵害的目的实施防卫行为，否则也将成为不法侵害行为。

5. 防卫行为未超出必要限度，未造成不应有的损害，这是正当防卫成立的程度限制。正当防卫的目的是通过一定的防卫行为制止不法侵害人的侵害，只要能够制止侵害行为即可，而不能对侵害人造成不应有的损害。

当防卫行为符合上述五方面条件时，即成立正当防卫。作为鼓励普通公民见义勇为的规定，《民法通则》与《侵权责任法》均规定对于正当防卫行为造成损害的，无需承担责任。这样的规定目的是鼓励和支持普通公民在面临国家、公共利益、本人或者他人的人身、财产和其他权利受到不法侵害时能够挺身而出，积极保护合法权利免受侵害。

正当防卫的成立有明确的限度要求，如果超过必要的限度，造成不应有的损害的，正当防卫人就应当承担适当的责任。正当防卫行为是维护合法利益的正当行为，本身是受到鼓励的，但是又必须受到一定程度的限制。一般认为，正当防卫的程度达到足以制止不法侵害人的侵害行为即可。如果实施了过于强烈的防卫行为，势必会对侵害人的人身及财产造成不应有的损害，难免会有一定的过错，因此从民法的公平正义的原则出发，让正当防卫人承担适当的责任也是合情合理的。笔者认为，在确定正当防卫人需要承担的责任时应当坚持适度宽松的尺度，毕竟其初衷是善良的，目的也是要保护合法的利益免受侵害。

对医疗纠纷而言，正当防卫的作用应当体现在一些患者及其家属采取过激手段扰乱医疗秩序，损害医疗机构及医务人员的利益的时候。近年来，随着医患矛盾的激化和严重，患者或家属打砸抢医疗机构、伤害医务人员的事情时有发生，给正常的医疗秩序造成了严重损害，甚至影响到医务人员的生命和身体健康。《侵权责任法》中对正当防卫进行明确规定，并将其责任承担也详细规定，有助于医疗机构及其医务人员在一些紧急情况下利用法律武器保护自己，依法维护自身的权利。

第三十一条　因紧急避险造成损害的，由引起险情发生的人承担责任。如果危险是由自然原因引起的，紧急避险人不承担责任或者给予适当补偿。紧急避险采取措施不当或者超过必要的限度，造成不应有的损害的，紧急避险人应当承担适当的责任。

【释义】

本条是有关紧急避险时责任如何承担的规定。紧急避险是指为了使国家、公共利益、本人或者他人的人身、财产和其他权利免受正在发生的危险，不得已采取的以牺牲较小利益而保护较大利益的行为。紧急避险与正当防卫有相同之处，如目的都是要保护国家、公共利益、本人或者他人的人身、财产和其他权利，都是法律鼓励和支持的合法行为，都是因为危险或侵害行为的存在而引起。但是，二者之间还是存在许多不同之处，如引起危险的来源不同，行为作用的对象不同，对行为的结果的限度不同。要成立紧急避险，需要满足以下几个要素：

1. 必须有紧急情况的存在。必须有国家、公共利益、本人或者他人的人身、财产和其他权利遭受正在发生的危险的紧急情况存在，只有这样才有实施紧急避险的前提条件。

2. 必须是危险状态正在发生，这是紧急避险发生的时间条件。紧急避险的成立，要求合法权利受到的危险正在发生，处于持续之中。危险状态不能是臆想的，不能是尚未发生，也不能是已经排除而不复存在。

3. 必须是出于保护有关合法权利不受侵害的目的，这是紧急避险成立的主观要件。与正当防卫相同，紧急避险的主观目的也只能是为了保护国家、公共利益、本人或者他人的人身、财产和其他权利免受正在发生的危险，而不能是出于非法目的。

4. 必须符合不得已的限制条件。紧急避险不是解除危险的首选方法，只有在通过其他方式均无法达到解除危险状态的情况下才能进行紧急避险。如此要求的原因在于紧急避险是要以牺牲一定的合法利益为代价的，如果不对紧急避险的采取加以限制，那么将导致紧急避险的利用过于频繁，其结果是损害更多的合法利益。

5. 必须符合一定的限度条件，不能超过必要的限度，造成不应有的损害。一般来说，紧急避险行为所保护的利益应当大于因避险而损害的利益。这一点是由紧急避险的本质决定的，也是民法中承认紧急避险的合法性的原因。从表面上看，紧急避险是对合法权利的侵害，但是因为这一侵害的目的是通过牺牲较小的利益而保护较大的利益，因此法律赋予其合法性。如果紧急避险行为超过必要的限度，造成不应有的损害，那么就违背了法律设定紧急避险的初衷，紧急避险的合法性基础就会动摇。

因为紧急避险而引起他人损害的，由引起险情发生的人承担责任，这是紧急避险时责任承担的第一种情形。紧急避险的目的是牺牲较小利益而保全较大的利益，势必会对他人的利益造成一定的损害，在此情况下，由引起险情发生的人承担责任是合乎情理的，原因在于正是因为其引起险情才导致紧急避险的发生，进而导致损害后果的发生。

如果危险是由自然原因引起的，紧急避险人不承担责任或者给予适当补偿，这是紧急避险时责任承担的第二种情形。在这种情况下，自然原因引起了险情的发生，紧急避险人为了保护国家、公共利益、本人或者他人的人身、财产和其他权利免受正在发生的危险而采取紧急避险措施，其目的纯粹是为了保护合法的较大的利益，其主观上没有过错，反而是值得提倡的有益行为，因此紧急避险人无需承担责任。另外，在一定情况下，紧急避险人为了保护本人或本人的关系人的人身、财产或其他权利免遭侵害而实施紧急避险行为，其紧急避险行为固然是合法行为，但也必然对他人的利益造成损害，在此情况下，由紧急避险人给予受害者适当补偿，也是合情合理的。

紧急避险采取措施不当或者超过必要的限度，造成不应有的损害的，紧急避险人应当承担适当的责任，这是紧急避险责任承担的第三种情形。如前所述，紧急避险行为必须符合一定的限度条件，即避险行为所保护的利益必须大于避险行为所损害的利益，紧急避险行为不能超过必要限度，造成不应有的损害。如果紧急避险行为造成的损害超过了这一限度，损害比其保护的利益还要大，紧急避险也就失去了意义，紧急避险人主观上难免存在过错，在此情况下，由紧急避险人承担适当的责任，用来弥补受损者的损失，正是民法公平正义原则的体现。笔者认为，确定紧急避险人需要承担的责任大小需要考虑紧急避险行为保护的利益的大小，给受损者造成的损失大小和紧急避险的难度等方面因素，采取适当宽松的标准，以免打击紧急避险人的积极性。

第7章

医疗告知与知情同意及其法律责任

第五十五条　医务人员在诊疗活动中应当向患者说明病情和医疗措施。需要实施手术、特殊检查、特殊治疗的，医务人员应当及时向患者说明医疗风险、替代医疗方案等情况，并取得其书面同意；不宜向患者说明的，应当向患者的近亲属说明，并取得其书面同意。

医务人员未尽到前款义务，造成患者损害的，医疗机构应当承担赔偿责任。

第五十六条　因抢救生命垂危的患者等紧急情况，不能取得患者或者其近亲属意见的，经医疗机构负责人或者授权的负责人批准，可以立即实施相应的医疗措施。

【主旨】

本条是关于医务人员的告知义务、告知内容与形式、同意主体及未履行告知义务的法律责任的规定。

【释义】

本条规定的意义在于，第一次将医疗机构及其医务人员的告知义务和患者享有知情权、同意权写入了我国的民事法律之中，并且明确规定了医疗机构及其医务人员未履行相应的告知义务所应承担的法律责任。

医疗行为是一把“双刃剑”，具有高风险性，在为病人消除疾病、缓解病情、减轻痛苦、改善功能、延长生命等活动中，对病人的生命、健康、身体具有不同程度的侵袭性。因此，医疗行为要获得正当性，就必须取得权利主体——病人或其他权利人的同意。对患方而言，知情、同意是其实施选择权的前提和基础。对医疗机构而言，履行告知义务是因为具有侵袭性的医疗行为必须获得正当性的基础。患者的知情、同意和自我决定权就是阻却侵袭性医疗行为违法性的法定事由，法律创设告知义务旨在阻却这种具有风险性的医疗行为的违法性。

《侵权责任法》用了三个条文来规制医方的医疗告知义务和患者知情同意权。

除了这里涉及的第五十五条、第五十六条之外，还有第六十一条有关保障患者病历知情权的规定，也应当视为医方的告知义务和患者的知情权的范畴。允许患者查看、复制自己的病历资料，是医方告知义务的内容之一，也是患方知情权的内容的重要方面。因此，在有关医方的医疗告知义务和患者知情同意权，是这次《侵权责任法》第七章的重点内容之一。

与过去行政法律、法规中对医疗告知与知情同意规定的内容相比，本条规定的内容还是有一定区别的，主要区别在于：第一，医务人员在诊疗活动中向患者说明病情和医疗措施，没有限制告知的方式，因而既可以是书面告知，也可以是口头告知；第二，需要实施书面告知并应当征得患方书面同意的医疗行为明确规定是手术、特殊检查、特殊治疗；第三，告知的内容除了传统意义上的患者病情、医疗措施和医疗风险之外，还应当将替代医疗方案一并告知；第四，医务人员未尽到告知义务，造成患者损害的，医疗机构应当承担赔偿责任，因而这是一种替代责任。下面我们针对医疗告知的基本概念、理念和实施注意事项分述如下。

一、医疗告知与知情同意概述

(一)国外知情同意权理论产生的历史

自古以来，由于医学学科的特殊、复杂性，医患双方对医学知识的占有量差异甚大，伴随着医学模式和医患关系模式的转变，使医疗告知、同意逐渐引起人们的重视。1956年美国社会学家萨斯和荷伦德根据医师与患者的地位、主动性的大小，首次提出医患关系发展的基本模式，即(1)主动被动模式→(2)指导合作模式→(3)共同参与模式。第一种模式体现了父权式的医患关系。第二、三模式体现了平等的医患关系。告知→知情→同意正确反映了医患之间平等的权利义务关系本质，“知情同意”概念逐渐被人们所采纳，并逐渐发展成为一项法律制度。

1964年的《赫尔辛基宣言》具体地对医疗告知同意原则进行了规定。1981年世界医师大会通过的《里斯本宣言》确认了所有疾病患者知情同意权，其后各国根据各自特点，相继制定了相应的法律规范。

美国是世界上最早和最常引用知情同意理论审理医疗纠纷案件的国家。1914年，卡多佐法官在Schloendorff诉纽约医院协会一案的判决书中写道，“每一个成年的、精神健全的人均具有决定对他的身体应做些什么的权利，外科医生应对没有得到病人同意便进行手术造成的人身损害承担损害赔偿责任。”美国第一例医疗知情同意案件发生在1957年，即由美国加利福尼亚州上诉法院审理的利兰·斯坦福诉斯坦福大学董事会一案中，法官在判决书中首次使用了“知情同意”(informed consent)的概念，认为医师除了告知患者治疗措施外，还应当告知患者治疗措施可能出现存在的风险，尽管这种风险发生的概率是非常小的，如果医师告知不当应承担过失责任。1972 年，在美国制定的《病人权利法案》中将知情同意列入患者的法定权利。

在欧洲，医生在治疗前必须告知所实施的医疗措施附带的风险，已经为欧洲各国所共同认可。如在德国 1979 年 7 月 29 日联邦法院的一份判决中写道，医师做出所有医疗措施，必须取得患者的全部同意，这是法律的要求。在欧洲，对于医生责任的认定，首先采用违反告知义务的方法来确定。

在日本，违反告知说明义务承担损害赔偿责任被广泛承认是在 20 世纪 90 年代。20 世纪 70 年代发生的“乳房切除案”对日本后来的相关法律制度形成产生了重要影响。原告因右乳房发现恶性肿瘤，医师在得到其同意的情况下实施了切除术。但在切除了右乳房后，又对其左乳房作了病理切片检查，发现左乳房存在乳腺癌，医师在没有告知并得到本人同意的情况下，将其左乳房也切除了。法院判决认为，切除全部乳房对于患者来说无论从生理功能上还是从外观上都是具有重大后果的手术，医师在没有征得患者同意的情况下行左乳房切除手术属于违法行为，应当承担损害赔偿责任。1997 年发生的“耶和华证人”不同意伴有输血手术案，进一步证明了日本关于医疗机构不履行告知义务应当承担侵权损害赔偿责任的法律规则。“耶和华证人”的忠实教徒 A 罹患肝脏肿瘤，就诊于东京大学医学研究所附属医院，患者 A 在就诊时明确表示因输血违背自己的宗教信念而拒绝接受伴有输血的医疗行为，但是在接受肝脏肿瘤摘除手术的时候，医生对她实行了伴有输血的医疗行为，手术成功。该患者后来得知自己在医疗过程中被输血的消息后，精神极度痛苦。于是，该患者对医院及医生提起损害赔偿之诉。后来，该患者在诉讼中死亡，由其继承人继承诉讼。日本东京地方法院 1997 年 3 月 12 日第一审认为，为救他人的生命而进行的输血行为，乃属于社会上的正当行为，以无违法性为由驳回原告的诉讼请求。第二审法院认为，因医师违反说明义务，以至于患者的自我决定权受到侵害，因此被告的行为构成侵权行为，判令被告赔偿原告 55 万日元(相当人民币 3 万元)。第三审法院认为，患者认为输血违反自己宗教信念而明确拒绝伴有输血的医疗行为的意愿时，该意愿决定权应为人格权之内容，医院对此意愿决定权应予以尊重。① 需要说明的是，本案在上述事实的情况下，除输血以外别无其他救命方法。但在入院时，医生应对患者说明，医疗过程中在必要的情况下，还是要输血的，不能排除术中一定不输血。是否接受医院的手术，属于患者的自我决定权。本案被告怠于履行上述告知义务，因此可以认为其已经侵害了患者的意愿决定权，即被告已经侵害了患者的人格权。因此，被告应该就受害人所受的精神痛苦负担抚

① 吉田邦彦:《信仰に基づく输血拒否と医療》,《新・裁判実務大系 1 医療過誤訴訟法》,青林书院 2000 年版,第 54 页以下。

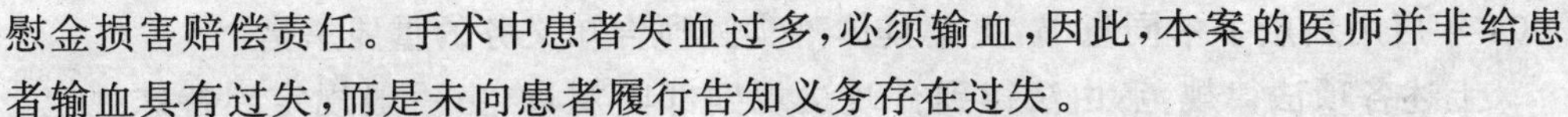

慰金损害赔偿责任。手术中患者失血过多，必须输血，因此，本案的医师并非给患者输血具有过失，而是未向患者履行告知义务存在过失。

(二)我国立法对医疗告知义务与患者知情同意权的规定

我国最早涉及医疗告知、同意的法律规范是1982年卫生部颁布的《医院工作制度》中关于施行手术的几项规则中规定："实行手术前必须由家属或单位签字同意，紧急手术来不及征求家属或单位同意的，可由主治医师签字，主任或院长，业务院长批准执行"。

国务院于1994年9月1日实施的《医疗机构管理条例》第三十三条规定："医疗机构施行手术、特殊检查或者特殊治疗时，必须征得患者同意，并应当取得其家属或关系人同意并签字；无法取得患者意见时，应当取得家属或关系人同意并签字"。作为《医疗机构管理条例》的配套文件《医疗机构管理实施细则》第六十二条规定："医疗机构应当尊重患者对自己的病情、诊断、治疗的知情权利。在实施手术、特殊检查、特殊治疗时，应当向患者作必要的解释。因实施保护性医疗措施不宜向患者说明情况的，应当将有关情况通知患者家属。"第六十一条规定："医疗机构在诊疗活动中，应当对患者实行保护性医疗措施，并取得患者家属和有关人员的配合"。这是我国的法律文件第一次在医疗领域使用"知情权利"这个概念，并且要求医疗机构尊重患者的知情权利。在进行手术、特殊检查、特殊治疗时要求医疗机构向患者作必要的解释，并且取得患者或家属的"同意"，而且"同意"必须采用签字这一方式来进行。与1982年《医院工作制度》相比较，无疑发生了质的飞跃。从此之后，医疗机构和医师的告知说明义务，已经在特殊检查、特殊治疗中应当征求患者或其家属同意的制度正式确立下来。

在此后，我国相继颁布实施了一系列法律、法规，确定了医疗机构及其医务人员的告知义务。1991年5月1日实施的《中华人民共和国执业医师法》第二十六条规定："医师应当如实向患者或者其家属介绍病情，但应注意避免对患者产生不利后果。""医师进行实验性临床治疗，应当经医院批准并征得患者本人或者其家属同意"。对医疗告知同意的规范，由部门规章到行政法规，再到法律，规范位阶越来越高，效力越来越高，进一步表明了医疗告知同意在医疗实践的重要地位。2002年9月1日，国务院颁布实施的《医疗事故处理条例》第十一条规定："在医疗活动中，医疗机构及其医务人员应当将患者的病情、医疗措施、医疗风险等如实告知患者，及时解答其咨询。但是，应当避免对患者产生不利影响。"

此外，《母婴保健法》《献血法》《临床输血技术规范》《艾滋病防治条例》《医疗机构临床用血管理办法》《计划生育技术服务管理条例》《医疗美容服务管理办法》《人体器官移植条例》《病历书写基本规范》等法律、法规，就相关知情同意问题均有明确规定。我国台湾地区，2002年修订的"医师法"明确规定了医师的告知义务。

2004年启用新版手术同意书，更是具体落实医师告知义务的重要举措。

上述各项法律规范，由法律到行政法规到部门规章，由一般规定到特殊规定，从多个层级、多个角度对我国医疗告知同意原则作出了广泛而又明确的规定。《侵权责任法》的颁布，标志着我国有关医疗告知、患者知情同意法律制度建设的快速发展和逐步走向完善。由此可见，依法履行告知义务，尊重患者的自主决定权是依法行医的核心内容之一。所有医疗机构和医务工作者对此必须予以充分重视。

二、医疗告知内容

(一)医疗告知的概念

医疗告知，是指作为医疗行为主体的医疗机构及其医务人员，在医疗活动中，将患者罹患疾病的病情、医疗措施、医疗风险(并发症)等有关诊疗信息向患者或者其亲属如实告知的行为过程。依照《执业医师法》和《侵权责任法》等有关法律法规规定，医疗告知是医方在执业过程中必须履行的一项法定义务。

(二)医疗告知的内容

告知的内容主要是:患者的病情、预定实施的医疗行为、预想的结果和伴随的危险性以及该医疗行为不予进行的后果等。只有充分有效的告知，患方才能有效选择。

告知内容是一个复杂的问题。医疗告知的最终目的在于患者对医疗措施、医疗风险的理解，并自主做出是否同意的选择和决定。要使患者真正理解并做出是否同意的选择和决定，则取决于告知与理解信息量的多少。诊疗活动是一个动态的过程，通过各种检查，使用药物、器械及手术等方法，对疾病作出判断和消除疾病、缓解病情、减轻痛苦、改善功能、延长生命、帮助患者恢复健康等。医疗告知应当伴随于这个过程的始终。然而，诊疗行为又是分阶段进行的，不同的诊疗项目，具有不同的治疗目的，同时伴随不同的风险，临床医务人员应当明确法定告知内容和酌情告知内容，善于根据诊疗的不同阶段及时并如实地把有关信息告知患者。由于医学科学的复杂性以及不同患者认知的有限性，医疗告知内容的范围不可能有一个统一的标准。法律对告知内容和范围也只能界定某些方面，不可能具体到诊断某种疾病必须告知采取某种检查手段或某种治疗措施。

根据《侵权责任法》第五十五条规定，关于告知的内容，概括起来有4个方面。

1. 患者病情　医方对于患者的疾病、病情轻重，痊愈的可能性等有关患者罹患疾病病情的内容，应当全面详细地向患方告知、说明。

2. 医疗措施　医方在向患方告知病情后，随即应将要采取的诊疗措施的性质、理由、内容、预期的诊疗效果、医疗方法对患者的侵袭范围及危险程度等治疗信息告知患方。

3. 医疗风险　对于医疗行为可能伴随的风险、发生的概率和危险结果预防的可能性，药物毒副作用、手术的并发症，医院的医疗设备，医师防止危险发生的能力等内容要详细告知。通常包括三方面内容：①依据通常医学法则能够预见且易于防止损害结果发生的风险；②不良结果的发生在医学上虽能够预见，但又无确实有效防范方法的；③不良结果的发生极其偶然或无法预见的风险，因为医方也无法预见，故无法告知。

4. 其他替代医疗方案　这是《侵权责任法》新增加的告知内容。医方不仅应告知患方被推荐的检查或治疗信息，还应告知可供选择的治疗方案的信息。对于某一具体疾病的诊疗方法往往不止一种。不同的诊疗方法其疗效有可能不尽相同，对医方的技术要求、所需医疗费用也不相同。对此，医方应尽可能将可替代的医疗措施予以告知。具体告知的内容包括：①有无可替代的医疗措施。②可替代医疗措施所伴随的风险及其性质、程度及范围。③可替代医疗措施的治疗效果，有效程度。④可替代医疗措施可能引起的并发症及意外。⑤不采取此替代医疗行为的理由。患方只有在清楚地了解各种治疗方案及益处和危险之后才能做出是否同意的选择。例如，胆囊切除术，现代医疗有两种方式：一种是直接手术切开体表，人手直接摘除，该方法创伤大，患者需要较长时间康复；另一种是用腹腔镜摘除，该方法创伤小，病人术后康复快，但需要全身麻醉，且费用较高。对这两种方法，医师要一一告知。

(三)手术告知

外科手术是一种直视下人为地将病变组织、器官与正常组织、器官分离的技术，并且为了避免病人手术中的疼痛，还需要采取局部或者全身麻醉。因此，外科手术从它诞生那一天起，手术风险与疾病治疗效果犹如一对孪生兄弟，一直相伴相随。在我国，从医疗告知法律制度诞生那天起，就对手术风险告知、患者知情同意、履行法律签字手续等作了规定。关于手术告知的具体内容，2010年3月1日实施的《病历书写基本规范》第二十三条明确规定，手术前经治医师要制作《手术同意书》，内容包括术前诊断、手术名称、术中或术后可能出现的并发症、手术风险、患者签名、医师签名等，并将手术同意书中的这些内容向患者告知。

1. 手术告知程序　一般情况下，手术告知的程序大致分为五个步骤：①告知疾病本身的危害性，是危及生命还是痛苦或只影响功能与美观，明确手术价值，选择手术治疗方案的可行性及益处；②实施手术治疗的性质、目的、程序及手术治疗的中远期后果；③在无其他可替代医疗方案及不采取替代医疗行为的理由；④手术可能伴随的危险、并发症与准备的防备措施；⑤提出治疗建议，供患者或者及家属最终做出选择和决定。

2. 手术风险的告知　常见手术风险主要有三种情况：一般手术风险；具体手术风险；具体病人的风险。

(1)手术中的一般风险：手术中的一般风险是指开展所有手术都将面临的风险，是外科手术普遍存在的问题，具有共性，是应当充分告知并必须严格防范的问题。手术中的一般风险包括：①手术一般并发症：麻醉意外；术后感染；切口不愈合；损伤邻近器官；术中术后大出血；术中并发脑血管意外；术后出现血液凝集障碍或者处于高凝状态；这些并发症，严重的情况可能会影响患者生命和健康。②手术中遇到的一般性问题：病灶切除不完全；病灶切除过多；疾病复发；难以切除病灶(须停止手术)；手术效果不佳，没有达到预期的手术目的等。

(2)具体手术的风险：就某一具体手术而言，由于手术需要损伤具体的解剖生理部位，因此，手术所面临的情况就会更加具体。具体手术所面临的风险往往也是手术共同风险的具体化。有时即使是在同一人身上开展同样的手术(同一部位的两次手术，或者同一器官左右两侧先后手术)，也可能会出现不同的手术风险，手术医师不但应当预料到，更重要的是要将这种可能的风险如实告诉患者或其家属。

(3)具体病人的风险：具体病人的风险是指病人的身体状况、其他疾病、既往损伤和治疗对本次手术的影响等，而产生的特殊风险。手术医师对患者的特殊体质、疾病特殊性和身体特殊性的认识程度，往往与手术能否成功具有密切的关系。比如高血压的病人，术中麻醉剂可能会影响病人的血压，这种风险在该特定病人身上就会发生。对此，手术医师要严格把握，高度重视，并向患者或家属予以说明。

3. 扩大手术范围的告知　扩大手术范围在外科手术中是最常见的情况，尤其是在一些术前诊断不是十分清楚，手术本身就带有诊断性质的“探查手术”，比如剖腹探查，除术前告知内容已经涉及术中可能出现的情况并表明可能采取的措施，患者及其家属表示知情同意的以外，要重新交代手术情况并重新签订手术同意书。某女性患者，因左侧乳腺肿瘤实施手术治疗，术中发现肿瘤恶性程度极高，并且已经出现了扩散和淋巴转移，需要扩大手术范围，切除右侧乳房。手术医师切不可擅自在手术同意书上将“左侧”改为“双侧”。对于这种情况，需要由手术医师重新制作手术同意书，重新向患者及其家属交代手术风险，并由患者家属在新的手术同意书上签字确认。

4. 改变手术方式的告知　改变手术方式主要是手术野暴露后，发现手术的病变组织、器官与术前诊断不一致，甚至不是本科的手术范围，需要改变手术方式。因而，在病人身上进行的将会是一种新的手术，而手术本身存在的种种风险也随之发生了变化，术前向患者及其家属说明的手术风险，显然已经不能适用，因此，必须重新告知手术情况并重新签订手术同意书。比如，某30岁女性患者，因腹部巨大肿块入某医院普通外科，术前诊断盆腔肿瘤，拟实施“剖腹探查，盆腔肿物切除术”，术中发现是巨大多发性子宫肌瘤，并非普通外科手术范围内疾病，需要更换手术科室和手术医师，将要施行的手术将由妇科手术医师进行。妇科手术医师应重新向患者及其家属告知病情、医疗措施、医疗风险等，需要重新签订手术同意书，并由患者家属在新的手术同意书上签字确认。

（四）特殊检查、特殊治疗告知

特殊检查、特殊治疗的告知，早在 1994 年 9 月 1 日国务院颁布实施的《医疗机构管理条例》第三十三条首次规定，与手术告知并列。《侵权责任法》第五十五条采取同样的与手术并列的方式规定，凸显特殊检查、特殊治疗告知的重要意义。

特殊检查、特殊治疗的具体内容，在卫生部颁布实施的《医疗机构管理条例实施细则》中作出了明确规定。特殊检查、特殊治疗是指具有下列情形之一的诊断、治疗活动：有一定危险性，可能产生不良后果的检查和治疗；由于患者体质特殊或者病情危笃，可能对患者产生不良后果和危险的检查和治疗；临床试验性检查和治疗；收费可能对患者造成较大经济负担的检查和治疗。

《病历书写基本规范》第二十六条明确规定了特殊检查、特殊治疗告知的内容，包括：特殊检查、特殊治疗项目名称、目的、可能出现的并发症及风险等。

1. *需要告知的特殊检查、特殊治疗项目*　需要告知的特殊检查、特殊治疗项目是指有一定危险性，可能产生不良后果的检查和治疗。这类检查和治疗之所以具有特殊性，关键在于有一定的危险性，可能产生不良后果。包括：①构成对人体侵袭性伤害的检查和治疗；②需要患者承担一定痛苦的检查和治疗；③检查和治疗过程中所使用药物具有明确的严重毒副作用；④检查和治疗过程中需要对患者实施自由或行动限制；⑤检查和治疗过程中会对疾病产生诱发危险的。

2. *特殊检查、特殊治疗告知的内容*　医疗机构及其医务人员要根据本院的实际，结合接受检查患者的特殊情况制作知情同意书，告知的内容主要包括以下 4 个方面：

（1）特殊检查本身可能给患者带来的负面影响和可能产生的难以避免的并发症。

（2）特殊检查的医学效果评价。患者对于一些新兴的临床检查，由于不懂或者道听途说，容易对这些设备产生一种盲目的依赖，这也是容易引发医疗纠纷的一个重要原因。比如，B 超检查在某些患者想象中，超声影像就跟看电视一样，所有需要了解的器官都应当清晰可见，看不清或者有漏诊就是医师不负责任。近年来，因 B 超检查未发现胎儿畸形，而产后是畸形新生儿的医疗纠纷案例屡屡发生，究其原因就是对 B 超临床检查结果没有客观评价的结果。因此，对于接受检查的患者，医疗机构一定要告知他检查结果也是存在风险的，即有误诊的可能，也有漏诊的可能。

(3)特定患者应当注意的特殊事项。有时患者身体状况不好,或者体质特殊,在接受检查时可能会产生一些不良反应或者并发症。因此,医疗机构要将“不适合做该项检查的人群”予以公示。

(4)特殊治疗的危险性。主要是指使用特殊药物的治疗手段。有些药物具有严重的毒副作用,在没有其他药物可替代的情况下,使用该药物可能会对患者的生理功能甚至生命健康造成严重影响。如治疗系统性硬皮症的青霉氨,由于该药物发生药疹的概率极高,要求患者必须住院在医师观察下服用。链霉素是一种古老的抗生素,但对耳神经的毒副作用,至今也没有有效的预防办法。青霉素的过敏反应也是如此。凡此种种,医务人员必须谨慎从事,严格规范,明白告知,清晰记载。

3. *由于患者体质特殊或者病情危笃,可能对患者产生不良后果和危险的检查和治疗*　这类特殊检查和治疗主要是针对特定的患者身体和疾病状况的评估。对患者“体质特殊”或者“病情危笃”的评估,主要是为了明确患者是否可能耐受相应的检查和治疗,包括身体耐受性和过敏反应。身体耐受性是以一些生理指标作为参考因素的,比如体温、血压、呼吸、脉搏等;是否存在基础疾病和合并疾病等,比如糖尿病、高血压、妊娠等情况;过敏反应主要是通过详细追问患者既往史。由于特定患者的特殊性,医务人员要将检查、治疗的项目名称、目的、可能出现的并发症及风险等如实告知患者或其家属。

(五)临床试验性检查和治疗

知情同意理论是对“二战”期间纳粹惨无人道的医学人体试验事件深刻反思的产物。“临床试验性”实属一类人体试验范畴,这方面知情同意的制度形成比较早,也比较规范。《纽伦堡十项道德准则》中就规定“人类受试者的自愿同意是绝对必要的;应该使他能够行使自由选择的权力,而没有任何暴力、欺骗、欺诈、强迫、哄骗以及其他隐蔽形式的强制或强迫等因素的干预;应该使他对所涉及的问题有充分的知识和理解,以便能够做出明智的决定。”《赫尔辛基宣言》也指出“任何人体试验都必须取得受试者的同意,不允许隐瞒病人和家属在病人身上进行任何实验。”“在进行以人为受试者的科学研究中,都应事先向受试者告知参加该项科学研究的目的、方法、预期效果、潜在危险以及可能要承受的不适和麻烦等情况,使他们充分知情,并使他们了解到可以有权不参加这些研究,也有权在实验过程中任何时候都可以撤销他们参加实验的承诺。”

2003年9月1日,国家药品监督管理局颁布的《药品临床试验管理规定》第十四条规定:研究者或其指定的代表必须向受试者说明有关临床试验的详细情况:①受试者参加试验应是自愿的,而且有权在试验的任何阶段随时退出试验而不会遭到歧视或报复,其医疗待遇与权益不会受到影响。②必须使受试者了解,参加试验及在试验中的个人资料均属保密。必要时,药品监督管理部门、伦理委员会或申办者，按规定可以查阅参加试验的受试者资料。③试验目的、试验的过程与期限、检查操作、受试者预期可能的受益和风险，告知受试者可能被分配到试验的不同组别。④必须给受试者充分的时间以便考虑是否愿意参加试验，对无能力表达同意的受试者，应向其法定代理人提供上述介绍与说明。知情同意过程应采用受试者或法定代理人能理解的语言和文字，试验期间，受试者可随时了解与其有关的信息资料。⑤如发生与试验相关的损害时，受试者可以获得治疗和相应的补偿。

2004 年 4 月 1 日，国家药品监督管理局颁布的《医疗器械临床试验规定》第八条规定，医疗器械临床试验负责人或其委托人应当向受试者或其法定代理人详细说明如下事项：①受试者自愿参加临床试验，有权在临床试验的任何阶段退出；②受试者的个人资料保密。伦理委员会、(食品)药品监督管理部门、实施者可以查阅受试者的资料，但不得对外披露其内容；③医疗器械临床试验方案，特别是医疗器械临床试验目的、过程和期限、预期受试者可能的受益和可能产生的风险；④医疗器械临床试验期间，医疗机构有义务向受试者提供与该临床试验有关的信息资料；⑤因受试产品原因造成受试者损害，实施者应当给予受试者相应的补偿；有关补偿事宜应当在医疗器械临床试验合同中载明。第九条规定，受试者在充分了解医疗器械临床试验内容的基础上，获得《知情同意书》。《知情同意书》除应当包括本规定第八条所列各项外，还应当包括以下内容：医疗器械临床试验负责人签名及签名日期；受试者或其法定代理人的签名及签名日期；医疗机构在医疗器械临床试验中发现受试产品预期以外的临床影响，必须对《知情同意书》相关内容进行修改，并经受试者或其法定代理人重新签名确认。

(六)可能对患者造成较大经济负担的检查和治疗的费用

可能对患者产生较大经济负担的治疗，主要是一些价钱昂贵的药品、医疗器械。这些药品、医疗器械更多的可能是进口或合资生产的，与国产的同类产品价格相差悬殊。而且该类药品或医疗器械不属于公费医疗范围，需要患者自己支付这部分费用。如果医务人员不予告知，就可能给患者造成较大的经济负担。近年来，由于高额医疗收费问题引发的医患纠纷时有发生，有的甚至引起诉讼纠纷，双方对簿公堂。因此，医疗机构应当制订专门的《使用药品、医疗器械知情同意书》，由患者或者其家属签署同意或者不同意的意见并签名。

(七)其他法律法规有关医疗告知的规定

《侵权责任法》第五条规定："其他法律对侵权责任另有特别规定的，依照其规定"。为了正确理解第五十五条规定的精神实质，有必要将我国其他法律法规有关医疗告知方面的内容作一简要介绍，但不限于此。

1. 为了保障母亲和婴儿健康，提高出生人口素质，《中华人民共和国母婴保健法》第十八条规定："经产前诊断，有下列情形之一的，医师应当向夫妻双方说明情况，并提出终止妊娠的医学意见：①胎儿患严重遗传性疾病的；②胎儿有严重缺陷的；③因患严重疾病，继续妊娠可能危及孕妇生命安全或者严重危害孕妇健康的。”第十九条规定：“依照本法规定施行终止妊娠或者结扎手术，应当经本人同意，并签署意见。本人无行为能力的，应当经其监护人同意，并签署意见”。

2. 为保证医疗临床用血需要和安全，保障献血者和用血者身体健康《中华人民共和国献血法》第九条规定：“血站对献血者必须免费进行必要的健康检查；身体状况不符合献血条件的，血站应当向其说明情况，不得采集血液”。

《临床输血技术规范》规定：“决定输血治疗前，经治医师应向患者或其家属说明输同种异体血的不良反应和经血传播疾病的可能性，征得患者或家属的同意，并在《输血治疗同意书》上签字。”“新生儿溶血病如需要换血疗法的，由经治医师申请，经主治医师核准，并经患儿家属或监护人签字同意。”《医疗机构临床用血管理办法》第十二条规定：“经治医师给患者实行输血治疗前，应当向患者或其家属告之输血目的、可能发生的输血反应和经血液途径感染疾病的可能性，由医患双方共同签署用血志愿书或输血治疗同意书”。

3. 为预防、控制艾滋病的发生与流行，保障人体健康与公共卫生，国务院颁布实施的《艾滋病防治条例》第四十二条规定：“对确诊的艾滋病病毒感染者和艾滋病病人，医疗卫生机构的工作人员应当将其感染或者发病的事实告知本人；本人为无行为能力人或者限制行为能力人的，应当告知其监护人”。

4. 为了保障公民自愿捐献人体器官的权利，防止非法摘取人体器官，提高人体器官移植的临床疗效，卫生部颁布实施的《人体器官移植技术临床应用管理暂行规定》规定“实施人体器官移植前，医疗机构应当向患者和其家属告知手术目的、手术风险、术后注意事项、可能发生的并发症及预防措施等，并签署知情同意书。”“医疗机构用于移植的人体器官必须经捐赠者书面同意。”“医疗机构在摘取活体器官捐赠者所同意捐赠的器官前，应当充分告知捐赠者及其家属摘取器官手术风险、术后注意事项、可能发生的并发症及预防措施等，并签署知情同意书。”“医疗机构开展试验性人体器官移植应当履行告知义务，征得患者本人和其家属书面同意。”国务院颁布施行的《人体器官移植条例》第十九条规定：“从事人体器官移植的医疗机构及其医务人员摘取活体器官前，应当向活体器官捐献人说明器官摘取手术的风险、术后注意事项、可能发生的并发症及其预防措施等，并与活体器官捐献人签署知情同意书”。

5. 医疗美容是指运用手术、药物、医疗器械以及其他具有创伤性或者侵入性的医学技术方法对人的容貌和人体各部位形态进行的修复和再塑。因此卫生部制定的《医疗美容服务管理办法》第二十条明确规定：“执业医师对就医者实施治疗前，必须向就医者本人或亲属书面告知治疗的适应证、禁忌证、医疗风险和注意事项等，并取得就医者本人或监护人的签字同意，不得为无行为能力或者限制行为能力人实施医疗美容项目”。

6. 卫生部制定的《人类辅助生殖技术管理办法》第十四条规定：实施人类辅助生殖技术应当遵循知情同意原则，并签署知情同意书。涉及伦理问题的，应当提交医学伦理委员会讨论。

三、知情同意的主体

知情同意权是患者的权利，因此，医疗机构及其医务人员在行使告知义务时，应当向患者本人告知，这是履行告知义务的基本原则。告知说明义务的产生是基于对患者自主选择权的尊重，只有患者充分了解了自己罹患疾病的病情、可能要采取的诊疗措施和风险、并发症等有关诊疗信息之后，才能做出有效的是否同意实施相关诊疗措施的选择。只有在不宜或者不能向患者本人告知说明病情、医疗措施、医疗风险、替代医疗方案的情况下，才允许向患者的近亲属告知说明。不过，仅从第五十五条字面上的理解知情同意的规定是不够的，在临床实践中往往难以贯彻落实，甚至有悖追求患者利益最大化原则。

医务人员向患者传达医疗信息，患者能否正确表达知情同意取决于自己的行为能力。《中华人民共和国民事通则》(简称《民法通则》)以自然人的年龄与精神状态为标准，将自然人划分为完全民为行为能力人、限制民事行为能力人和无民事行为能力人三类。根据《民法通则》第十一条规定，完全民事行为能力人包括两种：①一般的完全民事行为能力人。年满 18 周岁且精神正常的自然人；②特殊的完全民事行为能力人。年满 16 周岁不满 18 周岁并以自己的劳动收入为主要生活来源且精神正常的自然人。根据《民事通则》第十二条第一款和第十三条第二款的规定，限制民事行为能力人包括两种：①年满 10 周岁且精神正常的未成年人，但 16 周岁以上不满 18 周岁且以自己的劳动收入为主要生活来源的自然人除外；②不能完全辨认自己行为后果的成年精神病人(包括痴呆症人)。根据《民法通则》第十二条第二款和第十三条第一款规定，无民事行为能力人包括两种：①不满 10 周岁的未成年人；②不能辨认自己行为的成年精神病人(包括痴呆症人)。

病人既有可能是完全民事行为能力人，也有可能是限制民事行为能力人，还有可能是无民事行为人。如果告知义务不考虑病人的个体差异，一律向病人告知说明并由病人本人作出是否同意的意思表示，显然是不可能的。法律之所以作出这样划分的目的，就是要保障不具有完全民事行为能力者的合法权益，使他们不因其年龄、精神状态等客观因素而影响其合法权益的享有。医务人员履行告知说明义务，患者做出是否同意的意思表示，也必须依据这个标准去衡量。

(一)患者为完全民事行为能力人

完全民事行为能力人,是指达到一定年龄和精神状态正常,能以自己的独立行为进行民事活动,取得民事权利和承担民事义务的自然人。具有完全民事行为能力的患者,是指达到一定年龄和精神状态正常能独立自主作出同意或者不同意实施某种治疗行为的意思表示资格的病人。在临床实践中,患者同意主要有两种情况。

1. 具有完全民事行为能力的患者自行行使权利　对于完全民事行为能力的患者,由于告知的内容是患者的病情、医疗措施、医疗风险,这些内容直接与患者本人的生命权、健康权以及财产权密切相关,因此,应严格贯彻告知本人原则,这是由“意思自治,权利本位”的民法原则所决定的,当患者与其亲属意见不一致时,患者本人的同意是合法有效的。《医疗机构管理条例》第三十三条明确规定医疗机构实施手术、特殊检查、特殊治疗,必须征得患者同意。《执业医师法》第二十六条规定,医师应当如实向患者或者其家属介绍病情。也是将患者本人列为第一位的。这也是《侵权责任法》第五十五条规定的立法本意。

2. 具有完全民事行为能力的患者的授权行为　完全民事行为能力人授权他人代为行使知情权时,被授权人可以代理人的身份成为同意的主体,代理患者签署知情同意书。民法通则第六十三条规定,“公民、法人可以通过代理人实施民事法律行为。代理人在代理权限内,以被代理人的名义实施民事法律行为,被代理人对代理的行为承担民事责任。”需要注意的是:代理人受权代理患者履行知情同意的,应当与被代理人签订《授权委托书》,《授权委托书》应当在病历中保存;代理人应在《授权委托书》代理人栏内签字,而不能在被代理人栏内签署患者的名字。

此外,还有一种情况,患者具有完全民事行为能力但暂时处于昏迷状态。临床上经常收治一些病人,在其突发疾病之前,还能够正常生活和工作,但突发疾病且迅速进入昏迷状态,尚不能认定其为不具有完全民事行为能力人,但是他又无法自己来行使知情权和同意权,甚至也无法授权他人来实施。可以由患者的配偶、近亲属等来代为行使知情同意权。在现代民法理论中,一般认为夫妻在日常事务中互为代理人,因而可以认为夫妻日常家务代理系法定代理关系。此时近亲属与患者之间的关系仍是一种代理关系,这是一种表见代理关系。[②]

(二)患者为限制民事行为能力人

限制民事行为能力的患者,在临床上不乏其人。《民法通则》第十二条规定,限制民事行为能力人可以进行与其年龄、智力相适应的民事活动;其他民事活动由他的法定代理人代理,或者征得他的法定代理人的同意。为保障不具有完全民事行

② 刘鑫、王岳、李大平:《医事法学》中国人民大学出版社 2009 年版,第 233 页。

为能力人的合法权益,法律设立了代理人制度。由于医疗行为直接关系到患者生命健康等重大利益,因此,对于限制民事行为能力患者的同意问题,一般应由其代理人代理,代理患者作出同意或不同意医疗的意思表示。《民法通则》第十四条规定,限制民事行为能力人的监护人是他的法定代理人。根据《民法通则》第十六条规定,未成年人的父母是未成年人监护人;未成年人的父母已经死亡或者没有监护能力的,由其祖父母、外祖父母,兄、姐、关系密切的其他亲属担任监护人。第十七条规定,不能完全辨认自己行为的精神病人(包括痴呆症人)的监护人,由其配偶、父母、成年子女、其他近亲属、关系密切的其他近亲属担任。监护人作为法定代理人代理患者实施知情同意权。

需要注意的是,《病历书写基本规范》第十条关于他人代替患者签字的问题,出现了法定代理人、委托代理人(患者授权签字人)、患者近亲属、医疗机构负责人等4个概念。从法律上来看,患者近亲属这个概念比较大,法定代理人比较小,因为只有监护人才可以作为法定代理人,因此,法定代理人应当包含在近亲属之中。《病历书写基本规范》第十条第二款规定,患者无近亲属的或者患者近亲属无法签署同意书的,由患者的法定代理人或者关系人签署同意书。显然就是一条错误的无法操作的规定。

(三)患者为无民事行为能力人

无民事行为能力的病人对于医务人员传达的医疗信息,根本无法作出同意或不同意意思表示。根据《民法通则》第十七条规定,无民事行为能力的精神病人(包括痴呆症人)的监护人,由其配偶、父母、成年子女、其他近亲属、关系密切的其他亲属、朋友担任。监护人代理患者作出同意或不同意医疗的意思表示。

(四)保护性医疗的告知

关于保护性医疗原则,早在1999年5月1日实施的《中华人民共和国执业医师》第二十六条就规定:“医生应当如实向患者或者其家属介绍病情,但应注意避免对患者产生不利后果”。2002年9月1日实施的《医疗事故处理条例》第十一条也规定:“在医疗活动中,医疗机构及其医务人员应当将患者的病情、医疗措施、医疗风险等如实告知患者,及时解答其咨询;但是,应当避免对患者产生不利后果”。《侵权责任法》在强调医务人员在诊疗活动中应当向患者说明病情、医疗措施、医疗风险、替代医疗方案等情况的同时,明确规定“不宜向患者说明的,应当向患者的近亲属说明,并取得其书面同意”。

在医疗活动中,规定保护性医疗制度的价值主要体现在对患者的人文关怀上。在对一些心理素质比较脆弱的患者的诊治过程中,特别是对患有治疗预后差或者目前根本就没有治愈手段的疾病的患者,如晚期肿瘤患者等,如果如实告知患者病情和治疗措施等相关信息之后,会导致患者无法承受巨大心理压力,往往使其陷于紧张不安、消沉犹豫、悲观恐惧等消极心理状态，甚至会滋生绝望、自杀情绪，而最终无法达到理想的医疗效果。法律规定“不宜向患者说明”，就是为了避免对患者产生不利后果。

需要说明的是，医师基于对患者的保护不宜将病情等信息直接告知患者，但是应当向患者的近亲属如实告知说明。最高人民法院《关于贯彻执行〈中华人民共和国民法通则〉若干问题的意见（试行）》第十二条规定，近亲属包括配偶、父母、子女、兄弟姐妹、祖父母、外祖父母、孙子女、外孙子女。医务人员在临床工作中，如果患者是老人，原则上应首先考虑其子女是知情同意者；如果患者是中年人，其知情同意者应优先考虑其配偶；如果患者是未成年人，理当是其父母。

四、医疗告知的形式

告知的形式通常包括书面告知、口头告知、公示告知。

（一）书面告知

从本条规定上看，履行书面同意手续的仅限于手术、特殊检查、特殊治疗和不宜向患者本人说明情况的。本书认为，这样理解有失偏颇，在医疗活动中，对于重大疾病、有可能发生严重的并发症、医疗后果难以准确判定的有创检查、治疗或者医疗费用高昂的医疗措施、麻醉、输注血液、活体捐献人体器官、终止妊娠、医疗减容、实施人类辅助生殖技术以及日后可能产生争议或者纠纷的诊疗活动，均应当履行书面知情同意手续。因此，在临床诊疗活动中，要结合其他相关法律、法规规定以及实际工作经验、教训，确定书面知情同意书的内容。

此类医疗活动与患者的人身财产权益密切相关，在为患者解除病痛、促进健康的同时，往往伴随着对患者的生命、健康权益以及财产权益的巨大风险。因此，实施该类知情同意的有关内容告知必须有一个较为严格的程序要求。书面知情同意，在一定程度上可以保证告知义务的切实落实，同时形成的书面材料也可为事后可能发生的纠纷提供明确的证据，防止口说无凭的情况出现。

履行书面知情同意手续，还有个由谁签字的问题。在临床活动中，可能是出于中国人的传统家族习惯，患者本人同意实施治疗措施，往往由其亲属代签知情同意书，由此引发的纠纷近年来时有发生。关于签字人，基本上与告知对象是一致的，只有一些特殊的医疗行为，在告知的时候应当实行“双签名”，例如计划生育手术的知情同意书的签署。

（二）口头告知

在医疗实践中，无论大小的医疗操作都采用书面告知的形式是不现实的，也是不经济的。对操作简单、无严重并发症或并发症发生率低的有创检查、治疗，或患者病情允许，或现有的技术水平可以达到要求的条件下，可以通过口头告知的形式履行告知义务。如周围浅表静脉穿刺、常规肌内注射等。

此类医疗措施对患者造成损害往往是很轻微的，属于一般大众的容忍范围，或者给患者造成损害的概率微乎其微，通过口头方式告知患者就可以达到良好的告知效果。该种情况下，口头告知通常能够得到患者和家属以及社会的理解。但是，由于口头告知不容易将告知当时的情形固定下来，一旦发生纠纷医方往往难以对告知情况进行举证。在当今医患关系比较紧张的情况下，限制口头告知范围、扩大书面告知范围对于医方来讲是个较好的选择。

(三)公示告知

公示告知通常采取的形式，是在医院较为醒目的位置通过张贴、悬挂医院、医师的有关情况，以方便患者就医。如医院简介、就诊须知、医师介绍、专家出诊时间、注意事项等。与前两种告知形式不同的是，公示告知是面向不特定的患者，告知的内容集中于一些共性的方面。但是三种告知形式的共同点是，均是医方向患方作出的有效的意思表示，属于有效的法律行为，具有相同的法律效力。例如，在医疗机构计划生育门诊入口处，应当粘贴“未成年人实施计划生育手术须由成年家长陪同”的告示。

五、知情同意的特殊情况处理

病人生命垂危，应当立即进行抢救，任何延误都有可能失去宝贵的医疗机会。《侵权责任法》第五十六条规定：“因抢救生命垂危的患者等紧急情况，不能取得患者或者其近亲属意见的，经医疗机构负责人或者授权的负责人批准，可以立即实施相应的医疗措施。”这里使用了“不能”一词。如何正确实施紧急情况下的救治行为，正确理解“不能”是关键。“不能”包括既不能取得患者意见，也不能取得患者近亲属意见，分为三种情况。

第一种情况，患者本人由于生命垂危，无法表达意思且患者近亲属不在救治现场或无法与患者近亲属取得联系。在这种情况下，经医疗机构负责人或者授权的负责人批准，可以立即实施相应的医疗措施。

第二种情况，有时由于患者病情危重，病程发展迅速，需要马上实施相关救治措施，来不及征求患者意见，或者没有患者近亲属在场，也来不及征求医疗机构负责人的批准，医务人员可以径直实施医疗行为。医疗机构可以适用《侵权责任法》第六十条第一款第二项作为免责的抗辩事由。

第三种情况，患者生命垂危，无法表达意思，患者近亲属亲临救治现场，但不同意医务人员实施抢救行为。这种情况极为少见，但现实中确有此类案件发生。比如北京朝阳医院京西院区产妇死亡案就是这种情况。在医疗机构充分告知患者近亲属之后，患者近亲属仍然不同意实施相关医疗行为的，不能实施该医疗行为，但医疗机构应当保存好相关告知的证据。这种情形同样可以适用《侵权责任法》第六十条第一款第二项作为免责的抗辩事由。

六、违反告知义务法律责任

(一)知情同意权的法律性质

近年来，患者"知情权""同意权"是一个使用频率非常高且滥的概念。在医疗活动中几乎成了医患双方的口头语，在医疗纠纷诉讼中或多或少都要扯上知情权问题，甚至涌现出大量独立的侵犯患者知情权纠纷类型，侵权损害赔偿没有统一尺度，法院判决个性化程度极高。

有观点认为，医疗损害责任造成的损害后果是造成患者人身损害，包括生命权、健康权、身体权，即物质性人格权的损害。而侵害知情权造成的损害事实，主要不是人身损害事实，属精神性人格权范畴，因而，侵害知情权的责任方式应当是精神损害抚慰金赔偿。赔偿的规则是：①如果违反告知或者保密等义务，造成患者人身损害，能够确定违反告知或保密义务的医疗行为与损害后果具有因果关系的，应当承担人身损害赔偿责任；②如果违反告知或保密等义务，没有造成患者人身损害，仅是造成患者知情同意权、自我决定权、隐私权、身份权等精神性民事权利损害的，则应承担的赔偿责任是精神损害抚慰金赔偿。③

《侵权责任法》第二条规定："侵害民事权益，应当依照本法承担侵权责任。本法所称民事权益，包括生命权、健康权、姓名权、名誉权、荣誉权、肖像权、隐私权、婚姻自主权、监护权、所有权、用益物权、担保物权、著作权、专利权、商标专用权、发现权、股权、继承权等人身、财产权益。"可见，《侵权责任法》所保护的权利主要是绝对权，包括物权、人身权和知识产权。人身权主要是人格权。

法律上比较明确地规定了知情权的主要是《中华人民共和国消费者权益保护法》，公民在购买商品或者接受服务时有权知悉商品和服务的有关信息，商品出卖者、服务提供者在出售商品、提供服务的过程中，隐瞒商品或者服务的有关信息，导致消费者做出错误选择时，商品出卖者、服务提供者就侵犯了消费者的知情权、选择权。患者到医疗机构就医，是基于医患双方医疗服务合同的存在而发生的民事法律行为，患者的知情同意基于医务人员的医疗行为而存在。如果患者与医疗机构没有建立医疗服务合同关系，相应的医疗行为自然不会发生，没有医疗行为的发

---

③ 杨立新：《医疗损害责任研究》，法律出版社2009年版，第156页。

生，患者的知情同意权自然不存在。相对权并不像绝对权那样有明确的内容及界限，如果不加区分都纳入侵权责任法保护范围，患者就可能动辄请求医疗机构承担侵权责任，那么将限制医务人员的正常诊疗行为。所以，相对权一般不适宜由侵权责任法保护，《侵权责任法》第二条也没有将告知义务列为知情权。

患者知情权不是绝对权，而属于相对权的范畴。所谓绝对权是指无需通过义务人实施一定的行为即可实现并能对抗不特定人的权利。所谓相对权，是指对某个特定人产生效力的权利，它必须通过义务人实施一定的行为才能实现。因此，我们认为，知情权是居于特定的法律关系存在而产生的一种当事人享有的权利。无论是消费行为、医疗行为还是合同的签订，均是如此。因此，知情权是一种相对权，保障知情权实现的义务人也是特定的。显然知情权没有人格权的基本属性，不能认定为人格权。本书认为，知情权应当是一种与合同相关的权利，是因为交易双方当事人基于特定交易目的的需要，一方当事人负有的告知与说明的先合同义务，在对方当事人知情的情况下签署双方合意一致的合同。从这个角度来看，无论是消费行为，还是医疗行为，都可以从消费合同、医疗合同的签订来解释知情权的性质和内容了。就即使是司法知情权、行政知情权、社会知情权，④也可以视为是人民委任管理者管理公众事务，管理者接受委任和实施管理行为后向公众汇报的一种义务，也可以归属广义的合同义务。

本书认为，医务人员未尽到告知义务，使患者一方未能行使选择权，以致造成患者人身损害后果的，医疗机构应当承担相应的损害赔偿责任；没有造成损害后果，患者以违反告知义务为由要求医疗机构承担赔偿责任的，医疗机构不承担赔偿责任，人民法院应当依法不予支持。需要说明的是，不承担民事赔偿责任，并不意味着违反告知义务行政责任的免除。根据《医疗事故处理条例》第五十六条的规定，医疗机构及其医务人员，未如实告知患者病情、医疗措施和医疗风险的，由卫生行政部门责令改正，情节严重的，对负有责任的主管人员和其他直接责任人员依法给予行政处分或纪律处分。

（二）违反告知义务责任构成

该法第五十五条第二款规定："医务人员未尽到前款义务，造成患者损害的，医疗机构应当承担赔偿责任。"如何理解这里的"赔偿责任"是正确适用法律的关键问题。违反告知义务并造成患者人身损害的民事责任承担，适用过错推定责任原则，⑤即在原告举证证明损害事实、因果关系、违法行为三个要件的情况下，法官就可以直接推定医疗机构及医务人员具有过错，如果医疗机构不能证明已履行告知义务的，则构成违反告知义务责任。具体责任构成要件的内容阐述如下。

---

④　张宝珠，刘鑫主编：《医疗告知与维权指南》，人民军医出版社 2004 年版，第 22 页。

⑤　杨立新：《〈中华人民共和国侵权责任法〉精解》，知识产权出版社 2010 年版，第 234 页。

1. 违法行为　在医疗过程中，医务人员应当根据法律规定的告知内容，结合患者的具体情况，告知其所患疾病，可选择的治疗方案，治疗方法及可能的结果，药品的使用方法及治疗费用以及预后、转诊、康复的注意事项等。

违反告知义务有5种常见类型。①未履行告知义务。这是违反告知义务的最基本形态，但在某些情况下不需要履行告知义务的除外。②未履行充分告知义务。通常表现为未告知治疗过程中的并发症、药物的毒副作用、扩大手术范围、改变手术方式、手术康复注意事项等。③错误告知。医务人员由于疏忽等原因，错误告知患者病情、治疗方案的成功率、副作用等。④迟延履行告知义务。这种情况经常导致患者失去治疗的最佳时机。⑤履行了告知义务，但未经患者或其监护人的同意而实施医疗行为。⑥

2. 损害事实　如前所述，在医疗活动中，患者的知情同意不是一项独立的人格权，医务人员在违反告知义务的情况下，侵害了患者生命健康权并造成财产及精神利益的损害，才能构成侵权法意义上的损害事实。如患者李某，女，40岁，因多年腹部疼痛，不明原因，后经A医院检查发现腹部有一肿块，术中经病理检查为结核球。由于结核球与患者双侧卵巢紧密相连，无法分离，医务人员在未告知患者情况下，将结核球与卵巢一并切除。尽管该治疗手段并没有原则性错误，但切除女性卵巢后需要长期服用雌性激素维持女性的生理特征，在未征得患者同意的情况下，切除女性的重要器官并造成财产及精神利益损失，损害事实客观存在，医疗机构应当承担相应责任。在临床实践中，如骨折病人经复位石膏固定后，急诊科医务人员仅告知“随诊”，未告知具体复诊时间，结果当患者不适再来检查时，发现骨折部位已出现陈旧性骨不连，由于告知不具体造成患者期待利益损失。再如，医疗机构怠于履行告知及时转诊义务，导致患者病情得不到及时有效医治而发展到晚期，最终不得不采取风险性和侵袭性更大的手段进行治疗，从而使患者支出了额外的医疗费用，承担了不必要的精神痛苦。在某些情况下，患者很可能就此而丧失了生命。

3. 因果关系　违反告知义务损害责任构成中的因果关系要件，依然是违法行为与损害事实之间的前者引起后者，后者被前者所引起的关系。这种因果关系主要表现为医务人员的不作为与患者自我决定权以及相关利益受到损害之间的引起与被引起的关系。如果仅仅因为医务人员未尽告知义务，并没有造成患者利益损失，这种因果关系便不能成立。

4. 主观过错　过错与违法在一般场合统一于一个行为之中，是一个问题的两个方面。违法是行为的客观属性，表明的是行为在客观上违反法律规定。过错则是行为的主观属性，是存在于行为人观念中的主观状态，在这种主观状态的主导之

⑥　杨立新：《医疗损害责任研究》，法律出版社2009年版，第152页。

下，行为人才去实施行为。[7] 过错是作为承担赔偿责任的基础，而不是把过错作为确定赔偿范围的根据。[8] 作为违反告知义务赔偿责任构成要件的过错，表现为医务人员在医疗活动中，未对患者履行告知义务，或者未取得患者或其监护人同意即采取某种医疗措施或停止继续治疗等疏忽或懈怠。

【案例与评析】

案例 7-1 告知瑕疵纠纷

1999 年 6 月 21 日，原告陈某某（女，1975 年出生）至上海某医科大学附属眼耳鼻喉科医院就诊，诊断结论为：左眼复发性结膜囊肿（术后复发），需手术摘除。原告于当月 24 日在被告医院行左眼脂肪瘤摘除术。术后原告感到左眼上睑下垂，不能睁眼，遂又于同年 10 月 19 日再次至被告医院就诊，被收治入院，并施行左眼上睑下垂矫正术。术后，原告左眼能微睁，但仍受限。随后，原告再次至上海某医院就诊，被告知其左上睑下垂系提上睑肌损伤所致。

原告以被告医院在治疗过程中有过错为由，向上海市长宁区医疗事故鉴定委员会申请进行医疗事故鉴定，鉴定结论认为：①被告医院的诊断和治疗原则并无不当；②病员目前左眼上睑下垂属术后并发症。本医疗事件构成医疗事故。原告起诉认为，被告医院在术前未向本人告知术后有关并发症，且在手术中割断了提上睑肌，要求医院承担医疗费、误工费、残疾者生活补助费、精神损失费等，共计人民币 250 000 元。

原审法院认为，民事侵权责任构成必须具备损害事实、违法行为、因果关系、主观过错四个要件，缺一不可。根据鉴定部门出具的鉴定结论不能证明被告医院在手术过程中具有过错，判决如下：①原告要求被告医院赔偿医疗费、误工费、残疾者生活补助费、交通住宿费的诉讼请求，不予支持；②鉴于被告医院愿意补偿原告人民币 30000 元，于法无悖，予以准许。

原告不服一审判决，提起上诉。二审法院经审理查明，原审认定事实无误，双方当事人对此均无异议，二审法院予以确认。二审法院另查明，被告医院在为原告施行左眼脂肪瘤摘除术前，未将术后可能产生提上睑肌断裂的并发症明确告知原告，其依据是被告医院在术前与患者家属陈某的谈话笔录。该笔录内容为："对手术操作后可能发生的问题加以说明①术中肿瘤界限不清，分离困难；②术中出血，术后感染；③术后睑球粘连；④误伤眼球内其他组织，影响视力。"二审法院在审理中，委托法医就原告伤情进行鉴定，结论为：原告左眼上睑重度下垂，容貌毁损，构

---

⑦ 王利民主编：《中国民法案例与学理研究》，法律出版社 2003 年版，第 46 页。

⑧ 杨立新：《人身权法论》，人民法院出版社 2002 年版，第 154 页。

成九级伤残。

二审法院在审理中，就本案事实的认定，作了如下分析：由于被告医院未完全向原告明示术后风险，致使原告丧失选择手术与否的机会，并造成严重后果，符合侵权责任的四个构成要件，所以被告医院应当就此承担民事责任。①行为人行为具有违法性。国务院颁发的《医疗机构管理条例》中明确规定：医疗机构施行手术时必须征得患者同意。此条款为医院负有法定告知义务的一般规定。而医院在从事治疗患者疾病的工作过程中，应当依照《民法通则》的精神，遵守诚实信用原则，向患者如实告知治疗方案以及该方案将可能导致的后果。综合以上两方面法律法规的精神，可以确定，明确告知患者手术真实情况是医院的法定义务。在此基础上患者才能权衡利益轻重以选择是否接受治疗。所以，被告医院未充分告知手术风险，且造成患者损害，其行为具有违法性。②行为人主观存在过错。过错是行为人进行违法行为时故意或过失的心理状态。其中过失是行为人对自己行为的结果应当预见而没有预见，或者轻信可以避免。本案中，被告医院在给原告实施手术前，凭其专业能力应当能够预见手术可能发生的风险，然而却没有善尽风险告知义务，构成对告知义务的违反。③有损害事实。目前原告构成九级伤残，精神上承受了极大的痛苦，为此花费了一定的医疗费、交通费，并发生误工损失，损害后果十分明显。④存在因果关系。虽然造成原告损伤的直接原因为被告医院的手术，但由于本案手术系在原告未充分了解手术后果的情况下实施的，原告丧失了选择手术与否的机会，致使医疗活动不恰当地进入手术过程，使得术后并发症——提上睑肌断裂的危险由理论上的可能性转化为现实的可能性。而该现实的可能性与手术过程的结合对原告导致的伤害就成为其丧失选择权的必然后果。

综上所述，二审法院改判了原审判决：①撤销原审判决；②被告医院支付原告医疗费、误工费、残疾者生活补助费、精神损失费等共计人民币62 388.47元。

评析

这是一起在我国医疗纠纷诉讼史上具有重要意义的案件。该案判决对规范医务人员的医疗行为和加强自我保护具有警示作用。首先，在术前应明确向患者告知有关医疗风险，包括术中及术后可能出现的不良后果，如难以避免的并发症等。其次，对于法定告知形式应当严格遵守。如判决中所述，"医患双方当初动态的谈话不能再现"，这正是要求书面详细记载告知内容的证据学意义之所在。最后，说明书对手术可能出现的问题，采用了穷尽式列举的方式。正是这种不规范的记载方式，导致事后被法庭认定在告知方面存在瑕疵。众所周知，医疗行为的结果具有相当程度的不确定性，任何人均无法详尽列举医疗行为可能导致的所有不良后果。在此情况下，应当采取非穷尽式列举方式，附加"兜底式条款"，即在列举主要问题后，增加"其他可能再现的不良后果"等类似内容。如果本案谈话记录中载有上述条款,则最终的判决结果可能是完全相反的,至少被告有较大的抗辩空间。

案例 7-2 虚假告知的实质是医疗欺诈

患者朱某诉称,2002 年 5 月,我在报纸上看到,北京某中医医院能根除直肠癌,花不到10 000元。2002 年 5 月 26 日我到该院住院治疗,出院后又到该院副院长裴某家中购买了5 400元的药品。由于治疗效果不佳,我又到多家医院诊疗,均认为需要手术。由于在此期间我一直服用裴某提供的药,不但没有治好病,还延误了我手术治疗时机,并造成财产损失。后经药品监督局化验,北京某中医医院的药品是假药,医务人员关于可以治愈直肠癌的告知都是虚假的,故请求赔偿各项损失计100 513.8元。经法院审理查明的主要事实是:①朱某患有直肠癌。有解放军某医院、肿瘤医院、北京酒仙桥医院诊断证明。病理诊断为(直肠):中分化乳头状管状腺癌;②北京某中医医院不具备进行直肠癌诊断的设备。法院判决如下:①北京某中医医院退还朱某医疗费8 111.8元。②北京某中医医院向朱某支付精神抚慰金 3500 元。

评析

医学乃仁者之术。希波克拉底被尊为医学之父曾教导:“医生有两种东西能治病,一种是药物,一种是语言”。这种语言不仅是医疗信息的传递,而且蕴涵对患者的人文关怀。医疗告知作为医务人员的一项法定义务,其告知内容必须是真实的,否则,就是医疗欺诈。最高人民法院关于贯彻执行《中华人民共和国民法通则》第六十八条规定:“一方当事人故意告知对方虚假情况,或者故意隐瞒真实情况,诱使对方当事人作出错误意思表示的,可认定为欺诈行为”。本案中,医方见利忘义,虚假告知,无疑构成欺诈,对给患者造成的一切损失应当承担全部侵权损害赔偿责任。根据《中华人民共和国药品管理法》《中华人民共和国刑法》有关制造、销售假药情节严重的应当依法追究刑事责任,由于不属本书讨论范围,这里不再赘述。

需要说明的是,虚假告知往往造成患者延误治疗。延误治疗应当从延误所造成的损害结果予以确定,通常有以下几种:①延误治疗虽未使病情恶化,但使患者在一定时间内因无法得到正确及时的治疗,而受病痛之苦;②在延误治疗期间支出了与正常治疗无关的费用;③延误治疗导致错过治疗时机,使病症无法得到有效治疗;④延误治疗造成患者死亡或身体健康受到损害。

案例 7-3 正当告知后对患者医疗后果免责

张某诉称,2002 年 2 月 17 日,我因左面部长一肿瘤,至口腔医院就诊。2002 年 2 月 21 日住院后,因医师严重不负责任把急性细菌感染化脓性大脓肿过失地诊断成无菌性囊性肿物并予以手术切除,造成左面部 16 厘米的切口,致使大脓肿破溃，留下后遗症。出院后第4天刀口裂开、流脓，门诊换药36天后，脓液引流不畅，左面再次形成大脓肿。2002年4月15日，第二次住院行手术切开排脓，前后共切开8个伤口引流，造成诸多瘢痕、重度毁容。由于过失手术和第二次清创手术，二次共造成出血180毫升，36次清创换药，局部感染未得到有效控制。出院后又经其他医院治疗，虽保住了生命，但仍有8个伤口，瘘管、窦道迁延不愈，仍流脓不止，邻近的器官、颧骨有破坏，还不断出现新的放线菌病灶结节。要求口腔医院赔偿各类经济损失388 977.6元。

法院审理查明，2002年2月17日，张某因"左腮腺肌区肿物2月余"，到口腔医院就诊。张某在2月前出现左面颊肿块，在当地县城医院应用青霉素抗感染治疗肿块消退，后又反复，改用头孢哌酮、头孢曲松等抗感染治疗，效果不佳。同年2月19日复查，同年2月21日入院治疗。经医院科内讨论，患者左腮腺嚼肌囊性肿物考虑鳃裂囊肿或皮样囊肿可能性大。完善手术前签字后，同年2月27日全麻下行左腮腺囊性肿物摘除术＋左腮腺浅叶切除术＋面神经解剖术。在左侧腮区做S形切口，翻开皮瓣的过程中囊性肿物破溃，流出大量豆渣样物，立即行神经吻合术。术后继续行抗感染治疗，术后病理报告为坏死性炎症，部分区域见非特异性肉芽肿样改变。同年3月8日出院，出院诊断左腮腺嚼肌区坏死性炎症。同年4月15日，张某再次入院，入院查体：左腮腺嚼肌区有"S"切口未完全愈合，表面皮肤多处感染破溃、局部炎性肉芽组织及含有稀薄脓液的皮下脓腔，无面瘫表现。查脓血性分泌物未见硫磺颗粒，未见放线菌丝。但医师考虑患者临床表现不同于一般性感染，考虑放线菌病，应用大剂量青霉素抗感染治疗，双氧水、盐水冲洗换药，请北大医院感染科医师会诊，会诊意见：①继续青霉素抗感染治疗，疗程4～6周；②继续涂片找放线菌丝及分泌物培养。同年4月23日行左侧腮腺嚼肌区感染灶刮除术。分泌物涂片见放线菌菌丝。诊断为：左腮腺嚼肌区感染灶刮除术。分泌物涂片见放线菌菌丝。明确诊断为：左腮腺嚼肌区放线菌病。术后先后应用青霉素、阿莫西林、甲硝唑抗感染治疗及冲洗换药。同年5月9日左面颊黏膜腮腺导管开口处硬结，穿刺出淡黄色液体。同年5月24日患者出院，出院时左面颊部及颌下有两个脓腔，与外界相通。法院委托北京市海淀区医学会进行医疗事故鉴定，经鉴定不属于医疗事故。张某对此不服，申请北京医学会再次鉴定，北京医学会组织鉴定后，鉴定结论为：①口腔医院依据张某左腮腺嚼肌区肿物2个月，应用青霉素无效的病史，查体：左腮腺嚼肌区可见一10厘米×8厘米大小肿物，表面皮肤轻度充血，触诊可及波动感，触痛明显，CT报告：左腮腺嚼肌区可见囊实性占位，初诊为左腮腺嚼肌区肿物，符合临床诊断思路。②患者第一次住院时，医院在对其左腮腺嚼肌区肿物抗感染治疗及局部穿刺的基础上，选择左腮腺嚼区肿物摘除术手术治疗方法，有手术适应证，符合治疗原则。术后病理报告左腮腺嚼肌区软组织及小涎坏死性炎症，部分区域见非物异性肉芽肿样改变。医院未做出左腮腺嚼肌区放线菌症的诊断属于误诊。③患者第二次住院时，医院依据患者的病史、症状、体征及第一次手术的病理报告结果，诊断为左腮腺嚼肌区放线菌症是正确的。在对该病应用抗生素无效时，行左腮腺嚼肌区放线菌病肉芽组织刮除术未违反诊疗常规。④放线菌病属条件致病菌病，病程慢性、迁延、顽固，随着抗生素的广泛应用，此病越来越少，尤其在我国城市地区属少见病。本例患者首次在口腔医院住院时，病程已 2 个多月，由于病情不典型，无特征又缺乏板状硬结等典型的临床表现，给医生确诊造成困难，医院虽然早期存在误诊，但在诊治过程中逐渐修正诊断是符合诊疗常规的。⑤由于该病慢性、迁延及青霉素耐药等因素，控制病情难度大。综观该院在对张某的诊治过程中未应用与放线菌病相违背的治疗方法和药物。患者目前面部以左侧为主的多处瘘管，并非是医院误诊的医疗过失行为所致，而是患者自身腮腺嚼肌区放线菌病发生发展的结果。与医院的医疗行为无因果关系。本病例不属于医院事故。法院判决：驳回张某要求北京某口腔医院赔偿388 977.6元的诉讼请求。

评析

口腔医院在对患者张某诊疗的过程中，就其病情、医疗措施、医疗风险履行了如实告知义务，并有详细记录。需要强调的是，法律仅要求医务人员在未尽告知义务或未征得患者同意的情况下实施医疗行为，并造成损害后果时承担责任。在现有医学科学技术条件下，人类认识疾病、战胜疾病的能力还十分有限，对某些疾病的治疗风险是无法避免的，这就要求医务人员履行充分的告知、说明义务，而在患者知情同意的情况下，医疗机构对正常治疗过程中出现的患者人身损害不承担民事责任。即使在患者发生死亡、伤残或身体损害的情况下，在查明医务人员是否尽到注意义务的同时，还应查明行为是否违法、过错与损害之间是否存在因果关系，进而确定责任是否构成。本书认为，本案法院的判决是正确的。

案例 7-4　北京朝阳医院京西院区产妇死亡案

2007 年 11 月 21 日下午，孕妇李某某因呼吸困难 10 天加重伴端坐呼吸 3 天为主诉，到北京某医院就诊。因李某病情危重，虽身无分文，医院依然决定为其免费入院治疗。根据病人病情医生认为应尽早行剖宫产手术终止妊娠，但与李某同居的关系人肖某某不同意，拒绝在剖宫产手术单上签字。为了征得肖某某同意手术，从当日 16:00 至 19:20，医务人员、医院领导、110 民警以及正在医院就诊的患者极力做肖某某的工作。遗憾的是在长达 3 个多小时的僵持过程中，肖某某对众人的苦苦劝告，置之不理。他在手术单上写道："坚持用药治疗，坚持不做剖宫产手术，后果自负"。医生在轮番药物抢救 3 小时后，终因未能及时手术，年仅 22 岁的孕妇李某某和她腹中的胎儿双亡。2009 年 12 月，一审法院判决认为，李某某神志清醒时，未对陪同其就医的肖某某的关系人身份表示异议，医院无法也没有能力对肖某某作为李某某家属的身份进行核实。李某某入院时病情危重，医院履行了相关法律法规的要求，而患方却又不予配合，这些因素均是造成患者最终死亡的原因。因医疗行为与患者死亡没有因果关系，故不构成侵权，驳回原告起诉。

评析

本案在社会上轰动一时，专家、学者、法官、律师、记者、民众等都广泛参与了讨论，很多人的观点认为，患方不签字医院就不做手术是错误的，毕竟生命权高于一切。甚至很多人把这个案例与知情同意权联系起来讨论。有观点认为，在患者近亲属不同意抢救情况下，医疗机构也不能取得患者近亲属意见的情况下，医疗机构负责人或者授权的负责人能不能批准进行抢救？如果不批准涉嫌违法；如果批准，因患者近亲属不同意抢救，产生抢救的医疗费用谁来承担？涉嫌违反民事主体平等自愿原则。也正是因为这个案例，全国人大常委会在制定《侵权责任法》时，才在医疗损害责任章中加入患者知情同意权的内容，并且规定了因抢救生命垂危的患者等紧急情况，不能取得患者或者其近亲属意见的，经医疗机构负责人或者授权的负责人批准，可以立即实施相应的医疗措施。

我们认为，这是一种误会。人们对本案相关法律问题所进行的争论，其实存在重大误区。本案没有涉及知情同意权问题。因为医院决定实施手术时，已经将患者的病情、医疗措施必要性、不手术可能面临的后果（甚至可能导致母子双亡）告知了患者家属，患者家属也在手术同意书上签字表明不同意手术。所以，医疗机构已经尽到了告知义务，患方的知情权、同意权也得到了实现。本案实际上涉及的是强制医疗问题。

1．本案医疗机构如果实施手术，其医疗行为的性质如何　在本案中，医疗机构为保障患者的知情同意权，可谓穷尽了一切可能的手段，在患方明确表示不同意手术治疗的情况下，医疗机构放弃手术而实施保守治疗。于是有人认为，医疗机构意识到患者病情之危重，应当抛弃患方的意见而实施手术；也有人认为，这是法律规定中的矛盾，医疗机构应当本着保护患者生命权这一最大利益出发，实施手术。这些观点看似有一定道理，但是，如若仔细分析，却站不住脚。

本案中，作为患者同居的男朋友，明确在医疗机构出具的“手术同意书”上签了“不同意手术”的意见。在医疗机构的现场，由于病情危急，医疗机构已经不可能将患者转移至手术室实施手术，而是在患者住院的病房中进行手术准备，拟决定在病房中完成这一紧急手术。然而，在患者身边却守护着明确拒绝手术的“家属”，医院如果实施这台手术，势必要遭到该“家属”的阻挠。医院为了保证手术的顺利实施，必须要排除该“家属”的妨碍。那么医院如何来排除这种妨碍呢？只能采取限制人身自由的方式来排除该“家属”的妨碍。如果医院实施了限制该“家属”人身自由的措施来实施手术，那么该医疗行为的性质是什么？——强制医疗。什么是强制医疗？即为了公共卫生安全、公众健康的目的，或者司法目的，对于拒绝接受诊疗措施的人所强制实施的相应的诊疗行为。目前我国法律没有明确规定强制医疗制度，但是在相关法律、法规中我们可以看到有相关规定。比如《突发公共卫生事件应急条例》第四十四条规定：在突发事件中需要接受隔离治疗、医学观察措施的病人、疑似病人和传染病病人密切接触者在卫生行政主管部门或者有关机构采取医学措施时应当予以配合；拒绝配合的，由公安机关依法协助强制执行。《中华人民共和国传染病防治法》第三十九条第二款规定：拒绝隔离治疗或者隔离期未满擅自脱离隔离治疗的，可以由公安机关协助医疗机构采取强制隔离治疗措施。《中华人民共和国刑法》第十八条第一款规定：精神病人在不能辨认或者不能控制自己行为的时候造成危害结果，经法定程序鉴定确认的，不负刑事责任，但是应当责令他的家属或者监护人严加看管和医疗；在必要的时候，由政府强制医疗。

根据这些法律规定可以看出，强制医疗必须要满足 4 个条件：第一，强制医疗的目的是出于对公共卫生安全、公众健康的或者司法的需要；第二，不实施相应的医疗行为，就会或者很可能会危害公共卫生安全、公众健康，或者影响司法程序；第三，强制医疗适用的情形，必须要有相关法律规定，没有法律规定，不得实施强制医疗；第四，强制医疗必须由国家权力或者政府职能部门来保障实施。

根据我国相关法律的规定，目前可以实施强制医疗措施的主要有以下 3 种情形：①发生了传染病疫情，或者出现了危及公众健康的公共卫生事件；②看守所、拘留所、强制戒毒所、监狱等关押违法人员、犯罪嫌疑人、被告人、罪犯的场所，违法人员、犯罪嫌疑人、被告人、罪犯等实施了自伤、自杀等情形，或者这些人患病、外伤、中毒等，拒绝接受治疗的；③实施危害社会或者他人生命健康的精神病人，经过法定程序认定其没有刑事责任能力，依法不能定罪的，在必要的时候可以由政府强制医疗。

可见，强制医疗权力并非医生所享有，而是来源于国家政权，医院和医生仅仅是作为政府面对患者的媒介以及强制权力实现的手段。显然，本案中医疗机构无法对患者实施这种对抗“家属”的强制医疗措施。如果医疗机构违法实施了该强制医疗行为，医疗机构及相关医务人员很可能会面临侵犯公民合法权益（本案涉及的患者“家属”）的指控。

因此，在有关知情同意权的案件中，判断医疗机构是否存在过失，是否应当对因不实施相应的医疗行为而致患者出现的损害后果承担责任，判断的依据应当是看医疗机构是否依法实施了医疗告知，告知的事项和内容是否保证了患者清楚事态或者患者病情的发展。如果医疗机构已经做到了这一步，医疗机构的法律责任即可免除。

2. 能否建立一种他人代为做出的知情同意意见是否代表患者利益的审查救济程序　本案中，很多人意识到，涉及一个人的生命、健康的知情同意权，在自己存在意识障碍无法行使的时候，却完全由他人来决定和把控，如果代为行使知情同意权的人不是出于考虑患者的利益，而是考虑了代理人自己的利益或者其他因素后做出的决定，岂不成了法律和现实的悲哀吗？因此，很多人呼吁，应当建立一种超脱患者知情同意权代理人意见审查救济机制，最大限度地保障患者的最佳利益。

这种愿望是好的，但是实施中存在不可能因素。

在国外，确实有这样的救济机制。比如在澳大利亚昆士兰州在 Secretary, Department of Health and Community Services v. JW B and SM B 案⑨中，玛里恩是一名先天性智障女童，同时患有严重的耳聋、癫痫，并有行为问题。玛里恩 14 岁时，在身体发育上和同龄女孩一样进入了青春期，但她的智力仍停留在幼儿阶段。因而她不仅无法照顾自己，而且根本不理解有关性、怀孕、哺育等概念和意义。玛里恩的父母认为，对于玛里恩而言，实施子宫和卵巢切除术是符合她的最佳利益的(best interests)，因为基于医生的建议，子宫切除术可以防止月经来潮和怀孕，卵巢切除术可以稳定体内的激素水平，从而有效控制心理和行为问题。玛里恩的父母遂向澳大利亚北领地高等法院提出要求对玛里恩实施子宫和卵巢切除术，法庭经过审理，同意玛里恩父母的观点，即对玛里恩实施绝育手术是符合玛里恩的最佳利益的，并因此给予了许可。

我们考察国外的这类救济机制就会发现，域外国家和地区实施这样的救济机制，是建立在法治高度发达的社会制度之下。在那里司法的最终救济性、权威性得到无条件的尊重，在那里法官代表着公平和正义。而且，在这些国家和地区的法律制度中，建立得有完善的立案、听证和裁判程序，因此使得一旦发生这样的争议，在没有得到法官的裁决前，医疗机构不得擅自实施这样的医疗行为。从法律上、制度上充分予以保障。

我们考察域外的这类救济机制还会发现，域外国家和地区实施这样的救济机制充分体现了司法上的程序性、公正性、公开性的特点，其直接的表现就是耗费时间和有关当事人的精力。对于需要择期进行的医疗行为，当然可以通过这样的程序来实现，但是对于像本案所遇到的需要在短时间内做出决定的医疗事件，即使我们国家存在这样的救济程序，也无法提交履行该程序，因为从患者李某某入院到死亡，仅仅经历了 4 个小时的事件。

那么能否发挥现在医疗机构内设立的“医学伦理委员会”的作用呢？当然不能。医疗机构内设的医学伦理委员会是医疗机构内出于医学管理需要而设立的非

⑨ Department of Health and Community Services v. JW B & SM B,[1992](175 CLR 218).

日常性的决策机构，所有的委员均来自于本院各个部门，这些委员更多的是临床医学专家，而非法律专家，而我们前面提到的强制医疗问题实际上是一个法律问题而非医学问题，让这些法律外行来做出一个法律决定显然是勉为其难。还有就是医学伦理委员会做出的决定的法律效力，由于没有制度上的保障，机构又是医疗单位自己设立的，会不会出于医院自身的利益考量而做出有利于医院而不是有利于患者的决定呢？这种机构做出的决定能否对抗司法呢？这些问题都无法解决。

综上所述，关于患者的医疗问题，从当今医学惯例和学界认可的共同准则来看，实施医疗知情同意制度是医疗机构及其医务人员必须遵循的一项制度，在涉及特殊检查和手术等重大医疗行为时，选择与决定的权利应当首先考虑由患方来行使，医疗机构应当遵从患方的意愿和选择，只有当患方无法行使该权利时，才可以由医方根据患者的情况来决定是否实施医疗行为及如何实施医疗行为。

本书观点认为，医疗机构及其医务人员在依法履行了告知义务后，如果患者近亲属不同意抢救，是不能强制实施抢救行为的，由此造成的不良结果，医院不构成侵权。其法律依据是《侵权责任法》第六十条规定，患者或者其近亲属不配合医疗机构进行符合诊疗规范的诊疗，造成患者损害的，医疗机构不承担赔偿责任。从这个角度上讲，尽管孕妇李某某案的发生和法院判决发生在《侵权责任法》颁布之前，这个判决无疑是正确的。

【需要注意的问题】

一、关于告知义务的法律适用

在《侵权责任法》之前，《医疗机构管理条例》《医疗机构管理条例实施细则》《执业医师法》《医疗事故处理条例》《病历书写基本规范》等规范性文件均有医疗告知义务的规定。现有法律、法规对告知义务的规定不尽相同，也存在着冲突。在法律适用上应注意三个方面。第一，在不同规范存在冲突的情况下，原则上应适用《侵权责任法》的规定。这是由《侵权责任法》的新法地位和法律适用上“新法优于旧法”的法律适用规则决定的。第二，在《侵权责任法》无规定，而其他法律、法规有规定且与《侵权责任法》不冲突的情况下，应适用其他法律、法规的规定。第三，在不存在冲突的情况下，其他法律、法规的规定均得适用，但在援引上应当优先援引《侵权责任法》的规定。原因在于，《侵权责任法》作为新法实际上吸收了其他法律、法规规定的相关内容。[10]

⑩ 陈现杰主编：《侵权责任法条文释义与精析》，中国法制出版社2010年版，第197页。

二、如何正确理解“不能取得患者或者其近亲属意见”

主要是指患者不能表达意思，也无近亲属陪伴，又联系不到近亲属的情况，但不包括患者或者其近亲属明确表示拒绝采取医疗措施的情况。这从侵权责任法的立法过程中可以看得出来。《侵权责任法草案》(第二次审议稿)将本条规定为“因抢救生命垂危的患者等紧急情况，难以取得患者或者其近亲属同意的，经医疗机构负责人批准可以立即实施相应的医疗措施。”“难以取得患者或者其近亲属同意”的表述可以被理解为包括了患者或者其近亲属明确表示拒绝的情况。在根据各方面意见对草案进行进一步修改时，考虑到虽然患者或者其近亲属明确拒绝治疗的情况在实践中确有发生，但对于如何处理认识上不一致，分歧较大，国外的情况也不尽相同，且还涉及法定代理权、监护权等基本民事法律制度，情况较为复杂，故最终认为对患者或者其近亲属明确拒绝治疗的情况先不予规定，经总结研究实践经验和今后条件成熟时再作明确规定。本书观点认为，医疗机构及其医务人员在依法履行了告知义务后，如果患者近亲属不同意抢救，是不能强制实施抢救行为的，由此造成的不良结果，医院不构成侵权。其法律依据是《侵权责任法》第六十条规定，患者或者其近亲属不配合医疗机构进行符合诊疗规范的诊疗，造成患者损害的，医疗机构不承担赔偿责任。

三、关于违反告知义务的举证责任分配

在诉讼中，违反告知义务的证明，实行过错推定。在原告已经证明了医疗机构的违法行为要件和自己的损害事实要件及违法行为与损害事实之间存在因果关系的基础上，法官推定医疗机构存在过错。医疗机构如果认为自己的医疗行为没有过失，应当自己举证证明，已经履行了法定告知义务，没有证据证明的，过错推定成立。违反告知义务实行过错推定，重点在于医疗机构如何举证证明自己已经履行了告知义务。一是对有创检查和治疗以及特殊药物的毒副作用等，尽量使用书面告知形式。不同专业科别，要制订突出个性的知情同意书，如手术的一般风险，具体手术部位的风险，具体病人的风险等；二是在诊疗活动中不同环节的告知，知情同意书内容难以面面俱到，在病历中应当将告知内容记录清楚；三是通过视听资料或其他人证明等方式，证明善尽告知义务并取得患方同意。

第8章

医疗物品致患者损害侵权责任

本章主要论述因为药品、消毒药剂、医疗器械、血液等医疗物品的缺陷造成患者人身损害所产生的侵权责任，即医疗物品责任。医疗物品责任采用无过错归责原则，注重保护患者的利益。另外，本章还将论述医疗产品责任的构成、免责事由等相关问题。

第五十九条　因药品、消毒药剂、医疗器械的缺陷，或者输入不合格的血液造成患者损害的，患者可以向生产者或者血液提供机构请求赔偿，也可以向医疗机构请求赔偿。患者向医疗机构请求赔偿的，医疗机构赔偿后，有权向负有责任的生产者或者血液提供机构追偿。

【主旨】

本条是关于因药品、消毒药剂、医疗器械的缺陷，或者输入不合格的血液造成患者损害的责任的规定。

【释义】

一、立法规定医疗物品侵权责任的重要意义

近年来医疗用品风险在增加，医疗用品引发的医疗安全事件不断，因药品、消毒药剂、医疗器械的缺陷，或者输入不合格的血液造成患者损害的案件时有发生，例如，2006 年发生在广州中山大学第三医院的“齐二药事件”，随后在 2006 年 7 月至 8 月在全国十几个省市造成患者伤亡的“欣弗事件”。在这些医疗物品引发的安全事件中，尤以药品引起的不良反应、要害事件最为严重。且药品在临床上使用范围之广，使用量之大，几乎每一个患者都会涉及。

药品不良反应（adverse drug reaction，ADR）又叫“药物不良反应”“不良事件”或“药害事件”。据世界卫生组织（WHO）统计，各国住院病人发生药品不良反应的

比率在10％～20％，其中5％的患者因为严重的药品不良反应而死亡。在全世界死亡的病人中，约有1/3的患者死于用药不当，药品不良反应致死占社会人口死因的第四位。① 美国1998年，有200万住院病人发生重大药品不良反应，10万余人因药品不良反应死亡。据估计，我国不合理用药者占用药者的11％～26％。在我国每年住院的5 000多万人次中，与药品不良反应有关的可达250多万人，还有超过500万的患者在住院期间发生过药品不良反应。药品不良反应每年导致中国24万患者死亡，是目前19种主要传染病所致死亡人数的11倍。1990年我国有聋哑儿童182万多人，其中因滥用抗生素而引起药品中毒性耳聋的患者已逾百万之众，且这种态势仍以每年2万至4万人的速度增长。无疑，药品不良反应已成为危害人类生命安全的重要因素之一。②

由于医疗物品生产者、提供者与患者并不在同一地方，患者一旦出现医疗物品损害后果，向医疗物品生产者、提供者主张权利必然存在困难。为了规范医疗物品引起患者出现损害结果的纠纷处理，为了方便患者维护其合法权益，对医疗物品的法律责任加以规制非常必要。

另一方面，《侵权责任法》颁布之前，法院对于因为药品、消毒药剂、医疗器械的缺陷或者不合格血液所造成的患者损害，所作出的判决不尽相同。有的法院认为，医院对于药品、消毒药剂、医疗器械、血液本身的缺陷或者质量不合格没有过失，只要医院在使用时没有过错，就不应当承担对损害后果的赔偿责任。有的法院认为，医院和生产者应当对损害后果承担连带赔偿责任，患者有权对其中任意一方提出赔偿请求，只要患者是在医疗机构里受到损害，医疗机构应当承担对患者的损害赔偿责任。《侵权责任法》第五十九条的规定，将因为药品、消毒药剂、医疗器械的缺陷或者输入不合格血液所造成的损害统一定性为医疗产品责任，患者及其家属既可以向医疗物品的生产者、提供者主张权利，也可以直接向给其提供医疗服务中使用了该医疗物品的医院主张责任，对于医疗物品责任定性为产品责任，即严格责任、无过错责任。

二、医疗物品的概念和范围

（一）产品与医疗物品

关于产品的概念在立法和学理研究中有比较多的定义，各定义之间有一定的区别。《欧共体产品责任指令》（85/374号）第二条规定，产品是指一切动产，包括添附于其他动产或不动产的动产，但初级农产品及猎获物除外。所谓初级农产品

---

① 庄山：《药害事件从混乱到有序》，《三联生活周刊》2002年12月27日出版，第17页。

② 高朵：《“纸老虎”何时不逞凶——关注药源性危害》，《健康时报》2002年6月6日。

是指土地、畜牧场及渔场所生产的产品，但已经初级加工者除外。《荷兰民法典》第一百八十七条规定，产品指一切动产，即指在其成为另一件动产或不动产的部件以后认可为移动的，产品还包括电能。

我国《产品质量法》第二条将"产品"界定为"经过加工、制作，用于销售的产品。"另外，我国的一些学者对产品也提出了自己的定义。比如梁慧星在其提交的《民法典·侵权行为编草案建议稿》中给产品下的定义是，产品是指经过加工、制作，用于销售的动产。导线传输中的电，视为产品。建设工程使用的建筑材料、建筑构配件和设备，属于前款规定的产品范围的，适用本节规定。③ 王利明起草的《民法典草案学者建议稿》对产品表述为"本法所称产品是指经过加工、制作，用于销售的产品。并指出，用于销售的微生物制品、动植物制品、基因工程制品、人类血液制品等视为本法所称产品。④

中外立法和学术研究中对产品这一概念所下定义是有区别的，国外一般是从产品的性状进行定义，中国内地是从产品的产生过程流通目的加以定义。根据我国《产品质量法》的定义，产品具有两个属性：一是非天然物，天然存在的，没有人力干预的物不是产品；二是流通性，经过加工制造后的产出品必须进入流通领域，才能成为产品。药品、消毒药剂、医疗器械都必须由有资质的生产厂家生产，并经过严格的检查审批程序才能上市流通，销售者也要经过严格的资格审查。药品、消毒药剂和医疗器械属于产品是被大多数人认可的，而血液及血液制品是否属于产品，则长时间争论不休。血液及血液制品则不同，它是社会公众无偿捐献的血液由血站负责统一收集、检验，并提供给医疗机构使用。血站以外的任何机构或个人都无权采集用于输血治疗的血液，血液不得买卖。因此，血液的采集、制备和使用过程均不具有销售的目的，因而它不属于《产品质量法》中的产品。

《侵权责任法》第五十九条将药品、消毒药剂、医疗器械与血液和血液制品做区别对待，作为两项分别表述。据此可以认为《侵权责任法》将药品、消毒药剂、医疗器械定性为医疗产品，而将血液和血液制品定性为非医疗产品。因此，本书将此四者统称为医疗物品而非医疗产品。

(二)医疗物品的范围

《侵权责任法》第五十九条将医疗服务过程中可能造成患者人身损害的医疗物品做了穷尽性地罗列：药品、消毒药剂、医疗器械和血液。

药品，是指用于预防、治疗、诊断人的疾病，有目的地调节人的生理功能并规定有适应证或者功能主治、用法和用量的物质，包括中药材、中药饮片、中成药、化学

③ 中国民法典立法研究课题组：《中国民法典·侵权行为编草案建议稿》，《法学研究》2002 年第 2 期。

④ 王利明：《中华人民共和国民法典草案学者建议稿条文及说明》，《政法财经资讯》2004 年第 5 期。

原料药及其制剂、抗生素、生化药品、放射性药品、血清、疫苗、血液制品和诊断药品等。⑤ 不管是中成药还是中药材，都必须经过一定的生产检验程序，进入流通领域才能成为药品。药品是一种产品；血液制品属于药品，因而也是产品。

医疗器械，是指单独或者组合使用于人体的仪器、设备、器具、材料或者其他物品，包括所需的计算机软件。⑥ 例如一次性针管、手术刀、止血钳、根管挫针、内镜套管、眼科理疗仪、羊水细胞完全培养基、高压注射器针筒及附件等。临床上使用的以下物品不作为医疗器械管理：眼科用护眼罩、卫生袋、病理实验室组织切片机用一次性刀片、药品恒温冷藏柜等。⑦ 医疗器械必须由符合生产条件的生产厂家进行生产，并经过一系列的检验程序，方能进入到市场上流通，符合产品的一般属性。

消毒药剂，是医院中用于进行杀灭存在于空气、器械等的病原微生物消毒，使其达到无菌化要求的制剂，如巴氏消毒液、酒精等。消毒药剂的质量直接影响到治疗的疗效，尤其是外科手术中，如果消毒不彻底和消毒药剂质量不合格，将直接影响到手术创口的愈合，甚至造成严重的并发症。虽然自然界中有可以用于消毒的物质，但是根据我国法律规定，消毒药剂必须经过一定的生产程序，并上市流通，我国的消毒药剂都属于产品。

血液，是指全血、血液成分和特殊血液成分。⑧ 血液制品，是特指各种人血浆蛋白制品。⑨ 从权威部门制定的规范性文件来看，血液包括直接从人身体上采集的含有红细胞、白细胞、淋巴细胞及液体成分等自然存在的供人体输入氧和营养物质，排出二氧化碳和废物的物质，也包括从全血中提取的血液成分和特殊血液成分，但是不包括血液制品。血液是否属于产品是有较多争议的。有学者认为，血液作为人体的组成部分，当其与人体分离之后，就成为特殊的物，且血液的所有权属于血液提供机构，将其出卖于医院，医院又将其出卖给患者，完全具有产品的特征，应当视为产品。⑩ 我们并不认同这种观点，其中的原因在于，血站将其采集封装的血液提供给医院，而不是"卖"，医院在治疗中用于患者也不是"卖"，不具有销售的

---

⑤ 刘鑫、王岳、李大平：《医事法学》，中国人民大学出版社 2009 年版，第 263 页。也可以参见《中华人民共和国药品管理法》第一〇二条的规定。

⑥ 《医疗器械监督管理条例》(2000 年 1 月 4 日发布)第 2 条对医疗器械所下的定义较为复杂。医疗器械，是指单独或者组合使用于人体的仪器、设备、器具、材料或者其他物品，包括所需要的软件；其用于人体体表及体内的作用不是用药理学、免疫学或者代谢的手段获得，但是可能有这些手段参与并起一定的辅助作用；其使用旨在达到下列预期目的：①对疾病的预防、诊断、治疗、监护、缓解；②对损伤或者残疾的诊断、治疗、监护、缓解、补偿；③对解剖或者生理过程的研究、替代、调节；④妊娠控制。

⑦ 前引⑤(刘鑫、王岳、李大平：《医事法学》，中国人民大学出版社 2009 年版)，第 274 页。

⑧ 参见卫生部制定的《血站管理办法》(2006 年 3 月 1 日施行)第 65 条的规定。

⑨ 参见国务院《血液制品管理条例》第 45 条的规定。

⑩ 杨立新：《论医疗产品损害责任》，《政法论坛》2009 年第 2 期。

功能,因而不是产品。

(三)医疗物品的特点

如上分析,药品、消毒药剂、医疗器械和血液都属于物品,但是药品、消毒药剂、医疗器械和血液并不是一般意义上的物品,属于特殊物品,具有如下特殊属性。

第一,作用的特殊性。医疗物品的特殊作用是它满足患者治疗疾病、延续生命的需求。医疗物品的质量及疗效直接关系患者的生命健康。其进入医疗流通领域的目的并不只是为了获取价值,更是为了治疗病痛和维持生命健康。

第二,固有的风险性。医学上没有绝对医用效果而安全的物品或者方法。药品和消毒药剂在发挥作用的同时,也具有潜在的风险。任何一种药物都固有一定的毒副作用。医疗器械在治疗疾病的同时,也具有很大的风险性,尤其是植入类医疗器械,植入行为本身就具有一定的创伤和风险。血液及血液制品在抢救生命的同时,仍有造成排异反应的可能。另外,血液及血液制品还会因为血液中的某种病毒处于“窗口期”而未被检测出,而造成输入该血液及血液制品的患者有感染疾病的可能。

第三,严格的准入性。正是因为医疗物品特殊的作用和固有的风险,我国法律对医疗物品做出了特殊规定,制定了包括《药品管理法》《医疗器械监督管理条例》等法律、法规,规范医疗物品市场。只有符合资质的生产厂家才能生产药品、消毒药剂和医疗器械,并需经过一系列的检验程序才能上市流通。在进入流通领域以后,患者也只能在医务人员的指导下才能使用这些医疗物品。血液及血液制品则有更加严格的规定。在我国,血液的采集、检验、临床使用都有严格的程序规定,只有具有资质的机构才能采集和分装。

由于药品、消毒药剂、医疗器械和血液是特殊物品,因药品、消毒药剂、医疗器械的缺陷,或者输入不合格的血液造成患者损害的损害赔偿责任属于严格责任,适用《侵权责任法》第五十九条关于医疗物品责任的特殊规定。也正是由于这个原因,《侵权责任法》才在专章规定了“产品责任”的同时,又单列第五十九条对医疗物品致患者人身损害的责任做出规定。当然,由于药品、消毒药剂、医疗器械属于产品,因而也适用《侵权责任法》关于产品责任的一般规定。

三、医疗物品责任的归责原则及责任构成

(一)医疗物品责任的归责原则

医疗物品造成患者出现损害,应当采用什么归责原则呢?根据相关法律规定,认定药品、消毒药剂、医疗器械属于《产品质量法》上所讲的产品是没有问题的,那

么对这些产品造成患者损害的归责原则就应当适用严格责任原则。这是没有争议的问题。因此,《侵权责任法》第五十九条关于药品、消毒药剂、医疗器械致患者损害的侵权责任的规定,也与该法第五章和《产品质量法》第四十一条的规定相一致。但是对于血液致患者人身损害的侵权责任应该如何确定归责原则,在理论界和本次立法讨论中争议都比较大。这主要有三方面不争的事实。第一,血液不是《产品质量法》上所规定的产品,不能用产品责任来要求。第二,血液从血站采集、分装到医疗机构临床运用,仅收取了采集、分装、运输、存储、检验等环节的费用,患者用血完全是出于治病救人的目的,并非等价交换。第三,供血者处于病毒感染的“窗口期”,限于目前的医学检测水平无法发现血液存在的缺陷。虽然在过去的司法实践中,对于输血感染血源性传染性疾病的案件在处理上有适用过错责任原则的,也有适用公平责任原则的,还有适用无过错责任原则的。面对这些争论的声音,本次《侵权责任法》在立法中,在血液致患者损害责任的认定上表述为“不合格的血液”。不合格的血液肯定是有缺陷的血液,但是有缺陷的血液是否必然是不合格的血液呢?显然二者不能画等号。医疗物品存在缺陷,是一种固然存在的质量问题,无论生产、加工、制备、出库检验中是否发现,这些质量问题都已经存在。产品责任强调,只要这些缺陷是不合理的,产品生产者、提供者就应当承担侵权责任。而血液是否不合格,是认为确定的。首先是有人为制定的检测标准来划分合格品与不合格品。比如在食品中存在不同含量的有害化学物质(如砷),只要这种化学物质的含量没有超过规定的阈值,虽然被检测的食品中含有砷这种毒物,仍然属于合格品。其次,是否属于合格品,还涉及检测技术水平和检测条件,即检测能力问题。不同的检验设备对于同样浓度的化学物质,检测为阳性的最低指标是不同的。只要血站使用了《血站实验室质量规范》所要求的检测仪器,即使没有能够检测出法律禁止血液中存在的有害成分,仍然视为合格品。因此,输给患者的血液是否合格,实际上就是血站是否尽到其采集、加工、分装、储存、运输血液的注意义务的问题,只要血站尽到了这些义务,输给患者的血液就属于“合格”的血液,最后由于“窗口期”问题而使患者出现了感染,血站和医疗机构就无需承担责任。从这个角度来看,本次《侵权责任法》第五十九条规定的血液感染侵权责任的归责原则采取过错责任原则,这与《侵权责任法》第六十条第三项的规定也是一致的。

药品、消毒药剂、医疗器械医疗物品侵权责任的归责原则采取无过错责任原则。无过错责任原则又成为严格责任原则,是指不以行为人的过错为要件,只要其活动或者所管理的人或者物损害了他人的民事权益,除非有法定的免责事由,行为人就要承担侵权责任。设立无过错责任原则的主要政策目的,是为了免除受害人证明行为人过错的举证责任,使受害人易于获得损害赔偿,使行为人不能逃脱侵权责任。[11] 在医疗物品责任领域适用无过错责任原则加重了医疗物品的生产者和医疗机构的责任，使受害人的损害赔偿请求权更容易实现。根据第五十九条的规定，医疗机构或者生产者的主观过错并不影响赔偿责任的承担。医疗机构是否知道医疗物品存在缺陷，对于缺陷所导致的患者损害结果是否有故意或者过失，这些主观因素都不构成医疗机构承担或者免除赔偿责任的理由。这一归责原则侧重于对患者利益的保护，对医疗机构则提出了更高程度的义务要求。

输血致患者感染血源性疾病的侵权责任的归责原则采过错责任原则，凸显了立法中尊重科学的精神，体现了法律所追求的公平正义的价值理念。当然，此时由接受输血的患者来承担这样的责任也是非常残酷的，因此，当务之急，我们不是在这讨论输血感染责任谁承担的问题，而是应当尽快设立输血责任保险或者建立输血赔偿基金，由全社会分担输血损害的风险。这才是解决这一问题的最有效方法，符合现代社会处理此类涉及广大民众利益的侵权纠纷的发展方向。[12]

（二）医疗物品的责任构成

如上文所述，医疗物品的归责原则是无过错归责，医疗机构对损害后果是否有故意或者过失并不影响其承当赔偿责任。那么医疗物品责任的构成要件是什么呢？

1. *医疗物品存在问题*　这里所讲的医疗物品存在问题，在药品、消毒药剂、医疗器械和血液稍微有点区别。药品、消毒药剂、医疗器械要求的是存在缺陷，血液则要求属于不合格。缺陷与不合格的区别，可以从二者的定义和法定要求上得到答案。

何为缺陷？根据《产品质量法》第四十六条的规定："本法所称缺陷是指产品存在危及人身、他人财产安全的不合理的危险；产品有保障人体健康、人身、财产安全的国家标准、行业标准的，是指不符合该标准。"由此可以看出，医疗物品存在的缺陷要符合以下条件：①存在危及人身、财产安全的可能性。也就是说，一旦应用于临床，医疗物品的该项缺陷可能对患者人身或者财产安全造成直接损害。例如在药品制造过程中，用可能造成较大概率过敏反应的原料取代说明书上标注的原料。而药品说明书上不会产生理解错误的错字，就不属于危及人身、财产安全的缺陷。②缺陷是不合理的。临床医疗天生就存在着不可避免的风险，不可能有完美无缺的医疗物品，医疗物品的缺陷是不可能避免的。只要是在合理范围内的缺陷，就不属于侵权责任法中的缺陷。关于合理范围，可以通过一般人的注意水平来进行判断。也就是说如果该产品的缺陷是具有一定生产制造知识的人，根据常识就可以

---

⑪　王胜明：《〈中华人民共和国侵权责任法〉解读》，中国法制出版社 2010 年版，第 33 页。

⑫　王胜明主编：《〈中华人民共和国侵权责任法〉条文解释与立法背景》，人民法院出版社 2010 年版，第 232 页。

判断出的，那么就是合理范围之外的缺陷。③医疗物品不符合相关的国家或者行业标准。大部分医疗物品都由国家和行业标准来规制。如果某医疗物品违反了相关的标准，就说明该医疗物品存在有缺陷。

何为“不合格”呢？血液是否合格，涉及三个环节。第一，血站采血、分装环节。第二，血液的运输环节。第三，医疗机构的储存环节。在这三个环节中，各环节的行为人都有义务保障血液的质量，使其处于“合格”状态。这其中以血站的义务最为严格，也最为特殊，相关行业规范对此有专门规定。血站在采集、检测、储存血液过程中应当严格遵守《中国输血技术操作规程》《血站质量管理规范》和《血站实验室质量规范》等技术规范和标准。《中华人民共和国献血法》第十条规定“血站应当根据国务院卫生行政部门制定的标准，保证血液质量。血站对采集的血液必须进行检测；未经检测或者检测不合格的血液，不得向医疗机构提供。”《血站管理办法》第三十五条规定，血站应当保证发出的血液质量符合国家有关标准，其品种、规格、数量、活性、血型无差错；未经检测或者检测不合格的血液，不得向医疗机构提供。《全血和成分血质量要求》对临床输注用全血或成分血中各种血液因子的含量、外观及储存等方面的质量要求都做出了详细的规定，以指导血站对血液的采集、储存。如果全血或者血液制品不符合相关的质量标准，即视为不合格，不能应用于临床。《临床输血技术规范》第二十六条规定“凡血袋有下列情形之一的，一律不得发出：①标签破损、字迹不清；②血袋有破损、漏血；③血液中有明显凝块；④血浆呈乳糜状或暗灰色；⑤血浆中有明显气泡、絮状物或粗大颗粒；⑥未摇动时血浆层与红细胞的界面不清或交界面上出现溶血；⑦红细胞层呈紫红色；⑧过期或其他须查证的情况。”因此，“不合格”既包括血液成分等质量不符合法定标准，也包括血液的包装、外观等不符合法定要求。

2. *患者受到人身损害* 在第五十九条中，对于患者所受损害的具体类型并没有明确规定。侵权责任法中的损害包括人身损害、财产损害和精神损害。产品责任中，产品所造成的损害包括人身损害和财产损害。医疗物品作为特殊的产品，其特殊之处正在于产品本身存在的缺陷会直接造成患者人身健康的损害，这也是为什么在医疗损害责任中对医疗物品做了进一步的规定。医疗损害责任一章整体的立法思想就是弥补医疗相关行为对患者所造成的人身损害。虽然医疗物品的缺陷会同时造成患者的财产损失，但是因为医疗物品和医疗活动的特殊性，财产损害并不属于医疗物品责任中的损害后果。也就是说，只有医疗物品的缺陷造成了患者人身损害时，才能构成医疗物品责任。单独的财产损失并不属于医疗物品损害后果的范围。

人身损害包括侵犯患者生命权、健康权和身体权所造成的损害后果。侵犯生命权的损害后果表现为患者死亡。侵犯健康权表现为患者某一器官和机体功能受到侵害，影响了机体的正常生理功能。这是法律实践中最常见的情况，表现为系统功能紊乱或者功能受限。侵犯身体权则是破坏了身体完整性。比如剃光患者的头发，虽然不会影响机体的生理功能，但是侵犯了患者身体各个组成部分的完整性，同样构成患者的人身损害。

3. 医疗物品的缺陷与患者的人身损害后果之间存在因果关系　患者所受到的人身损害后果是所使用的医疗物品的缺陷所致，两者是引起与被引起的关系。这种引起与被引起的关系必须有一定的关联度，医疗物品的缺陷是导致患者人身发生损害的原因，既可以是直接原因，也可以是重要诱因，但是必须有一定的因果联系，并且这种因果联系可以在医学上找到相关的理论支持。所造成的患者人身损害包括患者原有病情加重或者出现新的病情。

关于因果关系的证明，应当由患方承担举证责任。患者需要证明自己所主张的人身损害后果是由于医疗物品的缺陷所致。如果患者不能提出相关证据就需承担败诉责任，法院应当认定该因果关系不成立，医疗机构不承担损害赔偿的责任。在此过程中，医疗机构可以对患者所举证据进行反驳，证明因果关系不成立，这是医疗机构的权利而不是义务。

(三)医疗物品责任的承担

在产品侵权责任中，生产者和销售者之间的责任是不真正连带责任，不论受害人向法院起诉生产者还是起诉销售者，只要生产或者销售的产品有缺陷，造成了损害，就应当由被起诉的被告承担责任，如果起诉的是销售者，而产品缺陷又是生产者造成的，那么，销售者在承担了侵权责任之后，可以向生产者求偿。

1. 责任主体　医疗物品损害责任的责任主体有三种：一是医疗机构。医疗机构直接使用医疗物品，应用于患者身上，造成损害的，医疗机构当然是责任主体，应当承担过错责任；如果医疗机构不能指明缺陷医疗物品的生产者，也不能指明缺陷产品的供货者的，应当承担无过错责任。二是医疗物品生产者，其制造了有缺陷的医疗物品，并且造成了患者的损害，应当承担责任。三是医疗物品的销售者，按照《侵权责任法》第四十一条至第四十三条和《产品质量法》的相关规定，销售者对于缺陷产品造成损害具有过失的，不论其是否为产品缺陷的生产者，都应当承担侵权责任；如果销售者不能指明缺陷产品的生产者也不能指明缺陷产品的供货者，则销售者应当承担无过错责任。⑬

2. 赔偿责任的最终承担　患者在要求损害赔偿时可以选择向产品生产者、销售者或者医疗机构求偿，根据第五十九条的规定，患者向法院起诉要求医疗机构承担赔偿责任，是可以得到法院的支持的。因为医疗机构作为医疗物品的临床应用

⑬ 杨立新:《〈中华人民共和国侵权责任法〉精解》，知识产权出版社 2010 年版，第 240 页。

者和医疗服务的提供者，应当对医疗物品缺陷所造成的损害承担责任。但是医疗机构承担赔偿责任的前提是对损害结果具有过错，只有在不能指明缺陷产品的生产者或者提供者时，才承担无过错责任。也就是说，如果医疗机构承担了对患者的损害赔偿责任，但是医疗机构对于产品的该种缺陷没有过错，那么可以就其承担的赔偿责任向医疗物品的生产者或者提供者追偿，由其弥补其损失。

需要注意的是，第五十九条明确规定了医疗机构可以要求生产者或者血液提供机构与患者协商赔偿。因此，如果患者要医疗机构要求损害赔偿，医疗机构有权要求产品生产者或者提供者参与到损害赔偿中，如果进入司法程序，医疗机构有权要求法院追加医疗物品的生产者或者提供者作为共同原告。

四、免责事由

产品责任属无过错责任，产品的生产者和销售者不得援引第二十九条关于不可抗力的一般规定进行免责抗辩；只有在法定情形下才可以进行免责抗辩。侵权责任法中并没有规定产品责任的免责事由，应当适用《产品责任法》中的相关规定。《产品责任法》第四十一条规定：“生产者能够证明有下列情形之一的，不承担赔偿责任：①未将产品投入流通的；②产品投入流通时，引起损害的缺陷尚不存在的；③将产品投入流通时的科学技术水平尚不能发现缺陷的存在的。”因此，在下列情形下医疗机构不承担因医疗物品缺陷造成的损害赔偿责任。

(一)药品、消毒药剂、医疗器械未投入流通的

投入流通的含义，包括任何形式的出售、出租、租赁以及抵押、典当等。处于生产阶段或者已经生产完毕但没有出厂而是在仓储中，不认为已经投入流通。[14] 未投入流通的具有缺陷的药品、消毒药剂、医疗器械，发生了损害，医疗机构不承担赔偿责任。

(二)药品、消毒药剂、医疗器械投入流通时，引起损害的缺陷尚不存在的

如果造成损害的产品缺陷在投入流通时不存在，并且也不是由医疗机构在使用过程中造成的，而是由于患者自己、第三人原因或者其他原因造成的，医疗机构不承担相应的损害赔偿责任。

(三)药品、消毒药剂、医疗器械投入流通时的科学技术水平尚不能发现缺陷的存在

判定是否知道或者应当知道产品投入流通时存在产品缺陷，是以产品投入流通当时社会所具有的科学技术水平为依据。只要投入流通当时的科学技术水平不

⑭ 前引⑬，第196页。

能发现缺陷的存在，即使以目前的科学技术水平可以判断出产品具有缺陷，也不能因此要求医疗物品的生产者和医疗机构承担责任。在这里，产品的生产者和医疗机构仍负有跟踪观察缺陷义务，如果医疗机构没有履行相应的义务，仍应对损害承担责任。关于跟踪观察缺陷义务，将在下文进行论述。

（四）其他免责事由

1. 患者自身原因造成。如果患者使用医疗物品的方法不当，没有按照产品说明中的使用方法使用，或者明知可能造成损害后果，依然错误使用的，所造成的损害后果由患者自己承担责任。但是需要注意的是，医疗物品责任属于无过错责任，患者较低程度的过失并不能构成产品生产者和销售者的免责事由，一般认为，只有患者重大过失或者故意造成的损害，医疗机构才可以免责。

2. 第三者原因造成。因产品生产者、销售者和使用者以外的第三人的过错造成损害的，产品的生产者和销售者不承担相应的损害赔偿责任。在这里，患者所受到的损害不是由于产品的缺陷造成，产品是否存在缺陷与患者受到的损害没有因果关系，医疗机构对此不承担责任。

这一免责事由需要与产品责任中的第三人责任区别开。《侵权责任法》第四十四条规定“因运输者、仓储者等第三人的过错使产品存在缺陷，造成他人损害的，产品的生产者、销售者赔偿后，有权向第三人追偿。”根据这一规定，如果产品的缺陷是由运输者、仓储者、原材料或零部件的提供者等其他与产品的生产销售有密切联系的第三人造成，那么产品的生产者仍应承担对产品缺陷所致损害的赔偿责任，只不过在承担了赔偿责任之后，可以向造成损害的第三人追偿。这种替代责任与第三者原因造成损害的免责事由的不同点在于，患者的损害仍是由于产品的缺陷造成，产品缺陷与患者损害之间存在因果关系，只不过生产者或者销售者与产品的损害不存在直接因果关系。因此，在由于运输者、仓储者等第三人过错使产品存在缺陷的，产品的生产者和销售者不能据此免责。

五、医疗物品损害责任的承担者

由于医疗物品从生产、采集到最终用到患者身上，这其中经历了生产厂家、运输机构、销售商、分销商、医疗机构等多个环节，那么受害患者应当向哪一个机构起诉主张权利呢？在著名的“齐二药”事件中，患者家属的起诉就遭遇了这样的困境。从《产品质量法》的规定来看，消费者因缺陷产品或者接受的服务有缺陷而遭受损害的，消费者既可以起诉产品销售者或者服务的提供者，也可以起诉产品的生产者。这样规定，能够最大限度地方便消费者主张便利，降低消费者维权成本。本次《侵权责任法》第五十九条也作出同样人性化的规定：因药品、消毒药剂、医疗器械的缺陷，或者输入不合格的血液造成患者损害的，患者可以向生产者或者血液提供机构请求赔偿，也可以向医疗机构请求赔偿。患者向医疗机构请求赔偿的，医疗机构赔偿后，有权向负有责任的生产者或者血液提供机构追偿。根据这条规定，患方可以选择起诉医疗物品的生产者、提供者，也可以起诉医疗机构。患方如果起诉了医疗机构的，医疗机构可以向医疗物品的生产者、提供者追偿。至于医疗物品的生产者、血液提供者与医疗机构之间具体如何承担责任，从保护患者的权益出发，结合审判实际，我们认为，应当按照如下原则适用法律。⑮

(一)因药品、消毒药剂、医疗器械缺陷造成患者损害

在药品、消毒药剂、医疗器械本身存在着缺陷时，又可以分为以下几种情况。

1. 药品、消毒药剂、医疗器械本身存在缺陷，医疗机构在采购产品时存在过错，比如，采购药品时，未严格把关，或者通过非法途径获得药品。这时候，医疗机构和药品、消毒药剂、医疗器械的生产者或提供者均应当承担赔偿责任。

2. 药品、消毒药剂、医疗器械本身存在缺陷，医疗机构强制指定患者使用缺陷医疗产品，造成患者损害的，医疗机构和医疗产品的生产者应当共同承担赔偿责任。

3. 药品、消毒药剂、医疗器械本身存在缺陷，但医疗机构在采购产品时，已经尽到了足够的注意，但仍然未能发现产品存在的缺陷。此时，应当由产品的生产者承担赔偿责任，医疗机构不应当承担责任。医疗机构先行承担责任的，有权向医疗产品的生产者追偿。

4. 医疗机构使用缺陷医疗产品致患者损害，无法确定缺陷医疗产品的生产者或者提供者的，应当由医疗机构承担赔偿责任。

5. 医疗机构本身就是缺陷医疗产品的生产者，即医疗机构使用自己生产的缺陷医疗产品致患者损害的，则应当由医疗机构承担赔偿责任。

(二)输血感染造成患者损害

输血感染是指输入不合格血液即被病菌污染了的血液。血液一般是由血站提供给医疗机构，然后由医疗机构输入到患者体内的。如果血液是由血站提供的，按照《献血法》第十条的规定，血液质量的监测是由血站来完成的，医疗机构对血站提供的血液不再进行检查，但必须进行核查。如果医疗机构尽到了核查义务但仍未发现血液不合格的，应当由血液提供机构即血站承担赔偿责任。医疗机构先行承担责任的，有权向血液提供机构追偿。如果医疗机构未尽此等核查义务，就认为其有过失，应当与血站共同承担赔偿责任。

⑮ 根据北京市高级人民法院陈特等法官的观点进行整理。参见陈现杰主编：《侵权责任法条文释义与精析》，人民法院出版社 2010 年版。

六、医疗机构的跟踪观察义务和惩罚性赔偿

医疗物品责任作为产品责任的一种，产品责任中生产者和销售者对产品的跟踪观察义务和造成损害以后的惩罚性赔偿也适用于医疗物品责任。《侵权责任法》第四十六条规定，产品投入流通后发现存在缺陷的，生产者、销售者应当及时采取警示、召回等补救措施。未及时采取补救措施或者补救措施不力造成损害的，应当承担侵权责任。

该条规定的是生产者和销售者的跟踪观察义务。按照这一规定，跟踪观察缺陷侵权的归责原则，应当适用过错推定原则。产品跟踪观察缺陷的侵权责任构成要件包括以下四个方面：第一，违法行为。违反产品跟踪观察义务的不法行为包括不履行跟踪观察义务和不当履行跟踪观察义务的行为。第二，已经造成损害。跟踪观察缺陷所致损害，主要是对生命健康权的损害，以及由此产生的财产损失和精神痛苦。具体到医疗物品，跟踪观察所致损害是患者的生命健康权的损害。第三，因果关系。依照社会通常观念，该种缺陷产品能够造成该种损害，且在实际上已经由该种产品造成了该种损害，该种产品的缺陷为损害发生的适当条件的，就应当确认其具有因果关系。第四，生产者或者销售者危及跟踪观察义务，有主观过失。判断生产者违反产品跟踪观察义务中的过失的判断标准，应当采取“理性人”的分析方法，同时适用消费者合理期待的标准。[16]

医疗机构在临床中应用药物或者医疗器械等医疗物品时，如果发现或者怀疑该医疗物品可能存在缺陷，并且该缺陷可能影响医疗物品的治疗效果，对患者的生命健康造成威胁时，应当及时采取补救措施，例如，对应用该医疗器械的患者进行针对性的检查，减少或者暂停其临床应用，并及时通知生产厂家等。如果医疗机构怠于履行该跟踪观察义务，就需要承担侵权责任。

根据《侵权责任法》第四十七条规定：“明知产品存在缺陷仍然生产、销售，造成他人死亡或者健康严重损害的，被侵权人有权请求相应的惩罚性赔偿。”

根据本条的规定，适用惩罚性赔偿的条件是：第一，侵权人具有主观故意，即明知是缺陷产品仍然生产或者销售；第二，要有损害事实，这种损害事实不是一般的损害事实，而应当是造成严重损害的事实，即造成他人死亡或者健康受到严重损害；第三，要有因果关系，即被侵权人死亡或者健康严重受损害是因为侵权人生产或者销售的缺陷产品造成的。本条还规定了惩罚性赔偿的适用范围，即在被侵权人死亡或者健康受到严重损害的范围内适用，除此之外的其他损害不适用惩罚性

---

⑯ 前引⑬，第 202 页。

赔偿，例如被侵权人的财产损害。为防止滥用惩罚性赔偿，避免被侵权人要求的赔偿数额畸高，本条规定，被侵权人有权请求相应的惩罚性赔偿。这里的相应，主要指被侵权人要求的惩罚赔偿金的数额应当与侵权人的恶意相当，应当与侵权人造成的损害后果相当，与对侵权人威慑相当，具体赔偿数额由人民法院根据个案具体判定。⑰

惩罚性赔偿的主要目的不在于弥补被侵权人的损害，而在于惩罚有主观故意的侵权行为，并遏制这种侵权行为的发生。从赔偿功能上讲，其主要作用在于威慑，不在于补偿。虽然从个案上看，被侵权人得到了高于实际损害的赔偿数额，但从侵权人来讲，这种赔偿能够提高其注意义务，从而避免类似情况再次发生。⑱ 医疗物品因其与患者生命健康密切相关的特殊产品属性，医疗物品的质量问题应当受到更加严格的规定。惩罚性赔偿在医疗物品中的应用，有利于增强对患者生命健康权利的保护。

【案例与评析】

案例 8-1　骨折固定钢板断裂原因争议

1998 年 1 月 30 日，原告因交通事故致右腿骨下端粉碎性骨折，至甲医院住院治疗。期间，甲医院对原告实施了型号为 SPW-96 钢板的内固定术。原告出院后，因感不适，于 1998 年 12 月 21 日去乙医院复查，诊断为右大腿向外侧弯，右膝关节不能活动。后经乙医院 X 线摄片报告诊断为右股骨下端骨折、固定术后断钉移位。1999 年 1 月 5 日，原告入乙医院住院治疗。乙医院对原告实施了“持续硬膜外＋右髂骨取骨植骨术”。1999 年 1 月 22 日，原告出院。2000 年 3 月 23 日，原告再次入住乙医院治疗，至 2000 年 3 月 29 日出院。嗣后，原告多次在乙医院门诊治疗。为此，原告在乙医院共花费用血互助金人民币 5 400 元、进口交锁髓内钉人民币 7 780 元、环钻费人民币 320 元及其他医疗费自理部分人民币 2 588.5 元。原告自交通事故发生后，休息至今。从 1999 年 1 月起，原告误工损失为每月人民币 870 元。2001 年 2 月，原告具状人民法院作如上诉请。

受人民法院委托，国家骨科器械电疗仪器质量监督检验中心对被告安装在原告体内的型号为 SPW-96 的钢板及配套钢钉质量进行鉴定，结论为：钢板、钢钉质量均不合格。鉴定费人民币 5 000 元由原告预付。

受人民法院委托，上海市高级法院对原告伤情做了鉴定，结论为：原告股骨下端粉碎性骨折，经 L 型钢板内固定及石膏固定后出现内固定钢板弯曲、螺丝钉离

⑰　前引⑪，第 223 页。

⑱　前引⑰，第 224 页。

断，又行钢板螺钉取出、畸形矫正，交锁髓内钉内固定及右髂骨取骨植骨术；右股四头肌成形术、右膝关节僵直粘连松解术等治疗后，目前右膝关节功能大部分受限，右下肢缩短 1.5 厘米。一般可酌情予休息 34～36 个月、营养 1 年左右。鉴定费人民币 300 元由原告预付。

对原告要求做伤残等级鉴定的申请，上海市高级人民法院认为原告粉碎性骨折亦可造成原告目前的伤残，因时间较久，目前无法对被告的过错与原告目前的伤残认定有因果关系，故对原告伤残等级不作鉴定。

人民法院经审理认为，公民享有生命健康权。原告因伤至被告处就诊，被告使用了不合格器械，造成原告再次手术，延缓伤势愈合，被告对此存在过错，应承担相应的民事赔偿责任。故原告要求被告赔偿医疗费的诉请于法不悖，本人民法院可根据实际情况确定赔偿数额。原告要求被告赔偿误工费、营养费的请求，本人民法院亦予支持，具体数额应根据鉴定结论酌情予以确定。对于原告精神损害抚慰金的诉请，被告虽非故意，但因其过错事实上已造成原告精神上的损害，故被告应赔偿原告一定的经济费用作为对原告精神上的抚慰。关于原告在乙医院手术，安装了进口钢钉一节，因原告在被告处第 1 次手术时使用的钢板弯曲、钢钉离断，原告在乙医院就诊时腿部已僵直，在此情况下乙医院使用进口钢钉并无不当，对该费用人民法院予以支持。至于原告要求做伤残等级鉴定的请求，因上海市高级人民法院法医鉴定室认为原告伤残与被告过错不存在必然的因果关系，故人民法院对该请求不予支持。据此，依照《中华人民共和国民法通则》第九十八条、第一〇六条第二款、第一百一十九条的规定，判决如下：

1. 被告于本判决生效之日起 10 日内赔偿原告医疗费人民币 16 088.5 元、营养费人民币 2 700 元、误工费人民币 15 660 元、精神抚慰金人民币 3 000 元。

2. 原告其余诉讼请求，不予支持。

3. 本案受理费人民币 5 811 元由原告负担人民币 319 元，被告负担人民币 5 492元；鉴定费人民币 5 000 元由被告负担。

人民法院判决后，当事人双方均未提起上诉，判决书在送达之日起 15 日的次日生效。被告和原告履行了判决书，本案终结。

评析

本案争议的焦点是医疗机构是否应当对因为医疗器械质量缺陷所造成的产品损害承担责任。本案的案件事实是：①原告因在甲医院使用的钢板及钢钉质量不合格，而造成了人身损害后果。②法医鉴定中心无法认定甲医院的过错与原告目前伤残的因果关系。

如上文所分析，医疗机构承担医疗物品责任的前提是，医疗物品存在缺陷，患者受到人身损害，医疗物品的缺陷与患者的人身损害之间有因果关系。根据法医鉴定中心的结论，原告在甲医院使用的钢板与钢钉质量不合格，并且因为该不合格的钢板与钢钉，造成了患者右膝关节功能大部分受限，右下肢缩短1.5厘米的损害后果。因此，本案中，甲医院已经符合承担医疗物品责任的条件。虽然无法认定甲医院过错与原告伤残的因果关系，但是根据侵权责任法的规定，医疗物品责任采取无过错责任，无论医院是否有过错，都应当承担相应的赔偿责任。甲医院应当对原告的伤残后果进行赔偿。

本案中，甲医院在对原告的伤残后果进行赔偿之后，可以依法再向钢板和钢钉的生产厂家进行追偿。如果钢板和钢板的质量问题是生产厂家造成，医院不存在不合理使用或者明知钢板和钢钉存在质量问题而使用的问题，生产厂家应当赔偿甲医院因为对原告的赔偿而造成的损失。

案例8-2　齐齐哈尔第二制药有限公司亮菌甲素注射液致患者死亡案

2006年5月3日，广东省食品药品监督管理局报告，发现部分患者使用齐齐哈尔第二制药有限公司(以下简称“齐二药”)生产的“亮菌甲素注射液”后，出现严重不良反应。2006年5月11日，国家食品药品监督管理局发出紧急通知，在全国范围内停止销售和使用“齐二药”生产的所有药品，同时要求各地药监部门在本辖区范围内就地查封、扣押。经调查，“齐二药”生产的“亮菌甲素注射液”为假药，其生产环节存在明显漏洞。为保证民众用药安全，国家食品药品监督管理局决定停止销售和使用该厂生产的所有药品。

2006年4月底，甲因为肝病到广州某医院就诊。出于病情需要，4月底至5月上旬的12天时间里，某医院共给他注射了24支“齐二药”生产的“亮菌甲素注射液”。在此治疗过程中，受害人的凝血酶、总胆红素的数值急剧上升，各种体征发生变化，出现肾衰竭、神志不清等症状并不断加重。院方在得知病变的不妥情况下，停用了该注射液，并就这一问题向上级主管部门进行了通告。2006年7月18日，甲因为肾衰竭而终告不治。甲的家属与其他9名受害者一同向法院起诉，认为被告方——“齐二药”、金蘅源公司、医保品公司和广州某医院应当承担连带赔偿责任。

经调查，“齐二药”生产的“亮菌甲素注射液”有严重的质量问题，患者正是因为使用了“亮菌甲素注射液”而出现了急性肾衰竭并导致死亡。广州某医院称其在发现患者可能因注射“亮菌甲素注射液”而出现肾衰竭症状时，及时地停止了临床应用该药物，并及时向上级主管部门通报了这一情况。在患者出现急性肾衰竭的病情之后，医院无偿对其进行了及时的治疗，已经履行了相应的义务，不应当再承担赔偿责任。

2008年12月10日，广州市中级人民法院终审宣判，法院认为，假药生产商“齐

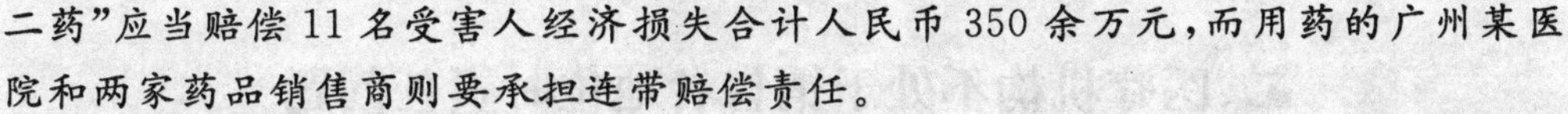

二药”应当赔偿 11 名受害人经济损失合计人民币 350 余万元，而用药的广州某医院和两家药品销售商则要承担连带赔偿责任。

评析

本案的争议焦点在于，广州某医院是否应当对患者的死亡后果承担责任。

根据《侵权责任法》的规定，医疗物品责任是无过错责任。医院承担赔偿责任的条件是：患者在医院所购买的药品存在缺陷，因为该药品的缺陷，导致了患者受到人身损害的后果。本案中，患者在广州某医院注射了属于假药的“亮菌甲素注射液”，因为该药品的缺陷，患者出现了急性肾衰竭的病情，并导致死亡的人身损害后果。从构成要件上分析，广州某医院应当承担患者死亡的人身损害赔偿。

医院称，其对于药品的缺陷把关没有过错，并且在发现药品可能存在缺陷时采取了及时的补救措施，停止继续使用该药物，及时上报上级机关，并承担了患者肾衰竭的治疗费用，已经尽到了自己的义务，不应当再承担赔偿责任。医疗物品责任采无过错归责原则，虽然医院对于药品的缺陷没有过错，但是，这并不能成为医院的免责事由。至于医院在事件发生之后的补救措施，则是履行了其跟踪观察义务。根据《侵权责任法》第四十六条的规定，药品投入流通后发现存在缺陷的，医疗机构应当及时采取警示、召回等补救措施。未及时采取补救措施或者补救措施不力造成损害的，应当承担侵权责任。如果广州某医院在事件发生之后，没有及时停止使用该种药物并且上报上级机关，根据侵权责任法的规定，还应当对其怠于履行义务而承担侵权责任。

广州某医院依据法院判决承担了对患者的损害赔偿责任之后，还可以就其受到的损失向假药的生产厂家“齐二药”进行追偿，要求其弥补自己受到的损失。

【需要注意的问题】

《侵权责任法》第五十九条以一个条文规定了所有医疗物品引发的侵权责任，这其中难免有些问题规定的不够具体，实践中需要注意以下问题。

一、医疗物品责任与医疗技术责任混合的问题

实践中，对于医疗物品责任的认定要结合患者的具体诉求。多数医疗物品责任都会与医疗损害赔偿责任相结合。某种医疗物品缺陷所造成的损害可能同时构成医疗损害，患者在起诉时既可能以医疗损害赔偿责任为诉由，也可能以医疗物品责任为诉由。不同的诉由所要求的责任要件不同，应当根据个案情况，来确定以医疗损害责任或者医疗物品责任抗辩。

二、医疗机构不处于销售者地位时责任问题

因药品、消毒药剂、医疗器械的缺陷，或者输入不合格的血液造成患者损害，但医疗机构不处于销售者的地位时，医疗机构的责任如何承担呢？本条文规定的追责，是基于一般情况的考虑。即在一般情况下，患者都是在医生开出药方后，在医院购买药品或者在治疗中直接由医师选择、提供、使用医疗物品。此时，医疗机构因此医疗机构实际上处于销售者地位，应当承担销售者的责任。但是现实中的情况是非常复杂的。有时由于医疗物品短缺，医疗机构无法提供患者治疗所需的医疗物品。再有，卫生行政机关为了减轻老百姓就医的经济压力，允许患者持医师处方到社会药品零售企业购药。[19] 在药品、消毒药剂、医疗器械由患者自己购买、医疗机构又没有过错的情况下，医疗机构不应承担产品责任。特别是随着医改的推进，医药分家，让医疗机构连带承担因药品、消毒药剂、医疗器械缺陷造成的损害，是不公平的。如果不是医疗机构提供的药品、消毒药剂、医疗器械有缺陷导致患者损害，同时医疗机构的诊疗行为也有过错的，应当按照各自的过错大小，承担相应的责任。如置入钢板固定股骨手术，患者自行购买的钢板有质量问题，同时医疗机构在植入手术时也有过错。那么按照各自过错的大小承担相应的责任。[20]

三、关于诉讼时效问题

1. 药品、消毒药剂、医疗器械的缺陷造成患者损害的诉讼时效　按照《民法通则》第一百三十六条规定的"出售质量不合格的商品未声明的，诉讼时效为1年"。而《产品质量法》第四十五条规定，"因产品存在缺陷造成损害要求赔偿的诉讼时效期间为2年"。按照特别法优先于普通法，新法优先于旧法的法律原则，对于药品、消毒药剂、医疗器械的缺陷造成患者损害的诉讼时效应为2年。同时，按照《产品质量法》第四十五条第二款的规定，因产品存在缺陷造成损害要求赔偿的请求权，在造成损害的缺陷产品交付最初消费者满10年丧失；但是，尚未超过明示的安全使用期的除外。[21]

2. 输入不合格的血液造成患者损害的诉讼时效　由于血液不属于产品，不能

---

⑲ 卫生部发布的《处方管理办法》(2007年5月1日实施)第四十二条规定：除麻醉药品、精神药品、医疗用毒性药品和儿科处方外，医疗机构不得限制门诊就诊人员持处方到药品零售企业购药。

⑳ 奚晓明主编：《〈中华人民共和国侵权责任法〉条文理解与适用》，人民法院出版社2010年版，第419页。

㉑ 同上。

适用《产品质量法》,血液更不属于商品,也不能适用《民法通则》第一百三十六条规定的"出售质量不合格的商品未声明的,诉讼时效为 1 年"。而应当适用《民法通则》第一百三十五条关于诉讼时效的一般性规定:向人民法院请求保护民事权利的诉讼时效期间为 2 年,法律另有规定的除外。

【相关法条与解释】

第四十一条　因产品存在缺陷造成他人损害的,生产者应当承担侵权责任。

【释义】

本条是关于产品生产者侵权责任的规定。

产品责任的归责原则是确定产品责任归属的准则,是要求行为人承担产品责任的根据、标准和理由。我国《产品质量法》第四十一条已明确规定生产者承担无过错责任,第四十二条规定销售者承担过错责任。在产品质量法的基础上,在本条对产品生产者的侵权责任作了规定,因产品存在缺陷造成他人损害的,生产者应当承担侵权责任。按照本条的规定,只要因产品存在缺陷造成他人损害的,除了法定可以减轻或者免除责任事由外,不论缺陷产品的生产者主观上是否存在过错,都应当承担侵权责任。

依据本条的规定,产品责任须具备三个构成要件:①产品具有缺陷;②须有缺陷产品造成受害人损害的事实;③缺陷产品与损害事实之间存在因果关系。

第四十二条　因销售者的过错使产品存在缺陷,造成他人损害的,销售者应当承担侵权责任。

销售者不能指明缺陷产品的生产者也不能指明缺陷产品的供货者的,销售者应当承担侵权责任。

【释义】

本条是关于销售者因过错致使产品存在缺陷造成他人损害的侵权责任的规定。

销售者存在以下两种过错情形的,应当承担产品责任。

一、由于销售者的过错使产品存在缺陷而造成他人损害

销售者承担产品责任的原则是须有过错,只有在销售者因有过错致使产品存在缺陷的情形下,才承担产品责任。据此,我们认为销售者承担产品侵权责任须同时具备三个条件。①因销售者存在过错导致产品有缺陷。销售者的过错包括积极的行为(即作为)而使产品存在缺陷和消极的不作为而使产品存在缺陷,比如在不适宜的条件下保存产品,结果造成产品缺陷。②须有损害事实的存在。即已经造

成他人人身、财产损害。③损害事实是由于销售者的过错使产品存在缺陷而引起的。

二、销售者不能指明缺陷产品的生产者和供货者

销售者不能指明缺陷产品的生产者也不能指明缺陷产品的供货者的，说明销售者有过错，未能严格把好进货关，未能执行进货检查验收制度，验明产品合格证明和其他标识，应当承担赔偿责任。

第四十三条　因产品存在缺陷造成损害的，被侵权人可以向产品的生产者请求赔偿，也可以向产品的销售者请求赔偿。

产品缺陷由生产者造成的，销售者赔偿后，有权向生产者追偿。

因销售者的过错使产品存在缺陷的，生产者赔偿后，有权向销售者追偿。

【释义】

本条是关于被侵权人要求损害赔偿的途径和先行赔偿人追偿权的规定。

一、求偿权利人

法条使用了被侵权人的概念。主张损害赔偿的权利人系被缺陷产品造成损害的被侵权人。被侵权人是指因产品存在缺陷造成人身、财产损害之后，有权要求获得赔偿的人。包括直接购买并使用缺陷产品的人，也包括非直接购买使用缺陷产品但受到缺陷产品损害的其他人。

二、产品责任人

从方便被侵权人维护自己合法权益的角度出发，《侵权责任法》规定了被侵权人请求赔偿的两个途径：①可以向产品的生产者请求赔偿；②可以向产品的销售者请求赔偿。即因缺陷产品引起的损害，被侵权人可以向生产者和销售者中的任何一方提出赔偿请求。如果二者不予赔偿，被侵权人可以将生产者和销售者中的任何一方列为被告提起民事诉讼。

三、产品责任人之间的追偿

生产者、销售者中先行赔偿的一方有权向应当承担责任的一方追偿自己已经向被侵权人垫付的赔偿费用。需要明确的是，生产者和销售者承担产品责任的原

则是不同的，生产者承担无过错责任，销售者承担过错责任，对此本条明确规定“产品缺陷由生产者造成的，销售者赔偿后，有权向生产者追偿。因销售者的过错使产品存在缺陷的，生产者赔偿后，有权向销售者追偿”。先行垫付赔偿费用的一方只有在另一方符合承担产品侵权责任条件的情形下，才可以向对方行使追偿权。㉒

第四十四条 因运输者、仓储者等第三人的过错使产品存在缺陷，造成他人损害的，产品的生产者、销售者赔偿后，有权向第三人追偿。

【释义】

本条是关于运输者、仓储者等第三人因过错致使产品存在缺陷造成他人损害的侵权责任及生产者、销售者先行赔偿后依法享有追偿权的规定。

产品在运输流通过程中，运输者、仓储者等应当按照有关规定和产品包装上标明的储藏、运输等标准的要求对产品进行储存、运输。如果运输者、仓储者等不按上述规定运输或者仓储，在运输或者储存过程中也会造成产品出现缺陷。运输者、仓储者等第三人导致产品缺陷造成他人损害的归责原则采过错责任原则。生产者、销售者承担赔偿责任后，可以依据本条的规定，向造成产品缺陷的有过错的运输者、仓储者等第三人行使追偿权，要求其支付赔偿费用。

第四十五条 因产品缺陷危及他人人身、财产安全的，被侵权人有权请求生产者、销售者承担排除妨碍、消除危险等侵权责任。

【释义】

本条是关于因产品缺陷危及他人人身、财产安全被侵权人请求生产者、销售者承担排除妨碍、消除危险等侵权责任的规定。

产品存在缺陷，除了会对他人造成他人损害之外，还会危及他人人身、财产安全。由于不安全因素的存在，受到威胁的人身、财产就时时处于不安全的状态，如果不采取相应措施，这种潜在的损害随时都有可能发生，造成受害人的实际损害。为了避免这种潜在损害实际发生，给受害人造成真正的损害，为了杜绝、减少或者减轻受害人的损失，本条规定被侵权人在这种不安全因素存在的情况下，有权要求生产者、销售者承担排除妨碍、消除危险等。

第四十六条 产品投入流通后发现存在缺陷的，生产者、销售者应当及时采取警示、召回等补救措施。未及时采取补救措施或者补救措施不力造成损害的，应当承担侵权责任。

【释义】

本条是对产品投入流通后发现存在缺陷的，生产者、销售者应当采取警示、召回等补救措施及承担侵权责任的规定。

㉒ 前引⑳，第224页。

产品投入流通时，生产者、销售者可能因某些原因或者技术水平等，未能发现产品存在缺陷，但是在产品售出并已经进入流通后才发现产品存在缺陷。此时生产者、销售者应当及时以合理、有效的方式向产品使用者发出警示、召回缺陷产品等补救措施，以防止损害的发生或者损害进一步扩大。如果生产者、销售者对投入流通后的产品发现存在缺陷，不及时采取补救措施或者采取补救措施不力，造成他人损害的，应当承担侵权责任。

第四十七条　明知产品存在缺陷仍然生产、销售，造成他人死亡或者健康严重损害的，被侵权人有权请求相应的惩罚性赔偿。

【释义】

本条是对产品侵权惩罚性赔偿的规定。

惩罚性赔偿，是加害人给付被侵权人超过其实际损害数额的一种金钱赔偿，是集补偿、惩罚、遏制等功能于一身的赔偿制度。[23] 根据本条的规定，适用惩罚性赔偿的条件是：①侵权人有主观故意，即明知是缺陷产品仍然生产、销售；②要有损害事实，即造成他人死亡或者健康受到严重损害；③要有因果关系，即被侵权人死亡或者健康严重受损害是因为侵权人生产或者销售的缺陷产品造成的。本条还规定了惩罚性赔偿的适用范围，即在被侵权人死亡或者健康受到严重损害的范围内适用，除此之外的其他损害不适用惩罚性赔偿。对明知产品缺陷而生产、销售的行为实施惩罚性赔偿的额度，在立法中没有规定，但用了“相应”一词加以限制，即被侵权人要求的惩罚赔偿金的数额应当与侵权人的恶意相当，应当与侵权人造成的损害后果相当，与对侵权人威慑相当，具体赔偿数额由法官根据个案具体判定。

附：我国有惩罚性赔偿的法律、司法解释规定。

《消费者权益保护法》第四十九条的规定，经营者提供商品或者服务有欺诈行为的，应当按照消费者的要求增加赔偿其受到的损失，增加赔偿的金额为消费者购买商品的价款或者接受服务的费用的一倍。

《食品安全法》第九十六条第二款规定，生产不符合食品安全标准的食品或者销售明知是不符合食品安全标准的食品，消费者除要求赔偿损失外，还可以向生产者或者销售者要求支付价款十倍的赔偿金。

《合同法》第一百一十三条第二款规定，经营者对消费者提供商品或者服务有欺诈行为的，依照《中华人民共和国消费者权益保护法》的规定承担损害赔偿责任。

《最高人民法院关于审理商品房买卖合同纠纷适用法律若干问题的解释》第八条规定，具有下列情形之一，导致商品房买卖合同目的不能实现的，无法取得房屋的买受人可以请求解除合同、返还已付购房款及利息、赔偿损失，并可以请求出卖

㉓ 前引⑫，第233页。

人承担不超过已付购房款一倍的赔偿责任:(一)商品房买卖合同订立后,出卖人未告知买受人又将该房屋抵押给第三人;(二)商品房买卖合同订立后,出卖人又将该房屋出卖给第三人。第九条规定,出卖人订立商品房买卖合同时,具有下列情形之一,导致合同无效或者被撤销、解除的,买受人可以请求返还已付购房款及利息、赔偿损失,并可以请求出卖人承担不超过已付购房款一倍的赔偿责任:①故意隐瞒没有取得商品房预售许可证明的事实或者提供虚假商品房预售许可证明;②故意隐瞒所售房屋已经抵押的事实;③故意隐瞒所售房屋已经出卖给第三人或者为拆迁补偿安置房屋的事实。

第9章

医疗机构制作保管病历与患者的病历知情权

这次《侵权责任法》中规定医疗服务所涉及的侵权责任有多种类型，除了前面提及的医疗损害赔偿责任、侵犯患者知情权同意权的法律责任之外，还设立了侵犯患者病历知情权的侵权责任。为了保障患者病历知情权，《侵权责任法》还规定了医疗机构及其医务人员规范制作病历与管理病历的义务。国家卫生部为了配合《侵权责任法》的实施，对2002年8月16日发布的《病历书写基本规范(试行)》进行了修订和完善，并于2010年1月22日发布了修订后的《病历书写基本规范》。

第六十一条　医疗机构及其医务人员应当按照规定填写并妥善保管住院志、医嘱单、检验报告、手术及麻醉记录、病理资料、护理记录、医疗费用等病历资料。

患者要求查阅、复制前款规定的病历资料的，医疗机构应当提供。

【主旨】

医疗机构及其医务人员病历书写与保管义务；患者的病历知情权与医方保障义务。

【释义】

本条涉及两款内容。第一款主要阐明了医疗机构及其医务人员在医疗执业过程中，除了按照医疗卫生管理法律、法规的要求，给患者提供最佳的医疗服务之外，还附随了将整个诊疗过程予以书面记录并加以妥善保管的义务。书写及保管病历的义务，从医疗服务合同的角度来解读，也可以认为是医疗服务合同中医方的附随义务。第二款设立的患者的病历知情权与医方的保障义务则是对第一款规定义务的延伸，是救济与保障的措施。

一、医疗机构及其医务人员病历书写与保管义务

(一)什么是病历及病历资料

根据国家卫生部(下称卫生部)2010 年 3 月 1 日实施的《病历书写基本规范》第一条的规定,病历是指医务人员在医疗活动过程中形成的文字、符号、图表、影像、切片等资料的总和,包括门(急)诊病历和住院病历。但是在 2009 年 5 月卫生部新起草制定的《基于健康档案的区域卫生信息平台建设指南》中,对病历所下的定义是,医疗机构在特定时间,对门诊、住院患者临床诊断治疗过程的系统、规范记录。从医院管理的角度讲,病案和病历的定义应当是有一定区别的。我国地域辽阔,历史悠久,不同地区对诊疗记录的称呼不同。我国传统医学对病人的诊疗记录称为诊籍、医案或脉案,①现代医学则称为病案、病历、病史等。案有案卷之义,历有过程之义。从病历资料的建立之时起到整理入档之前均应称为病历,即病历是指医务人员在医疗活动过程中形成的文字、符号、图表、影像、切片等资料的总和。病案则是病历档案之简称,强调其档案属性,因此,只有归档保存的病历才可称之为病案。病历一旦交到病案室,并经病案管理人员整理、登记、归档之后即成为病案。病案是患者在门(急)诊、住院(留观)期间全部的医疗资料,并经医疗机构分类保存的各种病历及与病历有关的材料。

目前,病案的称谓已经不再仅指医疗记录(medical record),而是指更为广义的健康记录(health record)。这种改变首先在发达国家,它们在 20 世纪 90 年代初开始使用健康记录这一名称。这与家庭医师、社区医疗紧密相关,通过这些初级医疗及健康的检查,形成了更为完整的个人健康档案,为医院的医疗提供有价值的信息。②《基于健康档案的区域卫生信息平台建设指南》就使用的健康档案的概念。在这部文件中明确定义,健康档案是居民健康管理(疾病防治、健康保护、健康促进等)过程的规范、科学记录。是以居民个人健康为核心、贯穿整个生命过程、涵盖各种健康相关因素、实现信息多渠道动态收集、满足居民自身需要和健康管理的信息资源(文件记录)。不过。它也强调,健康档案与病历有所区别,但更有联系。病历是健康档案的主要信息来源和重要组成部分,健康档案对病历的信息需求,并非病历的全部,具有高度的目的性和抽象性。

我们注意到,《侵权责任法·医疗损害责任》使用的概念既不是病历,也不是病

① 我国传统医学上将病历称为诊籍,系由我国西汉医学家淳于意所创。参见李圣隆:《医护法规概论》,华杏出版股份公司 1997 年版,第 323 页。

② 刘爱民主编:《医院管理学·病案管理分册》,人民卫生出版社 2003 年版,第 1 页。

案，而是病历资料。病历资料首次出现在规范性文件中是《医疗事故处理条例》[③]，后来在《医疗机构病历管理规定》中[④]也使用了该概念，但没有进行明确定义。资料包括两层含义，一是生产、生活中必需的东西，如生产资料、生活资料；二是用作参考或依据的材料，如收集资料、参考资料、统计资料。[⑤] 可以理解为前者是指有具体用途的物，有具体的外在的固定的形状；后者是指具有文字、符号、图像等内容的物，包含同样内容的同一物但却可以表现为不同的存在形式。在法律上前者属于物证，后者则是书证。病历资料显然指后者而非前者。

《医疗事故处理条例》和《医疗机构病历管理规定》中，规范文件的起草者没有刻意区别病历和病历资料，似乎在混合使用，且在对"病历"概念下定义时还用到了"资料"的概念，因此，在卫生行政规范文件中，二者的差别确实不大。病历资料应当是指病历所包含的资料，并非一种新的东西，而应当是对病历形式的具体规定，即是指医疗机构及其医务人员在医疗执业中形成的可供参考和借鉴的文字、符号、图表、影像等材料，它主要是从病历中所包含的内容上来界定和规定，而不是从病历的整体上来规定。而提到病历或者病案，更加强调病历、病案这一物的整体属性。这与《侵权责任法》第六十一条第一款提到的一系列具体的病历文书就对应起来了。病历文书从内容上来划分包括主观病历和客观病历两个部分，客观病历是指《侵权责任法》第六十一条第一款所具体罗列的住院志、医嘱单、检验报告、手术及麻醉记录、病理资料、护理记录等资料，对客观病历更为翔实的表述应当是《医疗事故处理条例》第十条和《医疗机构病历管理规定》第十五条，两个规范性文件规定内容的差别，前者较后者多规定"以及国务院卫生行政部门规定的其他病历资料"，后一文件没有这项规定，但规定了"出院记录"可以复印。主观病历主要是指死亡病例讨论记录、疑难病例讨论记录、上级医师查房记录、会诊意见、病程记录 5 个文件。[⑥] 显然《侵权责任法》第六十一条第一款规定的病历资料是指客观病历。

但是我们注意到，在《侵权责任法》第六十一条第一款中还规定一个主客观病历都没有包含的文件——"医疗费用"。"医疗费用"与前面列举的 7 个文件相比，"医疗费用"本身不是一个文件，在《医疗事故处理条例》、《医疗机构病历管理规定》和《病历书写基本规范(试行)》中都没有这个文件，只能理解为"与医疗收费相关的文件"，因此应当是"收费清单"。"收费清单"向患方的公开，是医院公示制度的重

---

③ 见《医疗事故处理条例》第一条、第八条、第九条、第十条、第十六条、第二十八条、第五十六条、第五十八条、第五十九条。

④ 见《医疗机构病历管理规定》第十二条至第十八条。

⑤ 中国社会科学院语言研究所词典编辑室编:《现代汉语词典》，第 5 版，商务印书馆 2005 年版，第 1801 页。

⑥ 见《医疗事故处理条例》第十六条。

要组成部分。[7]“收费清单”也列入病历资料的范畴的话，将病历资料解释为病历的同义语显然就不合适了。我们的观点是，在《侵权责任法》中病历资料应做广义理解，是指医疗机构在给患者提供服务的过程中形成的与患者诊断、资料、收费相关的文件资料，除了病历之外，还应当包括收费清单、收费发票、交接班记录等。因此，有人认为，《侵权责任法》第六十一条第一款列举的 7 种文件之后用“等”来结尾，这里的“等”是“等内”。我们认为，这里的“等”是“等外”，即在这 7 种文件之外的其他病历资料，包括主观病历，患者也有权查阅。否则就无法解释“收费清单”这份“病历资料”了。

将《侵权责任法》第六十一条第一款的病历资料做包含主观病历在内的广义理解，也符合立法的原意。在《侵权责任法(草案)》第四次审议稿中，仍然使用的是“医学文书及有关资料”，但是在第四次审议时，有的常委会委员提出，草案四次审议稿多项条款中“医学文书”一词含义过宽，不够清楚，应当将其修改为“病历”。[8]全国人民代表大会常务委员会法制工作委员会副主任王胜明先生指出，在侵权责任法草案中使用过“医学文书及有关资料”，这与《执业医师法》的规定一致，但其含义不明确，因此在修订中改为了“病历资料”，与医疗卫生行政法规、规章相一致。同时，他还指出，从行政法规和部门规章可以看出，“病历资料”是一个集合概念，是一系列医学文书资料的总和。[9]《侵权责任法》第六十一条主要是规定患者享有病历知情权，并且此次立法加大了患方的举证责任，如果患方在病历知情权上受到约束和限制的话，势必导致其举证不能，从而其遭受侵犯的合法权益无法得到救济，这样做的结果，患方诉讼中的不利地位又会回到 2002 年 4 月 1 日以前的状态中去。2002 年 4 月 1 日实施的最高人民法院《关于民事诉讼证据的若干规定》第四条第一款第八项对医疗侵权赔偿案件规定了由医疗机构就医疗行为与损害结果之间没有因果关系及不存在医疗过错进行举证，最高人民法院之所以这样规定，就是因为患方在病历上缺乏知情权，患方在医学知识和理论上处于弱势地位，因而在司法解释中才做出减轻患方举证责任的规定。[10]如果对患者查阅病历、复印病历严格限制，最终还是会将医疗侵权赔偿案件的因果关系举证负担转移给医疗机构。

另外，病历资料做包含主观病历在内的广义理解，在实践操作中的结果也是一致的。过去《医疗事故处理条例》虽然将病历区分为主观病历、客观病历，并且明确

---

⑦ 《卫生部关于全面推行医院院务公开的指导意见》(卫医发[2006]424 号)：住院病人实行费用“每日清”制度，医院每天通过适当方式向患者提供包括药品、医用耗材和医疗服务的名称、数量、单价、金额等使用情况，或提供费用查询服务，出院时提供总费用清单。

⑧ 朱治华：《泄露患者病历医院将担责》，《法制晚报》2009 年 12 月 26 日。

⑨ 王胜明主编：《〈中华人民共和国侵权责任法〉解读》，中国法制出版社 2010 年版，第 300—301 页。

⑩ 王连印：《最高人民法院民一庭负责人就审理医疗纠纷案件的法律适用问题答记者问》，《人民法院报》。

限制了患方只能复印客观病历。但这只能是在医疗纠纷发生的早期和医疗纠纷的行政处理阶段，而进入司法程序和医疗事故技术鉴定程序后，封存的主观病历因为是医疗事故技术鉴定的依据，也是医疗侵权赔偿案件中的重要证据，如果没有经过当庭质证，患方也没有进行查看，这样的主观病历应当排除在鉴定依据和诉讼证据之外。鉴定如果依据了这样的主观病历，鉴定结论无效，诉讼如果依据这样的主观病历，裁判结果应予撤销。因此，即使诉讼中医方坚持不让患方查看主观病历，经过法庭的解释和说明之后，最终医疗机构一般都会放弃不让患方查看主观病历的主张。因此，在实践中，患方不仅最终能够看到医疗机构的主观病历，而且医疗机构在庭审前的证据交换程序中，还应当免费给患方提交一份副本。

(二)医疗机构及其医务人员病历书写义务

在正常情况下，医疗文书的内容是医药卫生人员对于医疗过程所形成思想的真实记录，具有客观性和反映客观事实的特征，因而也符合证据的基本属性，反映了证据采用的真实性原则。在1994年9月1日实施的《医疗机构管理条例》第三十二条规定，未经医师(士)亲自诊察病人，医疗机构不得出具疾病诊断书、健康证明书或者死亡证明书等文件；未经医师(士)、助产人员亲自接产，医疗机构不得出具出生证明书或者死产报告书。1999年5月1日实施的《中华人民共和国执业医师法》第二十三条规定，医师实施医疗、预防、保健措施，签署有关医学证明文件，必须亲自诊察、调查，并按照规定及时填写医疗文书，不得隐匿、伪造或者销毁医疗文书及有关资料。医师不得出具与自己执业范围无关或者与执业类型不相符的医学证明文件。在国外的有关医疗卫生法律上对于医药卫生人员书写医疗文书，也都有亲历性方面的要求。

病历是医药卫生人员及医疗机构内部配合治疗的辅助人员在其特定的工作岗位上依法定职责形成的，制作这些病历资料是其法定义务，属于正常业务活动范围内的分内工作。《中华人民共和国执业医师法》第二十一条规定，医师在注册的执业范围内，进行医学诊察、疾病调查、医学处置，出具相应的医学证明文件。并且因执业类别、执业范围不同而分工，因此也不得出具与自己执业范围无关或者与执业类别不相符的医学证明文件。此项规定保证了病历资料的客观、公正和科学，防止以职谋私，甚至出具虚假病历资料。如对病人检查诊疗是相关临床医学业务，必须由经治医师主持或参加有关检查、诊疗并记录及制作相关医疗文书如书写病历、开具处方和医嘱，出具疾病诊断证明书。国外也是通过立法来赋予医师出具特定的医疗文书的权利，如英国的医师制度规定注册医师拥有开具具有法律效力的医疗证明的特权。在我国台湾的“医疗法”也有“医疗机构应建立清晰、翔实、完整之病历”“医疗机构应督导其所属医事人员于执行业务时，亲自记载病历或制作记录”⑪。

医疗机构及其医务人员书写病历，是医疗执业活动的必然要求。这既是法律的要求，也是医患双方医疗服务合同约定的要求。

首先，病历文书是评价医疗质量的依据。我国政府在对各种从业人员的行政管理中，对医务人员的执业资格的管理是比较早的，足见医疗执业在国民生活中的重要性。国家卫生行政部门从 20 世纪 90 年代初开始实施的医疗机构等级评审，就是一种医疗质量管理活动，只不过那时更多的是注重医疗质量的形式管理，但是，病历管理也是其中很重要的一项评审内容。从 2005 年到 2008 年连续 4 年卫生部在全国开展的“以病人为中心，以提高医疗服务质量为主题”的医院管理年工作，其目的是加强医院管理，改善服务态度，规范医疗行为，提高医疗质量，确保医疗安全，全面提升医院管理水平。如何评价医疗机构的医疗服务质量呢？一般来说，质量评价包括环节评价和事后评价，事后评价更大程度上就是依据医务人员书写的病历。一家医院每个医务人员，无论自己标榜医疗质量如何好，医疗技术水平如何高，最终都得拿出过硬的具有说服力的依据来。病历就是这种重要的具有说服力的证据。

其次，病历资料还应当记录医疗过程，保证医疗过程的可溯性。医疗质量直接关系到患者的生命健康维护的水平，各国政府对医疗执业采取行政许可制。医疗活动是政府许可下开展的涉及人们生命健康的重要活动，在政府许可下的医疗服务活动，还要接受政府相关部门的监督和管理。医务人员是如何实施医疗行为的，医务人员是否按照国家卫生管理法律、法规、规章和诊疗技术规范、规程来执行医疗服务活动，医师的诊疗是否是针对患者的病症实施的必要的措施，患者对医疗服务过程存在问题的投诉是否属实，医疗行为是否构成医疗事故等，都需要调查和认定。而病历是医务人员医疗活动的实时记录文件，是医务人员用文字表述的方式描记了自己实施医疗行为的全过程。因此，病历资料是再现医疗过程的重要证据，病历资料的翔实与存在，保证了整个医疗过程具有可重塑性，保证了医疗行为的可溯性，从而也便于卫生行政机关医政管理和监督。

最后，病历资料还是医患之间沟通交流的工具，是医疗服务合同中医方的约定

---

⑪　我国台湾“医疗法”（2004 年 4 月 28 日公布）第六十七条规定，医疗机构应建立清晰、翔实、完整之病历。前项所称病历，应包括下列各款之数据：医师依医师法执行业务所制作之病历；各项检查、检验报告资料；其他各类医事人员执行业务所制作之记录。医院对于病历，应制作各项索引及统计分析，以利研究及查考。第六十八条规定，医疗机构应督导其所属医事人员于执行业务时，亲自记载病历或制作记录，并签名或盖章及加注执行年、月、日。前项病历或记录如有增删，应于增删处签名或盖章及注明年、月、日；删改部分，应以画线去除，不得涂毁。医嘱应于病历载明或以书面为之。但情况急迫时，得先以口头方式为之，并于 24 小时内完成书面记录。

义务。医疗行为系医疗服务合同行为，是在患方要约医方承诺之后达成的以医疗服务为内容的契约。在这个契约中，医方应当给患者提供优质的医疗服务，同时还应当就医疗过程予以记录，以证明自己的履约行为。医疗服务既然是一种契约履行，患方就有权了解契约的履行情况，医患双方就履约过程出现的问题随时可能需要进行协商，医疗机构正是通过自己记载的病历资料来向患方说明情况的。

在《侵权责任法》第六十一条第一款中关于病历的书写使用的是"填写"。填写与书写有何区别呢？填，塞也，[12]即把空缺的地方塞满或补满。填写，意为在印好的表格、单据等空白处，按照项目、格式写上应写的文字或数字。[13]而书写则强调写的意思。显然书写的范围要大一些，书写包括填写。在医疗卫生管理法律、法规和规章中，一般用书写一词，这里使用填写，应当与其前面的修饰词结合一起理解。"按照规定填写"强调病历书写必须要符合法定的规则和规范，且其中列举的住院志、医嘱单、检验报告、手术及麻醉记录、病理资料、护理记录等，或者是表格式的文件，或者是具有规定格式的文件，因此，使用填写似乎有其更为合理之处。在我国台湾也规定，医师执行业务，其诊疗义务及处方笺，应由医师亲自记载(填写)。[14]因此，我们理解《侵权责任法》第六十一条第一款中的"填写"，实际上就是写的意思，不能机械性地理解为今后病历都要采用格式化病历，医师只需要在空白处填写即可。

关于病历规范书写的义务，应当从以下5个方面予以要求。

1. *按照规范性文件所规定的格式来书写病历* 病历是一种特殊的公文性文件，因此，文书的格式、书写内容的顺序、表述方式、文件排列顺序等，都应当符合规范的要求。尤其是《侵权责任法》第六十一条使用了"填写"一词，我们应当更加强调病历书写的格式要求。今后的医疗实践中，应当将一些书写内容简单、固定的病历资料，统一规制为表格病历。当然这种病历表格化工作，可以由国家卫生行政机关来执行，也可以由省、市卫生行政机关来操作，还可以由医疗机构根据本院的医疗实际情况来制作、修订。

2. *按照规范性文件所规定的内容要求书写病历* 在患者诊疗过程中，尤其是住院治疗过程中，医护人员会了解到患者的很多信息，到底哪些信息应当收录到病历中呢？需要遵循卫生行政主管部门对病历的要求来收集。在《病历书写基本规范(试行)》中，基本上把医疗行业认可的应当书写的病历文件必要的内容项目做了明确规定，这些项目性规定是医务人员书写病历时的最低要求，每一个项目不能省略或者

---

⑫ 《说文》。

⑬ 前引⑤，第1351页。

⑭ 1967年4月6日卫署医字第107533号函。转引自黄丁全：《医事法》，中国政法大学出版社2003年版，第184页。

减少，但可以根据医疗机构的实际情况适当增加项目。

3. 病历书写人员的要求 《病历书写基本规范》第八条：病历应当按照规定的内容书写，并由相应医务人员签名。实习医务人员、试用期医务人员书写的病历，应当经过在本医疗机构合法执业的医务人员审阅、修改并签名。进修医务人员应当由接受进修的医疗机构根据其胜任本专业工作的实际情况认定后书写病历。

4. 特定文件制作时间的要求 病历中特定文件的制作时间，在《医疗事故处理条例》和《病历书写基本规范》都有相应的要求，医护人员在书写病历时，要遵循这些时间要求，不得违背。病历中特定文件的制作时间要求见表 9-1。

表 9-1 病历中特定文件的制作时间及人员要求

内容	完成时限	书写人员	条款
门(急)诊病历记录	就诊时及时完成	接诊医师	第十四条
入院记录	患者入院后 24 小时内完成	经治医师/执业医师	第十七条
再次或多次入院记录	患者入院后 24 小时内完成	执业医师、实习或试用医师	第十七条
24 小时内入出院记录	患者出院后 24 小时内完成	执业医师	第十七条
24 小时内入院死亡记录	患者死亡后 24 小时内完成	执业医师	第十七条
首次病程记录	患者入院 8 小时内完成	经治医师或值班医师	第二十三条第一项
日常病程记录		医师、实习或试用期医师及执业助理医师	第二十三条第一项
病危患者的病程记录	每天至少 1 次		第二十三条第二项
病重患者的病程记录	至少 2 天 1 次	医师、实习或试用期医师及执业助理医师	第二十三条第二项
病情稳定患者的病程记录	至少 3 天 1 次		第二十三条第二项
病情稳定慢性病患者的病程记录	至少 5 天 1 次		第二十三条第二项

（续 表）

内 容	完成时限	书写人员	条 款
主治医师首次查房记录	患者入院48小时内完成	下级医师	第二十三条第三项
交班记录	交班前完成	经治医师	第二十三条第五项
接班记录	接班后24小时内完成	经治医师	第二十三条第五项
转出记录	转出科室前完成（紧急情况除外）	医师	第二十三条第六项
转入记录	转入后24小时内完成	医师	第二十三条第六项
阶段小结	住院时间长，每月1次	经治医师	
术前小结		经治医师/主治医师以上人员审签、书写	
术前讨论		主持人修改、补充并审签	
手术记录	在术后24小时内完成	手术者书写，第一助手并术者签字	第二十三条第十三项
麻醉记录		麻醉医师	
术后首次病程记录	术后即时	参加手术的医师/手术者、第一助手	
术后3天病程	每天写	经治医师书写，主治医师修改、签字	
特殊诊疗记录		实施医师书写，第一助手并实施医师签字	
会诊申请		经治医师书写，住院总或主治医师审签	
会诊记录		会诊医师	
疑难病例讨论记录		主持人修改、补充并审签	
出院记录	患者出院后24小时内完成患者出院时完成	经治医师、主治医师及以上人员审签	第二十六条
死亡记录	患者死亡后24小时内完成	经治医师、主治医师及以上人员修改、补充并审签	第二十七条

（续　表）

内 容	完成时限	书写人员	条 款
死亡病例讨论记录	患者死亡 1 周内	主持人修改、补充并审签	第二十八条
抢救时的口头医嘱	抢救结束后即刻据实补记	口头医嘱医师	第二十九条第五款
抢救记录	抢救结束后 6 小时内据实补记	经治医师书写，上级医师可以根据情况修改、补充并审签	《条例》第八条第二款

5. *修改方式方法的要求*　《病历书写基本规范》第六条规定，病历书写应当文字工整，字迹清晰，表述准确，语句通顺，标点正确。第七条规定，书写过程中出现错字时，应当用双线划在错字上，修改时，应当注明修改日期，修改人员签名，并保持原记录清楚、可辨。不得采用刮、粘、涂等方法掩盖或去除原来的字迹。上级医务人员有审查修改下级医务人员书写的病历的责任。病历书写错误的修改方法不规范，将会成为病历书写缺陷的硬伤，一旦出现不规范修改，由于其书写错误的内容被掩盖或者遮挡，势必影响原先书写内容真实性的认定，从而在诉讼中患方经常会以此为由要求认定医疗机构书写的病历资料无效。

（三）医疗机构及其医务人员病历保管义务

病历书写得再好，如果医疗机构没有保管好，最终提交不出病历文本，此前的一切规范书写都统统归零，没有任何实际意义。

1. *病历资料保管的主体要求*　病历资料由谁来保管呢？应当从病历所有权、患者就医方便、保管的条件等方面予以考察。

关于病历的所有权，业界争议较大。不仅我国如此，在国外也同样。法律上的所有权是一种物权，即物的所有人依法可以对某一特定物占用、使用、收益和处分的权利。病历所有权是指谁对病历享有占用、使用、收益和处分的权利。对此，法律上并没有明确规定，在卫生行政法规中也没有相应的内容。

对于病历记录权属的确定，可以将它分为诊疗记录的所有权从属于谁和含诊疗记录在内的医疗信息从属于谁的问题。前者即是指诊疗记录所有权的归属，后者则是医疗信息的归属。在日本，不管是纸质的，还是录音、录像、磁带，只要是医师亲手制作形成的诊疗记录，这份诊疗记录的所有权即属于医师或者医院，而有关患者个人的诊疗信息则属于医疗机构所有。⑮ 在美国,1985 年制定有《统一医疗信息法》,虽然它并不是一部正式的法律,但是它是基于判例作为立法和司法解释的标准而制定的医疗信息指南。⑯ 在美国虽然承认病人对于病历上之资讯具有相当的利益,但病历则被认为属于医院诊疗之财产,并有诸如密西西比、宾夕法尼亚、堪萨斯、肯塔基、北卡罗来纳、田纳西及犹他州等有明确规定。⑰ 在英国,《保健记录知情法》第三条规定,不考虑医疗机构的公、私性质,而且也不考虑是计算机处理的信息,还是指南性质的信息,患者对于自己的医疗信息享有一般的知情权。但在第五条则对这种知情权进行了限制:对于患者本人或者其他的个人可能在身体上或者精神上招致重大侵害的信息,或者与患者以外的个人相关,由患者以外的个人提供的,基于这一信息对于患者的病情能够加以识别的信息,对这些信息的知情权则加以严格的限制。⑱

根据《医疗事故处理条例》和《病历书写基本规范》的规定,形成后的病历主要可分为两类。一类是有关患者个人信息或与患者个人信息有关的客观部分,包括门诊病历、住院志、体温单、医嘱单、化验单(检验报告)、医学影像检查资料、特殊检查同意书、手术同意书、手术及麻醉记录单、病理资料及护理记录。这些材料都是医方在医疗服务过程中的对价给付,因为患者已经或必须要支付医疗费用。另一类是医护人员在诊疗护理过程中运用自己的医学知识对患者病情的分析和思考,是带有智力成果因素的主观部分。包括病程记录、诊断分析、疾病分析及治疗方案、会诊意见、疑难病例讨论记录、上级医师查房记录等。这些材料是医方的智力创作成果(作品)。根据民法中债权债务和原始取得的原理,第一类的客观部分应属于患者或死者家属,患者有权对其进行处分或复制使用;第二类的主观部分依法应属于医方,医方可以不经患者同意而占有或使用。⑲

还有作者认为,患者的病历应分为客观病情部分、医师主观分析部分和治疗过程部分,并认为,客观病情部分病历归患者所有,医师主观分析部分归医疗机构所有和治疗过程部分病历为医患双方共有。⑳ 这也是一种划分方法,其所谓"治疗过程部分"实际上是从前述的主观病历、客观病历中分离出来的,似乎没有太多实际

---

⑮ [日]植木哲:《医疗法律学》,冷罗生、陶芸、江涛译,法律出版社 2006 年版,第 144 页;黄丁全:《医事法》,中国政法大学出版社 2003 年版,第 209 页。

⑯ 同上,植木哲书,第 148 页。

⑰ Roach, Chernoff, Esley: Medical records and the law, 1985, P. 60(参见 1990 年 5 月医事法律学会期中报告:医疗纠纷与医病关系相关法制之研究,第 66 页)。转引自黄丁全:《医事法》,中国政法大学出版社 2003 年版,第 210 页。

⑱ 前引⑮,植木哲书,第 150 页。

⑲ 刘鑫、刘爱民:《病历规范化书写与举证》,华夏出版社 2002 年版,第 105 页。

⑳ 王文革:《关于病历所有权的探讨》《法律与医学杂志》2006 年第 3 期,第 200—203 页。

价值，且在实践中难以操控。

笔者认为，无论是主观病历还是客观病历，只能从理论上进行划分，其客观的表现是一种信息，它并不能脱离“病历”这种医疗上的特殊载体而存在，因此，对于患者所享有的病历信息，主要是从知情权上加以考虑的。即患者享有所有权的部分，其可以享有知情权；患者不能享有所有权部分就不能享有知情权，在域外法上也是这样规定的。病历作为一个整体，具体保管上只能是医疗机构保管，并不能因为患者享有所有权而行使所有权的4项权能。因此，从这个角度说，我们赞成主观病历归医疗机构所有，客观病历归医患共有。需要说明的是，由于客观病历属于医患双方共有，而且医疗机构所有的比例应当更大，对于医疗机构而言也更有价值，因此，应当由医疗机构负责保管病历。

从方便患者就医的方面来看，如果患者能够持有自己的病历资料，患者看病当然最为方便。但是，由于患者的个人情况和家庭情况差别很大，患者并不知晓病历资料对其疾病诊疗的重要性。因此，如果让患者保管病历资料，就可能会发生病历保管不当而损坏甚至丢失，也有可能患者就医时不随身携带病历，反而给患者就医带来麻烦。如果医疗机构保管病历，患者就医时可以随时提到病历，从方便患者就医的角度来看，医疗机构保管还是更为恰当。至于患者需要到其他医疗机构去就医、复查的方便问题，完全可以由医疗机构提供病历副本(复印件)或者病历摘要的方式予以解决。

病历保管的主体，还需要考虑病历保管的能力。即病历保管者要有病历保管的“硬件”设施和“软件”制度。从“硬件”上来看，医疗机构有专门的病案室。在2004年9月2日卫生部发布的《医疗机构基本标准(试行)》(卫医发[1994]第30号)要求，二级、三级医疗机构应当设立病案室。从“软件”上来看，卫生部在1982年发布的《医院工作制度》中就明确规定了“六、病案管理制度”；2002年8月2日又发布了《医疗机构病历管理规定》；中国医院协会病案管理专业委员会也发布了具体的病历管理方面的文件，定期召开病案管理学术会议，定期检查和督导医疗机构的病历管理工作。各医疗机构还根据卫生行政机关的病历管理行政规章制定了具体的病历管理制度。

综上所述，病历资料保管的主体应当是医疗机构，而不宜是患方。《侵权责任法》第六十一条规定医疗机构及其医务人员应当按照规定妥善保管病历资料。《医疗机构病历管理规定》第四条规定：在医疗机构建有门(急)诊病历档案的，其门(急)诊病历由医疗机构负责保管；没有在医疗机构建立门(急)诊病历档案的，其门(急)诊病历由患者负责保管；住院病历由医疗机构负责保管。当然，如果患者就医时使用的是门诊病历手册，由于其内容简单，携带方便，没有必要由医疗机构统一保管，一般由患者自己保管。因此，病历资料的保管主体以医疗机构保管为原则，以患者保管为例外。

2. *病历资料保管的时间要求* 从世界范围来看，对于病历保管时间法律都有专门的规定，比如日本《医师法》第二十四条规定，医师诊疗时必须在病志上及时地记载诊疗事项，从患者结束医疗算起，必须保存5年。在我国台湾地区的卫生立法中，对病历保管的年限也有规定。[21] 因此，病历的保管具有相当的稳定性，这是一个国际上通行的做法。

我国《医疗机构管理条例实施细则》第五十三条规定，医疗机构的门诊病历的保存期不得少于15年，住院病历的保存期不得少于30年。在2002年8月卫生部发布的《医疗机构病历管理规定》对病历的保管主体和保存年限也做了规定，第七条规定，医疗机构应当建立门(急)诊病历和住院病历编号制度。第十条规定，在患者住院期间，其住院病历由所在病区负责集中、统一保管。病区应当在收到住院患者的化验单(检验报告)、医学影像检查资料等检查结果后24小时内归入住院病历。住院病历在患者出院后由设置的专门部门或者专(兼)职人员负责集中、统一保存与管理。第二十条规定，门(急)诊病历档案的保存时间自患者最后一次就诊之日起不少于15年。2000年6月1日卫生部发布《临床输血技术规范》第二十条规定，输血科(血库)要认真做好血液出入库、核对、领发的登记，有关资料需保存10年。卫生部2007年5月1日实施的《处方管理办法》第五十条规定：处方由调剂处方药品的医疗机构妥善保存。普通处方、急诊处方、儿科处方保存期限为1年，医疗用毒性药品、第二类精神药品处方保存期限为2年，麻醉药品和第一类精神药品处方保存期限为3年。处方保存期满后，经医疗机构主要负责人批准、登记备案，方可销毁。

3. *提供病历的要求* 医疗机构保管病历只是强调其管理职能，并不意味着医疗机构就独占病历。病历资料的保管，既要管得住不至于损坏、灭失，又要方便医患双方的使用。向患者、法庭提交病历，是因医疗机构管理病历之职责派生出来的法定义务。

由于病历是医患双方共同共有，病历的制作既是医疗机构开展诊疗活动和开展医学研究的需要，也是患方就诊、复查的需要，因此，在患者需要的时候，医疗机构应当及时为患者提供病历，以解决其就医问题。在发生医疗纠纷后，无论是法庭上所需要的证据，还是医疗事故技术鉴定所需要的鉴定资料，医疗机构都应当提供病历。

---

[21] 不过，台湾地区不同的卫生立法中对于病历保管年限的规定不一致，有10年和7年的差异。我国台湾地区“医疗法”(2004年4月28日公布)第七十条规定，医疗机构之病历，应指定适当场所及人员保管，并至少保存7年。但未成年者之病历，至少应保存至其成年后7年；人体试验之病历，应永久保存。医疗机构因故未能继续开业，其病历应交由承接者依规定保存；无承接者至少应继续保存6个月以上，始得销毁。医疗机构对于逾保存期限得销毁之病历，其销毁方式应确保病历内容无泄露之虞。我国台湾地区“医师法”第十二条规定，病历保存10年。

二、患者的病历知情权与医方的保障义务

《侵权责任法》第六十一条第二款规定，患者要求查阅、复制前款规定的病历资料的，医疗机构应当提供。这里既设立了患者对其自身病历享有的专有使用权，也设立了医疗机构应当保障患者这种专有使用权的义务。

（一）患者的知情权

知情（Know the inside story），即对相关情况信息的知悉了解。这种知悉和了解可以是自己主动获得，也可以是被动地被告知。而通过一定途径对某种事物内部情况知悉了解的权利就是知情权。

知情权（Right to Know），也叫公民知情权，是指公民对于国家重要决策、政府重要事务以及社会上当前发生的与普通公民权利和利益密切相关的重大事件，有了解和知悉的权利。知情权包括了知悉和获取这两层含义，知悉即主观上知晓，而获取即主动索取。广义知情权所涉及的范围很多，王利明教授就认为：广义知情权的内容包括知政权、社会知情权、对个人信息的知情权、法定知情权和法人知情权。[22]知情权不仅仅局限于知道和了解国家的法律、法规以及执政党的大政方针，还应当包括政府掌握的一切关系到公民权利和利益、公民个人想了解或者应当让公民个人了解的其他信息。知情权是个人生存权与发展权的一部分，是民主社会的基石。公民的知情权是公民的基本权利之一，是公民参与国家管理、保护自身利益的前提。

在医疗过程中，医患双方在相关信息掌握上处于不平等地位。医师有专业知识，在实施医疗行为的过程中掌握主动权，处于优势；患者不懂医，在就医过程中往往是被动接受医师的医疗干预，处于劣势。因此，医师有关照患者的义务，关照义务必然包括将患者的相关信息告诉患者。患者知情权是指患者在医疗机构就诊的过程中，有了解自己的病情、医师将要采取的治疗措施以及可能面临的风险的权利。这是法律赋予患者的一项基本权利，医疗机构及其医务人员必须要切实保障实施。

患者的知情权所涉及的范围，主要是与患者的疾病诊疗相关的信息，包括疾病诊断名称，疾病的严重程度，疾病治疗的可能性，治疗的方法及其风险、费用，治疗方法的可选性，疾病的转归与预后等。关于患者享有的知情权，在我国现行法上是有明确规定的。《中华人民共和国执业医师法》第二十六条规定，医师应当如实向患者或者其家属介绍病情，但应注意避免对患者产生不利后果。医师进行实验性

[22] 王利明：《人格权法新论》，吉林人民出版社 1994 年版，第 488－489 页。

临床医疗，应当经医院批准并征得患者本人或者其家属同意。《医疗事故处理条例》第十一条规定，在医疗活动中，医疗机构及其医务人员应当将患者的病情、医疗措施、医疗风险等如实告知患者，及时解答其咨询；但是，应当避免对患者产生不利后果。如果医疗机构及其医务人员没有尽到告知的义务，导致患者知情权受到侵犯，医方还要面临承担相应的行政责任、民事责任。《医疗事故处理条例》第五十六条第一项规定，医疗机构违反本条例的规定，未如实告知患者病情、医疗措施和医疗风险的，由卫生行政部门责令改正；情节严重的，对负有责任的主管人员和其他直接责任人员依法给予行政处分或者纪律处分。侵犯患者的知情权造成患方有损害后果的，还要面临承担相应的民事责任。[23] 患者对自己病历资料的知情权，是患者知情权的一个有机组成部分。

(二)患者对自己的病历享有知情权

在病历中有关患者的资讯内容上，患者既享有隐私权，也享有知情权，隐私权与知情权相伴相随，并且还与医方的知识产权交织在一起，成为一个非常复杂而具体的问题。虽然我们强调要保护患者在病历中的隐私权，但是如果医疗机构对病历予以绝对保密，甚至不向患者本人公开，就可能侵犯患者的知情权。因此在保护患者病历隐私权的同时，要保障患者对其自身的病历所享有的知情权，病历隐私权与知情权的平衡，在于医疗机构及其医护人员将病历开放的对象要进行限制。

病历是医务人员执行医疗行为时必须制作的业务文书，其中会详细记载医师对患者病情所听、所见、所想、所做的一切信息，因而可以说病历记载了患者有关疾病诊疗的一切信息，是患者了解其病情，还原整个医疗行为的重要凭据，也是患者继续医疗，尤其是复查和转诊的时候的重要资料。但鉴于病历中的内容包括客观资讯和医师的主观分析两个部分，不同的部分所有权归属不同，因而关于患方所享有的知情权只应当限于患方客观资讯部分，主观病历是否能够提供给患者，由医疗机构及其医务人员决定。《医疗事故处理条例》第十条规定，患者有权复印或者复制其门诊病历、住院志、体温单、医嘱单、化验单(检验报告)、医学影像检查资料、特殊检查同意书、手术同意书、手术及麻醉记录单、病理资料、护理记录以及国务院卫生行政部门规定的其他病历资料。患者依照前款规定要求复印或者复制病历资料的，医疗机构应当提供复印或者复制服务并在复印或者复制的病历资料上加盖证明印记。复印或者复制病历资料时，应当有患者在场。这里所列的患方可以复印的病历资料就是客观病历资料。属于主观病历的死亡病例讨论记录、疑难病例讨

[23] 《中华人民共和国侵权责任法》第五十五条：医务人员在诊疗活动中应当向患者说明病情和医疗措施。需要实施手术、特殊检查、特殊治疗的，医务人员应当及时向患者说明医疗风险、替代医疗方案等情况，并取得其书面同意；不宜向患者说明的，应当向患者的近亲属说明，并取得其书面同意。医务人员未尽到前款义务，造成患者损害的，医疗机构应当承担赔偿责任。

论记录、上级医师查房记录、会诊意见、病程记录 5 个文件，患方无权查看和复印，但是为了便于医疗纠纷的处理，《医疗事故处理条例》第十六条规定，在医患双方在场的情况下应当对包含这 5 个文件在内的主观病历予以封存。第五十六条还规定，医疗机构违反本条例的规定，没有正当理由，拒绝为患者提供复印或者复制病历资料服务的，由卫生行政部门责令改正；情节严重的，对负有责任的主管人员和其他直接责任人员依法给予行政处分或者纪律处分。可见，我国不仅在行政立法上而且在民事立法上已经对患者病历知情权做出了明确规定，患者有权复印、复制自己的病历。

（三）医疗机构保障患者病历知情权的义务

在法律关系主体的权利义务对应的双方中，一方的权利就是另一方的义务。既然患者在病历中享有知情权，对应于医疗机构就应当具有保障患者病历知情权得以实现的义务，否则患者在病历资料上的知情权无从谈起。

医疗机构保障患者病历知情权的义务，应当是从患者查阅病历资料和复印病历资料这两方面来要求的。患者可以就自己的病历资料，向医疗机构申请查阅，也可以向医疗机构要求复印，医疗机构在接到患者的申请后，应当予以配合。如果医疗机构拒绝提供病历供患者查阅，或者仅让患者查阅而不许患者复印、复制，都属于医疗机构没有尽到保障患者知情权的义务。但是在具体实施中有几个问题。

1. *患者查阅、复印病历的时机*　查阅病历、复印病历时患者的法定权利，医疗机构应当配合，不得拒绝。但患者是可以在就诊、住院过程中查阅病历呢还是应当在就诊结束、出院之后进行呢？对此，《侵权责任法》《医疗事故处理条例》《医疗机构病历管理规定》均无规定。实践中很多医疗机构是限制患者在就医、住院过程中查阅病历，只允许患者查阅终末病历而不许查阅环节病历（运行中病历）。我们认为，既然法律没有限制患者查阅病历的时间，而法律将患者对病历的知情权作为一项与就医相关的权利予以规定，患者就应当可以在任何时候查阅、复制病历，只要患者的这个请求没有干扰医疗机构的工作。但是这样做的话问题又出现了，如果患方复印病历是在医疗过程中，此时由于医疗没有终结，病历的内容在不断增加，且医务人员及上级医务人员均会依法对病历进行正常修改，这将会导致患方手中会出现不同版本病历复印件，患方可能会在法庭上质疑医方制作“阴阳”病历，从而否定医疗机构病历的真实性，否定医方提供病历的证据价值。《病历书写基本规范》中第六条、第八条规定了书写病历的医务人员、上级医务人员有权修改病历。因此，在司法实践中必须要严格区分病历中的修改是正常修改还是恶意修改，正常修改在形式上必须符合《病历书写基本规范》中第六条、第八条规定，在修改时间上必须是在发生医疗纠纷之前。对于恶意修改，严格说应当从主观故意上进行认定，但这几乎是不可能的，因此，只能从修改的形式和时间上来认定。在形式上采用刮、粘、涂、贴等方式，掩盖或者去除了原来的字迹，在时间上则是在医疗纠纷发生过程中或者之后。

2. *患者查阅、复印病历的范围*　主观病历与客观病历有时不可分，如果患方要求复印病历，当然可以只给他复印客观部分，主观部分不予复印，医疗机构可以把控。但是如果患方不要求复印病历，只要求查阅病历，医方如何限制患方只查阅客观病历呢？医疗机构对病历的管理，环节病历由病区护士站保管，此时的病历存放在病历夹中，无论是客观病历，还是主观病历，都是按照一定的顺序集中排列的，患方查阅病历时，医方是派一名医务人员全程陪同，还是现将主观病历抽出呢？对于终末病历，医疗机构一般由病案室统一保管，此时的所有病历文件，无论是主观病历还是客观病历，都按照既定的固定顺序排列，并已经装订成册，对于患方查阅病历时，医方是派一名医务人员全程陪同，还是现将主观病历抽出呢？显然这又是一个问题。目前变通的做法只能是医方派一名医务人员全程陪同，既可以避免患者查阅主观病历，也可以防止患方在查看病历时抽走其中的病历文件。

虽然在医疗机构内患方只能复印客观病历，但是并不等于患方无法看到、复印到主观病历。因为诉讼启动之后，无论是在庭审阶段，还是在医疗事故技术鉴定中，病历都是至关重要的证据，如果医方不同意患方查看、复印其主观病历，主观病历必然就会被排除在证据之外。《中华人民共和国民事诉讼法》第六十六条规定，证据应当在法庭上出示，并由当事人互相质证。对涉及国家秘密、商业秘密和个人隐私的证据应当保密，需要在法庭上出示的，不得在公开开庭时出示。《最高人民法院关于民事诉讼证据的若干规定》第三十七条规定，经当事人申请，人民法院可以组织当事人在开庭审理前交换证据。第四十七条规定，证据应当在法庭上出示，由当事人质证。未经质证的证据，不能作为认定案件事实的依据。而医疗机构在医疗纠纷诉讼中，面临举证责任倒置的压力，医疗机构应当主动将全部病历提交给法庭，以证明医疗行为没有过错及医疗行为与损害后果没有因果关系。可见，医疗机构提交病历，应当是包括主观部分和客观部分的全部病历，举证中如果医方仍然坚持患方不得查看主观部分的病历，最终主观病历将会被法庭排除在证据之外，既不能依据主观病历做医疗事故技术鉴定，也不得将主观病历拿来作为定案的依据，已经依据主观病历做出了医疗事故技术鉴定的，医疗事故技术鉴定结论应当排除，已经依据主观病历认定的案件事实，也应当重新认定。这样做的结果必然对医方不利，往往迫于举证的压力，最终医方都会放弃不让患方查看主观病历的主张，同意患方查阅患者的主观病历。我们认为，《医疗事故处理条例》将病历划分为主观部分和客观部分，且只允许患方查阅客观部分，在实践中并不可行。但是这项规定却误导了书写病历的医务人员，给他们留下的印象是患方只能看到客观病历，主观病历看不到，因此，书写客观病历时，就比较认真、规范，而书写主观病历时，就可能马虎、不规范。这样的主观病历在法庭上呈现作为证据使用时，很容易被患方发现破绽、漏洞、瑕疵，最终为患方否定病历的证据价值提供了条件。

3. *患者查阅、复印病历必须要按照规定办理*　患者享有查阅、复印患者病历的权利，医疗机构应当予以保障，但是并不等于患方行使这一权利时可以不受到任何限制而为所欲为，毕竟医疗机构是以治病救人为第一目的，医疗机构的一切工作都必须围绕这一目的来进行，患方查阅、复印患者病历只能排在医疗机构的次要、辅助性工作层面。患方查阅、复印患者病历不得干扰和影响医疗机构的正常工作，因此，卫生行政机关对于查阅、复印患者病历有专门规定。比如，在《医疗机构病历管理规定》规定中，对于病历查阅、复印申请人，提交的法律文件和手续，复印复制费用等做了具体的规定，患者只有办理了医疗机构规定的法律手续，才可以复印自己的病历资料。

病历查阅和复制，必须在医疗机构规定的场所和时间内办理。医疗机构统一将病案保管在病案科（室），并且有专门的库房存放，因此，就存在病案出库和入库的问题。这意味着患者查阅、复印病历必须到医疗机构指定的场所去办理。病案科（室）属于医疗机构的辅助部门，不可能安排值班人员，因此只能在正常的工作时间内办理。

病历查阅无须交费，但是病历复印、复制则必须缴纳一定的工本费。《医疗机构病历管理规定》第十八条规定，医疗机构复印或者复制病历资料，可以按照规定收取工本费。具体收费标准，由地方物价管理部门制定。比如，北京市物价局于 2002 年 8 月 30 日发布的《关于病案病历复印复制收费标准（试行）的函》（京价（收）字[2002]329 号）规定，复印费 A4 纸每张 1 元，A3 纸每张 2 元；医学影像检查资料复制，每份收取 4 元复制费，另按材料进价加 10％收取材料费。

这其中涉及患者身份确认的问题。如何确认患者的身份呢？从理论上来说并不困难，只要患者本人出示了自己的身份证、护照等身份文件之后即可以确认。但是，实际工作中却常常出现自称的患者本人的病历资料复印申请人却不能提供身份证明文件，导致病历查阅、复印受阻。另外，经患者授权的病历查阅、复印人，只能提交患者的授权委托书和患者身份证复印件。这里需要注意两个问题：一是授权委托书中是否写明了查阅、复制患者病历资料的授权事项和授权有效期；二是患者签署的授权委托书中的签名是否为患者本人签。对于签名，由于没有可供比对的样本而难以确认。因此，需要用患者的身份证原件予以佐证。

医疗机构应当对患者及其委托人复印病历的情况进行登记，将患方提交的材料予以存档保存，以备日后查验。医疗机构复印的病历资料，应当盖确认章和骑缝章，盖章之后方可交付患方。

4. *患者家属有无权利查看患者的病历*　《侵权责任法》第六十一条第二款只

规定了患者享有查看、复印病历的权利，并没有规定患者授权的亲属或者委托人有无权利查看、复印病历。那么患者可否将其享有的查看、复制病历资料的权利授权由他人来行使呢？除了涉及公民个人人身必须亲自而为的权利之外，公民享有的权利一般都可以授权他人行使。但是，查看、复印的病历资料涉及患者的隐私，如果未经患者本人授权，或者患者的授权存在瑕疵，任由他人查看其病历资料，又可能会侵犯患者的隐私权。因此，患者授权的委托人有权查看、复制患者的病历，但应当严格查验患者的授权法律文件及其他文件，实施中应当参照《医疗事故处理条例》《医疗机构病历管理规定》来执行。

《医疗事故处理条例》第十条规定了患者有权复印客观病历，医疗机构在给患者复印病历的时候，应当有患者在场。这样的规定并无不妥之处，毕竟病历中是患者的资讯，患者对其不仅享有知情权，还享有隐私权，所以患者可以排斥患者之外的任何人查看他的病历。但是，患者的知情权并不一定要由自己亲自行使，完全可以进行授权和委托，将这项权利交给他人来代为执行。因此，《医疗机构病历管理规定》对于授权和委托他人复印病历的具体操作做了规定，允许患者授权他人复印其病历。这似乎是一项补充性的规定。然而，《医疗事故处理条例》属于上位法，《医疗机构病历管理规定》属于下位法，下位法不得与上位法矛盾和冲突，条例只规定了患者享有病历复印权，并没有委托性规定，而且复印病历的时候应当有患者在场，如果患者授权他人复印病历，患者必须在场的要求如何处置？如果没有患者在场，将来患方以没有患者在场，违反条例的规定为由，提出病历复印违法，病历复印件无效，如何处理？再者，患者授权他人复印病历，被授权人必须要提供患者的授权书，那么医疗机构如何来鉴别授权书的真伪，即授权书上的签字是不是患者本人的签字？别说对于医疗专业人员这是一件非常困难的事情，就是对于笔迹鉴定专家，由于缺乏可信的比对样本，也无法做出这样的判断。实践中，目前只能采取一些变通解决的办法。我们一般是建议医疗机构，患者授权他人复印病历的，除了要提供患者亲笔书写的授权委托书之外，还应当提供患者本人和被授权人的身份证件原件，以此来佐证授权书的真实性和被授权人的身份。至于复印病历时患者不在场的问题，可以要求患者在签署授权委托书时声明放弃其病历复印在场权。

与这个问题相关还有患者死亡后患者病历的复印问题。这在法律上没有规定，且无法获得患者的授权，在死亡患者家属复印病历时，患者也无法复活在复印病历的现场。患者虽然死亡，但是其隐私权依然存在，隐私权不因患者的死亡而消灭。如果依据《医疗事故处理条例》的规定，医方可以拒绝患者家属复印病历的要求。在条例没有规定死亡患者家属可以复印病历的情况下，《医疗机构病历管理规定》规定死亡患者的近亲属提供患者死亡证明及其近亲属的有效身份证明、申请人是死亡患者近亲属的法定证明材料，死亡患者近亲属的代理人提供患者死亡证明、死亡患者近亲属及其代理人的有效身份证明，死亡患者与其近亲属关系的法定证明材料，申请人与死亡患者近亲属代理关系的法定证明材料之后，就可以复印患者的客观病历，显然是违法性规定，且是一个无法变通执行的问题，这只能留待将来《医疗事故处理条例》修订时处理。

（四）医疗机构侵犯患者病历知情权的法律责任

医疗机构没有履行保障患者病历知情权的义务，可能构成侵犯患者病历知情权的行为并应当承担法律责任。不过，这里主要应当强调行政法律责任，因为，《侵权责任法》第六十一条第二款没有规定法律责任。从侵权责任承担的方式来看，《侵权责任法》第十五条规定了 8 种承担责任的方式，可以责令医疗机构停止侵害、赔礼道歉等方式，而且只要医疗机构保管的病历存在，医疗机构也很容易履行保障患者病历知情权的义务。因此，对于医疗机构不准许患者查看、复印病历的行为，应当从行政法规方面对医疗机构予以处分、处罚。

同样是知情权的侵犯，在民事法律责任方面，是否可以参照《侵权责任法》第五十五条来执行呢？我们认为不可以。因为单纯的侵犯患者知情权一般不会造成患者出现损害后果，只有当患者的知情权与同意权并存时，即患者在行使知情权的同时还应当一并行使同意权，对具体的诊疗措施实施选择和决定，这才存在造成患者损害的问题，从而承担赔偿责任。而仅仅侵犯患方的知情权，应当按照停止侵害、赔礼道歉等承担侵权责任方式来处理。

【案例与评析】

案例 9-1　某医院丢失患者病历引发纠纷

某医院不慎将多次来该院就诊的患者郑女士的病历丢失，恰巧郑女士办理病退需要拿该病历到有关鉴定中心做病退鉴定，病历丢失使得鉴定无法顺利进行。郑女士认为由于医院将自己的病历丢失，导致自己不能如期正式退休，在工资差额、医保个人账户、医药费等报销上损失很大，遂起诉至法院要求医院赔偿各项经济损失 5 万余元及精神损失费 2 千元。最终法院判决医院赔偿相关损失共计 3 千元。

评析

病历文书记录医疗过程，是评价医疗质量的依据，是医院证明自己在诊疗活动中有无过错的重要依据，是医疗纠纷争议中非常重要的证据。医务人员是否按照国家卫生管理法律、法规、规章等执行医疗服务活动，是否对患者实施必要救治措施，医疗行为是否构成医疗事故等都可以通过病历得以再现。这类资料作为证据，往往直接导致医疗诉讼的成败。病历资料作为医疗活动信息的载体，在医疗损害赔偿纠纷中的意义重大。

《医疗事故处理条例》第八条规定，医疗机构应当按照国务院卫生行政部门规定的要求，书写并妥善保管病历资料。《侵权责任法》第六十一条规定：医疗机构及其医务人员应当按照规定填写并妥善保管住院志、医嘱单、检验报告、手术及麻醉记录、病理资料、护理记录、医疗费用等病历资料。患者要求查阅、复制前款规定的病历资料的，医疗机构应当提供。上述规定表明医疗机构是保管病历资料的主体，对患者的病历资料应当妥善保管。至于保管期限，我国《医疗机构管理条例实施细则》第五十三条规定，医疗机构的门诊病历的保存期不得少于15年，住院病历的保存期不得少于30年。由于病历是医患双方共同共有，病历的制作既是医疗机构开展诊疗活动和开展医学研究的需要，也是患方就诊、复查的需要。因此，在患者需要的时候，医疗机构应当及时为患者提供病历，这是医疗机构的法定义务。在发生医疗纠纷后，无论是法庭上所需要的证据，还是医疗事故技术鉴定所需要的鉴定资料，医疗机构都应当提供病历。

医疗关系是一种特殊的合同关系，保管病历既是医疗机构的法定义务，也是医疗机构与患者之间约定俗成的合同义务。本案中，医院将患者郑女士的病历丢失，未尽到病历保管义务，违反合同约定，存在违约过错，应当承担违约损害赔偿责任。违约损害赔偿是当事人之间原本就存在特定的债权债务关系即合同关系，因债务人违约给债权人造成财产损害而产生赔偿关系。就本案来说，即医疗机构与患者之间存在医疗服务合同关系，但医疗机构保管病历不善，违约给患者造成财产损害从而产生赔偿关系。但违约损害和侵权损害不同，不包括人身损害和精神损害，因此，本案只对患者的财产损失予以赔偿，而精神损害赔偿则不予支持。

另外，《医疗事故处理条例》第五十六条"医疗机构违反本条例的规定，有下列情形之一的，由卫生行政部门责令改正；情节严重的，对负有责任的主管人员和其他直接责任人员依法给予行政处分或者纪律处分：未按照本条例的规定封存、保管和启封病历资料和实物的"。因此，本案中，患者还可以向卫生行政部门申请要求该医院对未妥善保管病历资料的行为承担行政责任。

案例 9-2　南京"天书病历"案宣判

2006年2月11日，吴女士因头部不适到市区某"三甲"医院门诊就诊。吴女士陈述完病情后，接诊医师随后开出CT检查单，要求其先去检查，不久，诊疗医师拿到了吴女士的CT报告，一番观察判断后即开出处方交给了她，要她去交钱取药。吴女士带着医师开的药回到家后，发现医师书写的病历潦草得像"天书"似的，根本无法看懂。

交涉无果之下，吴女士将医院诉至法院，请求法院判令被告医院履行对原告的问诊、介绍病情及医嘱的义务；重新书写病历；向原告赔偿已收取的 CT 费用 161 元。

同年 7 月 5 日，法院就此案作出一审判决。法院审理认为：在调整上述医患纠纷中，通常依据法律、法规、行业内部管理规定、医学规范、医疗机构的内部管理制度等来确定医师的注意义务之具体内容，医师违反注意义务则构成违约。卫生部《病历书写基本规范》中，对于病历文字书写有原则性的要求。一般而言，医疗行政管理法规可以作为设定医师注意义务的依据，但由于行政管理法规与民法规制在调整的对象和目的以及价值评价上不同，所以二者又不尽一致。基于以上考虑，本案不应把行政管理法规中病历文字书写的原则性要求，作为医师的注意义务，其理由是文字书写好坏的判断主观性很强，民事法律已给医师在医疗行为中设定了高度的注意义务，如果再给这种危害较小的次要给付义务设定过于严格的标准，实际上是超出了民法价值判断而苛求医师。原告头晕就诊，被告医院让原告进行 CT 检查是其履行诊疗义务的行为，不违反医疗原则，原告可以根据自身的情况决定是否接受 CT 检查，也可以要求被告做其他的检查，原告交费接受 CT 检查视为原告同意，因此被告不存在违约行为。

法院虽然没有支持原告的主张，但这并不等于法院认同医师书写“天书”病历。在本案判决文书中，法院就病历的书写有着特别的强调。

判决书中写道：“门诊病历是门诊诊治过程的简要记录，它为患者转诊、继续治疗及将来治疗提供病史及治疗资料，病历是重要的医疗文件。毫无疑问，医师书写的病历文字应当清晰，字体尽量端正，尽可能使绝大多数人都能清楚地辨认。被告医院尽管未违反医师的注意义务，但存在着对原告的诊断过程过于简单，病历文字书写过于潦草，与患者缺乏必要的沟通等问题，这也正是引发本次纠纷的直接原因。”

法院认为原告要求被告重新书写病历的诉讼请求不属于民法调整的范围，应通过医疗行政手段解决，故驳回了原告的诉讼请求。

评析

病历资料是医患之间沟通交流的工具，是医疗服务合同中医方的约定义务。在医疗过程中，医患双方在相关信息掌握上处于不平等地位，患者知情权应充分保障。患者知情权是指患者在医疗机构就诊的过程中，有了解自己的病情、医师将要采取的治疗措施以及可能面临的风险的权利。在有关病历的患者权利上，隐私权与知情权相伴相随，病历记载了患者有关疾病诊疗的一切信息，是患者了解其病情，还原整个医疗行为的重要凭据，也是患者继续医疗，尤其是复查和转诊时候的重要资料。患者对病历资料的知情权应得到保障。

本案虽然从判决结果上看是患方败诉，但是法院的判决值得商榷。法院是以

“原告要求被告重新书写病历的诉讼请求不属于民法调整的范围”为驳回患方起诉的理由，应该认为是没有道理的。因为医疗行为是医疗服务合同，医方在给患方提供医疗服务的同时，应当规范书写病历和保管病历，因此，规范书写病历是医方的合同义务之一。另外，病历写得是否清楚对患者今后的复查和就诊还会产生影响，患方在医疗过程中享有病情知情权，这是患方的合同权利，与患方的该项权利相比，医方有规范书写病历的义务。因此，这当然属于民法调整的范围。

卫生部2010年3月1日实施的《病历书写基本规范》第六条规定，病历书写应规范使用医学术语，文字工整，字迹清晰，表述准确，语句通顺，标点正确。《侵权责任法》第六十一条第一款中关于病历的书写要求按规定“填写”。因此，文书的格式、书写内容的顺序、表述方式、文件排列顺序等，都应当符合规范的要求。本案中，“天书病历”一定程度上侵犯了患者的知情权，但病历书写不规范属于卫生行政管理内容，患者可寻求卫生行政手段解决。重新书写病历的诉讼请求不属于民事诉讼受案范围，因此法院予以驳回。法院虽然未支持原告主张，但并不意味认同“天书病历”，判决书中专门强调“医师书写的病历文字应当清晰，字体尽量端正，尽可能使绝大多数人都能清楚地辨认”。足见规范书写病历的重要性。

案例9-3　70页病历缘何篡改68处

1997年10月5日，余某某把怀有双胞胎的妻子李某某送进福建某医院待产。第一胎顺利出生，可第二胎却没有了动静。据李某某回忆：医师将手伸入其产道对胎儿进行翻转，1小时后，第二名男婴分娩出生，比正常娩出时间迟了近半小时。第二名男婴一出生便有窒息、抽搐现象，医院诊断蛛网膜下腔出血，缺血缺氧，并伴有阴囊水肿、脑水肿。这些症状导致孩子落下脑瘫。

2001年6月，余某某将该医院告上南平中院。司法部技术鉴定中心认定余某某的妻子及儿子两份仅70页的病历竟有68处被涂改。

随后法院又先后委托司法部技术鉴定中心、北京市法庭科学技术鉴定研究所鉴定“医院在诊疗护理过程中有无过错”，但两部门都认为原始病历有68处涂改，真实性已受到置疑，继续鉴定无实际意义，因此均不予受理。法院又委托中华医学会对该案进行医疗事故鉴定，同样被退回。由于鉴定无法做出，致使该案的审理长期难以进行下去。

评析

医疗机构是病历的制作主体和保管主体，病历的封存一般发生在医患双方发生医疗纠纷或者患者提请医疗事故鉴定之后，病历封存之后，其真实性有当然的保障，但是封存前病历的真实性、完整性如何来保证？病历被涂改、真实性受质疑无法继续鉴定时，法院应如何处理？这是本案引发的问题。

病人对病情有知情权，具体表现为对病历可以进行查阅和复印。但是过去法律并没有这些规定，因而常常有医院在发生医疗事故后以各种理由不将病历提供给患者及其家属的情况，病人提请医疗事故鉴定后病历才被封存。而病历在封存前，病历中不利于医院、医师的内容就有可能被涂改。本案中 70 页病历被篡改 68 处，正是该问题的突现。医院篡改病历，致使医疗事故鉴定无法进行，并进一步导致法院无法认定责任，这对患者权利的保护极为不利。

不过关于病历的涂改、篡改，需要与正常的修改相区别。毕竟病历是医务人员手工书写的，其在书写的过程中难免会出现一些错误或者不准确的内容，医师进行修改应当允许，在《病历书写基本规范》中也有规定。但是，如果医师在修改病历时方法不规范，恐怕就难以认定是正常修改了。

卫生部《病历书写基本规范》第六条规定，病历书写应规范使用医学术语，文字工整，字迹清晰，表述准确，语句通顺，标点正确。第七条规定，病历书写过程中出现错字时，应当用双线划在错字上，保留原记录清楚、可辨，并注明修改时间，修改人签名。不得采用刮、粘、涂等方法掩盖或去除原来的字迹。第二款规定，上级医务人员有审查修改下级医务人员书写的病历的责任。《北京市高级人民法院关于审理医疗损害赔偿纠纷案件若干问题的意见(试行)》第九条规定，当事人遗失、涂改、伪造、隐匿、销毁、抢夺病历，或以其他不正当手段改变病历资料的内容，导致医疗行为与损害后果之间的因果关系不明或有无过错无法认定的，应承担不利的诉讼后果。第三款规定一方当事人对对方保存或控制的病历的真实性、完整性提出合理质疑的，由保存或控制病历的一方当事人承担举证责任。司法实践中，对此类病历篡改无法鉴定的案件，既然医院篡改了病历，就说明医院企图掩盖真相，如果医院不能举证，证明自己没有出现医疗事故，那么鉴定机构则无须再进行医疗鉴定，应直接推定为医院出现医疗事故，一切后果都应由医院承担。法院应该本着这样的原则从速判决，有效地维护患者的权利。

《刑法》第三〇五条规定：在刑事诉讼中，证人、鉴定人、记录人、翻译人对与案件有重要关系的情节，故意作虚假证明、鉴定、记录、翻译，意图陷害他人或者隐匿罪证的，处 3 年以下有期徒刑或者拘役；情节严重的，处三年以上七年以下有期徒刑。病历是具有法律效力的医疗文件，一旦发生医疗事故或医患纠纷，它就成为关键证据。如果医师篡改用作刑事诉讼证据的病历，就构成伪证罪。如果病历用作民事诉讼的证据，同样属于伪造证据，会被处以 15 日以下的拘禁，同时受到行政处罚。医师的上级领导唆使、要求医师篡改病历的，属于共同犯罪，相关责任人都要受到法律制裁。

有人提出医院应该采用“两联”病历，医师在记载病人病情、治疗情况时利用复写式病历，一式两份，一份由医院保管，另一份由病人家属保管。如果发生医患纠纷，鉴定机构在核对两份病历后就可以清楚判断双方是否存在篡改病历的情况，然后再依此做出事故责任认定。这种方式虽然给医师增添了些许麻烦，却为发生医疗纠纷后对病历进行鉴定节约了大量的人力、物力。不过这种做法是否可行，需要进一步研究。

【需要注意的问题】

对病历真实性提出异议，几乎成了患方诉讼的杀手锏，有的患方律师在诉讼中，甚至无一例外都要对病历真实性提出质疑。病历真实性质疑，既是患方的诉讼策略，也是医患双方缺乏互信的表现。对于医方规范书写病历、保管病历的义务，患方病历知情权的保障，在实务中，需要注意以下问题。

一、患者享有查阅、复制病历资料的权利并非是绝对的

在特定情形下，为了保护正在接受诊疗患者的生命健康权，患者查阅、复制病历资料的权利可能受到限制。例如，《执业医师法》第二十六条规定，医师应当如实向患者或者其家属介绍病情，但应注意避免对患者产生不利后果。《医疗机构管理条例实施细则》第六十二条亦规定，因实施保护性医疗措施不宜向患者说明情况的，应当将有关情况通知患者家属。而《医疗事故处理条例》第十一条后半段也强调，医疗机构及其医疗人员在履行告知义务时，“应当避免对患者产生不利后果”。可见，如果允许患者查阅病历资料可能对其产生不利后果，那么医疗机构有权拒绝向其提供相关资料。

另外，患者对其病历享有的知情权是患者独有的权利，患者家属不是病历知情权的主体，因此，患者家属查阅、复印患者的病历，必须是患者系无民事行为能力、限制民事行为能力人，或者患者此时无法行使病历知情权（如处于昏迷状态），或者在得到患者本人的书面授权的情况下才可以进行。

二、在诉讼中，患者有权复印医疗机构提交的病历资料

当前，许多医疗机构对法院允许患者复印其提交给法院的所有病历的做法提出异议，认为按照《医疗事故处理条例》的规定，患者仅有权复印客观性病历，而无权复印主观性病历。对此，我们认为，依据《民事诉讼法》及相关司法解释的规定，医疗机构提交的所有病历资料均为证据材料，只要医疗机构将患者的病历资料列为诉讼证据，患者作为一方当事人就有权复印对方提交的所有证据材料。

三、要注意卫生部新发布的《病历书写基本规范》

《病历书写基本规范》对医疗机构及医务人员书写病历的内容和要求做了一些调整，变化比较大的主要内容如下。

1. 病历修改中的签名、写日期的要求有所变化。病历书写过程中出现错字时，应当用双线划在错字上，保留原记录清楚、可辨，并注明修改时间，修改人签名。不得采用刮、粘、涂等方法掩盖或去除原来的字迹。上级医务人员有审查修改下级医务人员书写的病历的责任。

2. 对需取得患者书面同意方可进行的医疗活动，应当由患者本人签署知情同意书。患者不具备完全民事行为能力时，应当由其法定代理人签字；患者因病无法签字时，应当由其授权的人员签字；为抢救患者，在法定代理人或被授权人无法及时签字的情况下，可由医疗机构负责人或者授权的负责人签字。因实施保护性医疗措施不宜向患者说明情况的，应当将有关情况告知患者近亲属，由患者近亲属签署知情同意书，并及时记录。患者无近亲属的或者患者近亲属无法签署同意书的，由患者的法定代理人或者关系人签署同意书。

3. 新增加急诊留观记录、有创诊疗操作记录、麻醉术前访视记录、手术安全核查记录、手术清点记录、麻醉术后访视记录等病历文书。删除了一般患者护理记录、手术护理记录。

4. 对病历文书书写提出了一些细节要求。

5. 增加了计算机打印病历的要求。

第10章

患者的隐私权与过度医疗侵权责任

医疗机构是一个非常特殊的场所。患者在医院就医的过程中，对医务人员提出的要求几乎是不加任何怀疑地配合，包括赤身裸体接受医务人员的检查和治疗，毫不保留地将个人的私密信息告诉医护人员，医师对患者身体的检查也会收集到患者的医学信息。因此，在医疗机构内，患者的隐私和个人信息几乎无处不在，如果医务人员没有隐私保密观念，患者的隐私很容易被侵犯，患者的个人信息很容易被泄露。这是《侵权责任法》明确禁止的行为。

由于医疗行为的专业性而使得患方很难以干预，即使医方告知了患方相应的检查和治疗手段，实际上最终的选择也是雾里看花，只知其然，不知其所以然。这为医疗机构实施过度医疗提供了基础。《侵权责任法》对过度医疗做出了禁止性规定。

本章将对患者隐私和个人信息保护以及过度医疗问题进行解读。

第六十二条　医疗机构及其医务人员应当对患者的隐私保密。泄露患者隐私或者未经患者同意公开其病历资料，造成患者损害的，应当承担侵权责任。

【主旨】

患者隐私权及医方保护患者隐私权的义务及侵权责任。

【释义】

一、患者的隐私及隐私权

1890年，美国两位法学家路易斯·布兰蒂斯和萨莫尔·华伦在哈佛大学《法学评论》杂志上，首先提出了隐私权的概念，认为这种权利是宪法规定的人所共享的自由权利的重要组成部分，从此以后，关于隐私的理论开始受到广泛的重视和承认。① 关于隐私的概念，在我国法律上并没有明确规定。隐私乃是一种与公共利益、群体利益无关的，当事人不愿他人知道或他人不便知道的信息，当事人不愿他人干涉或他人不便干涉的个人私事和当事人不愿他人侵入或他人不便侵入的个人领域。因此，隐私有三种形态：一是个人信息，为无形的隐私；二是个人私事，为动态的隐私；三是私人领域，为有形的隐私。② 从隐私的内容上来看，隐私总是涉及私人个人的东西，是与自然人的身体和生活密切相关的信息、行为或者空间。尤其是隐私与自然人的身体和生活密切相关方面，使得患者的隐私总会呈现在医疗机构的诊疗场所内，医师和护士在其执业过程中总会有意或者无意接触到、了解到。从与患者的身体相关方面来看，患者的隐私包括患者的疾病诊断信息、治疗信息、体格检查信息、身体器官发育畸形、遗传学信息、就诊经历等；从与患者的生活相关方面来看，患者的隐私则包括患者住院期间起居场所、随身携带的行李物品、家庭住址、家庭电话号码及手机、电话号码等。

而隐私权是将患者的隐私利益上升到公民个人的人格权的层次，从法律上予以保护的一种权利。关于隐私权的概念，我国 2009 年 12 月 26 日通过的《侵权责任法》首次出现，但是在法律上目前并没有明确的定义。《牛津法律大辞典》对隐私权(Privacy)解释为：不受他人干扰的权利，不得侵犯个人的私生活或者不得将人的私生活非法公开的权利要求。隐私权在许多的法律制度中都是未被完全认可的法律权益。有时依据违反信息或违反合同的理由，或者依据诽谤或妨害行为等理由可以对侵犯他人隐私行为的后果予以救济。《世界人权宣言》斥责干扰个人隐私、家庭、住宅或通信的行为。③ 我国学者对隐私权所下定义为，自然人享有的对其个人的，与公共利益、群体利益无关的私人信息、私人活动和私人空间进行支配的具体人格权。隐私权的法律特征包含了三个方面：第一，隐私权的权利主体只能是自然人，法人并没有隐私权；第二，隐私权的客体包括私人信息、私人活动和私人空间三方面；第三，隐私权的保护范围受到公共利益的限制，当隐私权与公共利益发生冲突时，应当依公共利益的要求进行调查。④

---

① 杨立新、朱呈义、薛东方：《精神损害赔偿——以最高人民法院精神损害赔偿司法解释为中心》，人民法院出版社 2004 年版，第 347 页。

② 王利明主编：《人格权法新论》，吉林人民出版社 1994 年版，第 480－482 页。

③ Divid M. Walker：《牛津法律大辞典》，李双元等译，法律出版社，第 901 页。

④ 前引①，第 348－350 页。

二、医疗机构对患者隐私信息保护的义务

(一)患者病历中的隐私及保护

患者在医疗机构就诊期间,根据医疗活动的需要,医师有问诊的权利,询问了解患者个人的与疾病发生、发展相关的个人信息、身体信息,患者应当也会自觉配合地将这些信息毫无保留地告诉医师。同时,医师还应当结合患者的主诉、描述的症状,进一步检查患者的身体,包括患者衣服遮挡部分和隐秘部分,患者会毫无顾忌地予以配合。从这个角度来看,患者在医疗机构这一特殊场合,在医师护士面前,可以说是一个赤身裸体的人,是一个透明的人。而且,医务人员对于在诊疗过程中了解到的患者私人信息,为了诊断尤其是三级查房、会诊的需要,会将这些信息记录在该患者的病历上,成为病历的重要内容。病历中可能涉及患者的隐私信息包括以下内容。

1. *患者的一般情况信息* 包括姓名、性别、年龄(生日)、民族、身份证号、婚姻状况、出生地、职业、家庭电话、移动电话、个人邮箱等。

2. *患者的家庭情况信息* 主要表现在家族史、婚育史上,女性患者还包括月经史。家族史主要涉及家族中有无相关疾病患者。婚育史包括结婚年龄、初孕年龄、妊娠和分娩情况,有无流产、早产、难产、死产、产后出血史,有无产褥热,节育及绝育情况,配偶健康情况。月经史包括初潮年龄,经期日数/周期日数,闭经年龄。未闭经者记录末次月经时间,经量多少、色泽及性状,有无痛经、血块、白带(量、气味、性状)。

3. *患者生活情况信息* 个人史包括出生地、所到地方、居住时间;职业性质、劳动条件、生活习惯、嗜好(有烟酒嗜好者应注明时间和量);有无毒物及疫水接触史;有无重大精神创伤史。

4. *就诊经历和过去的患病信息* 主要体现在患者的现病史和既往史上。现病史涉及患者此次疾病从起病到就诊时疾病的发生、发展及其演变、诊疗等方面的详细情况。既往史是记录患者在住院以前的健康状况和疾病情况,一般指与本次发病无直接关联的,或有所关联但能独立成病的。内容包括既往一般健康状况、疾病史、传染病史、预防接种史、手术外伤史、输血史、局部病灶史(食物、药物)、过敏史等。

5. *患者体格检查信息* 患者的身高、体重、三围(女性),生命体征(体温、脉搏、呼吸、血压),一般情况(神志、体位、步态、面容、发育、营养),皮肤、黏膜,全身浅表淋巴结,头部及其器官,颈部,胸部(胸廓、肺部、心脏、血管),腹部(肝、脾等),直肠肛门,外生殖器,脊柱,四肢,神经系统等。

6. 疾病诊断信息 患者所患疾病的名称，包括主要诊断、次要诊断。在患者所患疾病方面，尤其是涉及患者所患疾病既有一定的特殊性，比如患者所患疾病为艾滋病、性病、传染性疾病等，即使是医学上已经澄清的一般情况没有传染性的乙型肝炎病毒携带者，均会导致患者在其社会关系中受到歧视、孤立，从而引起社会人际困境，这是患者最不愿意看到的事情，因而也是患者不愿意将其疾病信息泄露给其他人的主要原因。

7. 疾病治疗信息 包括患者接受了具体的治疗措施，尤其是涉及外科手术的治疗，手术可能切除了患者某些组织和器官，比如乳腺癌患者的双侧乳房被切除，睾丸癌的患者整个阴囊被切除等。

(二)患者诊疗过程中的隐私及保护

在医疗过程中，患者的隐私不仅存在于病历资料中，还存在于患者的生活空间、诊疗空间中。

患者在病房的个人生活空间具有隐私属性。虽然患者所使用的房间、床铺、桌子、抽屉、柜子等的所有权都属于医疗机构，但是患者在办理了住院手续之后就已经与医疗机构之间形成了借用关系，患者在借用这些物品的时候享有对这些物品的支配权，可以存放个人私人物品，未经患者本人同意即使是医务人员也不得擅自介入。因此，患者的床铺、桌子、抽屉、柜子以及随身携带的物件等，未经患者本人同意(无民事行为能力或者处于昏迷状态的患者由其监护人或者家属同意)，任何人不得擅自触动、查看。

这里涉及病房是否属于患者的隐私空间问题。由于病房是患者接受医疗服务的场所，医护人员在医疗服务合同存续期间，根据医疗需要，会随时进入病房，查看患者病情。尤其是重危病人，即使是夜间，护士也要遵医嘱定期查房、巡视，了解患者的情况。⑤ 如果患者强调病房是其隐私空间就可以拒绝医务人员进入，从而阻碍了医务人员行使医疗行为，不利于患者的健康。但是否据此就可以认定病房不属于患者的隐私空间呢？不是。医务人员可以根据医疗活动的需要而进入患者居住的病房，这应当被视为医患双方在签订医疗服务合同中的约定，视为患者本人的同意。而患者是可以拒绝其他与医疗工作和病房管理工作无关人员进入的。因此，无论是单人病房还是多人病房，都属于患者的隐私空间。

医务人员对可能自杀的患者的物品查看，是否侵犯患者的隐私呢？应当分为两种情况来分析。一是患者仅有自杀的一般想法，并未呈现紧急的自杀情形，对患者随身物品的查看，医务人员应当交代家属进行，必要时应当取得家属的授权，在

---

⑤ 卫生部于 2009 年 5 月 22 日发布的《综合医院分级护理指导原则(试行)》(卫医政发[2009]49 号)规定，对一级护理患者每小时巡视患者，观察患者病情变化；对二级护理患者每 2 小时巡视患者，观察患者病情变化；对三级护理患者每 3 小时巡视患者，观察患者病情变化。

获得授权之后，医务人员可以查看。二是患者有强烈的自杀意向，随时可能出现自杀行为，在患者家属不在场的情况下，可以未经患者本人或者家属同意，查看患者的物品，并采取相应的防止患者自杀的措施。

在对患者实施诊疗过程中，医务人员也有保护患者隐私的义务。无论是在病房中实施诊疗行为，还是在诊室、检查室内实施诊疗行为，只要涉及患者陈述病史、病症等有关信息，涉及患者脱衣解裤暴露患者身体部位（不一定是隐秘部位）的情况，应当让其他人员回避，或者采取措施予以遮挡、隔离，避免他人无意中听到或看到。

这里还涉及患者在教学医院中接受诊疗时，实习医师、见习医师参与诊疗活动，是否侵犯患者隐私。我们认为，实习医师、见习医师作为经治医师的助手参与诊疗活动，即使没有经过患者本人或其家属的同意，也不构成侵犯患者隐私权。但是，如果是将对患者实施诊疗的过程作为教学标本予以演示，无论是现场演示、电视转播还是播放录像，如果未经患者本人同意，应当构成对患者隐私权的侵犯。

从民法的角度看，隐私权属于人格权的一种，人格权是一种绝对权，义务主体是不确定的，即除了权力主体之外的任何人都是义务主体，都不得侵犯权利人依法享有的该项权利，权利人无须借助于其他任何人的行为就可以实现的权利。正因为患者的病历中的客观部分（即资讯部分）涉及患者的隐私内容，患者对这些隐私内容享有进行支配的具体人格权——隐私权。因此，未经患者本人同意和许可，患者的病历中的客观部分不得随意公开，即使医疗机构使用属于医疗机构享有的病历中的主观部分，也应当注意对病历中客观部分的保密，不得随意将患者的资讯向患者之外的第三方公开。卫生部 2002 年 8 月 2 日发布的《医疗机构病历管理规定》第六条规定，除涉及对患者实施医疗活动的医务人员及医疗服务质量监控人员外，其他任何机构和个人不得擅自查阅该患者的病历。这也体现了对患者病历中隐私的保护。因科研、教学需要查阅病历的，需经患者就诊的医疗机构有关部门同意后查阅。阅后应当立即归还。不得泄露患者隐私。并且规定了患者本人或其代理人、死亡患者近亲属或其代理人，保险机构、公检法机关工作人员申请复印病历时需要提交的法律文件和需要履行的法律手续。

(三)对患者个人信息的刑法保护

在 2009 年 2 月 28 日中华人民共和国第十一届全国人民代表大会常务委员会第七次会议通过《中华人民共和国刑法修正案（七）》，更进一步提出了关于患者个人诊疗信息的刑法保护的要求。在该修正案中规定，作为《刑法》第二百五十三条之一。

国家机关或者金融、电信、交通、教育、医疗等单位的工作人员，违反国家规定，将本单位在履行职责或者提供服务过程中获得的公民个人信息，出售或者非法提供给他人，情节严重的，处三年以下有期徒刑或者拘役，并处或者单处罚金。窃取或者以其他方法非法获取上述信息，情节严重的，依照前款的规定处罚。单位犯前两款罪的，对单位判处罚金，并对其直接负责的主管人员和其他直接责任人员，依照各该款的规定处罚。

2009 年 10 月 16 日起施行的最高人民法院、最高人民检察院《关于执行〈中华人民共和国刑法〉确定罪名的补充规定(四)》规定，国家机关或者金融、电信、教育、医疗等单位的工作人员，违反国家规定，将本单位在履行职责或者提供服务过程中获得的公民个人信息，出售或者非法提供给他人，情节严重的，将适用这次补充规定中的新罪名“出售、非法提供公民个人信息罪”。以窃取或其他方法非法获取公民个人信息，情节严重的，将以“非法获取公民个人信息罪”论处。

出售、非法提供公民个人信息罪的犯罪构成，有如下要求：

第一，犯罪主体为特殊主体。本罪的犯罪主体是国家机关或者金融、电信、交通、教育、医疗等单位及其工作人员。上述列举的五个单位以外的其他单位及其工作人员是否属于本罪的犯罪主体范围，则涉及对本条规定中“等”字的理解，有必要予以明确。在汉语中，“等”有表示完全列举后的煞尾之义(即等内)，也可以表示未尽列举(即等外)。作者认为，本罪状表述中的“等”表示列举未尽，与上述五个单位性质相同的单位也应涵盖其中。但实践中，也存在与上述五个单位不是相同性质的单位，例如酒店、从事商业经营的公司、网站等也存在合法收集个人部分信息的情况，这些单位是否也能涵盖其中，则不无疑问。在法律规定不明确的情况下，有关机关应尽快作出立法解释或司法解释，以统一其理解和认定。我们认为，从目前公民个人信息受到侵害的客观情况看，本罪的犯罪主体应作扩张性解释，将合法收集公民个人信息的单位均作为本罪的犯罪主体。作为本罪已经涉及的“医疗单位”，应当指《医疗机构管理条例》第二条规定的“医院、卫生院、疗养院、门诊部、诊所、卫生所(室)以及急救站等医疗机构”。这些单位以及在这些单位工作的人员，都可以成为本罪的主体。

第二，客观表现。本罪中的“违反国家规定”，是指违反国家法律、法规或者规章中关于个人信息的规定。我国尚未制定专门的个人信息保护法，只有一些相关规定散见于法律、法规及规章中。如果国家法律、法规或者规章中没有相关的针对公民个人信息收集、管理的单位及工作人员的义务性规定，相关单位及工作人员也就缺乏了成立本罪的前提性法律义务。即便其存在出售或者提供公民个人信息的严重行为，也不宜将其认定为犯罪。然而，在医疗卫生领域，对于患者隐私的保护，尤其是对于患者病历中患者信息的保护，在《中华人民共和国侵权责任法》⑥、《中

⑥ 《中华人民共和国侵权责任法》第六十二条：医疗机构及其医务人员应当对患者的隐私保密。泄露患者隐私或者未经患者同意公开其病历资料，造成患者损害的，应当承担侵权责任。

华人民共和国执业医师法》[⑦]、《护士条例》[⑧]、《医疗机构病历管理规定》[⑨]等医疗卫生法律、法规中是有明确规定的，如果医疗机构及其工作人员违反了这些规范性法律文件，将患者的隐私等信息出卖或者违法提供给他人，均可能构成本罪。关于公民个人信息的范围，应当从广义上对其进行界定。所谓“个人信息”，是指以任何形式存在的、与公民个人存在关联并可以识别特定个人的信息。其外延十分广泛，几乎有关个人的一切信息、数据或者情况都可以被认定为个人信息。显然，医疗机构及其医务人员在诊疗过程中制作的患者的病历所载的患者一般信息、疾病信息等，均属于刑法上所规定的个人信息。“非法提供”是指违背国家规定而提供。这就排除了合法向他人提供公民个人信息构成犯罪的情况。

第三，成罪标准。本罪的成立还要达到“情节严重”的程度性条件。本罪的“情节严重”，主要指出售或者向他人非法提供公民的个人信息数量大、使个人信息大量流向境外、造成了被害人人身严重危害、造成财产的重大损失等情况。当然，具体如何把握，还需要司法机关就此作出相应的司法解释，以利于实践中的准确认定。提供信息的具体形式，可以是以营利为目的的“出卖”，也可以是非营利目的的“提供”，本罪的构成并不以营利为条件，也就是说医疗机构及其医务人员违法提供患者的个人信息给他人，无论是否营利，均不影响定罪。

(四)域外法律对患者病历隐私权的保护

综观域外法制，对于患者病历中隐私权的保护是比较到位的。一般而言，除特别法律情形，或者经患者书面同意之外，医疗机构及其医务人员不得擅自将患者的病历向其他第三方公开，否则相关责任人将会面临法律上的处罚。

在美国，关于患者病历资讯的保护立法是比较完备的。1966 年制定的《情报自由法》虽然明文规定公民对于行政机关保存的文书享有知情权，但是医疗信息被作为特殊情形而排除在外。1973 年制定了《患者权利法案》，其中规定患者有权要求将其诊疗资料作为保密资料来处理。1974 年制定了《联邦隐私法》，对医疗信息公开的义务进行了规定。1985 年发布了《统一医疗信息法》，虽然这不是一部正式的法律，但它是基于判例作为立法和司法解释的标准而制定的医疗信息指南，对复

---

⑦ 《中华人民共和国执业医师法》第二十二条第三项：关心、爱护、尊重患者，保护患者的隐私。第三十七条第九项：医师在执业活动中，违反本法规定，泄露患者隐私，造成严重后果的，由县级以上人民政府卫生行政部门给予警告或者责令暂停六个月以上 1 年以下执业活动；情节严重的，吊销其执业证书；构成犯罪的，依法追究刑事责任。

⑧ 《护士条例》第十八条：护士应当尊重、关心、爱护患者，保护患者的隐私。第三十一条第三项：护士在执业活动中泄露患者隐私的，由县级以上地方人民政府卫生主管部门依据职责分工责令改正，给予警告；情节严重的，暂停其 6 个月以上 1 年以下执业活动，直至由原发证部门吊销其护士执业证书。

⑨ 《医疗机构病历管理规定》第六条规定：除涉及对患者实施医疗活动的医务人员及医疗服务质量监控人员外，其他任何机构和个人不得擅自查阅该患者的病历。因科研、教学需要查阅病历的，需经患者就诊的医疗机构有关部门同意后查阅。阅后应当立即归还。不得泄露患者隐私。

印或者阅读患者的医疗记录的全部或者部分所需的要件和所需履行的手续都进行了规定。

在英国，关于患者病历资讯内容知情管理的法律是 1990 年的《健康记录知情法案》，对病历提出知情申请的范围和要求包括：患者本人；经过患者书面授权代表患者利益的代理人；未成年人由其监护人代为行使（限于英格兰、威尔士）；未成年人由其父母或其他监护人代为行使（限于苏格兰）；无行为能力的成年人，由法院认定的监护人代为行使；患者死亡后，死亡患者的私人代理人或者任何一位对因患者死亡而享有诉讼主张的人。在英国法律上，对于患者病历资讯的公开，一般包括：符合“必要知道”（need to know）原则，即法律允许因内部职务关系需知悉病情细节，或医务人员或其他辅助人员之间需交流且无恶意的交流，这是最起码的并合乎道德的披露；患者同意，须有患者的书面授权；以匿名方式公开；防止对他人或者社会的危害；但患者感染了 HIV 病毒或者患有艾滋病时，医务人员因对其医疗而处于感染危险或者患者拒绝将其患病信息告知其性伴侣时，医师有向相关人员通知或公开其病历的义务。[⑩]

在德国，1977 年制定了《数据保护法》，这是为了防止在数据处理过程中滥用个人数据而制定的法律，不过对于医疗信息并没有明确、具体的强制性要求。1990 年重新制定并颁布了新的《数据保护法》，他人处理了自己数据时视为侵害公民个人的人格权，个人数据内容不分国家信息还是个人信息，一律予以保护。新法对于敏感信息也进行了规定，同时对于医疗信息和消费者信用信息也加以规定。在诊疗记录方面，最为瞩目的事例是 1982 年德国最高法院（BGH）判决的两个案例。最高法院在这两起判例中肯定了患者对于医疗记录内容有异议时，有权要求医师让其阅读诊疗记录。不过最高法院也认为，患者的诊疗记录既包括客观反映自然科学的患者的状态以及医师对患者治疗的各个要素，同时还包括其他的内容。因此，医师只能根据诊疗记录的内容区分并同意患者阅读诊疗记录的部分，即属于客观化的自然科学事实部分可以阅读，而医师的主观判断部分不能阅读。[⑪]

在日本，关于患者医疗信息的保护是比较严格的。刑法将保守秘密作为一般的原则予以规定。《刑法》第一百三十四条规定了泄露秘密罪：医师、药剂师、医疗品贩卖业者、助产士等，没有正当的理由，泄露在业务执行过程中知悉的他人秘密信息的，处 6 个月以下有期徒刑或处 10 万日元以下的罚金。在一些医疗专业的法律、法规中，都明确规定了与医疗相关的从业人员都负有保守执业中了解到的秘密

---

⑩ 李　燕：《医疗权利研究》，中国人民公安大学 2009 年版，第 204—207 页。

⑪ BGH Urt. v. 23. 11. 1982，NJW 1983，328；BGH Urt. v. 23. 11. 1982，NJW 1983，330.

的义务。[12]

(五)实践中患者病历信息保护不力

在实践中,医疗机构及其医务人员对患者病历中个人信息的保护是不力的。在相关立法上虽然确认了患者享有隐私权,但是一般认为,这种医疗中的患者隐私权的保护,主要是指医护人员在诊疗过程中不得将患者的身体隐秘部位随便在异性面前暴露,比如妇产科设立“男性止步”的提示,或者是不得将患者患有艾滋病、性病等信息随便公之于众。这显然是对隐私概念的缩小化理解。

而对于患者的病历,医疗机构及其医务人员几乎都认为其所有权为医疗机构所有,加之这个问题在法律上没有明确规定,因此,医疗机构内部的工作人员可以随便翻阅、使用患者的病历,没有任何的约束。其他非本院医务人员也可以通过各种途径随便翻阅、使用患者的病历,没有任何的限制,至少没有签署患者隐私保密协议书之类的文件。现实中,患者病历中的个人信息处于一种半公开的状态,患者病历中的隐私权没有得到应有的保护。

随着《中华人民共和国刑法修正案(七)》对出售、非法提供公民个人信息罪,非法获取公民个人信息罪进行规定,国家卫生行政部门应当对病历管理方面的规章制度进行重大修订,应当加大力度保护患者隐私权,明确提出病历中属于患者的隐私信息,未经患者本人书面同意,不属于法定应予公开的情形,医疗机构及其医务人员不得公开患者的病历。如果属于教学、科研使用患者的病历,应当签署保密协议书,科研报告和论文确实需要使用患者资讯的,应当匿名陈述。对于司法案件或者出于公共利益的需要,要求公开或者复制患者的病历,应当依照法定程序并提交相关法律文件,在特定的范围内使用。对死亡患者的病历,可以由死亡患者家属及其代理人提交相关的法律文件申请查阅或者复制,但是如果死亡患者生前明确表示不得向他们公开的,医疗机构及其医务人员有义务拒绝他们的申请。当然,医疗机构及其医务人员在作出拒绝的同时,也有义务证明患者的意思表示合法有效。

三、泄露患者隐私及公开患者病历资料的法律责任

泄露患者隐私的行为可能侵犯患者的隐私权。而未经患者同意公开患者病历资料的行为,本质上还是泄露患者隐私的行为,因而侵犯的仍是患者的隐私权。关于患者隐私权的侵犯,除了患者隐私有其特别指出外,从侵犯隐私权的角度看,与

[12] 日本《临床检查技师、卫生检查技师法》第十九条,《理学疗法士、作业疗法士法》第十六条,《视能训练士法》第十九条,《临床工学技师法》第四十条,《假肢装具士法》第四十条,《救济救命士法》第四十七条,《牙科卫生师法》第十三条。

一般的侵犯隐私权并没有实质区别。从此，应当按照《侵权责任法》第六条的规定，行为人因过错侵害他人民事权益，应当承担侵权责任。

侵犯患者隐私权的行为属于医疗伦理损害法律责任。医疗伦理损害责任是指医疗机构及其医务人员因医疗伦理过失导致患者遭受损害所应承担的责任。医疗伦理过失是指医疗机构及其医务人员在从事医疗行为时，违反医疗职业良知或者职业伦理应当遵循的告知、征得同意、保密等法定义务的疏忽和懈怠。杨立新认为，医疗伦理损害的法律责任采过错推定和举证责任倒置，受害患者能够举证证明自己的损害和具有违法性的医疗行为之间因果关系成立，就推定医疗机构具有医疗伦理过失，如果医疗机构认为自己没有医疗伦理过失，就应当对此进行举证，从而实现举证责任的倒置。⑬

我们并不认同这种观点。理由在于，侵犯患者隐私权的行为与发生在其他场合的侵犯公民隐私权的行为并没有本质区别。普通的侵犯隐私权的行为采过错责任原则，由受害人承担过错举证责任；而发生在医疗服务过程中的侵犯患者隐私权的行为则要实施举证倒置。这有失法律的公正，也缺乏法律依据。在《侵权责任法》第六十一条中并没有这样的表述。不过，在未经患者同意公开了患者的病历资料方面，有过错推定的情形。

首先，医疗机构及其医务人员存在泄露患者隐私的行为，或者存在未经患者同意公开了其病历资料的行为。当然，对于未经患者同意公开了其病历资料的证明，患方只需要证明其病历资料被他人知悉或者掌握的事实，其所主张的未经患者本人同意，需要由医疗机构来进行反证，即提供证据来证明医疗机构公开患者的病历资料是经过患者同意的，医疗机构必须拿出患者同意公开其病历资料的证据。从这个角度来看，倒确实像举证责任倒置。

其次，从侵权责任构成上来看，侵犯患者隐私权或者未经患者同意公开了患者的病历资料，必须是医疗机构出于故意或者过失。如医疗机构及其医务人员将患者的隐私等个人信息出卖给其他机构，或者违反法律规定提供给其他机构，行为人主观上对于患者隐私信息的泄露是明知的故意追求的结果，因而医疗机构及其医务人员就存在故意或者过失。

再次，医疗机构泄露患者的隐私，或者未经患者同意公开了其病历资料，必须给患者造成损害后果。如果医疗机构及其医务人员虽然泄露患者的隐私，或者未经患者同意公开了其病历资料，但是没有造成损害后果，也不承担责任。这里所讲的损害后果，不能局限于患者身体方面的损害，而应当包括患者肉体上的损害、精

---

⑬ 医疗伦理法律责任是杨立新教授在国内首次提出。他认为医疗侵权行为分为医疗技术损害责任、医疗伦理损害责任和医疗产品损害责任。杨立新：《〈中华人民共和国侵权责任法〉精解》，知识产权出版社2010 年版，第 17 页，第 246－248 页。

神上的伤害和财产上的损失。这可以从《侵权责任法》第二章中多处使用"损害"一词可以解读出来。

最后,患者所遭受的损害结果和具有违法性的医疗行为之间因果关系成立。如果患者所遭受的损害是因患者自身疾病,或者因医疗事故本身所造成,与侵犯患者隐私,或者未经患者同意公开病历资料的行为无关,侵权责任也不能认定。

还需要强调的是,泄露患者隐私及公开患者病历资料的法律责任,立法中规定的是侵权责任,与《侵权责任法》第五十四条~第六十条的规定用到的"赔偿责任"的表述是不同的。《侵权责任法》第十五条的规定,侵权责任的承担方式包括8种,除赔偿损失之外,尚有停止侵害、排除妨碍、消除危险、返还财产、恢复原状、赔礼道歉、消除影响恢复名誉等。因此,对于侵犯患者隐私权的行为,应当是损害后果的轻重来选择适用不同的责任承担方式。

【案例与评析】

案例10-1　新疆首例侵犯患者隐私权案判决　原告获赔2万元[⑭]

2004年4月28日,吴某牙龈上火去何某所在诊所就诊,何某为吴某注射"胸腺肽"后病情未见好转,被送往乌鲁木齐市某医院,经治疗,病情好转后出院。5月13日,吴某又住进袁某所在医院中医科治疗,5月25日病情好转出院。6月10日,吴某到袁某所在医院病案室复印病历,但打开病历,发现首页上印有何某的身份证复印件,吴某意识到病历已被何某复印。6月11日,吴某向袁某所在医院进行举报,医院调查得知,原来是何某到该院请同学袁某帮忙复印了吴某的病历。事发后,医院将复印病历追回。同时,医院对袁某做出处罚。但吴某认为,医院只对袁某进行了处罚,但事件直接责任人是何某,他却一直未受到任何处理。为保护自己的隐私权,2004年6月,吴某以隐私权被侵犯为由将何某、袁某起诉到法院。2004年8月4日,乌鲁木齐市天山区人民法院经调查认为,病历属于病人所有,医务人员私自复印患者病历,侵犯了病人的隐私权。故判决何某与袁某赔偿吴某2万元人民币,并当面道歉。

评析

患者与医务人员之间存在一定的信任、依赖关系。医师有问诊的权利,询问了解患者个人的与疾病发生、发展相关的个人信息、身体信息,出于治疗疾病所需,患者一般情况下会配合医师将自己的隐私信息告诉医师,而这些信息往往成为病历的重要内容。病历可以为临床医生积累病历资料和治病经验,是处理医患纠纷、进

⑭　沈海燕、孙雅新:《新疆首例侵犯患者隐私权案判决,原告获赔2万元》中国法院网,发布时间:2004-08-06。

行医疗鉴定的法律依据。而病历中患者的信息又涉及患者隐私权，病历妥善保管关乎患者隐私权的保护。

《侵权责任法》第六十一条第二款规定，患者要求查阅、复制前款规定的病历资料的，医疗机构应当提供。患者可以就自己的病历资料，向医疗机构申请查阅，也可以向医疗机构要求复印，医疗机构在接到患者的申请后，应当予以配合。在《医疗机构病历管理规定》规定中，对于病历查阅、复印申请人，提交的法律文件和手续，复印复制费用等做了具体的规定，患者只有办理了医疗机构规定的法律手续，才可以复印自己的病历资料。经患者授权的病历查阅、复印人，要提交患者的授权委托书和患者身份证复印件。《医疗事故处理条例》第十条规定了患者有权复印客观病历，医疗机构在给患者复印病历的时候，应当有患者在场。《医疗机构病历管理规定》对于授权和委托他人复印病历的具体操作做了规定，允许患者授权他人复印其病历。然而，《医疗事故处理条例》属于上位法，《医疗机构病历管理规定》属于下位法，下位法不得与上位法矛盾和冲突，条例只规定了患者享有病历复印权，并没有委托性规定，《医疗机构病历管理规定》的规定值得商榷，或者我们应当将这种冲突视为《医疗事故处理条例》的立法缺陷。

《侵权责任法》第六十二条第二款，泄露患者隐私或者未经患者同意公开其病历资料，造成患者损害的，应当承担侵权责任。未经患者同意，私自泄露、使用患者病历资料是对患者隐私权的侵犯。《侵权责任法》第十五条规定，承担侵权民事责任的方式主要有：停止侵害，排除妨碍，消除危险，返还财产，恢复原状，赔偿损失，赔礼道歉，消除影响、恢复名誉。在这几种责任形式中，侵犯隐私权的民事责任主要适用停止侵害、赔礼道歉和赔偿损失。停止侵害是侵权人正在实施侵害行为，受害人请求其停止侵害或者请求人民法院制止其实施侵害。赔礼道歉是侵权人向被侵权人承认错误，表示歉意，以求得被侵权人的原谅。赔偿损失是最主要的医疗损害侵权责任方式，是医疗机构及医务人员因侵权行为给患者造成损害，以其财产赔偿患者所受的损失。赔偿损失包括人身损害赔偿、财产损害赔偿和精神损害赔偿。

本案中，本院医务人员允许非本院人员复制患者病历，非本院人员未获得患者同意随便使用患者病历，构成对该院患者隐私权的侵犯，应当承担责任。

案例 10-2　刚做妈妈就被骚扰　医院侵犯了隐私权⑮

刚做妈妈不久的张小姐，近几天，在家休假的她接到不下 20 个电话，全是来自婴儿用品及婴儿服务公司的电话。内容几乎如出一辙，都是要求为她 1 个月大的宝宝提供剃胎毛、制作胎毛笔、拍摄宝宝成长照等服务。张小姐很纳闷，询问对方

⑮　程娟：《刚做妈妈就被骚扰　医院侵犯了隐私权》，《重庆晨报》2003 年 5 月 24 日。

如何得知自己的电话号码，但对方却含糊其辞。只表示如果张小姐同意，她们再上门详谈。

一天中午，由张小姐事先约好一家服务公司人员到家里为宝宝剃胎毛，记者旁听。上门服务的中年女士自称姓王，当记者问她是如何知道张小姐家中的电话时，王女士说，公司专门有负责和医院妇产科及产房联系的人，根据院方提供的准妈妈及宝宝的个人资料，再进行业务分配。当谈到公司与医院怎么合作时，王女士表示她也不清楚，反正是互惠互利，“肯定有报酬，没有报酬谁干呢？”据她透露，每家医院的收费不一样，具体数额都由经理出面与医院商量。一般舍得住好医院的人经济条件都可以，这些人就是公司的主要客户。相对来说，公司支付给这类医院的费用就要高些。随后，根据王女士提到的几个近郊区，记者查询后拨通了某家妇幼保健医院的电话，并以婴儿用品公司的名义询问医院是否可以提供孕妇的资料。接电话的工作人员回答说“可以，但必须到医院找主任面谈”。在记者的一再追问下，该工作人员称“一般 20 元/人”。

评析

从与患者的生活相关方面来看，患者的隐私包括患者住院期间起居场所、随身携带的行李物品、家庭住址、家庭电话号码及手机、电话号码等。隐私权是将患者的隐私利益上升到公民个人的人格权的层次，从法律上予以保护的一种权利。当患者进入医院接受治疗的时候，负责其诊治的医院及医护人员除了有一定程度的知情权之外，更重要的是对于自己所察知的患者的隐私有保密的义务。对于患者的隐私，除了法律规定的涉及公共利益以及可能涉及刑事犯罪的隐私，非经本人同意，医院及医护人员不得以任何理由向第三方透露相关信息。

医务人员对基于其职责和诊疗需要在知情权范围内获悉的患者个人隐私，负有特定的保密义务，不得对他人泄露，否则就可能构成对患者的隐私权的侵犯。《执业医师法》第二十二条规定，医师在执业活动中应当关心、爱护、尊重患者，保护患者的隐私。第三十七条规定，医师在执业活动中，泄露患者隐私，造成严重后果的，由县级以上人民政府卫生行政部门给予警告或者责令暂停 6 个月以上 1 年以下执业活动；情节严重的，吊销其执业证书；构成犯罪的，依法追究刑事责任。《护士条例》第十八条规定，护士应当尊重、关心、爱护患者，保护患者的隐私。《医疗机构病历管理规定》第六条规定，除涉及对患者实施医疗活动的医务人员及医疗服务质量监控人员外，其他任何机构和个人不得擅自查阅该患者的病历。因科研、教学需要查阅病历的，需经患者就诊的医疗机构有关部门同意后查阅。阅后应当立即归还。不得泄露患者隐私。上述法律规定都要求医疗机构及医务人员不得侵犯患者隐私权。

孕妇及宝宝的个人资料均属个人隐私，非经孕妇本人同意，医院擅自将资料告诉他人的行为属侵权行为。如果因此而给孕妇造成损失，医院应负赔偿责任。

【需要注意的问题】

目前在我国立法上，尚未对隐私及隐私权进行定义。因此，在实务上如何认定患者的隐私，哪些属于患者的隐私，就存在不同的意见。为了避免隐私认识上的困惑与分歧，《侵权责任法》第六十二条是分成两句话来表述的：第一个句号前，强调医疗机构及其医务人员有对患者的隐私保密的义务。第二句话则是具体强调泄露隐私或者未经患者同意公开其病历资料，都要承担侵权责任。实际上是将患者病历资料纳入了患者隐私范畴加以保护。对患者病历资料不得随意公开，不应当简单局限在"病历资料"这个物件上，而应当强调不得泄露患者病历资料上所记载的患者个人信息。因此，应当对医务人员强调，除病历资料之外，医疗机构患者的个人信息都不得违法泄露。在实务中，需要注意以下问题。

第一，在《侵权责任法》出台之前，我国民事法律并没有对隐私权的法律保护作出任何直接规定，仅有一些间接规定。《民法通则》第一百二十条规定："公民的姓名权、肖像权、名誉权、荣誉权受到损害的，有权要求停止侵害，恢复名誉，消除影响，赔礼道歉，并可以要求赔偿损失。"此外，最高人民法院《关于审理名誉权案件若干问题的解释》(法释[1998]20 号)规定：医疗卫生单位的工作人员擅自公开患者患有淋病、梅毒、麻风病、艾滋病等病情，致使患者名誉受到侵害的，应当认定为侵害患者名誉权。司法实践中，法院对于侵害他人隐私所造成的损害一般适用上述规定予以处理，将侵害隐私权的行为当作侵害名誉权来处理。在《侵权责任法》施行之后，由于《侵权责任法》第二条明确规定了隐私权是民事权益的一种，因此，患者隐私权受到侵害的，可以直接依据《侵权责任法》第二条、第六十二条的规定请求医疗机构承担赔偿责任。

第二，关于医疗机构承担赔偿损失的问题。什么情况应当承担精神损失赔偿责任，具体赔偿额度如何把握，在立法中没有规定，仅在司法解释中有原则性规定。最高人民法院《关于确定民事侵权精神损害赔偿责任若干问题的解释》第八条规定："因侵权致人精神损害，但未造成严重后果，受害人请求赔偿精神损害的，一般不予支持，人民法院可以根据情形判令侵权人停止侵害、恢复名誉、消除影响、赔礼道歉。因侵权致人精神损害，造成严重后果的，人民法院除判令侵权人承担停止侵害、恢复名誉、消除影响、赔礼道歉等民事责任外，可以根据受害人一方的请求判令其赔偿相应的精神损害抚慰金。"我们认为，对于侵犯患者隐私权，其"严重后果"的认定，可以采用两种方式进行，一是患者本身的精神痛苦情况，如精神抑郁、神态反常、生活失调甚至导致精神方面的疾病等；二是医疗机构泄露及散布隐私的情况，主要包括，多少人知晓了该隐私，这些人与患者的关系如何；侵权人的动机、手段、情节以及所造成的社会影响等。

第三，关于举证责任的承担。有学者认为，医疗伦理损害责任应当实行过错推定的举证责任形式，即由医疗机构就医方的行为没有过错进行举证。⑯ 我们并不赞同这种观点。因为泄露患者个人信息、未经患者同意公开其病历资料等侵犯患者隐私权的行为，与其他领域侵犯公民隐私权的行为是一样的，并不因为是在医疗机构发生的就具有特殊性，因而应当按照一般侵犯隐私权的案件来处理，而不宜采用过错推定。不过，在有的案件中，患方只要证明了医方侵犯患方相关权益的行为，该行为本身即可以说明医院存在过错，则无需患方再对医院的医疗行为是否存在过错举证。比如，某律师在法庭上出示患者的病历资料，并声称是从医疗机构复印的，病历资料也盖有医疗机构的公章。患者如果提起诉讼，医疗机构给律师复印病历资料的行为已经可以证明其存在过错，就无需患方再举证，如果医疗机构主张是得到患者授权后给律师复印的病历，则医疗机构应当举证。

第六十三条　医疗机构及其医务人员不得违反诊疗规范实施不必要的检查。

【主旨】

过度检查的禁止性规定。

【释义】

本条是对现阶段医疗机构采取过度医疗措施的现象实施规制的内容。虽然在法律条文中没有“过度医疗”“过度检查”等用语，但其内容表述上实际上就是“过度检查”。在《侵权责任法》审议草案中，在第四审稿之前该条在表述上都还是使用“过度检查”。⑰ 但是在向公众征求意见时，“有的部门和单位提出，过度检查含义不明确，难以判断，建议删去这一条或者删去这一条第二款的规定。”法律委员会经研究认为，为了维护患者的合法权益，对此作出禁止性规范是必要的，同时应当进一步明确不必要检查的判断标准。⑱ 因此，才改为目前法律中表述的内容。的确，这是颇有争议的一条内容。

---

⑯　杨立新：《〈中华人民共和国侵权责任法〉精解》，知识产权出版社 2010 年版，第 234 页。

⑰　《中华人民共和国侵权责任法（草案）》(2009 年 10 月 19 日稿）第六十三条规定，医务人员应当根据患者的病情实施合理的诊疗行为，不得采取过度检查等不必要的诊疗行为。医疗机构违反前款规定，应当退回不必要诊疗的费用，造成患者其他损害的，还应当承担赔偿责任。

⑱　参见《全国人民代表大会法律委员会关于〈中华人民共和国侵权责任法（草案）〉审议结果的报告》(2009 年 12 月 22 日第十一届全国人民代表大会常务委员会第十二次会议）第五条的相关内容。王胜明主编：《〈中华人民共和国侵权责任法〉解读》，中国法制出版社 2010 年版，第 462 页。

一、过度检查的定义和种类

关于过度检查，一般是指由医疗机构提供的超出患者个体和社会保健实践需求的医疗检查服务，医学伦理学界把它称为“过度检查”。⑲ 过度检查首次在规范性文件中出现，是卫生部、国家中医药管理局于 2006 年发布的《关于建立健全防控医药购销领域商业贿赂长效机制的工作方案》。该方案明确规定了“院长问责制”：若发现医院存在乱收费、私设小金库、严重的过度检查、过度医疗行为等严重违纪违法问题，将首先追究医院院长的责任。

过度检查是过度医疗的一个方面。与过度检查有关的概念还有过度医疗、防御性医疗。过度医疗、防御性医疗是从不同的角度对超出诊疗需要实施的医疗行为所定制的概念，是同一个问题的不同表述。过度医疗是从医疗行为的客观表现形式上来界定的，防御性医疗则是从医疗行为的主观目的进行界定，实际上是一个问题的两个方面。

（一）防御性医疗

防御性医疗（defensive medicine）亦称自卫性医疗，是美国人 Tancrcdi 等于 1978 年首次提出的。⑳因国内外学者观点和看法不同，目前尚无权威统一的定义。Mcquade 认为，防御性医疗是指医师为病人进行治疗、检查的目的，不完全是出于病人诊断治疗的需要，而是为了保护医师不受到批评、指责。美国国会技术评估办公室（The Office of Technology Assessment，OTA）将防御性医疗定义为：医师开具化验单和检查单，进行诊疗服务、回避高危病人或高危诊疗手段时，主要是为了减少他们医疗缺陷的责任。㉑ 我国有学者认为，因此防御性医疗可以分为广义和狭义的两种。广义的防御性医疗行为，可以认为是为了避免医疗风险责任所采取的医疗措施，包括回避责任、规避风险、分摊责任的所有措施和行为。狭义的防御性医疗行为则可以归结为上述目的的具体做法，诸如一些非必要的排除性检查、增加保险系数的用药等。㉒ 虽然定义有多种，但都有一个共同点，医师的防御性医疗不是完全出于患者利益考虑，而是出于医师规避医疗执业风险的需要。似乎防御性医疗与过度检查没有关系，但防御性医疗的表现与过度检查在客观表现上是一致的，都是实施了对患者无用的在治疗目的之外的诊疗行为，只是在医师的主观目

---

⑲ 王胜明主编：《〈中华人民共和国侵权责任法〉解读》，中国法制出版社 2010 年版，第 313－314 页。

⑳ Tancrcdi LR，Barondess JA. The problem of defensive medicine. Science，1978，200：379.

㉑ Nicholas S. Positive and negative factors in defensivc：aquestionnaire study general practitioners. BMJ，1995，310：27.

㉒ 华长江：《防御性医疗行为的分类和管理》，《中国医院》2005 年第 9 卷第 2 期。

的上有所区别。许多人认为医师的防御性医疗是医疗过失法律诉讼的副产品。事实上这种行为并不是伴随着法律诉讼的发展而产生的，防御性医疗行为从古到今一直存在，是因为医疗活动从一开始就伴随着捉摸不定的风险，只不过在现代社会由于社会的进步和人们认知水平的提高，加上各种因素导致的医患矛盾加剧，这种普遍存在于医疗行为中的现象才受到社会的关注。由此可以看出，防御性医疗产生的原因在于医疗行为本身的风险性和社会法律因素。

(二)过度医疗

与过度检查相关的概念是过度医疗(overtreatment)。过度医疗包括过度检查、过度治疗、过度康复三个方面。因此，《侵权责任法》第六十三条仅仅对过度检查进行规制是不够全面的。目前引起患者医疗费用的上涨，增加患方的就医负担不仅仅是过度检查的问题，还有过度治疗、过度康复的问题，甚至过度治疗的危害比过度检查的危害还要大。因为，过度检查仅仅是做了不必要的检查，仅仅是增加了患者的经济负担。但是，由于任何治疗(无论是药物还是手术)都存在不同程度的不良反应，因而过度治疗除了增加患者的经济负担之外，过度治疗还可能危害患者的健康。因此，过度治疗是更加应当进行禁止和预防的。

目前对过度医疗缺乏统一的定义。有人认为，过度医疗是指医疗行业提供了超出个体和社会医疗保健实际需求的医疗服务。㉓ 还有人认为，临床上，多因素引起的过度运用超出疾病诊疗根本需求的诊疗手段的过程，称为过度医疗，表现在：患者遭受额外的风险、身心负担和(或)损伤；诊疗费用不适当增高；整体医疗资源的不适当使用。㉔ 从该概念产生的领域来看，其是从保险业中发展起来的一个词汇，从现象上表现为“小病大医，多检查，多开药，多治疗，长住院”。㉕ 虽然过度医疗的表现多种多样，但都有其固有的本质和特征。其基本特征有：诊疗手段使用超出疾病诊疗的根本需求，不符合疾病规律和特点；采用非“金标准”的诊疗手段；费用的超出与疾病对基本诊疗需求无关的过度消费；超出当时个人、社会经济承受能力和社会发展水平。关于其积极的意义，如SARS流行期间，医学对疾病行为认识不清，缺乏有效、特异性防控手段，采用宽泛的、敏感性强、特异性低的临床筛选标准，对早发现、早隔离、早治疗，控制传播有极重要的意义。此间，有一些非SARS病人被隔离、被过诊过治的问题，但这种过度医疗对避免SARS漏诊、防控疫情蔓延是至关重要的。㉖

关于过度医疗的具体表现，在医疗管理界有较多的研究，我们对有关研究成果

㉓ 郭水松：《关于过度医疗服务的伦理学审视》，《中国医学伦理学》1998年第11卷第4期。

㉔ 张忠鲁：《过度医疗：一个紧迫的需要综合治理的医学问题》，《医学与哲学》2003年第24卷第9期。

㉕ 李英华、田晓峰、郭玉敏：《过度医疗与医疗风险的关系》，《医学与哲学》2003年第24卷第9期。

㉖ 前引㉔。

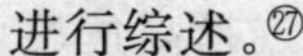

进行综述。[27]

1. 检查方法和设备的过度使用　过度检查的具体表现主要在两个方面，一是过分追求高档的检查手段和检查设备；二是过度使用多种辅助性的检查方法和检查措施。

(1)高档设备过度使用：在人们的印象中，医院的水平是与检查设备的先进性挂钩的。人们到某家医院就诊，首先要问这家医院有没有某些设备。不仅患者会如此，医疗卫生行政机关也会以此作为衡量医院等级的一个硬指标。比如，在 20 世纪 90 年代进行的医院等级评审中，有关行政机关制定的医院等级评审标准中就充分体现了检查设备的要求。医院为了增强自己的“医疗硬实力”[28]，就必然要购置大量的检查设备。以计算机化 X 线检查技术(CR)为例，它是由普通 X 线检查技术发展而来，后者依然是目前临床上常规诊断、筛选、随访疾病的简便、有效、节省的方法。然而，目前一些医疗机构尤其是大型综合性医院却强行以 CR 取代普通 X 线平片，取代 X 线透视。不论病情、患者承受能力和意愿，一律以 CR 为常规基础检查。但是患者做了 CR 后，往往还需 CT 检查。实际上，CR 解决临床问题的能力与普通 X 线无显著差异，但费用增加了。一些疾病普通 X 线检查可解决问题，无需 CR，比如青壮年人的肺部感染检查，普通胸部 X 线片即可解决问题，费用 40～60 元，而 CR 的费用为 150～170 元。这当然是医疗机构追求高新技术设备必然带来的问题。高新技术设备由于其技术含量高，刚刚推向市场，必然购置费用昂贵。医疗机构为了购置这些设备，甚至不惜贷款购置、融资购置，或者采用了融资租赁的形式购置，因而就涉及还款和盈利的问题，必然鼓励医师开具这些检查的申请单。

(2)辅助检查手段过度使用：检查手段的过度使用，主要是指辅助的物理或者化学检查，即需要患者额外付出检查费用的检查手段。具体表现在，一是扩大适应证；二是多次复查及同样检查间隔时间短。Bates DW 等在对 78 798 次检查分析揭示，28%第 2 次检查比规定时间提前。12 项中，2 项复查是合理的、必需的，10 项提前复查，92%无指征，加权平均值表明 40%是多余复查，如不复查，医院的年收入减少 93 万美元。[29]Oritz E 等对 1 626 例血培养阳性的检查进行分析，仅有 2.2%分离出厌氧菌，其中确诊厌氧菌败血症 7 例，更换抗生素 4 例，有 1 例得到了

---

[27] 以下综述的内容，以张忠鲁的研究成果为基础。参见张忠鲁：《过度医疗：一个紧迫的需要综合治理的医学问题》，《医学与哲学》2003 年第 24 卷第 9 期。

[28] 医疗硬实力是指医疗机构的经营场所、检查治疗设备等与医疗活动和医疗质量保障有关的有形的资产。与医疗硬实力相关的是医疗软实力，主要是指医疗机构的形象、文化以及专业技术人员的数量及结构构成、医疗项目、医疗技术水平、科研水平等。

[29] Bates DW, Boyle DL, Rittenbeg E, et al. What proportion of common diagnostic tests appear redundant? Am J Med, 1998, 104: 361～368.

改善。这表明对无危险因素患者，常规厌氧菌血培养临床价值不大，应选择高危患者。[30] Divinagracia RM 等对 97 例接受痰抗酸染色、胸部 X 线片检查的病例进行分析，发现让患者接受痰检比率分别为 51.5%和 52.6%，共识率为 84.4%，确诊了活动性肺结核 6 例，每位医师通过对这 6 名病人的临床表现和胸部 X 线片进行分析，即可作出正确诊断。表明通过采集病史、胸部 X 线检查，减少近 50%痰检查。[31]

2. 抗生素过度使用问题　目前在过度治疗方面，抗生素的过度使用最为严重，且以我国内地的情况为甚。在临床上目前有“三素一汤”的说法，这是患者讥讽医疗机构过度医疗的经典概括。医疗机构在给患者治疗时，常规疗法中，“三素”是抗生素、维生素、激素；“一汤”即输液。李继光等对北京 7 家医院调查，抗生素使用率为 38.2%，国内最高使用率是 45%～50%，≥60 岁患者为 26.3%，15～59 岁为 42.7%，基层医院为 72%～78%。[32] 美国 50%急性上呼吸道感染和 70%急性支气管炎使用抗生素。以急性支气管炎为例，病毒是主要致病原。全美 1 500 名医师调查，2/3 这类患者接受抗生素；75%儿童这类患者接受抗生素。1966－1998 年英文文献荟萃分析，抗生素只能缩短咳嗽、咳痰 1.5 天，对脓痰影响甚少，只缩短 0.4 天。[33]

可见，目前抗生素的过度使用是比较严重而又徒劳的，很多疾病在使用抗生素的情况下，不仅不能治疗患者的疾病，而且可能出现药物的不良反应，因而对患者而言是有害的。对抗生素的过度使用有 5 种情况。

(1)因缺乏病原学诊断，临床主要采取经验性治疗模式，过度使用在所难免。

(2)医师对抗生素、感染的规律和特点了解不足，不适当使用。

(3)一些研究结论误导。

(4)商业利益的推动。

(5)抗生素作为医院基本治疗手段。

3. 过分依赖国外指南　目前国际医疗技术管理机构习惯于制定诊疗技术指南，作为指导某一个领域医务人员对患者疾病诊疗的基本规范。受国际上通行的做法影响，我国医疗行业协会近年来也开始制定了适合我国国内医疗活动的诊疗

---

[30] Oritz E, Sande MA. Routine use of anaerobic blood cultures: are they still indicated. Am J Med, 2000, 108: 445－447.

[31] Divinagracia RM, Harkin TJ. Screening by specialists to reduce unnecessary test ordering in patients evaluated for tuberculosis. Thest, 1998, 114: 681－684.

[32] 李继光、李芳久、何利：《综合性医院药品应用现状及药品过度使用的初步分析》，《中国医院管理》2002 年第 22 卷第 1 期。

[33] Gonzales R, Wilson A, Crane LA, et al. What's in aname? Public knowledge, attitudes, and experiences with antibrotic use for acute bronchitis. Am J Med, 2000, 108: 83－85.

技术指南。这应当是医学的一大进步。但是也存在一些问题，主要表现在过分依赖国外的诊疗指南和指南制定受到一定利益集团的影响。

(1)过分模仿国外指南：国外学术机构制定诊疗规范和指南有多年的历史，有一整套成形的程序和制度，制定出来的指南符合其所指向的社会，因而医疗机构和医务人员能够自觉自愿地实施。同时，在法律层面，一旦涉及医疗侵权诉讼，法庭也会用指南来衡量具体的医疗行为是否存在过失。比如，社会获得性肺炎(CAP)的病因中，国外资料提示，军团菌占 16%～30%，支原体和衣原体分别为 10%以内，国外的社会获得性肺炎诊疗指南中提出以大环内酯类抗生素为基础用药。我国自行制定的社会获得性肺炎诊疗指南也有相似规定，但主要是参照国外资料，无自身的观察证据。实际上，病原体引起感染是受人口、地域、季节等多因素影响，国外结论不等于中国实际，北京不能代表大连，因此要力戒过度模仿。依照如此脱离中国实际制定的诊疗指南实施医疗行为，实际的结果就是过度检查和过度医疗。

(2)指南受到利益集团的影响：医师与医药企业的关系非常敏感而微妙。[34] 不仅是药品进入医疗实施阶段后，而且在宏观层面药企与医疗界的关系也非常复杂。其中，医药企业赞助学术会议，医药企业自助相关医务人员的科研，医药企业资助医学学术团体制定诊疗指南为常见的赞助模式。观察发现 90%指南制定者接受药厂研究资助或担任医学顾问，>50%制定者在指南中述评有关药厂产品，50%制定者未声明与药厂的关系。指南所及的领域，其处方药的销量都激增。美国一学会制定的治疗指南与接受一公司 1 100 万美元捐助有关，该公司产品在该学会 2000 年治疗指南中被推荐使用。[35] 药厂资助的研究与公共资金资助研究差异迥然。对一百三十六项多发骨髓瘤临床试验分析，3/4 药厂资助研究主张用新药代替标准治疗，50%非营利性资金资助研究主张新药。对抗癌新药研究报告分析，仅 5%药厂资助的分析提出不利于自身的结论，公共资金项目中 38%提出反面结论。[36]

药厂在每个环节都施加影响，常选择最有利于自己的条件，表现在六个方面：①选择对照不适当。50%药厂资助的非甾体类抗炎药观察在给药方式上明显优于对照组。②从非常狭窄疾病组获得的结果不适当地推论到更广泛的疾病谱上，如从一个人群获得的结果不适当地推论到不同性别、不同社会经济状态、不同年龄组人群中。③排除老年人。二百一十四项 AMI 治疗随机观察，60%排除>75 岁的

㉞ 刘鑫：《医药企业与医师关系的法律规制》，《中国现代药物应用》2007 年第 3 期。

㉟ Editorial. Just how tainted has medicine become? Lancet，2002，359：1167.

㊱ Ibid. Foreign language data See Montaner JSG，O'shaughnessy MV，Schechter MT. Industry-sponsored clinical research：a double-edged sword. Lancet，200135：1893～1895；Dacidson RA. Source of funding and outcome of clinical trials. J Gen Internal Med，1986，1：155～158；Cho MK，Bero LA. The quality of drug studies published in symposium proceeclings. Ann Intern Med，1996，124：485－489.

患者。④观察终点设定问题。为加速开发,药厂资助研究常设立短期观察终点,后者往往不能揭示全部的效果。如,抗心律失常药物 Encainide 和 Flecainide,可明显降低 AM1 后室性期前收缩,被广泛使用。设定死亡为观察终点,它们引起的死亡率明显高于空白对照组。⑤数据分析问题。药厂资助试验往往分散多处,各试验组对各自结果分析和解释不同,为避免该情况,药厂把最终数据全部控制手中。⑥利益冲突问题。对美国一大学 225 名研究人员调查,34%参与药厂有偿性讲学,33%担任药厂顾问,12%与药厂有两种以上关系。㊲

二、过度医疗产生的原因及其危害

(一)过度医疗产生的原因

任何社会现象的产生都有一定的现实社会基础。过度检查不仅仅是医疗机构及其医务人员诊疗活动的问题,还是一个复杂的社会问题。在我国,过度医疗这种社会现象不是从来就有的,而是在医疗行业实施市场经济体制改革之后萌生,在最高人民法院规定医疗侵权赔偿案件施行举证倒置后得到强化的。

在市场经济体制改革的潮流中,我国政府在各个经济领域都进行了改革。医疗卫生系统也进行了改革,在医疗投入方面,政府确定了"总量控制,结构调整"的基本政策。在政府减少卫生投入的情况下,要谋求生存和发展,就只能提高业务收入。据统计,按医院当前的收入计,政府的财政预算和专项补助不到总收入的10%,80%多的收入依赖于业务收入,这其中包括社保机构和患者支付的诊疗费用,但大部分是药品批零差价和药商让利形式的收入。㊳ 有的地方政府在医疗投入上甚至可能压得更低,而且还会给医疗机构施加各种名目繁多的摊派。与此同时,医疗机构在诊疗过程中还承担了一些本应当由政府承担的经济负担。比如"三无病人"收治问题。一些没有经济能力身患重病的患者被送来医疗机构之后,由于医疗机构担负着救死扶伤的重任而不能拒绝诊治,不能见死不救。收治"三无病人"的医疗费用自然也就由医疗机构自己承担。

目前我国的医疗服务项目的价格是由政府严格控制。政府在考虑医疗收费的同时,更多地照顾患者的经济支付能力,因而实施的是低价政策。医疗服务收费低到什么程度呢?以挂号费为例,在北京的知名"三甲"医院,专家号 14 元,主任医师(教授)号 10 元,副主任医师(副教授)号 7 元,主治医师号 4 元。这是 20 世纪 90 年代制定的收费标准,沿用至今就没有修改过。如果患者就医时没有做其他检查,

---

㊲ 相关研究中文内容,参见张忠鲁:《过度医疗:一个紧迫的需要综合治理的医学问题》,《医学与哲学》2003 年第 24 卷第 9 期。

㊳ 匿名,《医院暴力事件频发,如何打造"平安"医院》. http://www.china-nurse.com.

医疗机构给一个内科病人看病只能是赔本经营。其他的医疗服务收费也是很低的。以至于出现了住院病房的床位费比一般的旅馆收费低，输液用的葡萄糖盐水收费比矿泉水还低的现象。但从 20 世纪 90 年代末开始，医疗纠纷频发，医疗纠纷赔偿额逐年攀升，近些年甚至到了白热化程度，已经出现了法院判决一个年毛收入只有 100 多万元的县妇幼保健院赔偿 218 万元的先例，[39]最高医疗纠纷赔偿案例已经突破了 500 万元。在政府确定的医疗服务收费中并没有考虑医疗机构的社会风险成本，从另一个层面增加了医疗机构的负担。在这种低廉的收费限价的价格体系中，医疗机构如何突破医疗服务收费的“瓶颈”，就成了医院领导必须要考虑的问题。

2002 年 4 月 1 日实施的《最高人民法院关于民事诉讼证据的若干规定》对医疗损害赔偿案件，要求医疗机构就医疗行为与损害后果之间不存在因果关系及不存在过错进行举证，即举证责任倒置，加大了医疗机构在这场医患双方的矛盾博弈中的负担。人是世界上最为复杂的生物体，不仅有复杂而严密的生理构造，还有非常丰富而发达的精神世界。而当前的医学科学发展水平远远没有达到充分揭示这复杂的人体的程度，人类对其自身的认识水平甚至可能还停留在粗浅的层次。很多生物现象还不能充分揭示，很多疾病和损害的发生原因还不能充分认识。医疗纠纷中最难举证的要件就局限在医疗行为与损害后果之间是否存在因果关系及医疗行为是否存在过错上。加之医疗活动是一个由多个医疗行为多个医疗环节组成的连续过程，患者的疾病诊疗更多的是医疗凭借自己的经验。如果一旦发生医疗纠纷，这些经验性的东西很难抬到桌面上来，即使有医师提到了这些经验性的东西，也因缺乏证据而难以让法庭相信。在这样的情况下，医疗机构及其医务人员为了应对日后可能发生的医疗纠纷，对于自己在疾病诊治方面尽量留有证据，于是对患者实施了大量的没有必要的检查，而不能简单凭借经验来处理。

在医疗投入减少医疗服务收费受限制且医疗风险加大的市场经济体制的背景之下，医疗机构必然面临生存压力，医务人员也面临增加收入改善生活的压力。在法律允许的收费范围内，医疗机构及其医务人员必然会寻求增加收入的措施。医方极有可能利用信息不对称、患者医疗需求刚性，以及疾病治疗不确定性和“以药养医”的价格补偿机制进行诱导需求和“寻租”。在医疗市场化、医疗补偿机制尚未健全的情况下，任何试图减少医院收入来源的措施，如药品招标采购、降低药价和医药分离的措施可能都会遭到不同程度的抵制和反对。[40]

面对这些客观存在的情况，允许医疗机构在给患者开药时加成加价就成了医

---

[39] 覃广华、李乔：《医院不作为致新生儿脑瘫被判赔偿 218 万元》，中国法院网，http://www.chinacourt.org/public/detail.php? id=158918，最后访问时间：2010-02-25.

[40] 陈晓春、李胜：《反商业贿赂与我国医疗体制改革》.《探索与争鸣》2006 年第 3 期。

疗机构及其医务人员的救命稻草。同时，患者疾病情况千差万别，医务人员在给患者诊治的过程中享有一定的自由决定权，这也为医务人员多用药和增加检查项目提供了便利。毫无疑问，医疗机构及其医务人员给患者实施过度检查和过度治疗是既符合法律规定，又能够缓解诉讼压力，还能够增加收入的有效办法。

(二)过度医疗的危害

1. 过度医疗玷污了救死扶伤的神圣使命　中国古代将医学称为“仁术”，西方医学之父希波克拉底亦认为“医术是一切技术中最美和最高尚的”。[41] 防病治病救死扶伤是医疗机构及其医务人员神圣使命，这也是医学道德的基本体现，它要求医务人员有高度的责任感和敬业精神，时刻以患者的利益为重，技术上精益求精。医疗行为应当以诊治患者的疾病为目的，不可因收费等社会问题而受影响，这在我国古代文献中已经有论述。南宋医书《小儿卫生总微论方》记载：疾小不可云大，医事不可云难，贫富用心皆一，贵贱使药无别。[42] 过度医疗的问题在于“过度”，即超出了正常的医疗范围，甚至背离了诊治疾病的基本目的。医务人员对患者实施过度医疗，实质上背叛了救死扶伤的职责道义，将病人作为赚钱的对象，把医疗职业作为生财之道，从而变相成为医疗机构及相关生产机构谋利的工具。

2. 过度医疗浪费了宝贵的社会医疗资源　医疗资源既包括医用物资，也包括医疗机构和医务人员。物质是有限的，具有医疗用途的资源更是有限的，尤其是在我国这样一个社会生产力不是太发达，经济水平不是太高而人口又众多的国度里更是这样。由于经济发展水平和人口众多的原因，由于国家大人口多需要办的事情多，国家在财政收入的分配方面确实面临很大的困难，长期以来医疗卫生方面的投入一直不足，无论是占卫生总费用的比重，还是占财政支出的比例，均呈现逐年下降的趋势。根据测算，政府卫生投入占全社会卫生总费用的比例已由1991年的23%下降到2001年的15%。并且政府在分配这有限的医疗资源时，还存在地区之间的差异，服务对象的差别。因此，真正落实到普通患者身上的医疗投入就非常有限了。在医疗资源紧缺的情况下，医疗机构在某些患者身上实施过度医疗，无异于浪费这有限的社会资源。目前医疗资源短缺的情况还是比较明显的，比如血液和血液制品，在一些地方一些医院就经常出现告急的情况，尤其是涉及抢救的清蛋白，在临床一线更是供应紧张。由于医疗资源的紧张，大量的患者由于不能及时用上相应的医用物品而病情恶化乃至死亡。

3. 过度医疗直接导致患者看病难、看病贵　经济学中的二八理论不幸在我国医疗领域也存在：80%的医疗资源被用在了20%的人身上；80%的人在集中使用

---

[41] 施晓亚：《医学科学技术是否具有人文性》．载张大庆主编：《中国医学人文评论》，第一卷，北京大学医学出版社2007年版，第7页。

[42] 钟明华、吴素香主编：《医学与人文》．广东人民出版社2006年版，第4页。

这有限的 20%的医疗资源。这是对过度医疗中具体的概括。没有任何背景和地位的广大民众由于经济收入低，生活质量差，注定其身体多病多难，更需要接受医疗服务。然而过度医疗造成了医疗资源的集中使用和浪费，从而本应当就医的人却由于医疗资源不足而难以就医，形成了看病贵。

看病贵是相对的，不是指看病的实际支出昂贵，而是指患者自己承担的费用占诊疗实际支出总额的比例比较高。事实上，在西方国家的医疗费用实际总额是比我们国家高的，但是大量的费用是由保险公司或者政府来承担，由患者承担的比例很小。而我们国家普通患者的看病支出比例在逐年攀升，由 1991 年的 39%上升到 2001 年的 61%，近年来虽然有所下降，但下降的幅度并不明显，因此老百姓看病贵的印象仍然深刻。

三、医疗机构及其医务人员负有不得实施过度检查的义务

由于近些年来医疗费用的高涨已经让普通患者苦不堪言，医疗机构及其医务人员过度医疗的现象又十分严重，老百姓要求医疗机构合理诊疗的呼声非常高，因此，在《侵权责任法》中充分反映了这部分民意，对过度医疗问题予以规制。但由于过度医疗是多方面原因造就的社会现象，这一问题的提出必然会引起医疗界的强烈反对。加之什么是过度医疗，如何认定过度医疗也存在现实操作的难度，因此，从《侵权责任法》起草之初，这一条内容就一直饱受争议，直至《侵权责任法》第四审阶段，还有决然不同的声音在立法中对立，从而对法条做了较大的修改。㊸

《侵权责任法》第六十三条在第三审稿的时候，拟定的内容还是“医务人员应当根据患者的病情实施合理的诊疗行为，不得采取过度检查等不必要的诊疗行为。医疗机构违反前款规定，应当退回不必要诊疗的费用，造成患者其他损害的，还应当承担赔偿责任”。与过度检查相关的内容规定得具体而丰富，除了有禁止性规定之外，在该条的第二款还规定了违反者的赔偿责任。但是经过征求意见，立法者最终做出了妥协，采纳了有关团体和常委委员的意见，只是做了禁止性的表述，并且回避使用“过度检查”的概念。

这是一条禁止性规定，要求医疗机构及其医务人员在医疗过程中不得违反诊疗规范实施不必要的检查。这里涉及了两个概念：不得违反诊疗规范和不必要的检查。这实际上是提出了“过度检查”的法律判断标准。这是从反面对医疗机构及其医务人员实施的医疗行为作出禁止性规定，只要医疗机构及其医务人员实施的

㊸ 全国人民代表大会法律委员会《关于〈中华人民共和国侵权责任法（草案）〉审议结果的报告》（2009 年 12 月 22 日十一届全国人大常委会第十二次会议）。参见王胜明：《〈中华人民共和国侵权责任法〉条文解释与立法背景》，人民法院出版社 2010 年版，第 352 页。

检查是违反诊疗规范和不必要的，就应当是《侵权责任法》所禁止的。这里规定的似乎是两个条件和要求，那么这两个条件是同时具备还是有其一即可呢？我们认为，表面上看这是两个条件，实际上是从不同角度对过度检查的说明，因而有复指和递进修饰的作用。医疗机构所实施的检查是否属于应当承担责任的过度检查，应当以符合这两个条件为前提。

（一）违反诊疗规范检查

违反诊疗规范是从整个医疗过程的层面上对医疗行为作出的一般要求，是对医务人员诊疗活动中违反诊疗规范的主观心态所提的要求。即是指医疗机构及其医务人员对于所实施的不必要的检查所持的主观态度，是积极追求还是因疏忽大意或者过于自信而实施。医务人员实施不必要的检查的主观心态只有是故意的，即故意违反诊疗规范，才能构成过度医疗的侵权法律责任。比如医务人员在医疗活动中，出于自身的利益考虑，为了多挣钱多得奖金，违反诊疗规范给患者实施了不必要的检查，就可以构成过度医疗的侵权责任。再比如，如果是患者看了医疗广告后提出要求医务人员做某项检查，医务人员对此检查的适应证情况并不了解，但又不好意思流露自己知识的浅薄，想当然地认为该检查可以在患者身上实施，这虽然是一种过度检查，但是难以认定构成过度医疗的侵权法律责任。

违反诊疗规范中的诊疗规范，包括医疗卫生管理法律、法规、规章和诊疗规范和操作规程，即成文的技术规范文件。但是在医疗活动中还有大量的医疗行为没有成文的诊疗规范规制，这些诊疗行为有没有诊疗规范呢？根据法学理论，有法律的应当依据法律，没有法律的依据法理，没有法理的依据习惯。事实上，在诊疗活动过程中有大量的医疗活动虽然没有成文的技术规范，但是在该学科专业内却已经形成了大家公认的技术操作规范。这些行业内形成的技术操作规范也属于诊疗规范。

近年来在医学行业比较流行使用诊疗技术指南，这种诊疗技术指南是医学行业学会制定的旨在指导医务人员在对特定学科的疾病诊断和治疗时予以遵守或者参考的规范，应当属于行业技术性规范。但是目前我国的行业学会制定的医学诊疗指南的工作刚刚起步，指南的研究、起草、讨论和表决的程序都还不规范，一些指南在制定的时候并没有前期开展相应的临床研究，缺乏基础性资料和统计数据支持，相关的指南起草人员盲目照搬国外的技术指南，其结果是这些技术指南知识在名称上贴上了“中国”或者“中华”的标签，内容上还是国外的技术指南的内容，起草者充其量只是对外文的技术指南做了翻译工作，这样的指南不符合中国国情，不能适应中国现实患者的疾病情况。这一情况提示我们，即使是我国相关行业学会制定发布的诊疗技术指南，也不能简单地拿来作为诊疗规范衡量中国的医疗实际。这同时提醒我们，我国的国家卫生行政机关应当对行业学会制定和颁布诊疗技术指南的工作予以规范，保障技术指南的内容客观、科学和符合中国实际。

在当前我国的技术规范不规范，技术指南不客观的情况下，关于医疗行为是否“违反诊疗规范”的认定，建议应当交由地方各级医学会设立的医疗技术鉴定机构予以评价，因而需要改造医学会的鉴定体制和鉴定内容，相关内容将在本书第 13 章讨论。

(二)不必要的检查

不必要的检查是从医疗手段的功效层面对医疗措施做出的定性要求。不必要对应反面就是必要，要讨论清楚什么是不必要的检查，首先有必要先讨论什么是必要的检查。必要的检查是针对疾病的诊断而言的，对于明确疾病诊断，判断疾病性质，了解疾病严重程度，评估疾病治疗进度等而言是必要的。但在诊断方面，如果患者的病情复杂，诊断上存在困难，为了排除其他可能的疾病，充分鉴别诊断，有可能实施了一些与最终确诊的疾病不相干的检查，这些检查项目仍然应当被认为是必须的。相反，如果某一项具体的检查不是出于这四个目的，而是出于患者的私人想法或者是医疗机构医务人员的私利，就是属于不必要的检查。因此，判断是否属于必要的检查，应当是从检查实施的目的上来判断。

除了诊疗疾病的四个目的之外，实施检查还可能有什么目的呢?[44] 一是医疗机构为了增强其所谓的“医疗实力”购置了大量的医疗检查设备，为了尽快收回成本和投入而要求医务人员多做不必要的检查。二是医疗机构为了创收，增加医疗机构的经营利润，鼓励医务人员多做检查。甚至有的医疗机构还给各临床科室及医务人员确定了经济目标，科室及医务人员为了完成任务会增加患者不必要的检查。三是医疗机构及其医务人员为了规避医疗风险，尤其是医务人员诊疗水平比较低的情况下，对诊断不清不知该怎么诊断的病例进行大范围的检查。四是医疗机构及其医务人员为了规避法律风险，应对医疗纠纷诉讼，尤其是在医疗侵权案件实施举证责任倒置的情况下，为了收集证据资料，证明自己的诊疗行为没有过错，尤其要证明诊疗行为与损害后果之间没有因果关系。一般而言，医疗机构及其医务人员要证明自己的医疗行为没有过错，可以不实施不必要的诊疗行为，但是如果医疗机构及其医务人员要证明医疗行为与损害后果之间没有因果关系，则可能会导致过度检查。因为医务人员实施的检查如果是按照诊疗规范来实施的，即使发生了误诊误治，医疗机构及其医务人员的医疗行为也没有过错。但是引发患者所

---

[44] 关于实施过度医疗的目的，相关的文献比较多，可以参阅张忠鲁：《过度医疗：一个紧迫的需要综合治理的医学问题》，《医学与哲学》2003 年第 24 卷第 9 期；李英华等：《过度医疗与医疗风险的关系》，《医学与哲学》2003 年第 24 卷第 9 期；苏红：《过度医疗的经济学分析》，《卫生经济研究》2004 年第 9 期；唐德国等：《过度医疗的成因探析》，《卫生经济研究》2004 年第 11 期；林艺斌：《行政垄断——过度医疗的病根》，《卫生经济研究》2006 年第 8 期；唐哲：《过度医疗十大经典谎言》，《中国质量万里行》2006 年第 9 期；唐哲：《透视“过度医疗”》，《中国报道》2006 年第 6 期。

出现的损害后果的原因却是多种多样的，可以是疾病本身的因素，可以是医疗行为及药物的不良反应，还可以是患方不配合等。医疗机构及其医务人员要想证明到底是什么原因，只能扩大检查范围，尽可能多地实施检查措施，通过多做检查以明确损害发生的原因。因此从这个角度说，全国人民代表大会常务委员会在对《侵权责任法》第三次审议的时候，删除了因果关系的举证责任倒置的规定是正确而明智的。五是患方受到医疗广告、舆论和科普宣传的影响，自认为某些检查对自己的疾病非常合适而要求医疗机构实施。六是在一些特殊的患者人群中，由于享受着优厚的医疗保障待遇，因而自己无视医疗资源的紧张局势而要求，或者因某些特殊的原因医师实施超出诊疗范围的医疗行为。在《侵权责任法》立法征求意见时，有很多专家就提到我国的高级领导干部医疗保障就存在严重的过度医疗现象。可见，在过度医疗实施上，既有医疗机构故意违反诊疗规范的因素，也有医疗机构不得已而违反诊疗规范的因素，还有患方自己要求的原因。如果简单地以在患者身上实施了不必要的检查或者治疗，就认定是医疗机构及其医务人员的过错，就要求医疗机构承担赔偿责任，确实不公平。因此，对于不必要的过度检查加以"违反诊疗规范"的限制，以医疗机构及其医务人员故意违规作为条件，是必要的也是应当的。

综上所述，关于《侵权责任法》上所规定的构成侵权责任的过度医疗，在认定上应当由专门的鉴定机构来进行，认定的标准应当包括三个方面：医疗机构及其医务人员违法诊疗规范；对患者的疾病诊疗而言属于不必要的诊疗项目；没有患方的要求或者其他需要做此检查的特殊情况。

四、医疗机构及其医务人员实施过度检查的法律责任

《侵权责任法》第六十三条没有规定医疗机构及其医务人员违反诊疗规范实施了不必要的检查的法律责任，因而有人认为这仅仅是一条宣誓性规定，没有什么实质性的作用，[45]是不是这样呢？的确，单纯从《侵权责任法》第六十三条的规定来看，可以做出这样的理解。但是，《侵权责任法》是一个整体，不能将相关的法条割裂开来孤立地解读和理解。在《侵权责任法》第 1 章到第 3 章还有侵权责任的一般性规定。符合侵权责任构成的一般要件的行为，均可以认定为侵权行为，都应当要承担侵权责任，而不能以法律没有具体规定而否定其侵权责任。事实上，对于过度医疗行为，即使《侵权责任法》没有出台，如果患方以医疗机构及其医务人员故意违反诊疗规范的规定，实施了不必要的检查，造成患者多支付了不必要的诊疗费用，

---

[45] 《医师报》记者在 2009 年 12 月 30 日采访本书作者刘鑫时，就问到这样的问题。该记者解释，她之所以会提这样的问题，主要是记者在采访其他医院管理人员、临床医务人员甚至一些医事法学专家时，都有这样的反映。

同样可以起诉医疗机构，要求返还这不必要的诊疗费用。更何况这次《侵权责任法》还做了明确的禁止性规定。

根据《侵权责任法》第1章到第3章侵权责任的一般性规定，医疗机构及其医务人员违反诊疗规范实施了不必要的检查（治疗），医疗费用支付者可以拒绝支付这笔医疗费用；医疗费用支付者已经支付了该笔医疗费用，给医疗费用支付者造成了财产损失的，医疗费用支付者可以向医疗机构提起财产返还之诉。在具体案由方面，是不当得利纠纷还是财产损害赔偿纠纷，则有讨论的必要。

（一）过度医疗收费是否属于不当得利

1. 不当得利法律制度简介　十二铜表法第7表第十条规定，果实落在邻人的土地上，果树的所有权人有权将其取回。后来，罗马法上出现了“个别诉权”，属于一种对人诉讼（actioinpersonam），以请求给付特定债之标的物为内容。主流观点认为，罗马法仅针对实践中出现的损人利己的个案规定了具体之诉权，以资保护，但一直没形成统一、概括的不当得利制度。1804年法国民法典承袭了罗马法的衣钵，将不当得利视为“准契约”，但仍未设概括性原则，未形成独立、统一的制度。可以说，“不当得利原则如地下之水，滋润具体规则，以彰显其存在，然从未得以抑见天日。”1882年瑞士债务法对不当得利的发展具有划时代的意义。该法首次将不当得利列入债的发生原因，并设一般规定，正式确立了不当得利制度。以后的德国民法典和日本民法典均效仿之，从而使不当得利制度在大陆法系国家得以普遍确立。[46]

不当得利是指无法律上的原因而受利益，致他人受损害的事实。对此，《中华人民共和国民法通则》第九十二条规定：没有合法根据，取得不当利益，造成他人损失的，应当将取得的不当利益返还受损失的人。不当得利的事实发生后，依据法律规定造成他人损失的一方应当将取得的不当利益返还受损失的人，取得不当利益的人对利益受损人的这一返还义务，就是法律规定的因不当得利所生之债。不当得利之债是法律规定的债，而非当事人之间的约定产生的债。不当得利，实质上是财产的损益发生变动，一方当事人受损，一方得益。而且，这种损益变动没有合法根据，立法为了纠正这种没有合法根据的财产损益变动，规定利益受损人有权请求返还不当得利，受益人则有义务返还不当得利，由此在受损人和受益人之间产生了债权债务关系。

不当得利的构成要件有四，包括：一方获得利益；他方受到损失；获得利益和受到损失之间有因果关系；获得利益没有合法根据。

（1）一方获得利益是成立不当得利的首要条件。如果仅造成他人财产损失，而

---

[46] 肖永平、霍政欣：《不当得利的法律适用规则》，《法学研究》2004年第3期。

自己并未从中获得任何利益，即使加害人依法应承担侵权赔偿责任，也不构成不当得利。获得利益包括财产的积极增加和财产消极增加两种类型。

(2)他方受到损失，是构成不当得利的另一条件。所谓的他方损失，是指因有一定事实而使其财产总额减少，既包括积极损失，又包括消极损失。

(3)一方受利益与他方受损失之间有因果关系，是认定不当得利构成的重要条件。所谓利益与受损之间有因果关系，是指他方的损失是因一方受益造成的，一方受益是他方受损的原因，受益与受损二者之间有因果关系的存在。在民法学界上有直接因果关系说和非直接因果关系说。在不当得利的因果关系上，国内学者多主张采非直接因果关系说。

(4)造成他人损失而使自己获得利益，所以构成不正当利益，正是因为该项利益的获得没有合法的依据。因此，没有合法的依据是构成不当得利的实质性条件。所谓没有合法依据，是指获得利益没有合法原因，包括法律明文规定，也包括双方当事人的约定。

2. 过度医疗收费不宜认定为不当得利　医疗活动的开展依赖于医患双方建立的医疗服务合同，这种合同关系是一种委托合同关系，即医师在接受患方的委托之下，对患者的病症进行诊断和治疗。但由于疾病的情况比较复杂，患者的身体状况又千变万化，因此医师对患者疾病的诊治往往没有固定的套路和模式可以遵循，医师在诊治过程中会有很大的自主权，该做什么检查和实施什么治疗，都由医师根据患者的病情和医学理论、诊疗经验自主决定。在这种诊疗委托关系中，患方一般不会具体约定医师得以实施的具体医疗行为的范围，而是笼统地认为委托医师诊治疾病，以治愈患者疾病为最终的最理想的目的，为达此目的，医师可以为一切可能的医疗行为。

违反诊疗规范的过度医疗是医师超越了委托的目的而实施的医疗行为，属于医师超越职权的行为，应当视为违约行为，也可以视为在合同关系中侵犯委托方合法权益的侵权行为。应当是医方实施过度医疗是有双方约定作为前提的，只不过医方滥用了患方的授权。另一方面，医疗机构及其医务人员在实施过度医疗的过程中，有设备、原料和人力成本的投入，其获利与患方的财产损失并不对等，医方的获利要小于患方的损失。因此，我们认为，医疗机构及其医务人员在实施过度医疗收费，不宜认定为不当得利，不能以不当得利纠纷主张权利。

(二)过度医疗属于侵犯患方财产权利的行为

《中华人民共和国民法通则》第一〇六条第二、三款规定：公民、法人由于过错侵害国家的、集体的财产，侵害他人财产、人身的，应当承担民事责任。没有过错，但法律规定应当承担责任的，应当承担民事责任。该法第一百一十七条规定：侵占国家、集体的财产或者他人财产的，应当返还财产，不能返还财产的，应当折价赔偿。损害国家、集体的财产或者他人财产的，应当恢复原状或者折价赔偿。受害人因此遭受其他重大损失的，侵害人并应当赔偿损失。

侵犯国家、集体的财产或者他人的财产的行为属于侵权行为。《侵权责任法》规定的侵权责任的构成要素中，损害结果就包括财产损失。《侵权责任法》第二条规定，侵害民事权益，应当依照本法承担侵权责任。第六条规定，行为人因过错侵害他人民事权益，应当承担侵权责任。这里的民事权益，包括生命权、健康权、姓名权、名誉权、荣誉权、肖像权、隐私权、婚姻自主权、监护权、所有权、用益物权、担保物权、著作权、专利权、商标专用权、发现权、股权、继承权等人身、财产权益。该法第十九条还规定，侵害他人财产的，财产损失按照损失发生时的市场价格或者其他方式计算。

医疗机构及其医务人员实施过度医疗，由于这是没有必要的检查，患方没有必要支付该费用，如果患方已经支付了该费用，就直接造成了患方的财产损失。从侵权责任构成的四个要件来看，完全符合该四个要件的要求，一是医方存在违反法律规定的行为；二是患方出现了财产方面的损失；三是患方的财产损失与医方的过度医疗行为之间存在因果关系；四是医方对于患方财产损失上存在故意或者过失的过错。

(三)过度医疗也可以认定为医方的违约行为

在民法理论上，长期以来将医疗行为视为医疗服务合同行为。关于医疗合同的定义比较多。在日本，有学者认为医疗契约是运用医师所要求的临床医学知识、技术，迅速、准确地诊断患者疾病的原因和痛苦之后，采取适当的治疗行为等事务处理为目的的契约，没有特别的约定，就不能将良好的结果达成包含在债务的内容里。[47] 国内李大平认为，医疗合同是指供方(机构或个体从医者)以医学理论知识和技术、信息、经验及可调动的其他医疗资源，依照国家有关法律、法规、规定和行业技术规范等，为解决患者的特定的健康问题而与患者签订的协议。[48] 蒲川等认为，医疗合同指医方为患方提供医疗服务，患方为此支付医疗费用的合同。[49] 还有更多的学者对医疗服务合同没有明确地下定义，而是套用一般的契约的概念，如我国台湾学者黄丁全。[50]

我们认为，医疗服务合同，是指医疗服务的提供方以医学理论知识和技术、经验及其他可调动的医疗资源，依据国家有关法律、法规、规章及诊疗技术规范和操

---

⑰ [日]平林胜政:《医疗过误的契约构成和侵权行为构成》，载加藤一郎、米仓明主编:《民法的争点Ⅱ》，有斐阁昭和 60 年 7 月发行。

⑱ 李大平主编:《医事法学》，华南理工大学出版社 2007 年版，第 140 页。

⑲ 蒲川、王安富主编:《医事法学》，西南师范大学出版社 2008 年版，第 37 页。

⑳ 黄丁全:《医事法》，中国政法大学出版社 2003 年版，第 157 页。

作规程，为解决患者特定的健康问题而与患者订立的协议。[51] 由于医疗保健范围的广泛性，民众健康需求的多样化，使得医疗服务合同的类型也呈现出多样化的特点。医疗合同在本质上属于服务合同，在性质上具有属于默示合同，并且具有强制缔约性、合同内容具有不确定性、医疗承诺履行的及时性和延续性等特点。[52]

医疗服务合同理论认为，医方开展医疗活动是以医患双方建立的医疗服务合同为前提的，这种合同关系是一种委托合同关系，即医师在接受患方的委托之下，对患者的病症进行诊断和治疗。但由于疾病的情况比较复杂，患者的身体状况又千变万化，因此医师对患者疾病的诊治往往没有固定的套路和模式可以遵循，医师在诊治过程中会有很大的自主权，该做什么检查和实施什么治疗，都由医师根据患者的病情和医学理论、诊疗经验自主决定。在这种诊疗委托关系中，患方一般不会具体约定医师得以实施的具体医疗行为的范围，而是笼统地认为委托医师诊治疾病，以治愈患者疾病为最终的最理想的目的，为达此目的，医师可以做一切可能的医疗行为。违反诊疗规范的过度医疗是医师超越了委托的目的而实施的医疗行为，属于医师超越职权的行为，应当视为违约行为。违反了医患双方预先在法律层面中的约定，医疗机构过度医疗行为就构成了违约，从而需要承担违约责任。事实上，过度医疗视为一种违约可能更为恰当。因为在合同关系中强调医患双方的约定，对于患方主动要求的过度医疗，对于应行政指令关系铸成的过度医疗，因有患方或者代表患方利益的人的指示，医方就无需对该过度医疗承担责任。

【案例与评析】

案例 10-3 哈尔滨天价医疗费案

2005 年震惊全国的哈尔滨天价医疗费案件，其争议的多收费的焦点项目中，竟然是血液透析的收费。由于家属、媒体简单地将"1 天注射 100 多瓶盐水，输 94 次血"理解成常规的输液、输血治疗，从而将这个案件越炒越热。然而，最终调查结果却出乎人们的预料。

患者翁某，男，75 岁。因患恶性淋巴肿瘤，于 2005 年 5 月 16 日入住哈医大二院，先后在干部病房和心外科重症监护室（简称心外科 ICU）治疗，最终因多脏器功能衰竭，于 8 月 6 日病故。住院 82 天，医院共收取住院费 138.9 万元。患者翁某死亡后，其子因花费巨大且不能保住老人生命，以医院严重违规，存在乱收费的情况，向媒体披露此事，后国家卫生部、中纪委介入进行调查。

经查，哈医大二院在治疗患者翁某的过程中主要存在以下问题：一是违反规定

---

[51] 刘鑫、王岳、李大平：《医事法学》，中国人民大学出版社 2009 年版，第 228—230 页。

[52] 同上，第 230—231 页。

乱收费。通过自立项目、分解项目、超标准收费、重复收费等手段，多收医疗费用20.7 万余元。二是心外科 ICU 主任于玲范为掩盖违规计费和医疗过程中的问题，伪造并组织有关医护人员违反规定大量涂改翁某的医疗文书。三是部分科室管理混乱，相关职能科室监管不力。心外科 ICU 存在医嘱、特护记录、收费单中药品数量互不相符和部分医嘱单非医师本人签字的现象，使用未经国家审批的进口药品，对自购药品没有与患者家属之间的交接、核对及退药手续；物价科、医务科没有认真履行相应的监管职责。四是对患者家属的投诉采取的措施不力，处置不当，造成了恶劣的社会影响。[53]

初步调查结果是：患者住院 68 天，花了 132 万元人民币，调查组查出违规收费20 万元，医院存在的问题是管理混乱、涂改病历、分解收费。当初媒体热炒的“1 天注射 100 多瓶盐水，输 94 次血”，是用来血液滤过和透析的，是合理的。[54]

评析

一起闹得沸沸扬扬的天价医疗收费的案件，虽然不能够改变人们最初的猜测“医院肯定违规收费”，但最终却以媒体的错误而告终。这似乎在人们的意料之外，但却又是情理之中的事情。试想，“1 天注射 100 多瓶盐水，输 94 次血”这样的低级错误，在稍有一点医学知识的人甚至作为医学外行看来，都显得不可思议。最终权威调查部门揭示，血液滤过中的输血费是按输血泵每输 100ml 血制品收取 1 次处置费(每次 10 元)，“94 次输血费”并非指 94 次输血操作和输了 94 袋血。

然而本案的发生确实凸显了医院医疗管理中存在的严重问题，医院没有按照 ICU 病房收治病人的原则收治了该患者，甚至全国的知名专家、医院的专家教授、护理人员都在围绕这个违规患者服务。

导致本案被媒体爆炒的另外一个原因就是医院的收费体系问题，医院没有向家属交代血液透析计费的方式；在患者家属对收费产生质疑后，没有及时与其沟通、解释；因此，“1 天注射 100 多瓶盐水，输 94 次血”就成为家属向媒体披露医院违规的最铁的证据。

【需要注意的问题】

一般而言，过度医疗出现在医疗行为实施频率较高、收费较高的医疗项目上。患方通过查阅患者的病历、收费清单，对照当地物价部门发布的医疗收费标准，是比较容易发现医疗机构是否存在过度医疗情况的。如果一旦怀疑医疗机构对自己实施了过度医疗，患者可以依据《侵权责任法》的相关规定维护自己的合法权益。

---

[53] 参见：卫生部、国务院纠风办通报了中央纪委、监察部、卫生部和黑龙江省纪委联合调查组《关于哈医大二院违纪违法案的通报》。

[54] 梁剑芳：《天价医药费案，要不要追问“原告”》，《中国青年报》2006 年 3 月 14 日。

首先，患者可以要求医疗机构退回不必要的诊疗费用。也就是说，过度医疗没有造成新的人身损害，或过度医疗和新的人身损害的形成没有因果关系，只是医疗费用不合理增加。此时，应先确定在正常情况下治疗此种疾病所应采取的措施，包括用药、检查和手术等，然后核定相应的医疗费用。没有其他合理理由，明显超出这一标准的部分，可以认定为不必要的诊疗费用，医疗机构应予退还。

其次，如果因医疗机构实施过度医疗行为还造成患者其他身体损害的，可以要求医疗机构承担赔偿责任。这里的其他人身损害，既包括产生新的疾病，也包括原有病情恶化甚至死亡。要求医疗机构承担赔偿的内容，一方面是已经支付的过度医疗项目的费用，另一方面是造成人身损害的赔偿费用。此时应首先明确新的人身损害的产生和过度医疗有没有因果关系。如果有因果关系，那么因新的人身损害产生的一切费用包括衍生疾病治疗费用等，医疗机构都应当予以赔偿。

最后，需要说明的是，过度医疗是一个相对的概念。同时做了几项检查，在有的患者可能属于过度医疗，而在有的患者则属于必要的医疗。另外过度医疗还需要看医患双方是否有约定或者其他特殊情况，比如，患者身份特殊，或者是医方应患方的要求而实施的医疗行为。如果存在医患双方是否有约定或者其他特殊情况，不能追究医方的侵权责任。

第11章

患方侵犯医方合法权益相关法律责任

第六十四条　医疗机构及其医务人员的合法权益受法律保护。干扰医疗秩序，妨害医务人员工作、生活的，应当依法承担法律责任。

【主旨】

本条是关于维护医疗秩序，保护医疗机构及其医务人员合法权益的规定。

【释义】

关于本条的理解的难点，主要是"法律责任"，即患方侵犯医疗机构及医务人员的合法权益，应当承担什么法律责任。这里的法律责任包括民事法律责任、行政法律责任、刑事法律责任。在民事法律责任中，既包括本法的侵权责任，也包括本法没有涉及的违约责任。如何实现追究患方的民事责任，是一个难点问题。

一、患方干扰医疗秩序事件的原因分析

近年来，医患关系紧张，医疗纠纷频发，全国法院受理医疗损害案件2007年1.1万件，2008年1.38万件，每年以20%的速度递增。特别是冲击医院、干扰医疗秩序甚至流血事件呈上升趋势。2009年6月，被医务人员称为"黑色六月"，短短1个月内，先后发生了5起"血溅白衣"事件。其血腥程度，令人惊悚。因医疗纠纷引发的恶性事件，成为社会的热点焦点问题。应该看到，医患矛盾的产生有着深刻复杂的社会历史背景，并不仅仅是医师和患者之间的"私人恩怨"。

(一)我国医疗卫生体制改革滞后，医疗资源供需失衡、配置不合理

由于基层医疗技术服务水平不能满足人民群众日益增长的健康需求，导致患者无序流动，城市大医院人满为患，医务人员超负荷劳动。相对之下，医疗机构公

益型淡化，医患之间存在难以避免的利益冲突，加之医保覆盖面小，医疗保障程度低等原因，百姓"看病难、看病贵"的呼声强烈。由于我国正处于社会转型期，经济体制深刻变革，社会结构深刻变动，利益结构深刻调整，思想观念深刻变化，各种社会矛盾叠加。医院作为与百姓生命息息相关的"窗口"行业，自然就成为引燃社会情绪的导火线。

(二)法律制度不完善，患得患失，导致医患双方互信缺失

改革开放30年来，随着经济体制、医疗体制改革的不断深入发展，医患关系也发生了深刻的变化。在1978年改革开放之前，医患矛盾并不突出；改革开放之初，规制医疗纠纷并没有统一的法律法规。改革开放之后，医患纠纷大量增加，1986年6月29日，国务院出台了中国历史上第一部专门处理医疗纠纷的行政法规《医疗事故处理条例》，这个法规出台的背景，是实行公费的福利化政策，医疗行为的性质是社会福利保障。国务院于2002年9月1日实施的《医疗事故处理条例》，尽管扩大了医疗事故的范围，改革了鉴定体制，提高了赔偿数额，对医疗机构增大了行政处罚力度等。但这些措施并没有使医患矛盾得到有效缓解，也没有摆脱行政机关偏袒医疗机构的嫌疑。特别是2002年4月1日，最高人民法院《关于民事诉讼证据的若干规定》规定，因医疗行为引起的侵权诉讼，由医疗机构就医疗行为与损害结果之间不存在因果关系及不存在医疗过错承担举证责任。举证责任倒置并在举证责任分配上实行"双推定"，把医疗机构推向一个严重不利的诉讼地位。2004年5月1日，最高人民法院《关于审理人身损害赔偿案件适用法律若干问题的解释》与《医疗事故处理条例》规定的赔偿形成巨大反差。而最高人民法院《关于参照条例处理医疗纠纷的通知》，又人为地将医疗侵权损害分为医疗事故损害和医疗过错损害。在司法实践中，对医疗纠纷的审理形成案由双轨制、鉴定双轨制、赔偿双轨制的二元制局面。由于法律制度的患得患失，不但造成审判秩序的混乱，损害了司法权威，也造成了医务人员的防御性医疗，最终殃及全体患者利益。使得医患之间互相信任的基础遭到不同程度的破坏，医患矛盾越陷越深。

"医学是仁者之术"。医师凭借自己的技能和经验减轻患者的伤痛，或延长其生命，或提高其生活质量，并凭借自身的劳动和智力的付出获得应有的报酬。患者也正是基于同样的目的，寻求并接受医疗专业人员的服务并从中受益。在医疗过程中，医患双方的共同敌人是疾病，共同的目标是寻求健康和实现生命的延续，从而战胜疾病。因而，医患双方是在与病痛抗争过程中结成的既是共同战友，又是利益的共同体。基于此，和谐医患关系的基础就是相互信赖。然而，目前这种以信任为基础的医患关系发生了很大变化。近年来，患者在诊疗活动中，对医师的诊疗行为不同程度地抱着怀疑的态度，有的病人一边接受医务人员诊治，一边录音、录像、记日记，为日后诉讼收集证据。更有偏激者怨声载道，抱怨自己付了不菲的医疗费

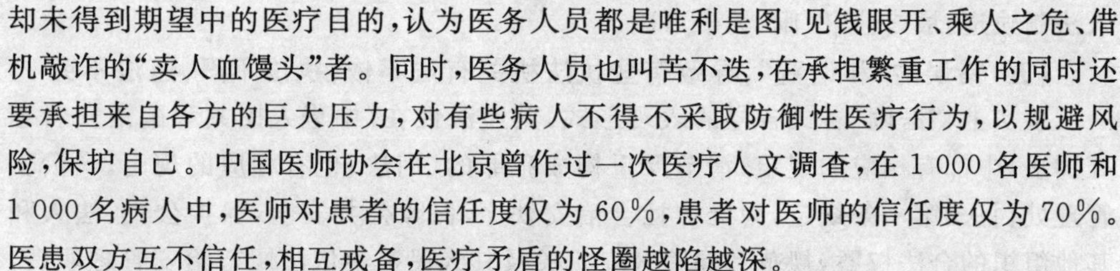

却未得到期望中的医疗目的，认为医务人员都是唯利是图、见钱眼开、乘人之危、借机敲诈的“卖人血馒头”者。同时，医务人员也叫苦不迭，在承担繁重工作的同时还要承担来自各方的巨大压力，对有些病人不得不采取防御性医疗行为，以规避风险，保护自己。中国医师协会在北京曾作过一次医疗人文调查，在 1 000 名医师和 1 000 名病人中，医师对患者的信任度仅为 60%，患者对医师的信任度仅为 70%。医患双方互不信任，相互戒备，医疗矛盾的怪圈越陷越深。

（三）医患之间缺乏沟通、理解或人文关怀不够

一方面，随着社会的文明进步，患者对自身权益的保护意识日益增强。在整个诊疗过程中，患者对医疗机构在自己身上实施的一切医疗活动都纳入其关注和监督的视野中。另一方面，随着医学科学的发展，越来越多的高科技仪器设备进入临床，日益成为现代化医院的形象和标志。如 X 射线、心电图、电镜、内镜、超声诊断、CT 扫描、磁共振成像、核素、器官移植、生殖技术、介入治疗、克隆技术、机器人等，不胜枚举。病人进了医院，便成了医疗流水线上需要维修的“产品”，被分割成了“系统”，被分解成了器官，被抽象成了标本。医师关注的是致病原因、偏离正常值的数据、细胞形态或分子结构的变化，X 线、CT、MRI、PET 等影像资料下的阴影。在这个流水线上病人的人格、痛苦、情感无疑被强行转化为疾病的症状和体征。整体的病人变成一连串令人陌生的符号。医学的专业化、技术化，使得医患融洽地交谈，演变成双方无奈的“失语”。人文关怀逐渐黯淡了应有的光彩，随之而来的是医患关系的僵化，医学的许多非技术范畴的问题积重难返，相互信任的基础捉襟见肘，导致医患关系紧张，医疗纠纷频发。

（四）患者维权渠道不畅、维权成本过高

权利之保护有公力救济与私力救济两种。公力救济是依靠国家权力实现私人之权利；私力救济是权利人依靠自己的行为实现其权利。在纯粹的市民社会里，国家权力不发达，私力救济是市民社会原生的救济方式，也是实现权利的惟一途径。但随着社会复杂程度的提高，国家公权力的发达，权利的实现最终还得归结到依靠国家公权力来保障，并且以禁止私力救济为原则。不可否认，我国在医患双方维权上，公力救济的成本过高，如高额鉴定费、律师费以及时间和人力成本，对于患方而言，往往是难以承受的负担，一起医疗纠纷诉讼三、五年不能审结的情况司空见惯，打一场医疗官司，却未必能得到一纸公平的判决。这样一来，和解处理医疗纠纷的机制被私力救济所异化，且被后来者纷纷效仿，导致“医闹”事件频发，成为社会不能承受之痛。对于医疗机构而言，由于漫长的诉讼过程使得案件越积越多，形成诉累。医院出于种种考虑，靠金钱摆平了事，花钱买平安，成为医疗机构解决医疗纠纷的潜在规则。因此，从长远来看，政府部门应开辟医疗纠纷处理的“绿色通道”，简化程序，提高效率，增强透明度，提高鉴定、审判的公信力，把患者的维权行动引入法制轨道,最终让"医闹"无事可闹。

(五)错误的"和谐观",导致有些执法机关有法不依,执法不严,违法不究

事实上,"医闹"各式各样的表现形式,其违法性在《中华人民共和国治安管理处罚法》中都有相应的规定,情节严重构成犯罪的《刑法》也有相应的规定。《治安管理处罚法》第一条规定,为维护社会治安秩序,保障公共安全,保护公民、法人和其他组织的合法权益,规范和保障公安机关及其人民警察依法履行治安管理职责,制定本法。第二条规定,扰乱公共秩序,妨害公共安全,侵犯人身权利、财产权利,妨害社会管理,具有社会危害性,依照《中华人民共和国刑法》的规定构成犯罪的,依法追究刑事责任;尚不够刑事处罚的,由公安机关依照本法给予治安管理处罚。张毋庸置疑,"医闹"的本质是通过各种手段,攫取非法利益。近年来,"医闹"之所以有恃无恐,肆无忌惮,越闹越凶,一个重要原因是有些地方政府部门软弱、纵容,特别是个别公安机关的失职无为。如很多警察看到"医闹"围攻医院,往往"坐山观虎斗",放任自流。他们的理由是,"医闹"是"和平静坐",只要不流血,就没有执法依据。几年前,深圳一家医院的医务人员曾经戴着钢盔上班,引起了全世界媒体的关注,被认为是中国医患关系紧张的缩影。然而,这一事件背后隐藏的深层问题,并未引起有关部门的应有警觉,视为这是"作秀""炒作"。随着时间的推移,医患矛盾不仅未见缓和迹象,反而愈演愈烈。很多地方官员认为,患者闹事,肯定是有冤屈,医院是公家的,赔点钱就"和谐"了。正是这种是非不辨、黑白颠倒的"和谐观",无疑助长了"医闹"的嚣张气焰,使其有恃无恐,肆意危害公共安全。在"南平事件"中,警察到来后,坐观待命,最后该市政府研究决定:"责成医院赔款 21 万元,双方人员伤害互不追究责任"。无原则的赔偿必然导致国有资产白白流失,逼迫性赔偿必须导致医疗秩序、法律秩序的混乱。可见,"医闹"之所以越闹越大,并非是法律问题,而是法制问题;不是无法可依,而是有法不依,执法不严,违法不究的问题。

二、"医闹"的危害

医学是一个高技术、高风险的行业,发生医患纠纷,不足为奇。如果医患双方都能理性对待,用法律手段解决问题,事情就会简单得多。但遗憾的是,由于种种原因,很多患者往往不愿意诉诸法律,而更喜欢"以闹取胜"。只要病人死在医院或治疗效果不满意,不管是谁的责任,家属非理性维权与"医闹"联合起来,摆花圈、设灵堂、围医院、打医师,仿佛有天大的冤屈。医院迫于无奈,只好花钱买平安。于是,"医闹"和家属坐地分赃,各有所得。如此一来,催生了一个投资少、风险低、致富快的新型职业——"职业医闹",形成一股黑恶势力,如同乌鸦一般,趋之若鹜。

"医闹"既不是法律概念,也不是医学术语,更不是刑法罪名。"医闹"是打着医疗纠纷的名义，以维护患方所谓的“合法权益”为借口，采用威胁、围攻、跟踪、打砸医院、攻击人身、在诊疗场所停尸、设灵堂等非法手段，干扰医院正常医疗秩序，索要巨额赔偿，迫使医院满足其非法要求的行为。

“医闹”现象不同于一般的医疗纠纷，具有职业性强，目的性强，破坏性强的特点。其行为与法制社会背道而驰，是严重践踏法律的行为。应当依法予以惩处。

“医闹”的发展过程大致有三种类型：原始形态是患者或其家属和亲友自发的非理性维权；发展至“职业医闹”参与，有组织地闹医院；由个别医事法律工作者幕后操纵，由“职业医闹”和患者、家属及亲友参与的“医闹”活动。打击的重点是“职业医闹”。

“医闹”事件频发，严重干扰医疗秩序，危害严重。从卫生行政部门近年来的不完全统计数字可见一斑。

2002 年，全国发生严重扰乱医疗秩序事件 5 093 件，打伤医务人员2 604人，医院财产损失 6 709 万元。2004 年，全国发生该类事件 8 093 件，打伤医务人员3 735 人，医院财产损失 1.24 亿元。2006 年 1～10 月，此类事件增加到 9 831 件，打伤医务人员 5 519 人，医院财产损失 2.04 亿元。2009 年 6 月被医务人员称为“黑色六月”的短短 1 个月时间里，先后发生了多起“血溅白衣”事件。其血腥程度，令人惊悚。

6 月 1 日，河南省武陟县一产妇在县妇幼保健院正常生产时，因产中发生羊水栓塞，不幸身亡。6 月 2 日一早，死者家属纠集了五六十人围攻保健院长达数小时。几个大汉驾着院长强行让其披麻戴孝，强迫在死者灵前磕头哭丧，并实施暴力毒打，院长被打倒地不起，人事不省，蜷缩在水泥地上。

6 月 3 日，北京某医院被围堵，当天患者家属纠集了一大群人在医院摆放花圈，要求赔偿 120 万元，其中有四人是职业医闹，实际上患方的索赔要求是 70 万元，医院只同意赔偿 20 万元，双方协商不成，医闹将该院副院长扣留，公安人员到场后才被解救。

6 月 4 日，某产妇住进山东某医院妇产科，产后因肺栓塞猝死。产妇死后其家属拒绝移送尸体进太平间，对前来民警的劝说不理不睬，将死者尸体放在水晶棺内，放置在妇产科病房，并在病房楼门口、走廊烧纸、悬挂条幅、张贴、发放书面材料，用高音喇叭反复播放哀乐，致使交通堵塞，现场乌烟瘴气，部分高考学生无法顺利到达考场，公安机关将为首的医闹刑事拘留后，事态才得以平息。

6 月 8 日，浙江临海市白水洋国土分局某局长之女金某某，在杭州市第一医院门诊公共场所自行坠楼。虽经全力抢救，但终因患者伤势过重，未能挽回生命。6 月 9 日下午，其父金某率 100 余人赶到医院，堵在科室门口围攻打砸，造成医院 6 人受伤。

6月11日，一名男性患者在武汉江夏区疾病控制中心打过狂犬疫苗后，妄称护士给他打的疫苗是“毒血”，事后多次骚扰该护士。当日趁护士上班时不备，将该护士在接种室内割喉致死。同日，某老年患者因跌倒致颈部损伤到广东某医院行手术治疗，术后复苏过程中突发心搏呼吸骤停死亡。死者家属组织上百人围堵医院，当地警方出动上百名治安员、20名特警才控制了事态的扩大。

6月16日，北京大学第一医院某医生因拒绝为病人开虚假证明，被病人家属连刺5刀，身陷血泊。

6月21日，福建省南平市第一医院，一位“肾积水并尿毒症”的重症患者因呼吸功能衰竭、心搏骤停，经抢救无效死亡。21日凌晨3时，家属拒绝迁移死者尸体至太平间，将泌尿外科全科室封闭，该科的值班医师、手术医师和所有在院病人被关在病房。同时，“医闹组织”开始在门诊大楼、住院大楼内外烧纸钱、摆花圈、设灵堂，打砸泌尿外科住院病房。21日8点，整个医院处于瘫痪状态。“医闹”索赔80万元，调解无效。6月21日下午，“医闹组织”召集了200多名社会势力，手持木棍、匕首冲至医院，封锁门诊大楼，见穿白大褂的医务人员即大打出手，有1名医生身中6刀，被送进医院抢救，另外有10余名医师、护士被砍伤。6月21日晚23点，“医闹组织”再次召集6辆中巴车载满打手至医院，围攻办公楼至22日凌晨3点，声称再不按其要求赔偿，将医院办公大楼炸毁。经市政府研究决定，责成医院赔偿21万元。事后，死者家属在门诊大厅公开给“医闹”发钱。6月23日，医务人员忍无可忍，自发组织到市政府门前请愿，要求市政府作出解释，并严惩肇事凶手……。据报道，这个地区仅1年时间内所发生的严重干扰医疗秩序的“医闹”事件高达588起。如果总是习惯于“花钱买平安”，换来的只能是表面和谐，其背后往往潜伏着更大的危机。因此，作为执法者来说，只有捍卫法律尊严，才是社会和谐之本。

三、“医闹”的表现形式及处置“医闹”的法律依据

本条规定的目的在于维护医疗秩序，构建和谐医患关系，保护医疗机构及其医务人员的合法权益。对于干扰医疗秩序，妨害医务人员工作、生活的应当依法承担法律责任。“医闹”现象主要是治安问题和刑罚问题。这里的法律责任指不是单纯的民事赔偿责任，还包括行政责任和刑事责任。《侵权责任法》作为民事法律规范，本条仅仅是警示性规定，警示患者遵守法律，依法处理医患纠纷，禁止“医闹”行为，违者应当依法承担法律责任。尽管本条没有具体规定承担什么样的法律责任，但含义是十分明确的，就是该承担行政责任的依法承担行政责任，如警告、罚款、行政拘留等，该承担民事责任的依法承担民事责任，如赔礼道歉、赔偿损失等，构成犯罪的依法追究其刑事责任。“医闹”的表现形式多种多样，应当根据其不同行为及其

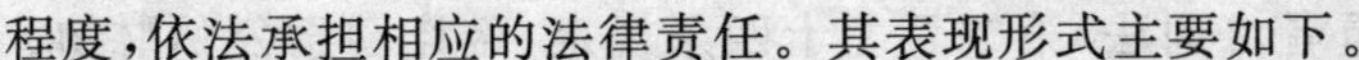

程度，依法承担相应的法律责任。其表现形式主要如下。

(一)悬挂横幅、散发传单、静坐等方式干扰医疗秩序

由于患者一方对复杂的医疗技术、诊疗过程不了解，一旦患者死亡或没有达到预期治疗目的，情绪激动，听不进医务人员的任何解释，散发传单内容多数是夸大损害事实，在门诊、医院大门口等人多众广之场所，静坐、悬挂横幅、散发传单，职业医闹趁机寻衅滋事，混淆视听，贬损医院及医务人员声誉，干扰医疗秩序。特别是静坐地点往往选择在病房室内外，在职业医闹的鼓噪煽动下，拒绝将尸体移送太平间，借机敲诈勒索，医务人员往往出于惧怕影响其他病人治疗的心理，满足其非法要求。

所谓寻衅滋事是指在公共场所无事生非，起哄捣乱，无理取闹，殴打伤害无辜，肆意挑衅，破坏公共秩序的行为。国务院 1987 年 4 月 1 日实施的《公共场所卫生管理条例》第二条第七项将候诊室列为公共场所。“医闹”往往在急诊科、挂号室、取药大厅、候诊室等人多拥挤场所故意制造混乱，有时伴有随意损毁公私财物，伤害无辜，肆意扩大事态。

所谓敲诈勒索是指以非法占有为目的，对被害人实施威胁或者要挟的方法强索公私财物的行为。诊疗活动具有未知性、特异性、侵袭性、高风险性的特点。因此，《侵权责任法》第五十七条规定，医务人员在诊疗活动中，要善尽与当时医疗水平相应的诊疗义务，并不是要求医务人员对病人包治包好。但由于人类认识疾病、战胜疾病的能力还非常有限，在临床实践中发生医疗过失，甚至给患者的生命、健康利益造成严重损害，只能做到尽量少发生，但不能完全避免。特别是在这种情况下，“医闹”往往以“同态复仇”的心态，轻者以损害医务人员生命、身体、人格、名誉等相威胁，甚至以危害医师家属、小孩相要挟，实施精神强制，造成心理恐惧，不敢抗拒，从而满足“医闹”强索要求，其实质就是敲诈勒索。

《中华人民共和国治安管理处罚法》(以下简称《治安管理处罚法》)第二十六条：有下列行为之一的，处 5 日以上 10 日以下拘留，并处五百元以下罚款；情节较重的处 10 日以上 15 日以下拘留，并处一千元以下罚款：①结伙斗殴的；②追逐拦截他人的；③强拿硬要或者任意损毁、占有公私财物的；④其他寻衅滋事行为。

《中华人民共和国刑法》(以下简称《刑法》)第二百九十三条：有下列寻衅滋事行为之一，破坏社会秩序的，处 5 年以下有期徒刑、拘役或者管制：①随意殴打他人，情节恶劣的；②追逐、拦截、辱骂他人，情节恶劣的；③强拿硬要或者任意损毁、占有公私财物、情节严重的；④在公共场所起哄闹事，造成公共场所秩序严重混乱的对于敲诈勒索行为，《治安管理处罚法》第四十九条规定：盗窃、诈骗、哄抢、抢夺、敲诈勒索或者故意损毁公私财物的，处 5 日以上 10 日以下拘留，可以并处五百元以下罚款；情节较重的，处 10 日以上 15 日以下拘留，可以并处一千元以下罚款。

对于敲诈勒索情节严重者,《刑法》第二百七十四条规定:敲诈勒索公私财物、数额较大的,处3年以下有期徒刑、拘役或者管制;数额巨大或者有其他严重情节的,处3年以上10年以下有期徒刑。

(二)聚众冲击医疗机构的行为

近年来,“医闹”事件不但屡有发生,而且组织方式发生了很大变化,尤其在“职业医闹”的煽动下,一些不明真相的群众或出于对患者的同情或出于经济利益驱动,动辄出动几十人甚至几百人围堵医院大门、办公室、诊疗场所,严重扰乱诊疗秩序。

《治安管理处罚法》第二十三条第一项规定,有下列行为之一的,处警告或者二百元以下罚款;情节较重的,处5日以上10日以下拘留,可以并处五百元以下罚款,扰乱机关、团体、企业、事业单位秩序,致使工作、生产、营业、医疗、教学、科研不能正常进行,尚未造成严重损失的。同时,第二款规定,聚众实施前款行为的,对首要分子处10日以上15日以下拘留,可以并处一千元以下罚款。

《刑法》第二百九十条规定,聚众扰乱社会秩序,情节严重,致使工作、生产、营业和教学、科研无法进行,造成严重损失,对首要分子,处3年以上7年以下有期徒刑;对其他积极参加的,处3年以下有期徒刑、拘役、管制或者剥夺政治权利。

(三)侮辱、诽谤医务人员的行为

所谓侮辱,是指以暴力或者其他方法,公然诋毁他人人格,破坏他人名誉的行为。诽谤是指故意捏造事实,并且进行传播,损害他人人格和名誉的行为。医疗纠纷发生后,“医闹”在闹的过程中,侮辱、诽谤医务人员的情况是司空见惯的现象。轻者为不堪入耳的辱骂,严重的采取暴力手段逼迫医务人员披麻戴孝、向死者下跪、守灵等。还有的无中生有,凭空制造虚假的事实,采取口头、书面、网络等方法进行传播。

《治安管理处罚法》第四十二条第二项:公然侮辱他人或者捏造事实诽谤他人的,处5日以下拘留或者五百元以下罚款;情节较重的,处5日以上10日以下拘留,可以并处五百元以下罚款。

《刑法》第二百四十六条:以暴力或者其他方法公然侮辱他人或者捏造事实诽谤他人,情节严重的,处3年以下有期徒刑、拘役、管制或者剥夺政治权利。

(四)非法限制人身自由的行为

近年来,非法限制医务人员或医院其他工作人员人身自由事件时有发生。“医闹”的索赔要求往往不切实际,漫天要价,当不能满足其无理要求时,强令医院工作人员不得离开办公室、病房或有关谈判场所,并轮番围攻,有的长达数十小时,期间往往伴有侮辱甚至殴打情节。

《治安管理处罚法》第四十条第三项:非法限制他人人身自由的,或者擅自侵入他人住宅的，处 10 日以上 15 日以下拘留，并处五百元以上一千元以下罚款；情节较轻的，处 5 日以上 10 日以下拘留，并处二百元以上五百元以下罚款。

《刑法》第二百三十八条第一款：非法拘禁他人或者以其他方法非法剥夺他人人身自由的，处 3 年以下有期徒刑、拘役、管制或者剥夺政治权利。具有殴打、侮辱情节时，从重处罚。

（五）在医疗机构集会、游行、示威的行为

我国《宪法》规定，中华人民共和国公民有言论、出版、集会、结社、游行、示威的自由。中华人民共和国公民在行使自由和权利的时候，不得损害国家的、社会的、集体的利益和其他公民的合法的自由和权利。

根据《中华人民共和国集会游行示威法》的规定，“集会”是指聚集于露天公共场所，发表意见、表达意愿的活动。“游行”是指在公共道路、露天公共场所列队行进、表达共同意愿的活动。

示威是指在露天公共场所或者公共道路上以集会、游行、静坐等方式，表达要求、抗议或者支持、声援等共同意愿的活动。该法第二十八条规定，举行集会、游行、示威，有下列情形之一的，公安机关可以对其负责人和直接责任人员处以警告或者 15 日以下拘留：①未依照本法规定申请或者申请未获许可的；②未按照主管机关许可的目的、方式、标语、口号、起止时间、地点、路线进行，不听制止的。

《治安管理处罚法》第五十五条规定，煽动、策划非法集会、游行、示威，不听劝阻的，处 10 日以上 15 日以下拘留。《刑法》第二百九十六条规定，举行集会、游行、示威，未依照法律规定申请或者申请未获许可，或者未按照主管机关许可的起止时间、地点、路线进行，又拒不服从解散命令，严重破坏社会秩序的，对集会、游行、示威的负责人和直接责任人员，处 5 年以下有期徒刑、拘役、管制或者剥夺政治权利。

（六）在医院公共场所摆设死者棺柩、设置灵堂的行为

人死后，入土为安，体现了对死者的尊重，是中国人优良的传统风俗。然而，近几年来，“医闹”为了达到其不可告人的目的，在医院公共场所摆设棺柩、设置灵堂的现象屡屡见诸报端。有的“职业医闹”还专门制作了“水晶棺”，将尸体摆设在病房或光天化日之下，严重扰乱正常医疗秩序，造成恶劣社会影响。逼迫医院就范，满足其非法要求。

《治安管理处罚法》第六十五条第二项规定，在公共场所停放尸体或者因停放尸体影响他人正常生活、工作秩序，不听劝阻的，处 5 日以上 10 日以下拘留；情节严重的，处 10 日以上 15 日以下拘留，可以并处一千元以下罚款。

情节严重的，对首要分子，可依据《刑法》第二百九十一条规定的聚众扰乱公共场所秩序罪依法追究其刑事责任。

（七）殴打医务人员的行为

根据《治安管理处罚法》第四十三条规定，殴打他人的，或者故意伤害他人身体的，处5日以上10日以下拘留，并处二百元以上五百元以下罚款；情节较轻的，处5日以下拘留或者五百元以下罚款。根据《刑法》第二百三十二条、第二百三十三条、第二百三十四条、第二百三十五条规定，可分别构成故意杀人罪、过失致人死亡罪、故意伤害罪、过失致人重伤罪。毁坏医院设施、设备、仪器的，根据《刑法》第二百七十五条规定，数额较大或者情节严重的，处3年以下有期徒刑、拘役或者罚金；数额巨大或者情节特别严重的，处3年以上7年以下有期徒刑。造成人身损害还应当依法承担民事赔偿责任。

(八)侵犯医院财产权行为

如前所述，在职业性"医闹"的参与下，"医闹"在闹医院过程中往往伴有暴力行为。但有一种情况例外，没有家属和其他人员参与，患者本人既不吵也不闹，但长期占据病床不出院，软抗硬磨，达不到要求或疾病不能痊愈就拒绝离开医院，拒不支付相关费用。有人称为这是"医闹"的温和派，也有人称为是患者非理性维权。这种情况往往比暴力性医闹还难处理，政府无从插手，医院苦无良策，特别是对床位紧张、医疗条件好的医院，不但使其他需要住院治疗的患者不能及时入院治疗，也给医疗机构造成经济利益损失。近年来，由于患者欠款，医院的死账、呆账逐年增多，财产权遭受侵害在医院是个带有普遍性的问题，有的小型医院因医疗欠款直接造成正常医疗活动不能运行。造成医疗欠款的原因是很复杂的，常见的有以下几个方面。

1. 突发性医疗欠款　如交通事故，治安、刑事案件，自然灾害等。在这种情况下，绝大多数都是病情危重的病人，有时来不及办理正常手续就必须立即救治。支付医疗费用的义务人短时间内不易确定，甚至根本就无法确定，形成欠款，无法收回。

2. 贫困性医疗欠款　这类欠款主要是农村患者和城市下岗职工，多数与需要住院治疗的大病有关；该类欠款的回收期间长或因患方脱贫无望、丧失劳动能力或死亡，造成医疗费用无法收回。

3. 医疗纠纷性欠款　如发生治疗、手术、护理、美容等医疗争议或者造成患者伤残、毁容等不良后果，患者不出院，欠款数额较大，并且随着医疗纠纷长期得不到解决，使医疗费用不断上升，形成大额医疗欠款。

4. 预谋性医疗欠款　如婴儿活产孕妇死亡、遗弃女婴、残疾人或患精神类疾病患者等；主要是以假地址假姓名办理入院手续或以某种方式骗取同情，借口赖账等。

近几年，医疗欠款现象非常普遍，据报道，截至2004年底，仅北京市卫生局直属的医院的累计欠费就达到了4 025万元。深圳市仅公立医院累计的医疗欠款到2003年底高达6 000多万元，广东省统计达11.3亿元，医疗欠款已成为制约医院发展沉重的包袱，这种情况有不断扩大的趋势。关于侵犯医疗机构财产权问题，《侵权责任法》虽然没有直接规定，但“医疗机构及其医务人员的合法权益受法律保护”，侵犯医疗机构合法权益的，“应当依法承担法律责任”。法律规范的警示作用在于告诫：医疗机构及其医务人员要依法行医，患者应当依法就医，违者依法承担法律责任。

医疗纠纷乃至“医闹”的产生，一个重要的深层背景是经济利益在发挥作用。依法维护医疗机构的财产权，无疑是正确的，但鉴于医疗欠款的复杂性，对此，我国法律目前尚缺乏相应的硬性规定，维权成本极高，得不偿失，医疗机构往往放弃法律维权，另辟蹊径，造成欠款的“雪球”越滚越大，最终造成国有资产的大量流失。因此，维护医疗机构的财产权不仅仅是一个法律问题，应当建立完善的医疗风险责任保险制度。医疗风险责任保险，与广大人民群众的生命健康利益密切相关，通过医疗责任保险转移医疗职业风险，是现代医疗服务管理体系的重要组成部分，在国际上也是医疗风险管理的通用做法。由政府推行，全社会参加，“集万家之财，解一家之难”，投保人越多，覆盖率越高，风险控制能力越强，投保人缴纳的保费也越低，对受医疗过失损害的病人的赔偿就越能得到保障，反过来又能促进保险事业的健康发展。众所周知，民航的意外发生率是以万分比为单位的，世界各国将其视为高风险行业，并一直有保险业务与之并行。医疗服务的风险率是以百分比为单位的，即使在发达国家诊断符合率也仅有 70%，医疗服务的高风险性是公认的事实。然而，在我国，长期以来却一直将医疗风险置于保险的视野之外。近年来，医疗风险责任保险制度受到相关部门的重视，但制度建立举步维艰，发展更是一波三折、非常缓慢。

四、维护医疗秩序重在防范，旨在构建和谐医患关系

引发医患纠纷的原因是复杂的，医患纠纷难处理的原因也是多方面的。实践中，既有人们对医学的复杂性、探索性、局限性的认识观念问题，也有医患沟通、法律适用问题，还有纠纷处理机制以及处置纠纷的具体方式、方法问题等。医患矛盾的解决单纯通过法律渠道是远远不够的，维护医疗秩序应当多管齐下，在完善机制、制度上下工夫，在预防措施上见成效，从来源上遏制干扰医疗秩序的事件发生，使医患关系回归到健康和谐的轨道。

（一）建立健全组织，专司纠纷处理

多年以来，尽管医患矛盾突出，纠纷频发，但在医疗机构内部没有相应的组织机构专门处理这类问题，相关专业人员匮乏。因而，往往因为纠纷得不到及时处理或因处理纠纷的方式、方法欠妥，在一定程度上激化了矛盾，导致“医闹”事件发生。

《医疗事故处理条例》第七条曾规定，医疗机构应当设置医疗服务质量监控部门或者配备专（兼）职人员，具体负责监督本医疗机构的医务人员的医疗服务工作，检查医务人员执业情况，接受患者对医疗服务的投诉，向其提供咨询服务。根据该条规定，2002年以来不少大型医疗机构设置了这类机构，但名称、工作范围、程序、职责极不规范，多数小型医疗机构既没有相关的组织机构，更没有相应的专业人员，导致一些纠纷案件久拖不决，引发“医闹”事件发生。为加强医院投诉管理，规范投诉处理程序，维护正常医疗秩序，保护医患双方合法权益，国家卫生部、国家中医药管理局制定的《医院投诉管理办法（试行）》，于2009年11月26日施行。其中第16条明确规定了，“医院应当设立医患关系办公室或指定部门统一承担医院投诉管理工作。要求“二级以上医院的投诉管理部门，应当配备专职工作人员，其他医院根据实际情况可配置兼职人员”“医院应当逐步建立健全相关机制，鼓励和吸纳社会工作者、志愿者等熟悉医学、法律专业知识的人员或第三方组织参与医院投诉接待与处理工作”。明确规定，医院应当建立畅通、便捷的投诉渠道，在医院显著位置公布投诉管理部门、地点、接待时间及其联系方式。有条件的医院可设立网络投诉平台，并安排人员处理、回复患者投诉。

（二）明确工作职责，规范工作程序

对于患者的投诉，《医疗事故处理条例》第七条的规定，缺乏可操作性。《医院投诉管理办法（试行）》第十六条规定：“医院应当设立医患关系办公室或指定部门统一承担医院投诉管理工作”。投诉管理部门的职责是：①统一受理投诉；②调查、核实投诉事项，提出处理意见，及时答复投诉人；③组织、协调、指导全院的投诉处理工作；④定期汇总、分析投诉信息，提出加强与改进工作的意见或建议。第十八条规定：“医院主要领导是医院投诉管理的第一责任人。医院各部门、各科室应当指定至少1名负责人配合投诉管理部门做好投诉处理工作。”明确规定了接待工作程序和期限，如投诉接待实行“首诉负责制”，能够当场处理的，应当尽量当场解决；对于无法当场协调处理的，接待的部门或科室应当主动引导投诉人到投诉管理部门投诉。医院投诉管理部门接到投诉后，应当及时向当事部门、科室和相关人员了解、核实情况，并可采取院内医疗质量安全评估等方式，在查清事实、分清责任的基础上提出处理意见，并反馈投诉人；对于情况较复杂，需调查、核实的投诉事项，一般应当于5个工作日内向投诉人反馈相关处理情况或处理意见；对于涉及多个科室，需组织、协调相关部门共同研究的投诉事项，应当于10个工作日内向投诉人反馈处理情况或处理意见；对于涉及医疗损害的，告知投诉人鉴定、调解、诉讼等解决问题的途径，做好解释疏导工作等。同时，《医院投诉管理办法（试行）》第二十九条规定，投诉人应当依法文明表达意见和要求，向医院投诉管理部门提供真实、准确的投诉相关资料，配合医院投诉管理部门的调查和询问，不得扰乱医疗正常秩序。

对于投诉人采取违法或过激行为的，医院应当及时采取相应措施并依法向公安机关和卫生行政部门报告。

(三)加强医患沟通，增进医患互信

医学是仁者之术，是建立在自然科学基础上的人文科学。被尊为医学之父——希波克拉底教导"医生有三大法宝：语言、药物、手术刀。医生有两种东西能治病，一种是药物，一种是语言。"沟通的主要手段是语言。所谓沟通，是指为了某种设定的目标，在某种场合把与设定目标相关的信息，思想和情感以适当的方式传达给特定的个人或人群并得到相关回馈，从而在共识的基础上达成共同协议的过程。医患沟通是指医务人员在诊疗全程中，将相关信息传达给患者或其亲属，并与其达成共识，实现诊疗目的的协议过程。事实证明，良好的医患沟通是最佳治疗的重要手段之一，也是建立医患互信的前提和基础。近年来，由于医患沟通的弱化，导致医患双方互不信任，成为引发纠纷的导火索。一方面，患者对自身权益的保护意识日益增强，在诊疗过程中，患者已不再是单纯注重治疗的结果，而对整个诊疗过程中的一切合法权益都在其关注和监督的视野中。如检查、用药是否合理，隐私权、肖像权是否被侵犯，治疗过程中是否存在差错、物价管理是否符合规定等。另一方面，为了贯彻"以病人为中心的"理念，沟通内容早已超出"医师向患者交代病情"的范围。医务人员不仅要了解患者对相关医疗信息的需求、受重视的需求、及时和有序服务的需求、感觉舒适的需求，同时还要掌握患者对医疗服务的期望、医疗环节中的疑虑、对医疗服务和疾病治疗效果的满意度等。医患纠纷由于沟通内容的扩展而提高，医患互信由于沟通内容的扩展而降低。医患沟通是一个需要不断研究和予以规范的课题，良好的医患沟通是时代发展的客观要求，是构建和谐医患关系的重要因素。

《医院投诉管理办法(试行)》对于医院及医务人员与患者沟通提出了明确的要求：医院应当体现"以病人为中心"的服务理念，提高医务人员职业道德水平，增强服务意识和法律意识，提高医疗质量，注重人文关怀，优化服务流程，改善就诊环境，加强医患沟通，努力构建和谐医患关系；医院应当健全医患沟通制度，完善医患沟通内容，加强对医务人员医患沟通技巧的培训，提高医患沟通能力；医院全体工作人员应当牢固树立"以病人为中心"的服务理念，全心全意为患者服务，热情、耐心、细致地做好接待、解释、说明工作，把对病人的尊重、理解和关怀体现在医疗服务全过程；医务人员应当尊重患者依法享有的隐私权、知情权、选择权等权利，根据患者病情、预后不同以及患者实际需求，突出重点，采取适当方式进行沟通；医患沟通中有关诊疗情况的重要内容应当及时、完整、准确地记入病历，并由患者或其家属签字确认。

医患纠纷发生后，有效的医患沟通，对于缓解医患矛盾和对立情绪，及时、妥善处理纠纷具有重要意义。实践中应注意以下几个方面。

1. 把握沟通原则　纠纷发生后，无论是医方还是患方，均要抱有解决问题的良好心态，多数医疗纠纷是可以通过和解途径解决的，避免把沟通过程演变为吵架过程，努力做到以礼（尊重）待人，以信（信任）做人，以情（同理）动人，以理（技术）服人，以俗（话）通窍，以法（法律）束人。

2. 慎用沟通语言　语言是人们最常使用的沟通工具，然而，沟通不仅仅是说话，包括有声语言和无声语言，有时仅仅是一种感觉、一个微笑、一个眼神便可以让对方心领神会，甚至激动不已。要达到良好的沟通效果，沟通者要清楚沟通对象，使用沟通对象能够理解的语言。要清楚、简明、完整、礼貌、正确、具体，语调温和，得体，互有责任感。以自身的立场为核心，以接受者心理为尺度。

要相互尊重，不说有失身份的话；不说刺激对方的话；不发不负责任的议论；不说绝对话；不带情绪说话等。

3. 沟通态度诚恳　医疗争议发生后，医方往往处于沟通的主导方，态度至关重要，做到既不自卑，也不高傲，位尊不骄，态度和蔼，有同情心，有责任感。实践告诉我们：理解促进和谐，体贴拉近距离，褒扬约束行为，商量有益信任，冷峻加深隔阂，指责导致对抗，绝对招来失误，推卸形成对立。要诚心倾听病人的倾诉，适时解答对方的疑问。任何一方不先入为主，不打断对方，让对方把话说完，允许对方有不同看法和观点，不固守自己立场和见解，保持客观的心态并且消除偏见。

（四）加强执法力度，切实维护医务人员的合法权益

《侵权责任法》规定，医疗机构及其医务人员的合法权益受法律保护。《执业医师法》第二十一条规定，医师在执业活动中，人格尊严、人身安全不受侵犯。第四十条规定，阻碍医师依法执业，侮辱、诽谤、威胁、殴打或者侵犯医师人身自由、干扰医师正常工作、生活的，依法按照治安管理处罚法的规定处罚；构成犯罪的，依法追究刑事责任。《医院投诉管理办法（试行）》规定，对于投诉人采取违法或过激行为的，医院应当及时采取相应措施并依法向公安机关和卫生行政部门报告。需要强调的是，近年来医务人员被“医闹”伤害或被杀害的恶性事件屡屡发生，与公安机关执法软弱不无关系。因此，对于医疗机构而言，应当积极主动，建立相应的预警机制，搭起医院与公安机关共同处置突发事件的桥梁，对可能出现突发事件的医患纠纷及时与公安机关通报情况、备案，做到未雨绸缪。同时，对于“医闹”的暴力行为，应当采取正当防卫措施，确保医务人员的人身安全。《刑法》第二十条规定：“为了使国家、公共利益、本人或者他人的人身、财产和其他权利免受正在进行的不法侵害，而采取的制止不法侵害的行为，对不法侵害人造成损害的，属于正当防卫，不负刑事责任。对正在进行行凶、杀人、抢劫、强奸、绑架以及其他严重危及人身安全的暴力犯罪，采取防卫行为，造成不法侵害人伤亡的，不属于防卫过当，不负刑事责任”。

对于打砸医院设施、设备，侵害人身的特别要注重保护现场，及时利用摄像、摄影、录音、器材收集、固定原始证据和证人证言。报告公安机关时要做好电话记录。

【案例与评析】

案例 11-1　患者强占病房被法院强制执行

2001 年 3 月 21 日，孙某某因声带水肿到北京某医院就诊，在医师建议下住院并接受手术。孙某某说，手术后病情反而严重，呼吸变得困难。她认为医师在治疗中有过失行为，拒绝医院同年 6 月 6 日提出的出院要求，并提出赔偿，但胡处长和孙某某都拒绝透露索赔数额。在此期间，双方曾发生数次冲突，派出所也曾介入。

去年 5 月，北京某医院将孙某某起诉至北京朝阳法院。北京某医院认为，孙某某已达出院条件，一审判决孙某某腾房。孙某某不服判决，上诉到二中院。二中院维持一审判决，并主持双方达成协议：孙某某于今年 3 月 12 日腾房，医院免除其自 2001 年 6 月 7 日至腾房日的 10 万元住院费用。腾房日，孙某某反悔拒绝搬出，反将医院告上法庭。某法院依照医院的申请下发了强制执行书。

4 年来，孙某某购置了锅碗瓢盆等物，3 个闺女和 1 个儿子还有侄女轮流来陪她，并帮她做饭。为解闷，她将家里的电视搬了进来，还养起了花草和小鱼，周末时会回六里屯的家看看，洗洗澡，和老邻居唠上一会儿。

2005 年 6 月 23 日，在北京某医院的申请下，北京某法院执行庭将 71 岁的孙某某强行搬出病房，送回了家。

评析

这是一起长期占据医院病房不出院的案件，患方的行为干扰了医疗机构的正常诊疗秩序，侵犯了医疗机构的财产权利。医疗机构在本案的处理上，是采取积极的措施，用法律武器维护自己的合法权益。

类似的案件在全国很多医疗机构都曾经发生过，往往医疗机构不愿选择向法院起诉，原因在于，医疗机构大都认为，即使法院支持医院的诉讼请求，判决患方败诉，要求患方腾退病房，但是如果患方不配合，法院往往也不愿意强制执行，到头来问题还是解决不了。我们认为，对于这样的案件，医疗机构必须要依法处理，该起诉就应该起诉，否则，患者待在医院不走，对医院的负面影响极大，尤其是还会出现示范效应，导致其他患者及家属的效仿。

案例11-2　南平“医闹”是非：失控的暴力冲突与集体请愿①

2009年6月20日，杨某某因尿道结石住福建省南平市某医院行尿道取石术，手术非常顺利，随后他被送进重症监护室观察。然而，当晚21时左右，患者突然感到腰痛难忍，老婆赶快叫医师来看。医师的答复是术后有疼痛感是正常的。但为了止痛，医师给患者使用了安痛定，不见减轻，又打了哌替啶。不久，患者死亡。

家属认为是医疗事故造成患者死亡，患方纠集亲属要求医院予以赔偿，并拒绝将死者尸体移到太平间。21日晨，医院召集院内专家对此病例进行讨论，初步认为，诊疗过程中医院未违反诊疗常规，患者的死亡原因不详，建议进行尸检。死者亲属早已等得按捺不住，听说还要把尸体开膛破肚，火气更是不打一处来。当天7时30分左右，死者亲属50多人，分两路，一路用“还我爸爸”“无德医师”等白色大横幅将医院门诊大门封闭、摆满花圈、四处烧纸钱，弄得医院火警报警器长鸣；另一路聚集在泌尿外科，封闭科室通道，将医师胡某某拖至死尸旁进行侮辱，要求他去亲吻尸体。期间又将医师张某扣住、殴打，并威胁将其从重症室——在14楼——抛下。此时，该病区36名其他患者（其中4名危重病人）已经无法得到正常治疗。21日11时30分，年轻的医师们召集同事、实习生要强行救人。双方在重症监护室门口形成对峙。医师们齐喊“放出医师”，死者家属也不示弱，根本不理会放人的要求。很快恶言相向，很快有人向对方丢东西——现在双方都表示是对方先动的手——玻璃杯、吊瓶、椅子、体温计乱飞。这其中，死者某亲属被不锈钢垃圾桶击中，倒地，血喷了出来。患方家属（医师们说有社会闲散人员在其中，警方未给予证实，记者也未能找到可靠证据）在得到亲人被打的消息后，几十人拿着2m长的大棒和刀具冲进住院楼来。10余人的防爆大队瞬间被突破。“他们见着白大褂就打。”有医师一见不妙，跑上楼道躲过一劫；有实习生钻到椅子下面幸未被发现。其他人则有被拳脚、棍棒击中的。一名余姓医师跑得慢了，被用木板打倒在地，腰部被捅两刀，大腿也划开了两道长口子，至今在重症监护室。随后患方纠集来更多的人来到医院，准备继续实施更大规模的报复，导致附近道路陷入瘫痪。后来在公安机关的强力介入下，这场医闹事件才得以平息。

6月22日凌晨1时，在临时小组的主导下，医患双方签订协议书。协议书称，甲乙双方共同协商自愿达成如下协议。

1. 考虑乙方家庭困难，本着人道主义原则甲方同意补助乙方人民币21万元整，其中甲方支付给乙方人民币5万元，由甲方协调太平镇政府支付给乙方人民币16万元，补助金甲方承诺于2009年6月22日支付给乙方，并同意退还乙方所交的

① 董伟：《南平“医闹”是非：失控的暴力冲突与集体请愿》，《中国青年报》2009年06月29日，http://health.sohu.com/20090629/n264828801.shtml，最后访问时间：2009-07-01。

全部医疗费用人民币 6 000 元及减免所欠医疗费用。

2. 乙方将死者尸体从甲方病房移走并由甲方送至火葬场，乙方将门诊横幅及花圈撤去。

3. 由于双方发生肢体冲突均有人员受伤，甲乙双方同意责任自行承担不予追究刑事责任。

4. 今后乙方应保证本人及家属不得以此事件再向甲方提出本协议以外的其他任何医疗或经济补偿要求。

杨家家属拿到钱走了，医师们却不干了。22 日早晨，星期一来上班的医护人员听说了纠纷的全过程后，纷纷自发到 ICU 看望了受伤的医师。有 20 多名年轻医师要到南平市政府上访被拦下。23 日上午 7 时 30 分，医院仍有 80 余名年轻医师“不听劝说，自发组织”，穿着白大褂到市政府门前静坐请愿。他们打出两条横幅“严惩凶手，打击医闹”“还我尊严，维护医院正常的医疗秩序”，要求政府惩治伤人凶手，出台相关措施，确保今后医院安全的医疗秩序。

评析

这应当算是一起医疗纠纷，但是在患者死因不明的情况下，患方纠集多人到医院，并采取了暴力限制医师人身自由、打砸医院财物、殴打医务人员等方式，逼迫医院赔偿。从这一表现形式来看，当属医闹无疑。但是令人惊讶的是，市政府在随后的处理中，在患者死因不明，医疗事件定性不确切，医方有人员受伤和财产被毁的情况下，要求医方给予患方巨额赔偿，并立下“互不追究对方刑事责任”的字据，这凸显了地方政府在医闹事件处理上的法制观念不强。

在南平市某医院发生的这起医闹事件中，医师不再沉默，而是依法抗争，维护自己的合法权益。医师也在效仿患方的手法——“闹”，只不过医师的“闹”不是暴力，也不是非法手段，而是走正常的上访程序，只不过人数较《信访条例》规定的多一点罢了。医师“闹”的对象也不是医疗纠纷中的对方，而是有权处理民生事件的市政府，且终见成效。

处理医闹事件，需要政府、公安司法机关、医疗机构和医务人员共同努力，才可能正确而妥善处理。作为政府机构，高举构建和谐社会的大旗是对的，关键构建和谐社会不是一团和气和稀泥，更不能以牺牲法治为代价来求得暂时的安稳。作为公安司法机关，应当严肃执法，为构建和谐社会保驾护航。打击和防范医闹群体事件，关键是打击职业医闹事件，为此，公安机关有必要建立一份“职业医闹黑名单”，职业医闹一旦出现，坚决打击。而医疗机构及其医务人员，既是医疗纠纷中的争议对象，也是医闹的受害者，面对医闹，应当采取以下措施应对。

第一，坚持依法处理。法治社会法律先行，尤其作为医疗机构和医务人员，违法处理医闹事件最终只会引火烧身，自食其果。依法处理，应当依靠人民警察，当医闹事件发生时，应当报警并予以记录。依法处理，还应当熟悉和掌握法律，《中华人民共和国集会游行示威法》《中华人民共和国治安管理处罚法》都是处理医闹的基本法律。依法处理还要求医方注意收集、保全患方闹事的证据。

第二，注意依法保护自己的合法权益。在公力救济不能及时到位而医疗机构的财产、医务人员的人身遭受患方不法侵害时，应当依法保护自己的合法权益，制止任何形式的不法侵害。

第三，善用信访程序。在本次南平市某医院发生的医闹事件中，医师曾经试图走上访渠道维权，却被拦下了。我想其中的原因在于医疗机构的领导，一是要从大局着想维护稳定，不能把事情闹大；二是不懂法律，不了解信访是公民的基本权利。根据《中华人民共和国宪法》《信访条例》的规定，公民可以信访、走访的形式向有关权力机关反映情况，提出意见、建议或者投诉请求。

第四，必要时提起诉讼。法律是公平的，当医疗机构及医务人员的合法权益遭受侵犯，医疗机构正常诊疗秩序被破坏之时，医疗机构可以对不作为的公安机关提起行政诉讼，对实施医闹的患方提起民事诉讼要求赔偿。

总之，医师要记住，面对医闹风暴，依法是关键。

【需要注意的问题】

实务中，患者或其亲属干扰医疗秩序和妨害医务人员工作、生活，是否构成民事侵权、治安行政违法行为或犯罪行为，要依相关法律判断是否符合构成要件。

在实务中追究患者或其亲属法律责任时，患者或其亲属通常会提出是由于医疗机构或医务人员首先没有做到治病救人，并致患者伤害，因此才采取以闹事或妨害医务人员工作、生活的方式来解决纠纷，并以此作为不构成违法行为或要求减轻或免除责任的抗辩理由。就此应当明确的是，患者或其亲属的上述说法不能构成干扰、妨害行为的减责或免责事由。原因在于，秩序是社会发展进步的基础，没有秩序就会陷入无政府主义，回到以血还血、以牙还牙的同态复仇状态；秩序关系社会大多数人的生活利益，少数人无权以自己受侵害为由损害社会秩序和大多数人的生活利益；在现代社会，法律为受侵害者建立了法律救济渠道，救济权原则上是国家的公权力，除去正当防卫、紧急避险等极少数情况允许当事人私力救济之外，追究任何人的法律责任只能由国家授权的部门或机构进行。质言之，患者或其亲属没有任何权利、不得以任何理由损害医疗秩序或妨害医务人员工作、生活。患者或其亲属对医疗机构、医务人员有意见或纠纷的，应当通过法定渠道寻求解决。②

② 陈现杰主编：《侵权责任法条文释义与精析》，人民法院出版社 2010 年版，第 222 页。

第12章

医疗损害赔偿范围及费用计算

损害赔偿是医疗侵权诉讼中原告所追求的主要目标。确定损害赔偿的范围及数额非常复杂。《医疗事故处理条例》和最高人民法院《关于审理人身损害赔偿案件适用法律若干问题的解释》(以下简称为《赔偿解释》)对于医疗事故损害赔偿的范围和项目以及人身损害赔偿的范围和项目做了规定,但规定并不完全相同,因而在司法实践中对医疗纠纷的处理出现了所谓的“二元化”趋势,同样性质的案件但诉讼案由不同,赔偿数额不一样。此次《侵权责任法》对人身损害赔偿项目作了明确规定,今后医疗损害赔偿项目及计算标准将严格按照《侵权责任法》的规定操作,使医疗纠纷处理最终走向“一元化”。

本章相关内容主要是第十六条、第二十二条,相关法条有第十四条、第十五条、第十六条、第十八条、第十九条、第二十条、第二十一条、第二十四条、第二十五条。

第十六条　侵害他人造成人身损害的,应当赔偿医疗费、护理费、交通费等为治疗和康复支出的合理费用,以及因误工减少的收入。造成残疾的,还应当赔偿残疾生活自助器具费和残疾赔偿金。造成死亡的,还应当赔偿丧葬费和死亡赔偿金。

【主旨】

医疗损害赔偿范围与赔偿计算标准。

【释义】

一、医疗损害赔偿标准的二元化

我们这里讲的医疗纠纷诉讼的二元化,并不是指在医疗纠纷诉讼中患方可以医疗侵权纠纷和医疗违约纠纷两种形式来起诉,这是两种正常的医疗纠纷民事诉讼形式;而是在医疗侵权诉讼中可以医疗事故侵权纠纷和医疗事故以外的原因引起的其他医疗侵权纠纷来起诉。《侵权责任法》出台之前,司法实践中医疗损害侵权责任包括医疗事故侵权责任和医疗事故以外的原因引起的其他医疗赔偿(我们简称为“非医疗事故侵权责任”①)。造成这种局面的标志是最高人民法院于2003年1月6日发布的《关于参照〈医疗事故处理条例〉审理医疗纠纷民事案件的通知》,该文件明文规定:条例施行后发生的医疗事故引起的医疗赔偿纠纷,诉到法院的,参照条例的有关规定办理;因医疗事故以外的原因引起的其他医疗赔偿纠纷,适用民法通则的规定。人民法院审理因医疗事故引起的医疗赔偿纠纷民事案件,在确定医疗事故赔偿责任时,参照条例第四十九条、第五十条、第五十一条和第五十二条的规定办理。这里在适用《医疗事故处理条例》上,使用的是“参照”,明显降低了法律适用的位阶。

最高人民法院司法解释的出台使医疗侵权赔偿案件在法律适用上出现二元化,进而又造成赔偿标准的二元化。在确定具体的赔偿数额上,所适用的法律可以是《民法通则》,也可以是《医疗事故处理条例》。但是明确了《医疗事故处理条例》在赔偿标准的设计上是基于限额赔偿的基本理念,因而赔偿的计算标准要低于一般的民事法律。《民法通则》并没有规定人身损害赔偿的具体计算方法,相关赔偿项目的计算方法是最高人民法院2004年5月1日实施的《关于审理人身损害赔偿案件适用法律若干问题的解释》。《医疗事故处理条例》《关于审理人身损害赔偿案件适用法律若干问题的解释》对于人身损害赔偿的各个项目的计算方法有区别,具体规定上的区别见表12-1。

表12-1 医疗事故处理条例与司法解释赔偿项目比较②

比较项目	医疗事故赔偿计算公式	司法解释(民法通则)赔偿计算公式
医疗费	公式一:医疗费赔偿金额=已发生医疗费用(不含原发病医疗费用)+预期医疗费用 公式二:已发生医疗费用=挂号费+住院费+检查费+治疗费+药费+其他 公式三:预期医疗费用=基本医疗费用 基本医疗费,根据《城镇职工基本医疗保险用药范围管理暂行办法》规定用药	医药费赔偿金额=一审法庭辩论终结前实际发生的数额。以医疗机构出具的医药费+住院费+后续必然发生的费用确定,凭据支付

① 刘鑫、王岳、李大平:《医事法学》,中国人民大学出版社2009年版,第249页。
② 同上,第256页。

（续　表）

比较项目	医疗事故赔偿计算公式	司法解释（民法通则）赔偿计算公式
误工费	有固定收入的误工费赔偿金额＝误工时间×收入标准（因误工减少的固定收入） 高收入者误工费的赔偿金额＝误工时间×收入标准（医疗事故发生地上 1 年度职工年平均工资的 3 倍） 无固定收入误工费赔偿金额＝误工时间×收入标准（医疗事故发生地上 1 年度职工年平均工资）	有固定收入误工费赔偿金额＝实际减少的收入 无固定收入误工费赔偿金额＝实际减少 无固定收入：最近 3 年平均收入 或同（近）行业职工平均工资
住院伙食费	住院伙食费赔偿金额＝住院时间×医疗事故发生地国家机关一般工作人员出差伙食补助标准	住院伙食费赔偿金额＝住院时间×医疗事故发生地国家机关一般工作人员出差伙食补助标准 外地就医不能住院，受害人及陪护人员合理的住宿费、伙食费
陪护费	陪护费赔偿金额＝陪护天数×陪护人数×医疗事故发生地上 1 年度职工年平均工资	护理费＝护理人员的收入×护理人数×护理期限 有收入，参照误工费规定 无收入或雇工：同级别护理劳务费用
伤残补助（残疾赔偿金）	残疾生活补助费赔偿金额＝伤残等级×医疗事故发生地的居民年平均生活费×赔偿期限（最长 30 年） 60 岁以上不超 15 年，70 岁以上不超 5 年	残疾生活补助费赔偿金额＝伤残等级×受诉法院所在地上 1 年度城镇居民人均可支配收入或农村居民人均纯收入×20 年；60 岁以上增 1 减 1，75 岁赔 5 年 实际收入不减，或者影响就业，应适当调整伤残补助费
残疾用具	残疾用具费赔偿金额＝普及型器具的费用（凭医疗证明）	残疾辅助器具费的赔偿金额＝普通适用器具标准；特殊需要、更换周期、赔偿期限，根据配置机构意见

（续 表）

比较项目	医疗事故赔偿计算公式	司法解释(民法通则)赔偿计算公式
丧葬费	丧葬费赔偿金额＝按医疗事故发生地规定的丧葬费补助标准	丧葬费赔偿金额＝受诉法院所在地上1年度职工月平均工资标准×6个月
被抚养人生活费	被抚养人生活费赔偿金额＝没有劳动能力的被抚养人的人数×当地居民最低生活保障标准×抚养年限(16～60周岁赔偿20年；不满16周岁的抚养年限＝16－实际年龄；60周岁以上的＝75－实际年龄	被抚养人生活费赔偿金额＝被抚养人的人数×受诉法院所在地上1年度城镇居民人均消费性支出和农村居民人均年生活消费支出标准×抚养年限(未成年至18岁；其他成人20年；60岁以上增1减1；75岁以上5年)
交通费	交通费赔偿金额＝实际必需的交通费用单据数额之和。凭据支付	交通费赔偿金额＝实际必需的交通费用单据数额之和。凭据支付
住宿费	住宿费赔偿金额＝医疗事故发生地国家机关一般工作人员出差补助标准，凭据支付	外地就医不能住院，合理的住宿费
死亡赔偿金	无	死亡赔偿金＝受诉法院所在地上1年度城镇居人均可支配收入或农村居民人均纯收入×20年；60周岁以上增1减1；75周岁赔5年
抚慰金	抚慰金赔偿金额(死亡)＝医疗事故发生地居民年平均生活费×最长6年 抚慰金赔偿金额(残疾)＝医疗事故发生地居民年平均生活费×最长3年	按照《最高人民法院关于精神损害赔偿若干问题的解释》规定予以赔偿
处理事故费用	交通费、误工费、住宿费，不超2人	无

由于两个规范性文件所确定的赔偿数额计算方法不同，因而就出现了令人不可思议的现象：构成医疗事故的医疗纠纷案件，由于适用《医疗事故处理条例》规定的限额赔偿标准，赔偿数额比较低；相比较而言，如果不构成医疗事故，以医疗事故

意外的原因引起的人身损害赔偿来起诉的，患方所获得的赔偿反而会多。在医疗服务过程中，构成医疗事故者，无论在违法性上，还是在给患者造成的损害后果上，都比较重。而不构成医疗事故者，要么医疗行为的过错程度低，要么给患者造成的人身损害程度轻，要么医疗行为与损害后果没有因果关系，但患方所获得赔偿的数额反而高于构成医疗事故者，这确实是一种不符合情理更不符合法理公平正义要求的现象。

《侵权责任法》的出台为医疗损害赔偿标准的二元化向一元化转变提供了契机。在今后的医疗纠纷司法实践中，应当适用统一的人身损害赔偿标准。

二、损害赔偿的含义和医疗损害赔偿原则

(一)损害赔偿的含义

1. 损害赔偿的概念　损害赔偿是指当事人一方因侵权行为或不履行债务而对他方造成损害时应承担补充对方损失的民事责任。对权利人来说，损害赔偿是一种重要的保护民事权利的手段，对义务人来说，它是一种重要的承担民事责任的方式。[③] 从本质上说，损害赔偿具有双重性质，即债和民事责任两种性质。一方面，损害赔偿是一种权利义务关系，具有债的关系的特点，是损害赔偿之债，当事人就损害赔偿的标的，一方具有请求赔偿的请求权，一方具有给付赔偿的给付义务。另一方面，当负有赔偿义务的一方当事人不能自觉履行债务时，损害赔偿之债就转化为损害赔偿的民事责任。由此，损害赔偿指当事人一方因侵权行为或者违约行为给他方当事人造成损害时，在当事人之间产生请求赔偿权利和给付义务的债权债务关系，当债务人不自觉履行赔偿义务时，该种债务即转化为损害赔偿民事责任。[④]

2. 侵权损害赔偿之诉和违约之诉的区别　医疗关系是一种特殊的合同关系，医院在医疗过程中因医疗过失造成患者健康、生命的损害，既是一种违约，也是一种侵权。患者既可以请求医院承担违约责任，也可以请求承担侵权责任。这两种责任患方是可以选择其一进行诉讼的，选择的主动权在患方，不在医方，患方可以根据案件的具体情况、证据情况、时效以及赔偿的要求等，来具体确定所要主张的权利。不过，在现实的审判实践中，医疗侵权赔偿案件多作为侵权案件来处理。那么，侵权损害赔偿之诉和违约之诉有何区别呢？

(1)产生的原因不同：侵权损害赔偿是加害人因侵权行为而产生的与受害人之间特定的法律关系，当事人之间原本并无特定的法律关系。违约之诉是当事人之

---

③　参见《中国大百科全书·法学》，中国大百科全书出版社 1984 年版，第 571 页。

④　杨立新：《侵权法论》(下册)，吉林人民出版社 2000 年版，第 585 页。

间原本就存在特定的债权债务关系即合同关系，因债务人违约给债权人造成财产损害而产生赔偿关系。医疗违约责任以当事人之间存在的合同关系为前提，即患者与医疗机构之间建立了医疗服务合同，并因该合同产生了权利义务；医疗事故侵权责任并非依据当事人之间建立的医疗服务合同关系，而是医疗机构在医疗活动中其行为构成侵权，即以侵权行为的发生作为依据。

(2)违反的义务性质不同：侵权损害赔偿行为人违反的是法定义务，民事主体的人身权利和财产权利，他人不得侵犯。违约行为人违反的是约定义务，义务基于合同约定和当事人意思表示一致。医疗违约责任是侵犯债权人的债权产生的民事责任，侵犯的是相对权；医疗事故侵权责任是侵犯他人的财产权或人身权产生的民事责任，侵犯的是绝对权。

(3)适用法律不同：侵权损害赔偿适用《侵权责任法》，违约损害赔偿适用《合同法》。医疗违约责任不需要有损害事实的存在，只要医疗机构有违约行为就应承担责任；而医疗事故侵权责任则一般要有损害事实存在，才承担责任。

(4)归责原则不同：一般认为，我国合同法采用无过错责任原则或者严格责任原则，因此，医疗违约责任主要适用无过错责任原则，即违约就应当承担责任。但应当注意因医疗服务合同产生的是一种手段债务，并非结果债务，故而患者并不能依据合同而要求医疗机构履行合同必须将其治愈，而是要求依合同义务审查医疗机构是否履行治疗义务和是否恰当地进行治疗。侵权责任主要适用过错责任原则，同时还有适用无过错责任、公平原则的例外情况。当前医疗事故侵权责任主要适用过错推定责任。

(5)举证责任不同：医疗违约责任因基于医疗服务合同而产生，故应当适用合同的举证责任，患者对证明合同关系成立并生效的事实负有举证责任，医疗机构对是否履行合同承担举证责任，如在治疗过程中发生了合同关系的变更、解除、终止等情形，由主张该情形发生的一方承担举证责任。医疗事故侵权责任在举证时由患者证明损害结果的存在，由医疗机构对医疗行为与损害结果之间不存在因果关系及不存在医疗过错承担举证责任。

(6)时效不同：医疗违约之诉的诉讼时效，适用《中华人民共和国民法通则》第一百三十五条的规定“向人民法院请求保护民事权利的诉讼时效期间为 2 年”；而医疗事故侵权之诉的诉讼时效，依《中华人民共和国民法通则》第一百三十六条规定，身体受到伤害要求赔偿的诉讼时效期间为 1 年，故而医疗事故侵权的诉讼时效要短于医疗违约的诉讼时效。

(7)诉讼管辖不同：医疗违约之诉可以按照民事诉讼法的规定约定管辖，约定原告住所地、被告住所地、合同履行地、合同签订地、标的物所在地人民法院管辖，在没有约定的情况下一般主要是由被告住所地法院管辖，也有可能发生如上门提供医疗服务的情况，从而使上门服务的合同履行地法院也具有管辖权。医疗事故侵权之诉则主要是由侵权行为地或者被告住所地人民法院管辖。

(8)承担责任的范围不同：侵权损害包括人身损害、财产损害、精神损害。违约损害不包括人身损害和精神损害。自然基于损害不同，赔偿范围也就不同。医疗违约责任的责任范围在于赔偿财产责任；医疗事故侵权责任不仅可以是财产责任，也可以是非财产责任，包括因人身损害造成的精神损害赔偿。

(9)承担责任的方式不同：医疗违约责任的承担方式是实际履行、违约金责任、财产损失赔偿等责任；而医疗事故侵权责任则相对广泛，包括赔偿损失、消除影响、恢复名誉、赔礼道歉等形式。

(10)债务连带性上的不同：患者因为治疗疾病而到不同的医疗机构进行诊治，其依据医疗服务合同向不同的医疗机构主张权利，各医疗机构依各自与患者建立的医疗关系而分别承担责任；患者如依医疗事故侵权主张权利，则各医疗机构可能因自身行为承担相应责任，也可能因共同侵权行为承担连带责任。

(二)医疗损害赔偿原则

1. 赔偿数额合理确定的原则　受害人在具体的民事纠纷事件中遭受的损失(损害)可能是多方面的，既可能发生实际财产损失，也可能发生间接财产损失；既有肉体方面的损害，也有精神上的伤害；既有可能造成残废，也有可能造成死亡。我们认为，对于不同的赔偿项目和不同的赔偿内容，宜采取不同的赔偿原则，应当根据具体的赔偿项目、赔偿目的来设立合理的赔偿标准，因而，不同的赔偿项目，赔偿的原则应当是不同的。对受害人的实际财产损失，采用完全赔偿的原则；对受害人的间接财产损失，采用合理赔偿原则；对精神损害赔偿，采用法定项目与法官酌定数额(自由裁量)相结合的原则；对于人身损害赔偿尤其是死亡赔偿与伤残赔偿，采用法定主义的赔偿原则。⑤

2. 财产赔偿原则　赔偿责任是侵权责任的一种，赔偿责任最终都会以货币形式予以体现。既然是赔偿，就应当反映出赔偿的具体方式。侵权行为无论是造成财产损失、人身损害还是精神损害，均以财产赔偿作为惟一的赔偿方法。

3. 损益相抵原则　又称为损益同销原则，是指赔偿权利人基于发生损害的同一原因受有利益者，应由损害额内扣除利益，而由赔偿义务人就差额予以赔偿的确定赔偿责任范围的原则。⑥

我国民法通则没有明文规定损益相抵原则。但是，依据最高法院的相关司法解释在医疗损害赔偿事件中，应根据案件的具体情况，适用损益相抵原则。在患者因医疗过失行为导致死亡的场合，其近亲属取得继承的利益，确切地说，是提前取

⑤ 张新宝：《侵权责任法原理》，中国人民大学出版社 2005 年版，第 469 页。

⑥ 王利明、杨立新《侵权行为法》，法律出版社 1996 年版，第 329 页。

得继承财产的利益，一方均不得以患者留有遗产由其近亲属继承而主张损益相抵。这是因为患者财产在其死亡后的归属依其遗嘱或法律规定作出决定。只有在患者因医疗过失行为导致伤残的场合，才产生损益相抵。

4. 过失相抵原则　指对损害的发生或扩大，受害人也有过失，从而减轻或者免除加害人赔偿责任的一种法律规则。⑦ 例如，甲伤害乙，乙拒绝及时救治，则乙拒绝及时救治扩大的损失应从甲应当赔偿的总损失中去掉。

三、人身损害赔偿的赔偿范围及标准

本法第十六条是关于人身损害赔偿范围的规定，即本条的适用条件是侵害他人造成人身损害，致人损伤、残废、死亡及其他损害。《民法通则》第一百一十九条规定：“侵害公民身体造成伤害的，应当赔偿医疗费、因误工减少的收入、残废者生活补助费等费用；造成死亡的，并应当支付丧葬费、死者生前扶养的人必要的生活费等费用。”本条增加了残疾赔偿金和死亡赔偿金，减少了残疾人生活补助费、死者生前扶养的人的生活补助费。最高人民法院《赔偿解释》第十七条规定：“受害人遭受人身损害，因就医治疗支出的各项费用以及因误工减少的收入，包括医疗费、误工费、护理费、交通费、住宿费、住院伙食补助费、必要的营养费，赔偿义务人应当予以赔偿。受害人因伤致残的，其因增加生活上需要所支出的必要费用以及因丧失劳动能力导致的收入损失，包括残疾赔偿金、残疾辅助器具费、被扶养人生活费以及因康复护理、继续治疗所发生的必要的康复费、护理费、后续治疗费，赔偿义务人也应当予以赔偿。受害人死亡的，赔偿义务人除应当根据抢救治疗情况赔偿本条第一款规定的相关费用外，还应当赔偿丧葬费、被扶养人生活费、死亡补偿费以及受害人亲属办理丧葬事宜支出的交通费、住宿费和误工损失等其他合理费用。”

《侵权责任法》对造成人身损害的赔偿项目作了规定，但没有对各项赔偿标准作明确规定，具体标准有待相关司法解释予以确定。最高人民法院 2004 年 5 月 1 日实施的《赔偿解释》对各项赔偿项目有较细化的计算标准，总体上看，该司法解释确定的赔偿项目与《侵权责任法》基本一致，计算赔偿金额的标准和方法基本合理，在司法实践中被广泛接受，因此，我们可以预计，将来最高人民法院根据《侵权责任法》制定的赔偿计算方法的司法解释，与 2004 年的这部司法解释应当总体上一致，不会有太大的出入。在不同的司法解释出台之前，可以参照适用《赔偿解释》。最高人民法院《赔偿解释》关于赔偿的计算标准，涉及城镇居民人均可支配收入、农村居民人均纯收入、职工平均工资等具体数据问题。以上数据来自于网络信息，供参

---

⑦　刘士国：《现代侵权损害赔偿研究》，法律出版社 1998 年版，第 112 页。

考。在具体赔偿项目的计算中，以当地政府权威统计部门确定的数据为准。我们将 2009 年全国各省、自治区、直辖市城镇居民人均可支配收入、农村居民人均纯收入的情况列举在表 12-2 中。

表 12-2　2009 年全国各地城镇居民人均可支配收入及农村居民人均纯收入(元)

地区	城镇居民可支配收入(年)	农村人均纯收入(年)
北京	26 738	11 986
天津	21 430	10 675
河北	14 785	5 130
山西	14 787	4 256
内蒙古	15 849	4 938
辽宁	15 800	6 000
吉林	14 006	5 450
上海	26 675	11 385
江苏	20 552	8 004
浙江	24 611	10 008
安徽	14 086	4 505
福建	19 557	6 880
江西	14 020	5 075
山东	17 811	6 119
河南	14 372	4 807
湖南	15 084	4 910
湖北	14 367	5 035
广东	21 574	6 906
广西	15 451	3 980
海南	13 751	4 744
重庆	15 749	4 621
四川	13 904	4 462
贵州	12 862	3 100
云南	14 424	3 369
西藏	12 482	3 176
陕西	14 600	3 500
甘肃	13 025	3 355
青海	12 692	3 346
宁夏	14 000	4 100
新疆	12 120	4 000

《侵权责任法》第十六条对人身损害赔偿项目的规定分为三个层次:致伤、致残、致死。三个层次的伤害,规定了不同的赔偿范围,具体可以作如下阐释。

(一)致人身体伤害治疗和康复支出的合理费用的赔偿

致人身体损害的治疗和康复支出的合理费用,主要包括:为治疗损伤和康复功能支出的合理费用,如医疗费、护理费、交通费等;因误工减少的收入。法条中罗列了四个赔偿项目,司法实践中并不局限这些项目,根据《赔偿解释》的规定,还应当包括住宿费、住院伙食补助费、必要的营养费等费用,不过,《赔偿解释》中有些赔偿项目是有争议的,是否支持,有待于下一步司法解释予以明确。这是处理患者身体受到的伤害所发生的费用,无论患者最终的结局是致伤、致残、致死,都应当赔偿这些项目。

1. 医疗费　医疗费,指患者因医疗损害的发生而支出的医疗费用,包括已实际发生的医疗费和今后确定要发生的医疗费。应当根据医疗机构出具的医药费、检查费、治疗费、住院费等收据凭证,结合病历和诊断证明等相关证据确定。确定医疗费用的原则:符合诊疗规范,属于必须的诊疗项目;凭据报销;与医疗过错行为相关,排除治疗原发病的费用。

(1)医疗费的范围:医疗费具体包括6个方面。[⑧] ①挂号费。此项费用包括医院门诊挂号、专家讨论挂号和法医验伤门诊挂号。②药品及医疗用品费。指治疗伤情及因损害所引起的疾病所必需的西药费、中药费和医疗用品费用。最高法院《关于贯彻执行〈民法通则〉若干问题的意见(试行)》第一百四十四条规定:"医药治疗费的赔偿,一般应以所在地治疗医院的诊断证明和医药费、住院费的单据为凭。应经医务部门批准而未获批准擅自另找医院治疗的费用,一般不予赔偿;擅自购买与损害无关的药品或者治疗其他疾病的,其费用则不予赔偿"。③治疗费。包括打针、换药、针灸、理疗、手术、化学疗法、激光疗法、骨折固定、骨牵引、矫形、消除瘢痕、整容等一系列与治疗有关的费用。④检查费。⑤住院费。以医院单据为凭。⑥其他医疗费用,比如必要的康复费用。根据《赔偿解释》的规定,医疗费的赔偿数额,按照一审法庭辩论终结前实际发生的数额确定。

医疗费计算公式:医疗费=实际支出的合理医疗费×责任系数

关于医疗费中的后续治疗费是否应当支持,争议比较大。由于法律强调在医疗费用的支付上,一是要符合诊疗规范,二是凭据报销。而后续医疗费往往并不能确定,随患者的病情、医疗市场行情发生变化的可能性极大。器官功能恢复训练所必要的康复费、适当的整容费以及其他后续治疗费,患者可以待实际发生后另行起诉。因此,我们认为,后续医疗费确定有困难的,应当待患者实际支出后另行起诉,

⑧　艾尔肯:《医疗损害赔偿研究》,中国法制出版社2005年版,第259页。

而不宜强行在原判决中一并裁判，但根据医疗证明或者鉴定结论确定必然发生的费用，可以与已经发生的医疗费一并予以赔偿。

(2)患方须提交支持其医疗费的证据:《赔偿解释》第十九条规定:“医疗费根据医疗机构出具的医药费、住院费等收款凭证，结合病历和诊断证明等相关证据确定”。据此，原告在主张医疗费赔偿时，除了提交付款凭证外，还应提交与之相关的就诊病历、诊断证明书等证据，以证明其主张的医疗费用的发生与案件的关联性。如果原告不能提交相关病历、诊断证明书等证据，则其医疗费的诉讼请求可能不被支持或不被全部支持。另外，患方提交的医疗费用的发票应当是国家有关部门认可的正规发票，且必须是原件，不能是复印件、复制件。

在患方提交了相关的证据证明其医疗费用的主张之后，如果医疗机构对诊疗手段的必要性和合理性以及医疗费用的数额有异议，应当承担举证责任。

在实践中，尤其是对于患者异地治疗、后续治疗的费用，应当结合患者的转诊意见书、治疗医院的病历、治疗医院给患者开具的处方、治疗医院出具的正规发票，结合诊疗规范进行审查。

案例 12-1　医疗费用须凭据支付

某患儿出生后被诊断脑瘫，某司法鉴定机构鉴定后认为，医疗机构在对患者接生时存在明显过错，患者出现的脑瘫与医疗机构的医疗行为存在因果关系，法院据此做出支付患方诉讼请求的判决，患者后续的医疗费、康复费凭据报销。后来家长带孩子在北京某民营医院治疗，每年末拿 10 万元左右的单据(非正规发票)找医院报销，已经报销 3 年，后在咨询律师后，律师建议医院每次报销要求核对转院证、病历、处方、发票后方可报销，或者让患方另行起诉后，这笔支出才得以终止。

(3)治疗原发病的费用和与侵权无关的费用应予排除:由于原告治疗原发疾病的费用与被告的医疗过失之间没有因果关系，即使被告不存在医疗过失，原告亦应支付该项费用，因此，被告赔偿的医疗费用不包括患者治疗原发疾病的费用。另外，根据《最高人民法院关于贯彻执行〈中华人民共和国民法通则〉若干问题的意见(试行)》(以下简称最高法院《若干意见》)第一百四十四条的规定;“患者擅自购买与损害无关的药品或者治疗其他疾病的，其费用则不予赔偿”。比如，有的患方家属在患者诊疗期间购买了其他物品，有一些其他的非医疗支出项目，由于跟患者的治疗没有关系，因而都应当予以排除，不在赔偿的范围之内。

案例 12-2　治疗原发病的费用不在赔偿之列

某患者为晚期癌症病人，在因化疗药物超量中毒到某医院急诊接受治疗时，由于医师治疗失误而死亡，经医学会医疗事故技术鉴定确定为一级医疗事故。患者家属在诉讼中提出，医院应赔偿患者在此次急诊治疗前于国外医院治疗肿瘤时发生的50万元医疗费用。法院经审理认为，该部分费用系患者治疗原发疾病而支出的费用，与医院的医疗过失行为不存在因果关系，故判决驳回其该项诉讼请求。

2. 护理费　护理费是指患者在因医疗损害接受治疗期间确需专人护理而发生的相关费用。从医学角度来说，应当称之为陪护费更为准确，⑨因为在患者治疗期间，对患者的护理是由护士来完成的，护士护理所发生的费用已经包含在医疗费中。如果再单列护理费，容易引起歧义。因此，这里的护理费，应当是指患者在治疗期间，需要专人对患者的生活起居进行帮助，对治疗进行协助而发生的费用。正确合理地确定受害人生活能力的丧失程度和期限是确认此项费用的关键。陪护费及包括患者住院期间需要陪护的费用，也包括患者疾病治愈住院后因医疗依赖或者残疾需要专人陪护的费用。

最高法院《若干意见》第一百四十五条将此项费用称为“陪护人员的误工补助费”，规定“经医院批准专事护理的人，其误工补助费可以按收入的实际损失计算。应得奖金一般可以计算在应赔偿的数额内。本人没有工资收入的，其补偿标准应以当地的一般临时工的工资标准为限。”根据最高法院《赔偿解释》，护理人员有收入的，参照误工费的规定计算；护理人员没有收入或者雇佣护工的，参照当地护工从事同等级别护理的劳务报酬标准计算。护理人员原则上为一人，但医疗机构或者鉴定机构有明确意见的，可以参照确定护理人员人数。护理期限应计算至受害人恢复生活自理能力时止。受害人因残疾不能恢复生活自理能力的，可以根据其年龄、健康状况等因素确定合理的护理期限，但最长不超过20年。受害人定残后的护理，应当根据其护理依赖程度并结合配置残疾辅助器具的情况确定护理级别。

护理费计算公式： 护理费＝护理人员误工损失（或护工劳务报酬）×护理人数×护理期限×责任系数

（1）关于有收入陪护人员误工损失的计算：根据《赔偿解释》第二十一条第二款规定，陪护人员有收入的，参照误工费的规定计算。误工费计算方法在《赔偿解释》第二十条有规定。参照该规定，陪护人员因陪护而发生的误工损失的计算方法分为三种情况。①陪护人员有固定收入的，因陪护患者而发生的误工损失按照实际减少的收入计算。②陪护人员无固定收入的，按照其最近3年的平均收入计算。③陪护人员不能举证证明其最近3年的平均收入状况的，可以参照受诉法院所在地相同或者相近行业上1年度职工的平均工资计算。由于该计算方法简便易行，常被用来计算陪护人员的误工损失。

⑨　显然，《医疗事故处理条例》第五十条称之为陪护费是比较恰当的。

(2)关于无收入者或者专门护工陪护费的计算:《赔偿解释》第二十一条规定:“护理人员没有收入或者雇佣护工的,参照当地护工从事同等级别护理的劳务报酬标准计算”。对于该项劳务报酬标准,患方负有举证义务。但是,不同地区、不同时期、不同护理级别以及不同医疗机构,护工劳务报酬标准可能存在很大的差异。实践中很难找到所在地权威机关确定的护工劳务报酬标准。但是,目前在一些大城市已经出现了专业陪护服务公司,陪护公司的陪护收费可以作为护工劳务报酬的参考标准。

(3)关于是否需要护理及护理人数的确定:由于病情程度和残疾程度的状况不同,人体受伤后患者本人的生活能否自理、是否需要他人帮助,在医学上通过护理依赖予以判断。所谓护理依赖是指躯体残疾者和精神障碍者需经他人护理、帮助以维系日常生活。分为完全护理依赖、大部分护理依赖和部分护理依赖三级。⑩所以,根据司法解释规定,专事护理的人必须经医院批准,护理依赖的确定和技术鉴定必须由专门评估机构评估。

《赔偿解释》第二十一条规定:“护理人员原则上为一人,但医疗机构或者鉴定机构有明确意见的,可以参照确定护理人员人数”。关于陪护人数的确定,涉及患者的病情、治疗方法、患者的生活习惯和生活环境等多方面的内容,确定陪护人数不属于医师的工作职责范围,现实中目前很少有医疗机构为患方提供护理人数的证明文件。正确的做法应当是由专门的评估机构来评估。不过我国目前尚没有这样的专业评估机构,而多由法医鉴定机构来操作,亦可由法院根据患者病情自行确定。对于法医鉴定机构的评估结论,应当注意审查其评估人员的专业经历和评估资质,法医鉴定人员无权做出这样的评估结论。

(4)关于护理期限的确定:《赔偿解释》第二十一条规定,“护理期限应计算至受害人恢复生活自理能力时止。受害人因残疾不能恢复生活自理能力的,可以根据其年龄、健康状况等因素确定合理的护理期限,但最长不超过 20 年”。需要注意的是,最长 20 年护理期限也是有限制条件的。第一,应当一次性支付。根据《赔偿解释》第三十四条第二款规定,如果致害人以定期金方式按照赔偿权利人的实际生存年限给付护理费的,不应受上述最长 20 年赔偿期限的限制。第二,患者可以申请再诉给付。《赔偿解释》第三十二条规定:“超过确定的护理期限、辅助器具费给付年限或者残疾赔偿金给付年限,赔偿权利人向人民法院起诉请求继续给付护理费、辅助器具费或者残疾赔偿金的,人民法院应予受理。赔偿权利人确需继续护理、配制辅助器具,或者没有劳动能力和生活来源的,人民法院应当判令赔偿义务人继续给付相关费用 5 至 10 年”。因此,在符合法定条件时,患方还可以向医院主张 5 至

⑩ 中华人民共和国公共安全行业标准化委员会:《中华人民共和国公共安全行业标准——人身损害护理依赖程度评定(GA/T 800-2008)》2008 年发布。

10年的护理费赔偿。

案例12-3　患方设立陷阱获取医方提供的陪护证明

某患者因消化道肿瘤在医院手术过程中,因麻醉过程中出现了昏迷,最后经医院全力抢救后苏醒,但留下严重的神经系统功能障碍,患者在医院住院期间,并没有提出索赔的要求或者流露诉讼的意思。由于医院设立有专门的陪护公司,患者家属要求医方提供两人护理,由家属支付陪护费用。住院半年后患方向法院起诉,诉讼中在陪护人数的主张上,患方向法院提交了医院收取陪护费的收据,证明医方认可两人陪护,从而要求法院在判决中支持两人护理。

3. 交通费　交通费是指患者及其必要的陪护人员因就医或者转院必需乘坐交通工具治疗疾病而实际支出的费用。交通工具一般应以当地普通交通工具为限;因病情需要而使用出租车或其他交通工具而支出的高额交通费用,超出部分法院一般不予支持。交通费用的赔偿应综合考虑患者所受伤害的部位、程度、交通状况和生活情况等,将必要的交通费用算入损害赔偿额内。

交通费计算公式:交通费＝实际支出的合理交通费×责任系数

根据《赔偿解释》第二十二条规定,交通费应当以正式票据为凭;有关凭据应当与就医地点、时间、人数、次数相符合。法律要求患方应当详细说明每张票据发生的原因,包括乘坐交通工具的时间、起始地点、具体事项等。交通费合理性的举证责任在患方,患方应当对每一笔交通费用的支付做出说明或者举证加以证明,对于虚假交通发票、异地交通发票、连号交通发票、关键信息不清晰的交通发票、大额交通发票、出租车和雇车发票,诉讼中应当作为重点审查对象。

案例12-4　法院审查交通费实例

某法院判决书摘录:关于交通费,原告共提交单据162张,其述去济南就诊和处理医疗事故共3次。结合其提供的山东齐鲁医院和山东省立医院门诊病历分析,两病历记载的就诊时间分别为"2004年9月13日"和"2004年9月14日",据此可以推知原告该两病历是同次到济南就诊所得,亦即去济南治疗疾患1次。原告所述到济南处理医疗事故鉴定所支付的车票款,不应列入交通费计算。原告述,到北京治疗疾患2次,花费交通费538元,但从其提供的去北京发生的交通费单据看,有长途单据四张,同样格式的两张车票均连号,亦即来往各两张车票分别连号。依据原告所述在北京花交通费538元、在北京发生的医疗费单据综合分析,原告述,去北京治疗疾患2次不属实,实为1次,交通费应按1次计算。原告述,到上海治疗疾患1次,花交通费2 353元,但其提供的由济南到上海和由上海到济南的长途硬座火车票各三张,共计票价1 350元,与原告所述相距较大,差额部分无法证实与本案有关，本院不予采信。两原告述，到东营就诊、鉴定、参加诉讼共六趟，花费交通费 1 250 元，结合原告提供的病历、医疗费单据分析，原告到东营就诊 2 次，交通费可按原告提供的部分东营市出租汽车定额客票计算；参加鉴定、诉讼所发生的车票款不应列入交通费计算。原告提供的计程车发票较多，与其就诊地点等情况不符，部分票据的证明力较弱，本院不予采信。另原告提供的济南市出租车专用定额发票缺少时间记载，与就诊时间无法结合分析，且其中有 49 张面额为拾元的发票连号，证明力较低，本院不予采信。

4. 误工费　误工费系指患者因医疗行为造成的损害后果耽误其工作而损失的收入，应当根据患者的误工时间和收入状况确定。最高法院《关于贯彻执行〈民法通则〉若干问题的意见(试行)》第一百四十三条规定："受害人的误工日期，应当按其实际损害程度、恢复状况并参照治疗医院出具的证明或者法医鉴定等认定。赔偿费用的标准，可以按照受害人的工作标准或者实际收入的数额计算。"人民法院在确认该项赔偿额时应当按照《民法通则》和最高法院《若干意见》进行审理。同时，还应注意部分省市高级人民法院对此项赔偿额的计算有专门的规定。

患者有固定收入的，误工费按照实际减少的收入计算。无固定收入的，按其最近 3 年的平均收入计算；患者不能举证证明其最近 3 年的平均收入状况的，可以参照受诉法院所在地或者相近行业上一年度职工的平均工资计算。患者因伤致残持续误工的，误工时间可以计算至定残日前一天，定残以后的误工费不再计算，而计算在残疾赔偿金中。患者死亡的，从死亡之日开始不计算误工费。

误工费计算公式一：误工费＝患者误工损失(或护工劳务报酬)×责任系数

误工费计算公式二：误工费＝年平均工资÷365×误工日×责任系数

患者因医疗损害而发生的误工损失的计算方法分为三种情况。

(1)患者有固定收入的，因医疗损害而发生的误工损失按照实际减少的收入计算。

(2)患者无固定收入的，按照其最近 3 年的平均收入计算。

(3)患者不能举证证明其最近 3 年的平均收入状况的，可以参照受诉法院所在地相同或者相近行业上 1 年度职工的平均工资计算。由于该计算方法简便易行，常被用来计算患者的误工损失。

在具体计算时，应注意以下几个问题。第一，误工费是患者本人因治疗医疗行为造成的损失后果而减少的收入，不是患者家属因陪护患者治疗而发生的误工损失，应注意区别患者误工费与家属陪护费。第二，请求误工费赔偿的患者应当有工作，无论其收入是固定还是非固定的。已离退休的人员、未成年人、尚未参加工作的在校学生等，因没有工作而不能要求赔偿误工费，但返聘、另谋职业者除外。实践中容易引起争议的，是部分暂时没有工作(如失业、全职太太等)的患者是否有权主张误工费赔偿。第三,误工日期包括患者住院治疗的时间,也包括患者在家休息无法工作的时间。误工日期的计算,一般以治疗医院出具的医疗期证明或鉴定机构确定的休治时间为依据,但残疾或者死亡的患者,误工时间截止到定残日或者死亡日。没有诊断证明或者鉴定结论的,一般由法院酌情确定。第四,误工损失的举证责任在患方。患者主张误工费,应当提供相应的证据,包括医疗机构证明、单位误工证明等。单纯记载患者月收入的单位证明尚不足以证明其误工损失的发生。该类证明应当载明患者因其误工而实际被扣发的工资、奖金等的具体数额。另外,被告或法院有可能要求患者提供工资条、完税证明等以佐证相关单位证明的真实性。

5. 住院伙食补助费　住院伙食补助费是指患者因发生医疗事故而在医疗机构住院治疗时,医方应支付给患者的膳食补助费用,具体数额可以按照医疗事故发生地国家机关一般工作人员的出差伙食补助标准计算。住院伙食费列在赔偿项目中是有争议的,因为患者即使不住院,无论是工作还是闲待在家,都需要有生活费用的支出,为什么发生了医疗过失损害事件之后,其伙食费就需要由医疗机构来赔偿呢?显然既不合法,也不合理。所以在《侵权责任法》第十六条中并没有列出该赔偿项目。

住院伙食补助费计算公式:住院伙食补助费＝日住院伙食补助费×赔偿天数×责任系数

该项费用的计算较为简单和明确,关键是查询当地国家机关一般工作人员的出差伙食补助标准这一数据。该数据可以从各地中级或高级法院在每年初外公布交通事故或人身伤害的赔偿标准中查询。另外,在计算该项赔偿时还应注意以下4个问题。第一,该项赔偿费用是对患者住院膳食的补助,如果患者不能进食、不宜进食或者处于昏迷状态时,该费用不能赔偿。第二,一般情况下,该项赔偿是指患者的膳食补助费用,而非陪护患者人员的膳食补助费用,后者膳食费用可以通过护理费或陪护费得到补偿。第三,该项赔偿是患者在住院期间的膳食补助费用,而不包括其在院外发生的膳食费用。第四,如果患者确有必要到外地治疗,因客观原因不能住院,患者本人及其陪护人员实际发生的住宿费和伙食费,其合理部分应予赔偿。

案例 12-5　住院伙食补助费审查实例

某法院在对某医疗纠纷案件判决时认定,原告所述到外地就诊所花伙食费单据,可与已认定原告到济南、上海等地治疗疾患的事实相印证,其合理部分应予支持。原告提供的北京某招待所出具的发票两张,与其到北京就诊时间一致,可以证明其为此而支付的住宿费数额。原告提供的济南某武警支队招待所出具的住宿费收据小写数额为“3 200”元，与其所述不符。而且，该收据的“合计人民币(大写)”处，“收款人”处均错位填写，据此可以认定该收据是事后补写，无证明力，本院不予采信。原告提供的上海某培训中心出具的住宿费发票两张，编号为“3039629”“3039628”，记载数额分别为 150 元和 975 元，其述编号为“3039629”的发票是交押金所得，编号为“3039628”的发票是补交住宿费所得。本院认为，交住宿押金应在前，补交住宿费在后，押金发票的编号应小于补交住宿费发票的编号，据此原告所述自相矛盾，不能自圆其说，且该两张发票的“旅客姓名”“年月日”处的书写其他内容的书写字迹存在明显差异，对于该两份证据本院不予采信。

6. 住宿费　住宿费是指患者因发生医疗损害后在治疗过程中必须支付的住宿费用，例如因当地医院诊疗水平问题而需到外地就医治疗。《赔偿解释》第二十三条规定，受害人确有必要到外地治疗，因客观原因不能住院，受害人本人及其陪护人员实际发生的住宿费和伙食费，其合理部分应予赔偿。

住宿费计算公式：住宿费＝日住宿费×赔偿天数×责任系数

该赔偿项目的计算，按照医疗事故发生地国家机关一般工作人员的出差住宿补助标准计算，凭据支付。在计算该项赔偿时还应注意以下三个问题。第一，该费用是患者在就医过程中住不上院而需要支付的费用，如果已经住上了院，则不存在这笔费用。第二，因住不上院或者异地就诊需要住宿的，只能支持合理支出部分，不合理部分不予支持。第三，住宿费的支付应当凭据报销，即患方应当拿出相关的证据予以证明，不仅要有正规的住宿票据，还要有支持其异地就医的病历、诊断证明、处方等证据。

7. 营养费　营养费，系指患者因医疗过失造成人身损害而需要补充营养物质所发生的费用。其目的是增强患者体质，以使其尽快或尽可能恢复至健康状态。患者住院期间需要加强营养，实际上应当属于辅助医疗措施，可以划定在“医疗费”中，但是在《赔偿解释》中做了单列，我们也把它单列介绍。不过，在司法实践中，医患双方因营养费而发生争议情形并不多见，其主要原因或许是该项费用往往不是患者所必需，也可能是该项费用在整个赔偿额中仅占很小比例而被双方所忽略。

关于住院患者营养费的确定，根据《赔偿解释》第二十四条规定：营养费根据受害人伤残情况参照医疗机构的意见确定。但是，目前在现实生活中，医疗机构很少为患者出具此类书面意见，使得患方很难向法院提供相关证据。因此，在司法实践中，法院往往根据案件及患者的实际情况，在认定被告医院存在过失的前提下，判决医院赔偿营养费。另外，根据举证规则，患者应就营养费的发生承担举证责任，否则可能承担不利的法律后果。

营养费计算公式：营养费＝日营养费×赔偿天数×责任系数

除以上其他为治疗和康复支出的合理费用外，造成残疾的，因康复护理、继续治疗实际发生的必要的康复费、护理费、后续治疗费等，侵权人应当予以赔偿。换句话说，只要受害人能够举证证明某一实际支出或者必然支出的费用是治疗和康复应当支出的合理费用，侵权人就应当赔偿。⑪

（二）致人残疾的相关赔偿项目

除以上一般人身伤害的赔偿项目外，医疗机构及医务人员致患者残疾的，还应当赔偿残疾辅助器具费、残疾赔偿金。在《侵权责任法》第十六条中规定致人残废的赔偿项目中，仅有残疾生活辅助器具费和残疾赔偿金两项，且不加“等”字，说明因致患者残疾所引起的赔偿项目只包括这两项，过去《医疗事故处理条例》《赔偿解释》所确定的残废者残废前抚养或者扶养人的生活费用的赔偿应当被排除在外。患者残疾的，应当由医疗机关或者鉴定机构出具丧失劳动能力程度或者伤残等级的证明。

1. 残疾生活辅助器具费　残疾辅助器具费是指患者因医疗损害导致丧失部分生理功能而需配置补偿功能器具时支出的费用。如残疾人轮椅车、拐杖、假肢、助听器等辅助工具费用。相关司法解释规定按照普通适用器具的合理费用计算，通常情况下是按照国产相关器具价格进行计算。在实践中还需考虑残疾用具的更换费用及安装费用。

残疾生活辅助器具费计算公式： 残疾生活辅助器具费＝残疾生活辅助器具合理费×责任系数

在确定残疾生活辅助器具费时，有几点需要特别考虑的问题。第一，患者因残疾情况有特殊需要的，可以参照辅助器具配置机构的意见确定相应的合理费用标准。第二，辅助器具的更换周期和赔偿期限参照配置机构的意见确定。实践中，辅助器具更换的周期和费用可以确定的，依据明确的更换意见计算辅助器具的费用；辅助器具更换的周期和费用难以确定或者患者的余命年数难以确定的，可以留待更换了辅助器具之后另行起诉。

2. 残疾赔偿金　《民法通则》中没有残疾赔偿金的规定，用的是残疾生活补助费。最高人民法院《关于贯彻执行〈民法通则〉若干问题的意见（试行）》规定赔偿的生活补助费一般应补足到不低于当地居民基本生活费的标准。2003 年《赔偿解释》规定了“残疾赔偿金”，但除残疾赔偿金外，还规定了应赔偿“被扶养人生活费”。《侵权责任法》只规定了残疾赔偿金，而删去了残疾生活补助费和被扶养人生活费的规定。

残疾赔偿金在理论界和司法实践中存在不少争议。残疾赔偿金是患者劳动能力全部或者部分丧失需要得到的相应赔偿。残疾赔偿金并非患者因残疾而得到的

⑪　吴宝盛、刑宝军：《侵权责任法精解》中国政法大学出版社 2010 年版，第 47 页。

精神损害抚慰金，而是患者因残疾造成收入减少的赔偿费用，因而属于对患者残疾后造成的财产性损失的赔偿。残疾赔偿金的性质和标准在司法实践中并没有统一标准。根据理论界比较认同的"劳动能力丧失说"⑫，《赔偿解释》第二十五条规定：残疾赔偿金根据患者丧失劳动能力或者伤残等级，按照受诉法院所在地上一年度城镇居民人均可支配收入或者农村居民人均纯收入标准，自定残之日起按 20 年计算。但患者为 60 周岁以上的，年龄每增加 1 岁减少 1 年；75 周岁以上的，按 5 年计算。受害人因伤残但实际收入没有减少，或者伤残等级较轻但造成职业妨害严重影响其劳动就业的，可以对残疾赔偿金作相应调整。

残疾赔偿金计算公式： 残疾赔偿金＝城镇居民年人均可支配收入（农村居民年人均纯收入）×20×残疾系数×责任系数

（1）关于残疾系数的确定：残疾系数来源于患者的残疾等级，患者的残疾等级由鉴定机构予以确定，鉴定机构确定残疾等级取决于两个因素，一是据以参照评定残疾的国家颁布的残疾评定标准；二是法医检查所确定的患者的生理功能丧失情况。然而，目前国家颁布的残疾评定标准有《劳动能力鉴定-职工工伤与职业病致残程度鉴定 GB/T 16180-2006》⑬《道路交通事故受伤人员伤残评定 GB 18667-2002》，⑭前者适用于各种职工工伤事故的残疾评定；后者适用于道路交通事故的残疾评定。虽然还有民政部发布的《五类残疾标准》，但是法医在进行伤残鉴定的时候只依据这两个标准。那么，涉及医疗侵权纠纷的残疾等级的确定，应当依据什么标准呢？我们认为，既然我国没有统一的残疾标准，而现在事实的两个国标级的标准又有明确的适用范围，不宜用于医疗侵权纠纷案件的鉴定。事实上，目前我国相关部门已经制定的有医疗侵权造成患者残疾的鉴定标准，即卫生部 2002 年 7 月 31 日发布的《医疗事故分级标准（试行）》，该标准表面上看是医疗事故分级标准，实际上是残疾等级的鉴定标准。《医疗事故分级标准（试行）》前言中已经载明：本标准中医疗事故一级乙等至三级戊等对应伤残等级一至十级。因此，医疗事故等级、伤残等级、残疾赔偿系数具有对应关系，详见表 12-3。

（2）未成年人是否可以鉴定伤残等级：经常有人提出来，未成年人没有从事具体的工作和劳动，不存在因残疾儿减少收入的问题，因此，对未成年人不应当进行残疾等级的鉴定，也没有必要支付残疾赔偿金。该观点似乎有一定的道理。但是，

⑫ "劳动能力丧失说"认为，受害人因身体或者健康受损害，以致丧失或者减少劳动能力本身即为损害，并不限于实际所得的损失，如果受害人丧失或减少劳动能力，侵害人就应赔偿，而不是收入的差额。

⑬ 国家技术监督局：《劳动能力鉴定-职工工伤与职业病致残程度鉴定（GB/T 16180-2006）》2006 年发布。

⑭ 国家技术监督局：《道路交通事故受伤人员伤残评定（GB 18667-2002）》2002 年发布。

我们认为其中观点是不正确的。因为，我们这里讲的是残疾情况，不是劳动能力丧失情况，虽然残疾情况与劳动能力丧失情况密切相关，但毕竟是有区别的两个概念。⑮ 患者因医疗损害造成其组织、器官的缺如或者身体功能的障碍，是客观存在的生理缺陷，对其生活、学习和日后的工作都有影响。另外，即使现在不进行残疾程度鉴定，待其年满 18 岁之后仍然需要进行残疾程度鉴定，因此这是迟早要做的事情，不等于现在不评定伤残等级，日后伤残等级就消失了。再有，现在进行残疾等级鉴定之后，给予其赔偿的最高只有 20 年的赔偿额度，因此，现在赔偿的年限是 20 年，18 岁以后赔偿的年限也是 20 年，在案件的赔偿费用计算上并没有太大的差别。

表 12-3 医疗事故等级、伤残等级、残疾赔偿系数对照表

医疗事故等级	伤残等级	伤残赔偿指数
一级乙等医疗事故	一级伤残	100%
二级甲等医疗事故	二级伤残	90%
二级乙等医疗事故	三级伤残	80%
二级丙等医疗事故	四级伤残	70%
二级丁等医疗事故	五级伤残	60%
三级甲等医疗事故	六级伤残	50%
三级乙等医疗事故	七级伤残	40%
三级丙等医疗事故	八级伤残	30%
三级丁等医疗事故	九级伤残	20%
三级戊等医疗事故	十级伤残	10%

(3)关于城镇居民人均可支配收入(农村居民人均纯收入)的确定：过去人们在讨论伤残补助费计算时经常用到“平均收入”这个概念，在国家统计机关发布的年度统计数据中并没有“平均收入”的概念，只有城镇居民人均可支配收入(农村居民人均纯收入)的概念，因此，《赔偿解释》在残疾赔偿金的计算上使用了城镇居民人均可支配收入(农村居民人均纯收入)是比较科学的。城镇居民人均可支配收入(农村居民人均纯收入)数据可以从各地统计机关年初发布的上年度本地的国民生产、生活统计公报中获得。

《赔偿解释》第三十五条规定，“城镇居民人均可支配收入”“农村居民人均纯收入”“城镇居民人均消费性支出”“农村居民人均年生活消费支出”“职工平均工资”，

⑮ 劳动部在《关于颁发〈职工工伤与职业病致残程度鉴定标准(试行)〉的通知》对工伤伤残等级与劳动能力丧失情况做过对应性规定，适用工伤伤残标准鉴定的结果，伤残等级为 7～10 级的，为部分丧失劳动能力，伤残等级为 5～6 级的，为大部分丧失劳动能力，伤残等级为 1～4 级的，为全部丧失劳动能力。

按照政府统计部门公布的各省、自治区、直辖市以及经济特区和计划单列市上一年度相关统计数据确定。“上一年度”，是指一审法庭辩论终结时的上一统计年度。

(4)残疾赔偿金与继续治疗费的关系：残疾赔偿金与继续治疗费是相互矛盾、相互制约的一对赔偿项目。因为残疾赔偿金的确定有赖于残疾程度的鉴定，而残疾程度的鉴定必须在患者人身损害治疗终结之后才能进行，如果患者仍然需要治疗，则不应当进行残疾鉴定。比如，患者因肢体损伤出院，需要进一步做肢体功能康复，此时如果支付了继续功能康复的费用，患者经过一段时间的肢体功能康复，肢体功能可能完全恢复或者障碍减轻，就不再有残疾或者残疾等级下降。当然，如果患者的身体损害已经治疗稳定，无须特殊治疗，但是患者还需要二期手术(比如骨折患者内固定物的取出)；或者患者身体损害虽然治愈或者稳定，但是存在长期固定的医疗依赖，比如患者甲状旁腺被摘除，存在终身甲状旁腺激素的依赖等。这种继续治疗费与残疾赔偿金并不矛盾，应当支持。

需要提请注意的是伤残评定的时间，因为该时间将直接影响伤残等级。作者认为可参照其他相关规定。例如，《职工工伤与职业病致残程度鉴定》规定为“医疗期满”，《道路交通事故受伤人员伤残评定》规定为“治疗终结”。

(5)职业类型是否影响残疾赔偿金：有时简单地根据患者的残疾等级计算残疾赔偿金是不公平的，因为个体之间有能力和职业的区别，且这种区别将会导致个体的社会收入出现巨大悬殊。比如，患者是个钢琴演奏家与患者是个普通工人，同样是手功能障碍，钢琴演奏家由于无法再从事钢琴弹奏相关的工作，其收入损失巨大；而普通工人的收入损失只是其日常的工资收入，通过残疾赔偿金的赔偿基本可以弥补。这种个体和职业方面的差别引起残疾赔偿金上的差距，在司法实践中应当充分考虑，以显示法律的公平。受害人因伤残造成职业妨害严重影响其劳动就业的，可以对残疾赔偿金作相应调整。不过，应当如何进行调整，法律没有规定，属于法官的自由裁量权的范畴。

(三)致人死亡的相关赔偿项目

除一般人身损害的赔偿项目外，医疗机构及医务人员造成患者死亡的，还应当赔偿丧葬费和死亡赔偿金。丧葬费、死亡赔偿金与残疾赔偿金、残疾生活辅助器具费的赔偿是平行的，二者只能有其一。

1. *丧葬费*　丧葬费是指患者因医疗损害死亡时，其家属因安葬患者而支出的费用。我国《民法通则》第一百一十九条规定，侵害公民身体“造成死亡的，并应当支付丧葬费。”《赔偿解释》第二十七条规定，丧葬费按照受诉法院所在地上一年度职工月平均工资标准，以 6 个月总额计算。

司法实践中，因患者在家庭及生活情况上的差异，丧葬费的支出肯定有所不同，各地的文化、经济水平、风俗习惯不同，患者个人的社会地位、境遇、职业也有很大差异，对丧葬费用的赔偿，法院一般是可以依据费用的实际支出，参考当时、当地的具体情况算出大致的数额。

丧葬费计算公式：丧葬费＝职工月平均工资×6×责任系数

在司法实践中，丧葬费的支付一般争议不大，原因在于这笔费用不高，且所有的涉及受害人死亡的民事案件都会涉及这笔费用，且没有受害人身份、职业等方面的差别，受诉法院一般有先例可以参照执行。在医疗纠纷案件中，存在争议的主要是两个问题。第一，外地患者到上一级城市就医发生患者死亡的，死亡患者家属到就医城市起诉，受诉法院所在地的职工平均工资可能高于患者生活地的职工平均工资，这种差别无法避免。第二，死亡患者是刚出生没有超过1分钟的新生儿。对于这种刚出生即死亡的孩子的安葬，不可能像安葬成年人有那么多的花费，如何计算安葬费就成了一个非常困惑的问题。我们认为应当以当地人的习惯和实际开支来考虑赔偿。

2. 死亡赔偿金　《民法通则》中没有残疾赔偿金的规定，最高人民法院的《解释》规定了此项目。司法解释是最高司法机关对司法实践中适用法律中遇到的实践问题所进行的解释，只能以已经颁布的法律为基础进行适用上的诠释，不能超越法律规定新的内容。可以说死亡赔偿金的设立违背了《立法法》。《侵权责任法》规定了死亡赔偿金制度，这无疑让没有法律名分使死亡赔偿金合法化了。作为一般的侵权损害赔偿案件的处理，对于死者家属给予死亡赔偿金的赔偿，当然可以消除“死人不如残废赔偿高”的尴尬局面。一般的侵权案件所涉及的是有正常生命力的人，所以给予死亡赔偿金当然有必要。

死亡赔偿金是不法致人死亡时产生的特有的财产损害赔偿项目。死亡赔偿金不是对受害死者的赔偿，而是对受害死者有关的一些人即亲属的赔偿。《解释》将这项费用界定为受害人因死亡所造成的经济损失所给予的赔偿，在性质上是物质性损失，赔偿的实际上是死亡者的“余命”损失。[16] 有别于精神损害抚慰金。也就是说，死亡赔偿金是赔偿义务人对受害人的法定继承人因受害人死亡而遭受的未来可继承的受害人收入损害的赔偿责任。死亡赔偿金的请求权人只能是受害人的法定继承人，而非被扶养人。

相关司法解释规定，死亡赔偿金按照受诉法院所在地上一年度城镇居民人均可支配收入或者农村居民人均纯收入标准，按20年计算。但60周岁以上的，年龄每增加1岁减少1年；75周岁以上的，按5年计算。这个规定备受指责，被斥之为“同命不同价”的赔偿。[17] 在司法实践中，应当采取同一赔偿标准，统一确定死亡赔

---

[16] 杨立新：《侵权行为法》，复旦大学出版社2007年版，第402页。

[17] 杨立新：《侵权责任法精解》，知识产权出版社2010年版，第81页。

偿金数额，摒弃城乡差别。

死亡赔偿金计算公式： 死亡赔偿金＝城镇居民年人均可支配收入（农村居民年人均纯收入）×20×责任系数

需要注意的是，由于死亡赔偿金是由于患者死亡导致家庭成员在财产上蒙受消极损失而获得的赔偿，患者死亡后，其家庭成员仍要在其住所地或经常居住地生活，如果其住所地或者经常居住地城镇居民人均可支配收入或者农村居民人均纯收入高于受诉法院所在地标准，赔偿权利人依据受诉法院地的标准获得的赔偿，并不能填平其损失，这对于赔偿权利人来说是不公平的，也不符合损害赔偿法的原理。

关于死亡赔偿金的支付，在医疗纠纷中还有一个令司法实践非常难以处理的问题。在医疗纠纷中，产科纠纷比较多，而且很多时候涉及新生婴儿或者胎儿的死亡，而是否为新生儿，取决于其出生的瞬间是否有生命。出生时有生命即可认定为新生儿，其在医疗事故中死亡的，就可以获得死亡赔偿金；出生时没有呼吸即没有生命，即应当认定为死胎，家属不能主张死亡赔偿金。在有的产科医疗纠纷中，患者出生时有微弱的呼吸，但是无论多么微弱，也应当视为有生命，即便其出生后 1 秒钟便迅速死亡。对于这种新生儿也按照正常人的死亡来赔偿，似乎总有其不合适的地方，以至于现在有的地方法院规定，这种情况按照死亡赔偿金的一半来支付。这是一种折中的办法，但违背了最高人民法院的规定。

第二十二条：侵害他人人身权，造成他人严重精神损害的，被侵权人可以请求精神损害赔偿。

【主旨】

本条是关于精神损害赔偿的规定。

【释义】

本条对精神损害赔偿的范围、要件、主体做了规定。精神损害赔偿时受害人因人格利益或身份利益受到损害或者遭受精神痛苦而获得的金钱赔偿。规定精神损害赔偿有利于保护受害人的利益。[18] 精神损害赔偿，在法律上既有补偿功能，又具有惩罚功能。即对受害人所遭受的精神损害进行了补偿，同时又对加害人的侵权行为给予了惩罚。

---

[18] 王胜明：《中华人民共和国侵权责任法解读》，中国法制出版社 2010 年版，第 99 页。

一、医疗精神损害赔偿概述

精神损害赔偿是民事主体因其人身权受到不法侵害,使其人格利益和身份利益受到损害或遭受精神痛苦等无形损害时,要求侵权人通过财产赔偿等方法进行救济和保护的民事法律制度。在现代法制条件下,对人身损害给予精神损害赔偿即抚慰金的赔偿,已经成为普遍的制度。在侵权行为中,受害人受到人身伤害,受害人或其近亲属,都可以依据法律、法规请求赔偿抚慰金,填补因人身损害造成的精神痛苦。我国1929年民国政府制定的《中华民国民法》正式确立精神损害赔偿制度。《民法通则》、最高人民法院《关于审理人身损害赔偿案件适用法律若干问题的解释》等法律、司法解释也对精神损害赔偿制度作了规定。但精神损害赔偿的具体范围的确定在司法实践中出现了很多问题,为此,最高人民法院于2001年2月26日公布了《关于确定民事侵权精神损害赔偿责任若干问题的解释》(以下简称《精神赔偿解释》),它对精神损害赔偿的范围,依法行使赔偿请求权的主体,以及确定精神损害赔偿数额的原则等作了明确规定。

随着人们法律意识的增强,在医疗损害赔偿诉讼中,患者逐渐提出了精神损害赔偿的请求。法院如果认定是医疗损害案件,一般都判决医方赔偿患者的精神损害。因医疗损害导致患者残疾、死亡给患者及其亲属造成精神上的痛苦和心理上的异常,这种痛苦和异常通常并不短暂甚至伴随终身,因此,医疗损害精神损害赔偿非常必要。医疗侵权的精神损害赔偿是指患者因医疗损害承受精神创伤而应获得的以货币方式支付的精神补偿,是医疗机构承担医疗损害侵权责任的一种重要方式。

二、医疗损害精神损害赔偿的原则

国外的医疗损害精神损害赔偿原则主要有:酌定赔偿原则即不制定统一的赔偿标准,而是根据案件的具体情况,由法官自由裁量精神损害赔偿金的数额;限额赔偿原则即规定精神损害赔偿的最高限额,法官可以在最高限额以下酌定具体数额。杨立新教授认为我国的医疗损害精神损害赔偿应当遵循“法官自由酌量原则”“区别对待原则”和“适当限制原则”。[19]

法官自由酌量原则同国外的酌定赔偿原则类似,它赋予法官在处理精神损害赔偿案件时以自由裁量权。区别对待原则指在法官自由酌量的基础上,在具体确

⑲ 杨立新:《精神损害赔偿》,人民法院出版社1999年版,第79页。

定精神损害赔偿金时，必须对精神损害的不同利益因素的损害予以区别对待。根据不同的特点，依据不同的计算规则，分别计算应当赔偿的数额，最后酌定总的赔偿数额。适当限制原则是为了克服自由酌量的不利影响，主要表现为：一是对赔偿总额进行限制；二是对受害人及其亲属或者死者近亲属的精神损害赔偿分别规定上限和下限。

三、精神损害赔偿的范围及计算方式

(一)精神损害适用于侵害他人人身权益的情况

人身权益的范畴十分广泛，包括各项人身权和其他合法的人身利益。《精神赔偿解释》第一条规定："自然人因下列人格权利遭受侵害，向人们法院起诉请求赔偿精神损害的，人民法院应当依法予以受理：(一)生命权、健康权、身体权；(二)姓名权、肖像权、名誉权、荣誉权；(三)人格尊严权、人身自由权"。依照此规定，在医疗损害赔偿中，对生命权、健康权、身体权和名誉权侵害的行为，可以请求精神损害赔偿。"在医疗侵权诉讼中，有时会涉及医方侵犯患者隐私权、未经患者同意公开其个人信息资料的案件，都可以从赔偿患者精神损失方面予以救济。另外，侵犯患方知情同意权的案件，也可以从精神损失赔偿方面予以补偿。

(二)对《侵权责任法》精神损害赔偿规定的理解

《侵权责任法》第二十二条规定了侵害人身权利可以进行精神损害赔偿的原则要求，即以造成了受害人严重精神损害为前提。该条规定体现了我国立法机关在对待侵害人身权给予精神赔偿采取限制和谨慎的原则。该条规定体现了以下三层含义。

第一，侵害他人人身权益可以请求精神损害赔偿。这里所讲的人身权益包括《侵权责任法》第二条所规定的 18 种具体权利，也包括尚未具体列举出来的其他人身权益。在医疗侵权纠纷中，医疗机构及其医务人员过失侵犯了患者的生命权、健康权、姓名权、肖像权、名誉权、隐私权等人身权利以及知情同意权等权益，患方都可以提出精神损害赔偿。但是在诊疗过程中侵犯了患者的财产权利，不能请求精神损害赔偿。

第二，造成了严重精神损害是提起精神损害赔偿的前提。因为在过去的司法实践中，精神损害赔偿有被滥用的情况，这次立法明确对精神损害赔偿提起的条件做了严格的规定，只有造成了受害人严重精神损害的，才可以提起精神损害赔偿。目前在精神损害的严重程度分级缺乏权威可靠的标准。关今华等提出，在对精神损害赔偿客体进行类型化处理的基础上，要根据各类精神损害赔偿的不同特点，确定不同档次。如对侵害精神性人身权和人格权所产生的精神损害，可分为一般、比较严重、严重和特别严重四个档次。[20] 那么本法所讲的“严重精神损害”应当如何界定，由于没有判断的科学的、权威的标准，实践中只能由法官根据自由心证的原则在相关证据和事实的基础上进行判断。我们建议，也可以考虑提请精神病学专家从专业角度进行分类分级和评估。

第三，本条规定的是受害人的人身权遭受侵害，可以提起精神损害赔偿，但是如果受害人因身体权益遭受侵害而死亡，其近亲属有无权利请求精神损害赔偿呢？虽然该法条没有提及在受害人死亡后其家属是否可以提出精神赔偿的内容，但是在《侵权责任法》第十八条规定，被侵权人死亡的，其近亲属有权请求侵权人承担侵权责任。其中赋予近亲属的请求权并没有明确排除精神损害赔偿，因而受害人的近亲属是可以提起精神损害赔偿的。最高人民法院《赔偿解释》第十八条：“受害人或者近亲属遭受精神损害，赔偿权利人向人民法院请求赔偿精神损害抚慰金的，适用《精神赔偿解释》予以确定。”基于此，我们认为，如果患者死亡，精神损害抚慰金的请求主体为患者家属；如果患者残疾，该项赔偿的请求主体应为患者本人，而其家属无权要求赔偿精神损害抚慰金。

(三)精神损害赔偿数额的确定

精神损害的额度如何确定，本次立法并没有原则性规定，更没有做出具体要求，因而成了司法实践中的一大难题。关于精神损害赔偿的具体数额，可以参照《精神赔偿解释》的有关规定来操作。《赔偿解释》第十八条：“受害人或者近亲属遭受精神损害，赔偿权利人向人们法院请求赔偿精神损害抚慰金的，适用《精神赔偿解释》予以确定。”《精神赔偿解释》第十条规定：精神损害的赔偿数额根据以下因素确定：(一)侵权人的过程程度，法律另有规定的除外；(二)侵权人的手段、场合、行为方式等具体情节；(三)侵权行为所造成的后果；(四)侵权人的获利情况；(五)侵权人承担责任的经济能力；(六)受诉法院所在地平均生活水平。而具体的赔偿数额，各地法院可以根据当地的经济发展情况、人们的生活水平等因素，综合确定一个可以参照的赔偿范围。例如，目前一些省法院掌握的赔偿标准最高不超过 5 万元，有的市法院掌握的最高赔偿标准不超过 10 万元。

需要注意的是，基于《侵权责任法》对残疾赔偿金、死亡赔偿金、精神损害赔偿的区分，在具体的司法实践中，在因医方的行为致使患者伤残或者死亡的情况下，精神损害赔偿的数额不宜过高。这是因为，在《侵权责任法》中，残疾赔偿金和死亡赔偿金的性质都不是精神损害赔偿，而《精神赔偿解释》将残疾赔偿金和死亡赔偿金认为是精神损害赔偿，在两金的性质改变后，如果精神损害赔偿过重，将会加重医方的负担，阻碍医疗卫生事业的发展，更有损社会公平正义的实现。

---

[20] 关今华主编：《精神损害赔偿数额的确定与评算》，人民法院出版社 2002 年版，第 193－194 页。

【案例与评析】

案例 12-6　医疗损害造成患者死亡的赔偿项目包括哪些[21]

2000 年的一天，钟先生母亲李女士出现反复腰痛，伴双下肢麻痛，经多家医院和佛山市某医院检查，证实其患有“腰椎间盘突出、腰椎管狭窄症、腰椎失稳”。李女士之后多年采取保守疗法诊治，直到 2005 年 2 月病情加重导致行动不便，遂来到佛山市某医院就诊。2005 年 3 月 15 日，佛山市某医院门诊医师何某诊断认为，只有手术才能根治此症。经检查后，何某定于 3 月 22 日上午施行“全椎板椎管探查加减压加髓核摘除、USS 内固定加置异体骨融合术”。但在手术后 3 个多小时，李女士心搏骤停，经抢救无效死亡。

2005 年 12 月，钟先生与父亲共同将佛山某医院诉至禅城区法院。医院随后提出医疗事故技术鉴定申请。受法院委托，2007 年，佛山市医学会出具鉴定书，认为不属于医疗事故。钟先生与父亲要求重新鉴定，法院又委托广东省医学会进行重新鉴定，结论认为，此病例属一级甲等医疗事故，医方负主要责任。

禅城区法院综合考虑，判决医院赔偿丧葬费 1.1 万元、死亡赔偿金 25.6 万元、精神损害抚慰金 7.4 万元，合计 34.2 万余元。

评析

本案的关键是：医疗损害造成死亡的，应当赔偿哪些法定项目？死亡赔偿金应不应当赔偿？死亡赔偿金和精神损害赔偿有没有重合？

在审理此案的当时，最高法院《关于参照〈医疗事故处理条例〉审理医疗纠纷民事案件的通知》明确了医疗事故应当按照《条例》的规定赔偿。而《条例》中并没有规定死亡赔偿金，本案法院判决支持死亡赔偿金是否与条例产生冲突？在最高法院《通知》出台后，又出台了《关于审理人身损害赔偿案件适用法律若干问题的解释》中明确规定了死亡赔偿金的赔偿项目，本案死亡赔偿金的项目赔偿于法有据。《解释》指出死亡赔偿金不是精神损害赔偿，则死亡赔偿金和精神损害赔偿是不同的两个赔偿项目，没有重合。而且解释明确规定：“在本解释公布施行之前已经生效施行的司法解释，其内容与本解释不一致的，以本解释为准。”因此，法院判决支持死亡赔偿金和精神损害赔偿的请求是合理的。而且，根据《侵权责任法》第十六条，侵害他人造成死亡的，还应当赔偿丧葬费和死亡赔偿金。根据第二十二条，侵害他人人身权，造成他人严重精神损害的，被侵权人可以请求精神损害赔偿。本案中，患者死亡，其近亲属可以依法请求精神损害赔偿。因此，本案法院支持赔偿丧

[21] 黄乐平：《医疗事故处理流程与赔偿标准》，法律出版社 2009 年版，第 322 页。

葬费、死亡赔偿金和精神损害抚慰金的判决是正确的。

案例 12-7 医疗赔偿费用可以采取定期金方式给付

11 岁女孩甲某因不慎摔伤接受了当地某个体医院做的切开复位克氏针内固定手术，术后 20 天，X 线显示，用于固定的一枚钢针误打入其骨盆，造成“骨盆缺血性改变，骨盆倾斜”。不久甲某的左腿比右腿短了 4 至 5 厘米，且左下肢功能严重障碍，经法医鉴定为七级伤残。甲某遂向法院提起诉讼，要求该个体医院给予赔偿。后经法院审理，判决该个体医院共应赔偿甲某医疗费、辍学复读费、残疾用具费、残疾赔偿金、精神损害抚慰金等共计人民币 23 万元。

本案中，法院判决对这 23 万元的赔偿不是采取一次性付清的支付方式，因为被告系个体医疗机构，经济能力有限，经赔偿义务人申请，人民法院依职权决定对残疾赔偿金、残疾辅助器具费适用定期金的给付方式。

评析

本案涉及定期金的赔偿方法。

定期金指法院判决医方在未来一段时间按照一定的期限向患者支付赔偿金额，主要适用于残疾赔偿金、被扶养人生活费、残疾辅助器具费等需要以后继续支出费用的场合。定期金一般是以年单位计算，分月或数月及至分年支付。

定期金支付方式的优点：可以避免责任人因一次性支付过多赔偿金而支付不能；发挥人身损害赔偿的生活保障功能，避免受害人提前花费。

定期金适用的支付项目：最高法院《关于审理人身损害赔偿案件适用法律若干问题的解释》第三十二条和第三十三条确定了残疾赔偿金、被扶养人生活费、残疾辅助器具费等需要以后继续支出费用的赔偿项目可以以定期金的方式支付。

定期金赔偿的期限为赔偿权利人的实际生存年限，不受一次性赔偿期限的限制。

但是，一审法庭辩论终结前已经发生的费用、死亡赔偿金以及精神损害抚慰金，应当一次性给付。

本案中，法院决定对残疾赔偿金、残疾辅助器具费适用定期金的给付方式是正确的。

【需要注意的问题】

一、被扶养人生活费

被扶养人生活费是指死者生前或者残疾者丧失劳动能力以前实际扶养的，没有其他生活来源的人的生活费用。《民法通则》第一百一十九条“侵害公民身体……造成死亡的,并应当支付丧葬费、死者生前扶养的人必要的生活费用”;最高法院《意见》第一百四十七条“侵害他人身体致人死亡或者丧失劳动能力的,依靠受害人实际扶养而又没有其他生活来源的人要求侵害人支付必要生活费的,应当予以支持,其数额根据实际情况确定”;最高法院《关于审理人身损害赔偿案件适用法律若干问题的解释》第十七条明确侵权人应赔偿“被扶养人生活费”。

但是,《侵权责任法》未规定“被扶养人生活费”,只规定了“残疾赔偿金”“死亡赔偿金”。而残疾赔偿金的性质和赔偿标准本法并未明确,被扶养人生活费和残疾赔偿金是何种关系,赔偿标准各是什么,赔偿了残疾赔偿金之后被扶养人生活费还要不要赔偿,这些都有待司法解释进一步明确。笔者同意杨立新的观点,赔偿了残疾赔偿金、死亡赔偿金之后,不能继续赔偿残疾者伤前扶养的人的生活补助费。㉒过去司法解释和司法实践中对残疾赔偿金、死亡赔偿金赔偿之后,又要求被告赔偿残废者、死亡者残废前、死亡前应当扶养的人的扶养生活费的做法,是一种地地道道的重复赔偿。在侵权赔偿中,重复赔偿还发生在残疾赔偿金与继续治疗费之间,应当引起重视。

二、胎儿与死亡赔偿金

在医疗纠纷中有新生婴儿死亡是否应当按照正常人一样给予死亡赔偿金?这是一个令司法实践非常难以处理的问题。在医疗纠纷中,产科纠纷比较多,而且很多时候涉及新生婴儿或者胎儿的死亡,而是否为新生婴儿,取决于其出生的瞬间是否有生命。出生时有生命即可认定为新生婴儿,其在医疗事故中死亡的,就可以获得死亡赔偿金;出生时没有呼吸即没有生命,即应当认定为死胎,家属不能主张死亡赔偿金。在有的产科医疗纠纷中,患者出生时有微弱的呼吸,但是无论多么微弱,也应当视为有生命,1 秒钟后迅速死亡。对于这种新生婴儿也按照正常人的死亡来赔偿,似乎总有其不合适的地方,以至于现在有的地方法院明确规定,这种情况按照死亡赔偿金的一半来支付。这是一种打折的办法,但事实上违背了最高人民法院的规定。死亡赔偿金既然是一种受害人死亡后给原告造成的预期利益的损失,作为出生后仅有微弱之生命的新生婴儿,哪来的预期利益呢?

三、医疗损害赔偿的权利主体

《侵权责任法》第十八条:被侵权人死亡的,其近亲属有权请求侵权人承担侵权

㉒　前引⑰。

责任。

在医疗损害赔偿中，当医疗过失行为导致患者伤残时，损害赔偿请求权主体是患者本人；当医疗过失行为导致患者死亡时，损害赔偿请求权主体是死者的近亲属。

完全民事行为能力的患者可以自己行使损害赔偿请求权；限制民事行为能力或者无民事行为能力的患者不能行使医疗损害赔偿请求权的，应当由其法定代理人代其行使赔偿请求权；患者死亡的，其近亲属可以请求损害赔偿。根据《民通意见》近亲属包括配偶、父母、子女、兄弟姐妹、祖父母、外祖父母、孙子女、外孙子女。

在精神损害赔偿的请求中，当患者因医疗损害使身体受到伤害时，他本人是最大的痛苦承受人，他本人应作为精神损害赔偿的权利人。此时，虽然患者的近亲属也遭受了一定的精神痛苦，但一般不能单独请求精神损害赔偿。对于患者因身体伤害丧失意识时，与其共同生活的近亲属虽然会遭受巨大的精神痛苦，此时请求精神损害赔偿的权利人仍然应当是患者本人，其近亲属只是其代理人。只有当患者死亡后，其近亲属才可以依据《侵权责任法》第十八条的规定请求精神损害赔偿。

四、过错程度、责任程度、损害程度㉓

过错程度、责任程度、损害程度是医疗损害赔偿案件中经常会遇到又经常会搞错的几个概念，而且在计算损害赔偿费用时还要用到责任程度，因而有必要对这三个概念加以辨析。

(一)过错程度

过错程度是针对医疗侵权行为中，行为人的主观过错而言的，与行为人违反医疗卫生管理法律、行政法规、部门规章、诊疗操作规范、规程的情节有关，是一般医疗技术人员容易犯的错误或者是技术操作难度大导致的错误，还是一般不容易忽略、难以出现的错误。过错程度在民事侵权赔偿中的意义不大，因为填补损害系侵权行为法的基本功能，是加害人就其侵权行为所生的损害负赔偿责任，非在惩罚，因损害赔偿基本上并不审酌加害人的动机、目的等，其赔偿数额原则上不因加害人故意或过失的轻重而有不同。㉔

(二)责任程度

责任程度，是指在导致医疗事故损害结果发生的诸多因素中，医疗机构及医务人员的过失行为所占的比例，其理论依据在于许多医疗结果的发生是多种因素所导致，即人们常说的"多因一果"或"多因多果"。如果不考虑这一因素而要求医疗机构

㉓ 前引①，第260页。

㉔ 王泽鉴：《侵权行为法(1)》，中国政法大学出版社2001年版，第7—8页。

承担全部损害后果的责任是不公平的。与责任程度相关的概念是事件参与度，法医学界又称为“损伤参与度”，是指医疗事故造成的损害后果与患者自身疾病共同存在的情况下，前者在患者目前疾病状态中的介入程度。责任程度的划分不宜过细，应该采用模糊等级划分方法来划分责任等级。一般划分为 6 个等级，见表 12-4。

由于责任程度的等级划分是参照模糊数学的方法来划分的，因此，所确定的赔偿比例就不应当太细，而是一个粗线条的比例。比如次要责任，赔偿比例为 30%，就不宜在 11%～49%之间任意取值。

表 12-4　侵权责任程度与赔偿比例对照表

责任程度等级	赔偿比例
无责任	0
轻微责任	10%
次要责任	30%
同等责任	50%
主要责任	80%
全部责任	100%

(三)损害程度

损害程度是针对患者最终的损害后果而言的，是一种客观事实状态的判断。在医疗事故中，损害程度与医疗事故等级有关，最终需要用伤残等级来表示。3 个概念的区别见表 12-5。

表 12-5　过错程度、责任程度、损害程度概念比较

比较项目	过错程度	责任程度	损害程度
表现	衡量行为过错的大小	对损害后果应承担责任的多少	对患者造成身体损害的后果
与行政责任的关系	有关	有关，但不明显	有关
与刑事责任的关系	有关	有关，但不明显	有关
与民事责任的关系	无关	有关	有关
表达方式	违章严重性	参与度	事故等级或伤残等级
医疗事故鉴定	不认定	认定	认定
司法鉴定	认定	认定	认定

【相关法条与解释】

第十五条　承担侵权责任的方式主要有：(一)停止侵害；(二)排除妨碍；(三)消除危险；(四)返还财产；(五)恢复原状；(六)赔偿损失；(七)赔礼道歉；(八)消除影响、恢复名誉。以上承担侵权责任的方式，可以单独适用，也可以合并适用。

【释义】

该条是对侵权责任方式的规定。

行为人的行为构成侵权责任的，就应当承担具体的法律后果。这些具体的法律后果就是本条所称的侵权责任方式。侵权责任方式是一种民事责任方式，是侵权法规定的侵权人实施侵权行为所应当承担的具体的法律后果。侵权责任方式是落实侵权责任的具体形式，也是侵权责任的具体体现，没有侵权责任方式，侵权责任法就没有任何威慑力；没有侵权责任方式，本法所强调的立法目的就成为一句空话。本条规定了8种具体的侵权责任承担方式，赔偿责任只是其中的一种。在医疗机构及其医务人员侵犯患者的合法权益方面，《侵权责任法》第七章规定的责任形式以“赔偿责任”为主，这在第五十四条、第五十五条、第五十七条、第五十九条、第六十条做了规定，在第六十二条规定了“侵权责任”，在第六十四条规定了法律责任。

一、停止侵害、排除妨碍、消除危险

停止侵害是侵权人正在实施侵害行为，受害人请求其停止侵害或者请求人民法院制止其实施侵害。排除妨碍是指侵权人实施的行为使被侵权人无法行使或不能正常行使自己的财产权利、人身权利，被侵权人请求侵权人将妨碍权利实施的障碍予以排除。消除危险指行为人的行为对他人的人身和财产安全造成威胁，或存在侵害他人人身或财产的可能的，他人有权要求行为人采取有效措施，消除行为产生的危险。

在医疗损害中，发生医疗损害一般是由于医务人员的过失造成的，医务人员侵害患者生命、健康权要在侵害结果发生以后经过医疗技术鉴定才能证实。患者及家属不知道也不曾料到医务人员会侵犯其生命、健康权，当然不可能要求医务人员“停止侵害”或者“消除危险”。至于“排除妨碍”，在医疗损害发生之前有可能发生，若医务人员对入院的患者不进行检查、诊断，患者可以要求医师为其诊断，“排除妨碍”。因此，在医疗损害未发生时，“排除妨碍”不会成为医疗损害责任方式。

二、返还财产、恢复原状

返还财产、恢复原状一般不会成为医疗损害责任方式。

三、赔 偿 损 失

赔偿损失是最主要的医疗损害侵权责任方式，是医疗机构及医务人员因侵权行为给患者造成损害，以其财产赔偿患者所受的损失。赔偿损失包括人身损害赔偿、财产损害赔偿和精神损害赔偿。

四、消除影响、恢复名誉、赔礼道歉

赔礼道歉是侵权人向被侵权人承认错误，表示歉意，以求得被侵权人的原谅。消除影响、恢复名誉要根据侵权行为及造成影响的范围和名誉毁损的后果来决定。因为精神损害是医疗损害结果之一，则消除影响、恢复名誉、赔礼道歉可以成为医疗损害责任方式。

第十八条：被侵权人死亡的，其近亲属有权请求侵权人承担侵权责任。被侵权人为单位，该单位分立、合并的，承继权利的单位有权请求侵权人承担侵权责任。

被侵权人死亡，支付被侵权人医疗费、丧葬费等合理费用的人有权请求侵权人赔偿费用，但侵权人已支付该费用的除外。

【释义】

本条规定了被侵权人死亡或者合并分立时请求权人问题。

被侵权人死亡的，其近亲属有权请求侵权人承担侵权责任。在医疗损害赔偿中，当医疗过失行为导致患者死亡时，损害赔偿请求权主体是死者的近亲属，在患者身体遭受严重损害时，其近亲属也可以请求精神损害赔偿。但是在涉及胎儿和新生儿权利侵害的医疗纠纷案件中，胎儿死亡和新生儿残废、死亡的，父母在诉讼中的地位是不同的。胎儿死亡发生诉讼的，孕育胎儿的孕妇是原告；如果孩子在出生后死亡的，产妇也是诉讼的原告；如果孩子出生后残疾的，产妇则是诉讼原告的代理人。

该条第二款在医疗纠纷中也会经常遇到。如患者系道路交通事故的受害人，车祸后被送到医院救治，后在医院救治中死亡。如果肇事车主或者保险公司没有支付医疗费，医疗机构抢救患者已经支出了相关医疗费的，医疗机构可以根据该款规定起诉肇事车主或者保险公司。如果肇事车主或者保险公司已经将医疗费支付给死者家属，医疗机构起诉获得这些费用的患者家属返还这些费用。赋予实际支付医疗费、丧葬费等费用的主体独立请求权，有利于弘扬帮扶帮衬的社会美德，保护善良的社会风俗，也可以防止侵权人获得不当利益。

第二十四条：受害人和行为人对损害的发生都没有过错的，可以根据实际情况，由双方分担损失。

【释义】

本条是关于公平分担损失的规定。

侵权责任的承担以行为人有过错为基本构成要件，行为人对损害发生没有过错的，除法律规定承担无过错责任的外，一般不承担责任。但在现实生活中，有些损害的发生行为人虽无过错，但毕竟由其引起，如果严格按照无过错即无责任的原则处理，受害人就要自担损失，这不仅有失公平，也不利于和谐人际关系的建立。有人提出这是公平责任原则的法律依据。

公平责任是不是与过错责任、无过错责任并列的侵权责任的归责原则？要不要在侵权法中规定公平责任？这在理论界有较大的争议，在本次《侵权责任法》的立法中有不同意见。考虑到实践中有适用公平负担的特殊需求，民法通则和最高人民法院的司法解释也都对公平责任作了规定，因此，侵权责任法保留了关于公平分担的规定，但将民法通则规定的“分担民事责任”修改为“分担损失”。该修改主要基于理论和实践两方面考虑：从理论层面看，无过错即无责任是承担侵权责任的基本原则，既然双方当事人对损害的发生都没有过错，那么行为人就不应承担责任，而只能是分担损失。从实践层面看，让无过错的当事人承担责任，他们比较难以接受。

公平分担损失是指在民事关系中，当事人双方都没有过错，在损害事实已经发生的情况下，以公平考虑作为标准，根据实际情况和可能，由双方当事人公平分担损失的侵权责任形态。公平分担损失实际上是民法公平原则在《侵权责任法》中的具体运用和体现。

按照全国人大常委会法工委副主任王胜明的观点，公平分担损失的情况包括：①无民事行为能力人造成他人损害；②完全民事行为能力人对自己的行为暂时没有意识或者失去控制没有过错，但造成他人损害；③具体加害人不明，由可能加害的人分担损失；④因意外情况造成损害；⑤为对方利益或者共同利益进行活动过程中受到损害。㉕ 这样看来，公平分担损失的做法在实践中应当非常慎重，不可轻易而为。过去司法实践中在处理医疗损害赔偿案件时，确实有采用过公平分担损失的做法，现在从《侵权责任法》的角度来看，显然欠妥当。

第二十五条：损害发生后，当事人可以协商损害赔偿金的支付方式。协商不一致的，损害赔偿金应当一次性支付；一次性支付确有困难的，可以分期支付，但应当提供相应的担保。

【释义】

本条是关于赔偿费用支付方式的规定。

最高人民法院《赔偿解释》第三十一条：“人民法院应当按照民法通则第一百三

㉕ 前引㉒，第104—407页。

十一条以及本解释第二条的规定，确定第十九条至二十九条各项财产损失的实际赔偿金额。”“前款确定的物质损害赔偿金与按照第十八条第一款规定确定的精神损害抚慰金，原则上应当一次性给付。”最高法院对赔偿金的支付兼采一次性支付和定期支付两种形式，以一次性支付为原则，定期支付为补充。同时规定定期支付的，赔偿义务人应当提供担保。《解释》第三十三条规定：“人民法院可以根据赔偿义务人的给付能力和提供担保的情况，确定以定期金方式给付相关费用。但一审法庭辩论终结前已经发生的费用、死亡赔偿金以及精神损害抚慰金，应当一次性给付。”定期金指法院判决医方在未来一段时间按照一定的期限向患者支付赔偿金额，主要适用于后续医疗费、残疾赔偿金、残疾辅助器具费等需要以后继续支出费用的情况。定期金赔偿的期限，为赔偿权利人的实际生存年限，不受一次性赔偿期限的限制。

在医疗损害赔偿案件中，经常会遇到一些赔偿金额比较高，尤其是涉及后续医疗费用的案件，而案件中受害患者的生存年限又极难确定，比如患者因脑缺氧出现植物生存状态，患者需要专人护理，但其生存年限确实难以确定，所以可以采用定期金的方式来支付赔偿费用。

《侵权责任法》对此予以确认，明确规定在人身损害赔偿中，首先采取协商方式确定，协商不成的，采取一次性给付赔偿原则；一次性赔偿确有困难的，可以适用定期金赔偿。

第13章

医疗鉴定制度改革前瞻

在《侵权责任法》之前，医疗侵权诉讼处于混乱的状态，最典型的就是诉讼案由二元化、法律适用二元化以及医疗鉴定二元化。《侵权责任法》制定的主要目的之一，就是要解决医疗侵权诉讼中的混乱局面，将案由、法律适用、医疗鉴定的二元化向一元化回归，以保障法律的权威性和司法的统一。然而，《侵权责任法》只完成了诉讼案由、法律适用的统一，医疗鉴定是否能够统一，在《侵权责任法》中没有规定。但是纵观我国目前的医疗鉴定制度，不仅很难统一，而且可能将演变为医疗事故技术鉴定机制被边缘化，而由法医鉴定机构唱独角戏的局面。那么，医疗鉴定制度到底如何走向，如果要进行改革的话应当如何改革呢？这是本章要阐述的内容。

第一节　医疗鉴定的二元化现状

一、产生医疗鉴定二元化的背景

所谓医疗鉴定模式的二元化，是指在涉及医疗赔偿纠纷中确定医疗行为有无过错的法医学鉴定，既有传统意义上的医疗事故技术鉴定，也有根据《人民法院对外委托司法鉴定管理规定》启动的法医鉴定，这两种鉴定都属于司法鉴定。[①] 这两种不同模式的鉴定，从鉴定人的资质到鉴定的方法，从鉴定的内容到鉴定依据的标

① 法医鉴定属于司法鉴定，这是业界不争的事实，但是为什么说医疗事故技术鉴定也属于司法鉴定呢？在最高人民法院2003年1月6日发布的《关于参照〈医疗事故处理条例〉审理医疗纠纷民事案件的通知》中可以找到答案。该通知第二条规定，人民法院在民事审判中，根据当事人的申请或者依职权决定进行医疗事故司法鉴定的，交由条例所规定的医学会组织鉴定。因医疗事故以外的原因引起的其他医疗赔偿纠纷需要进行司法鉴定的，按照《人民法院对外委托司法鉴定管理规定》组织鉴定。根据该条文规定，司法鉴定应当是指人民法院在审理案件中委托启动的鉴定。

准等，均有很大的区别，且在实践中褒贬评价因人所处的职业位置不同而异。

医疗鉴定模式的二元化，在《医疗事故处理办法》实施的年代即已出现，但是那时反对进行法医鉴定之声非常强烈，只有个别法院个别法官在实施。最高人民法院在其司法解释和相关文件中，都没有明确表态可以委托司法鉴定机构进行医疗过错鉴定。但是到了《医疗事故处理条例》（以下简称《条例》）实施的年代，这一情况发生了质的变化，尤其是最高人民法院在《关于参照〈医疗事故处理条例〉审理医疗纠纷民事案件的通知》出台之后，明确了“人民法院在民事审判中，根据当事人的申请或者依职权决定进行医疗事故司法鉴定的，交由条例所规定的医学会组织鉴定。因医疗事故以外的原因引起的其他医疗赔偿纠纷需要进行司法鉴定的，按照《人民法院对外委托司法鉴定管理规定》组织鉴定。”至此，医疗鉴定二元化的格局正式形成。

主张医疗鉴定二元化的主要理由，并不在于其排除实施医疗事故技术鉴定，主张医疗鉴定二元化者，也认同医疗事故技术鉴定，只不过他们认为医疗事故技术鉴定是一种单纯的行政鉴定②，系卫生行政部门认定和处理医疗事故的依据。③ 因此最高人民法院在其 2003 年做出的司法解释中也只是对因医疗事故引起的民事赔偿纠纷，根据当事人的申请或者依职权决定进行医疗事故司法鉴定的，交由条例所规定的医学会组织鉴定。

医疗事故技术鉴定确实有其固有的缺陷，尤其是在其所作的鉴定结论的内容上，与“是否构成医疗事故、构成几级事故”密不可分，而医疗纠纷在民事赔偿方面，一般又不涉及医疗事故这个概念，只要求确定是否存在医疗过失即可。从这个方面看，医疗事故技术鉴定结论明显不能适应我国民事审判的需要。在这样的情况下，针对医疗事故技术鉴定结论的缺陷，在出具的司法鉴定结论中，针对民事审判关注的焦点——医疗行为是否存在过错、过失医疗行为与损害后果之间是否具有因果关系等进行鉴定，甚至还对过失医疗行为的责任程度予以明确的百分比判断，出具了可以令法官满意且可直接使用的结论。在这样的诱惑之下，尤其在当下一些法官患有严重的“鉴定结论依赖症”的情况下，法官纷纷选择委托司法鉴定就不足为怪了。

医疗鉴定二元化模式的出现，可以说是我国司法实践存在鉴定结论依赖症的又一个具体体现。鉴定结论依赖症的具体表现为，一方面，案件事实基本查清，证

② 有关行政鉴定的概念，何颂跃在其著作中清楚表明。行政鉴定是指行政管理部门依据国家法律、法规，在行政执法或依法处理行政事务纠纷时，对所涉及的专门性问题委托所属的行政鉴定机构或法律、法规专门的检验、鉴定机构进行检验、分析和评判，从而为行政执法或纠纷事件的处理、解决提供科学依据而从事的一项行政活动。参见何颂跃：《医疗纠纷与损害赔偿新释解》，第二版，人民法院出版社 2002 年版，第 226—227 页。

③ 参见最高人民法院 1989 年 10 月 10 日做出的《关于医疗事故争议案件人民法院应否受理的复函》。

据基本确凿，鉴定结论与其他证据之间能够相互印证，但是当事人对其中的鉴定结论提出异议，不认可鉴定结论的内容，因此司法人员不敢定案，必须要再次启动新的鉴定，在重新鉴定的鉴定结论与原有鉴定结论一致的情况下，方敢对案件做出裁判。另一方面，在案件中的某个具体的专门性问题有多份鉴定结论的情况下，不能够自主对鉴定结论的证据能力和证明力进行判断，即使在举行了鉴定人参加的鉴定结论质证活动之后，仍然不敢确定鉴定结论的效率，而是启动新的司法鉴定，最后凭借鉴定结论在数量上的优势来确定鉴定结论的效力(往往就是最后一份鉴定结论的内容)。这样做的结果，增加了当事人的诉讼负担，降低了司法的效力，从而影响了司法公正。此外，在司法活动过程中，还出现了用鉴定来代替法官进行事实判断的现象。比如，人身损伤的严重程度的判断是医学诊断活动的一个有机组成部分，由执业医师依据其临床医学知识和检查结果便可以说清楚，是否属于重伤、轻伤、轻微伤，则需要法官适用相关法律条文加以判断。因此，轻重伤的判断应当是司法人员履行司法职权的范畴，但是现在却交给法医进行鉴定。目前，在有争议的法医鉴定中，相当一部分是人身损害的轻重伤鉴定，之所以多次鉴定出现不同的鉴定结果，很大程度在于不同的鉴定人对鉴定标准(条文)中的相关内容理解不一样。在对法律条文理解基础上并加以使用，就是法律适用，当然属于法官的司法职权的范畴。再比如，有关实施危害行为的犯罪嫌疑人是否具有刑事责任能力的判断，也应当是法官依法进行的司法判断活动。精神病学专家所做出的鉴定应当是对行为人在实施危害行为时是否心智丧失，是否具有辨认能力和控制能力的技术性判断。鉴定人对于这种需要运用精神病学知识进行判断的专门性问题从精神病学角度进行分析和论证，法官在此基础上，运用《刑法》第十八条规定的刑事责任能力的判断标准对犯罪嫌疑人的刑事责任能力进行判断。然而在我国，这项工作也是交给鉴定专家来完成，法官依赖鉴定专家。从而导致了鉴定人成了“实质上的裁判者”，[④]鉴定专家事实上在承担判案主角的怪异现象。

虽然鉴定结论依赖症削弱了司法活动对案件证据和事实的审查功能，但它简化了法官形成心证的过程，降低甚至转移了法官裁判的风险，在我国目前司法独立性不够，其他人为因素干扰司法的现象还比较多的情况下，法官依赖鉴定结论判决案件就属于非常正常的现象。从这个角度来看，医疗鉴定二元化应当属于鉴定结论依赖症的产物。

当然，按理说，如果鉴定模式多样化，可供法官选择的鉴定机构和鉴定人的概率也就增加了，这应当说是好事而非坏事，但是如果是在某种外界原因力的影响之下，法官不得不妥协选择某一种鉴定模式，且这种鉴定模式存在其固有的缺陷，那

---

④ 张丽卿：《司法精神医学——刑事法学与精神医学之整合》，中国政法大学出版社 2003 年版，第 262 页。

么这样的鉴定多元化就绝不是什么好事情了。

二、医疗事故技术鉴定机制存在的问题

我国目前根据《条例》建立起来的医疗事故技术鉴定机制，虽然在医疗事故处理方面发挥了很大的作用，解决了不少现实中存在的问题，但也存在着缺陷，而且正是由于这些缺陷的存在，导致医疗事故技术鉴定结论丧失其应有的公正性、客观性，从而不能为当事人信任，法官在司法实践中也往往会排斥医疗事故技术鉴定结论。从某种程度说，这些缺陷正是造成医疗鉴定二元化机制的根本原因。目前医疗事故技术鉴定体制存在的问题，有鉴定主体的问题，有鉴定程序的问题，还有鉴定结论和后续为法庭提供服务不充分的问题。当然，核心的问题是不符合法律界公认的证据学理论。

(一)鉴定主体存在的问题

医疗事故技术鉴定主体，包括医疗事故技术鉴定专家库、遴选出来的具体鉴定专家和由鉴定专家组成的专家鉴定组。

进入专家库的成员，一般都是当地医疗卫生专业领域的权威专家。这些专家专业技术水平很高，学术地位非常高，与此相伴而来的是这些人的专业活动特别多，鉴定的积极性不高。尤其是向他们提出了一些额外的在鉴定专家看来可能对其造成不利影响的要求时，他们会拒绝参加鉴定。比如，当前司法界对医疗事故技术鉴定诟病较多的是鉴定专家不署名。对此，鉴定专家的解释是，一旦其签名或者出庭，会招致当事人的打击报复，或者受当事人的纠缠等，因而断然拒绝。从而导致医疗事故技术鉴定改革难以与司法制度相协调。要想改变目前医疗事故技术鉴定被动的局面，就必须彻底改革医疗事故技术鉴定的方式，使之与现行的司法体制相一致，使医疗事故技术鉴定结论符合证据的基本条件。

专家鉴定组是具体执行鉴定任务的主体。虽然鉴定活动是由具体的专家来完成的，但最终是以专家鉴定组的名义对外发布鉴定文书的。专家鉴定组是一个依照既定条件随机产生的临时性的专门针对某一具体医疗纠纷案件从事鉴定活动的组织，自抽签决定时产生，鉴定完成后解散。其具体组成人员情况只有负责组织鉴定的医疗事故技术鉴定办公室知道。专家鉴定组的这一特点，从根本上保证了鉴定专家在鉴定过程中的表现具有相当的秘密性，加之鉴定评议过程是在没有当事人在场的情况下进行的，因此，可以认为专家鉴定组是一个临时性的秘密组织。无论是西方两大法系国家相关法律制度的规定，还是我国的司法实践，基本上都确认了鉴定人是要承担民事法律责任的。追究鉴定人法律责任的前提在于有明确的鉴定人，既可以是有民事权利能力地位的机构，也可以是具有民事权利能力的自然

人。在医疗事故技术鉴定过程中，如果鉴定人是专家鉴定组的话，由于其是没有法人资格的临时组织，当然就不具备承担民事责任的条件，无法对其追究民事责任。而构成专家鉴定组的具体的鉴定专家属于自然人，但是由于其处于秘密状态而导致当事人找不到可以追究责任的人，因而难以保障其民事诉讼的启动。在这样的情况下，因医疗事故遭受权益受损的当事人就只能选择起诉设立该医疗事故技术鉴定专家库的医学会。医学会具有独立法人资格，其成为民事被告的主体资格成立。但是医学会也有难言之苦，因为做出具体医疗事故技术鉴定结论的并非医学会，而是专家鉴定组，医学会在这其中只扮演一个协调组织者的角色，让其承担责任确实又不合适。同时，具体实施医疗事故技术鉴定的专家，由于其免受民事诉讼的干扰，没有承担责任之忧。因此，目前我国的医疗事故技术鉴定体制，是一种非常典型的权、责、利的分离的模式。鉴定人享有绝对的鉴定权，可以不受任何约束做出鉴定行为，鉴定人在实施鉴定之后可以依照相关规定收取鉴定劳务报酬，但由于鉴定人处于一种秘密的保护状态而无须承担任何责任。医学会没有实施鉴定行为，但是它却要背负鉴定错误可能面临的法律责任，甚至医学会在诉讼中由于无法解释鉴定错误的原因而难以对抗原告的诉讼，长期如此，必然会挫伤医学会执行医疗事故技术鉴定的积极性。

鉴定专家只能从医学会事先建立的鉴定专家库中，由医患双方遴选产生。这样产生的鉴定专家存在两方面的缺陷。第一，鉴定专家缺乏鉴定的积极性和主动性。鉴定专家是通过专家所在单位根据专家的学术地位推选出来的，由于其本身已经具备比较雄厚的技术实力和学术地位，因此，其容易有不屑于从事医疗事故技术鉴定工作的倾向。只要鉴定与其临床医疗工作出现冲突，鉴定当事人对其有所威胁或者骚扰，他都可能会拒绝鉴定。这也是我国医疗事故技术鉴定长期以来难以落实鉴定专家在鉴定书上签名的主要原因之一。第二，鉴定专家缺乏相关法律理论和法律知识。医疗事故技术鉴定是一项准司法行为，因而需要理解法律，运用法律。在医疗事故技术鉴定实施过程中，对于回避问题的把握，证据审查等，需要依据法律；在做出医疗事故技术鉴定结论的时候，对于是否构成医疗事故需要适用法律。如果鉴定专家缺乏法律知识，在医疗事故技术鉴定过程中就可能会违法。

（二）鉴定程序存在的问题

1. *鉴定人员回避存在明显的缺陷* 目前医疗事故技术鉴定专家回避是采取事前回避的方式。对于当事人来说这种回避方式形同虚设。因为医疗纠纷当事人如果要提出回避申请，就必须要对医疗事故技术鉴定办公室向其公示的相关学科组的所有鉴定专家进行一一调查，在获知相关鉴定专家具有《条例》第二十六条规定的情形时，还必须要设法去调取相关的证据，因为他在向医疗事故技术鉴定办公室工作人员申请专家回避时，必须要说明申请回避的理由，出示支持其提出回避申请理由的证据，否则其申请极有可能被驳回。在浩瀚的鉴定专家库名册中，要逐个对鉴定专家进行调查谈何容易。更何况在具体实践中，当事人真正知道鉴定专家库组成成员是在通知其参加鉴定专家抽签之时，在现场要求当事人提出鉴定专家回避申请。因此，从当事人实施调查的时间来看，也不具有可行性。医患双方当事人在这种情况下提出鉴定人申请，往往只能根据鉴定专家所属单位与医患双方之间的关系来判断，更多的可能是患方对专家所在单位与医方可能存在的利害关系加以判断。另外，对鉴定专家回避申请的审查、批准是由医学会医疗事故技术鉴定办公室的工作人员来执行的。如果回避申请得到医学会的认可，自然没有问题，但如果医学会认为当事人的回避申请理由不充分，或者不符合法律所规定的回避情形，因而驳回当事人的回避申请，目前无论是法律还是实践中，都没有相应的救济渠道。

2. 对医患双方的听证　在鉴定听证过程中，最为关键的环节是听取双方的意见和观点。这个过程要做到公正、公平，这也是鉴定程序公正的核心。关于鉴定听证过程，在《条例》第三十条中仅有一句话予以表述：专家鉴定组应当认真审查双方当事人提交的材料，听取双方当事人的陈述及答辩并进行核实。医疗事故技术鉴定的听证过程，是医患双方参与鉴定的关键阶段，是医患双方发表自己的意见和主张，反驳对方的主张和证据的最佳时机，因此，医疗事故技术鉴定的听证程序应当是一种对抗性程序。对抗性程序的中心含义是双方当事者在一种高度制度化的辩论过程中通过证据和主张的正面对决，能够最大限度地提供关于纠纷事实的信息，从而使处于中立和超然地位的审判者有可能据此做出为社会和当事者都接受的决定来解决该纠纷。对抗式辩论原则包含三个要素，即中立和尽量不介入辩论内容的审判者、当事者的主张和举证、高度制度化的对决性辩论程序。[⑤] 然而医疗事故技术鉴定体制却缺乏这种对抗性辩论的环节，医患双方的观点和证据仅有少量的交锋和接触，甚至完全没有辩论的机会。比如有的地方医学会在组织医疗事故技术鉴定时，为了避免医患双方在鉴定会上发生冲突和争吵，在执行双方陈述自己的观点和主张的程序时，是采用医患双方分别进入鉴定会，各自独立地陈述自己的观点和主张，因而一方陈述的内容对方并不知道，作为医方其答辩就没有针对性，作为患方无法进一步反驳医方的观点和主张。

(三)医疗事故技术鉴定实施中存在的问题

1. 鉴定结论依过半数鉴定专家的表决做出　由于医疗事故技术鉴定是集体鉴定，专家鉴定组由纠纷涉及的临床专业学科组专家成员单数构成，鉴定专家对医疗纠纷争议事件的看法和观点难免会出现分歧，鉴定专家对案件中的争议情况可能会有各自的认识和理解，尤其在涉及法律适用的问题上更是如此。因此，最终的

⑤ [日]谷口安平：《程序的公正与诉讼》(增补本)，王亚新、刘荣军译，中国政法大学出版社 2002 年版，第 26 页。

鉴定结论以谁的意见为准,《条例》第三十一条规定:鉴定结论以专家鉴定组成员的过半数通过。况且鉴定专家在表决中也存在操作中的麻烦和障碍。因为医疗事故技术鉴定结论,不是一个单一项目的鉴定结论,至少应当包含以下内容。

(1)是否构成医疗事故。

(2)如果构成医疗事故,构成几级医疗事故。

(3)医疗机构的责任程度如何。

(4)对医疗事故患者的医疗护理建议。

对于每一个结论性事项,都可能出现几种不同的答案,而每一个结论的表决,都与上一个结论的表决有密切的承接关系。比如,在是否构成医疗事故的结论上,有人支持构成医疗事故,有的反对构成医疗事故;支持者自然可以对下一个问题“构成几级医疗事故”进行表决,那么反对者呢,是应当袖手旁观还是参与到支持者中进行下一轮表决?

2. 鉴定层级及其效力　我国医疗事故技术鉴定采取 2+1 的鉴定层级模式,即两级地方医学会的鉴定和中华医学会的鉴定。一起医疗事故争议事件,至少可以启动两级地方医学会的鉴定,有的案件还可以启动中华医学会的鉴定。这样,在同一起医疗事故争议案件中,至少会出现两份鉴定文书。那么,哪一份鉴定文书的效力更优呢?《医疗事故技术鉴定暂行办法》(以下简称《鉴定暂行办法》)第四十一条中规定,县级以上地方卫生行政部门对发生医疗事故的医疗机构和医务人员进行行政处理时,应当以最后的医疗事故技术鉴定结论作为处理依据。同时,在《条例》第二十二条、第三十九条第二款,《鉴定暂行办法》第四十条规定,当事人不服首次医疗事故技术鉴定结论的,可以申请省级医学会进行再次鉴定。相关规范性文件预设鉴定机构及其鉴定结论的层级效力,都表明医疗事故技术鉴定结论有明确的效力优先性,即中华医学会的鉴定结论效力＞省级医学会的鉴定结论效力＞地市级医学会的鉴定结论效力。

(四)鉴定文书存在的问题

1. 鉴定结论过分局限　关于医疗事故技术鉴定结论,在《条例》第三十一条第二款及《鉴定暂行办法》第三十五条有规定。现在各级医学会做出的医疗事故技术鉴定文书一般都已经形成了一个既定的鉴定套路。首先回答是否构成医疗事故;其次,如果构成医疗事故,再确定事故的等级及医方所应承担的责任程度。而在进行医疗事故争议案件的民事赔偿审判中,是否构成医疗事故并非必须,审判人员根据当事人提出的案由和诉讼主张,根据民事侵权理论中的侵权构成要件来加以判断,需要明确医方的医疗行为是否存在过错,医疗行为与损害结果之间是否存在因果关系。法院在委托医学会进行鉴定的时候,也会在鉴定委托书上载明这些情况,但是医学会在鉴定的时候并不是依据鉴定委托书的要求事项来鉴定,而是仍然按照自己既定的“医疗事故”鉴定套路开展工作。因此，就可能出现医疗事故技术鉴定文书“文不对题”的情况。严格地说，鉴定是一种委托合同行为，鉴定文书不能按照委托方的要求来完成应当视为违约。

2. 没有记载不同的意见　现在各级医学会做出的医疗事故技术鉴定文书一般没有记载医疗事故技术鉴定专家的不同意见，而是以一个统一的结论呈现在当事人及法庭的面前。在有多个鉴定人的情况下出现不同的鉴定结论，尤其是采用经验性的科学知识和技术进行鉴定的，更是会由于鉴定人的知识、经验、学术观点以及水平的不同，会存在不同的意见和结论。《鉴定暂行办法》第三十三条规定，专家鉴定组成员对鉴定结论的不同意见，应当予以注明。但是，根据鉴定结论作出医疗事故技术鉴定书的时候却往往取消了对鉴定结论的不同意见的记载。这样做的结果，使得实际的鉴定情况并不能充分、完整地呈现在案件当事人及法官的面前。

3. 没有鉴定人的签名盖章　《鉴定暂行办法》第三十四条的规定，医疗事故技术鉴定人在做出医疗事故技术鉴定结论时，只在保存于医疗事故鉴定办公室的鉴定档案上签名，在对外公开的鉴定文书上不签名、不盖章，只加盖医学会医疗事故技术鉴定专用章。因而，现在各级医学会做出的医疗事故技术鉴定文书一般都没有鉴定人的签名、盖章。鉴定人不签名、盖章，在形式上回避了鉴定人员的个人义务和责任，当事人就难以追究其错误鉴定责任的权利。鉴定人在其出具的鉴定文书上签名、盖章，是鉴定结论的证据属性的必然要求。医疗事故技术鉴定由专家鉴定组来实施，因而任何一份鉴定的做出都是由数名鉴定专家来完成的。因有更多的鉴定人，即可有较多的不同意见和更客观的鉴定证据。⑥ 对于不同鉴定意见的统一，医疗事故鉴定结论是根据半数以上专家的集体意见而形成的，所以鉴定成员无须为鉴定结论的失误承当责任。除了因接受当事人的财物或其他利益而作虚假鉴定的情形外，法律无法追究鉴定人的错鉴乃至虚假鉴定的责任。这种少数服从多数的集体负责制削弱了鉴定人的责任，“集体鉴定制”回避了鉴定参与人的法律责任和义务，剥夺了被鉴定当事人提出异议和追究伪证责任的权利，⑦不利于保障鉴定结论的科学性、客观性。因为一旦发生了错鉴需要追究责任时，这种“集体负责制”，不是集体负责，而是集体中的每个人都不负责。

三、法医学医疗鉴定模式存在的问题

法医学医疗问题的鉴定模式，与医疗事故技术鉴定机制相比，存在更为严重的

⑥　张丽卿：《司法精神医学——刑事法学与精神医学之整合》，中国政法大学出版社，2003 年版，第 278 页。

⑦　路兴：《对医疗事故技术鉴定的反思》，《中国卫生法制》2006 年第 14 卷第 5 期。

问题。首先,医疗行为的技术鉴定不属于法医学鉴定的内容。其次,法医学鉴定专家其所拥有的是法医学专业知识和经验,而不是临床医学知识和经验。再次,法医学鉴定过程中聘请的临床医学专家,既不是鉴定人,也不在鉴定书上署名,其遴选完全由法医独立操作,最后作出的鉴定意见到底是法医的意见还是临床专家的意见?最后,缺乏鉴定科学理论和相关法律规制。法医学医疗鉴定存在根本问题是,鉴定人不是临床医学专家,而提供鉴定意见的临床医学专家又不是鉴定人。

(一)医疗行为鉴定不属于法医学鉴定内容

鉴定结论是专家对案件中的专门性问题提供的专业方面的意见。做出鉴定结论的主体是专家。何为专家?梁慧星等认为:专家是具有专业知识或专门技能,依法取得国家认可的专业资格证书和执业证书、向公众提供专业服务的人;专家执业活动系专家以专业知识或专门技能向公众提供服务;专家从事执业活动应当遵循相关的法律、法规、行业规范和操作规程等。[⑧] 专家运用其专有的专业知识和经验提供专业性意见,这是鉴定结论的本质属性。据此,我们认为,鉴定结论应当符合以下条件。

(1)由具有专门知识的专家做出。

(2)专家只能在自己的专业范围内提供专业意见,不能超越自己的范围。

(3)专家在提供专业意见的时候,其角色发生了变化,此时他不再是一名普通的专业技术人员,而是转化成了诉讼参与人——在英美法系叫做专家证人,在我国称之为鉴定人。

法医学鉴定是指法医学鉴定人运用法医学知识和方法,按照司法、执法机关的送检目的和要求,在对需要鉴定的活体、尸体或物证进行科学的检验、分析、判断后所作出的鉴定结论。[⑨] 从法医学鉴定的概念来看,鉴定的主体是法医学鉴定人,鉴定的对象是活体、尸体或物证,鉴定的方法是运用法医学知识和方法进行检验、分析、判断。在法医学学科分类中,包括了法医病理学、法医物证学、法医临床学、法医毒物分析学、法医精神病学十大学科门类。其中,与医疗鉴定相关的只能是法医临床学。而法医临床学主要解决的是活体损伤鉴定的问题,如损伤程度、伤残程度、致伤原因、强奸和虐待等方面的鉴定。邓振华在其《法医临床学理论与实践》中,将医疗事故技术鉴定纳入法医临床学鉴定的范畴中来了,但其内容主要还是医疗事故技术鉴定中的问题,并非目前的法医医疗问题鉴定。[⑩] 就是在法医临床学鉴定中,也不是每一个法医鉴定人都可以从事所有的法医临床学鉴定任务。比如,损伤时间的鉴定,目前一般的损伤心态学观察已经很难解决其中的问题了,需要运

---

⑧ 中国民法典立法研究课题组:《中国民法典·侵权行为编草案建议稿》,《法学研究》2002 年第 2 期。

⑨ 王克峰:《法医法学》,中国人民公安大学出版社 2002 年版,第 19 页。

⑩ 邓振华主编:《法医临床学理论与实践》,四川大学出版社 2004 年版,第 3 页。

用酶组化、免疫组化中的理论和技术,这就不是一般的法医可以胜任的。再比如有关虐待的鉴定,除了需要观察被鉴定人一般的损伤特征之外,可能还需要做进一步的专科检查,如眼科方面的检查。因为,在被虐待的儿童中,眼科方面的损伤是非常特殊的。医疗过错司法鉴定属于综合鉴定,它不仅是单纯临床医学鉴定过程,其中还包括对相关病历进行的文件检验,对损害发生时间、致伤方式的认定,对诈病、造作病(伤)的鉴别,以及医疗损伤参与度的确定等。医疗过错司法鉴定涉及医学、法律、法医学、赔偿等多学科鉴定,具有综合鉴定的性质。[11] 这不是法医鉴定人能够胜任的工作。

而医疗问题的鉴定是指具有相关临床专业知识的专家对医疗行为实施过程中的技术过程和技术要点是否违反诊疗技术和操作规程所进行的分析和判断。实施鉴定的主体是具有相关临床专业知识和经验的专家。随着现代科学技术的发展,临床医学更是突飞猛进,传统意义上的内外妇儿这样的分科都已经不再具有现实性的意义了。比如,现在的外科学,涉及大量的药物治疗和营养学的内容,内科学在治疗方面同样涉及大量的介入性的操作方法。而且在传统的分科基础上,目前已经出现了二级临床科目、三级临床科目,甚至更深层次的分科。且不说法医,就是目前正在从事一般外科学工作的专家,要让他来评价神经外科方面的诊疗技术,也无能为力。从这个角度来说,法医不是医学专家,他早年在医学院校学习的医学知识,一是随着医学科学的发展现如今早已落后,二是缺乏临床经验。法医所拥有的理论层面的医学知识,在其毕业的时候,已经被医学教育主管部门做了否定性的评价。在参加全国执业医师考试的专业类别中,国家卫生行政部门明确规定,法医学专业的毕业生不能参加执业医师考试。[12] 不是法医学专业的学生不优秀,而是其专业课程的要求使其不能胜任执业医师工作。

医疗行为鉴定不同于传统的法医学鉴定的最大特点,在于它既不是对尸体鉴定,也不是对活体鉴定,更不是对物证鉴定,而是对行为进行鉴定。是对过去已经完成的也已存在的医疗行为过程进行重建和技术分析。就鉴定的过程来看,首先是要重建整个技术行为发生的过程,也就是要让现在法官看不见、鉴定专家看不见的医疗行为全部再现出来。如何才能重建和再现具体争议病例中的临床医学技术呢?需要具备两个条件,一是懂得相关临床学科的理论和知识,具有该学科的实际操作经验和经历。难以想象一个外行会重建出一个符合科学规律和真实情况的医疗过程。二是要有赖以重建的证据资料,包括病历资料、当事人陈述、病理解剖资

---

⑪ 黄贵琢:《医疗过错及其司法鉴定》,载邓振华主编:《法医临床学理论与实践》,四川大学出版社 2004 年版,第 323 页。

⑫ 《执业医师资格考试报名资格规定》第十五条第二项规定:具有基础医学类、法医学类、护理学类、辅助医疗类、医学技术类等相关医学类和药学类、医学管理类毕业生,不予受理医师资格考试报名。

料、可疑医疗物品检验结果等。这个条件与鉴定人的关系不大，与鉴定委托单位提交的鉴定材料有关。因此，医疗行为的重建，从鉴定的角度来看，最为关键的是鉴定人的素质和条件。其次，在医疗技术过程重建的基础上，对技术行为细节进行技术合理性、合法性分析。目前我国的诊疗技术规范、操作规程文本化的工作做得还不好，成文的并且为学界所接受的诊疗技术规范、操作规程也有限，大量的医疗技术没有成文化的规范。有成文化技术规范的，要求鉴定人充分掌握这些技术规范，没有成文化技术规范的，要求鉴定人要全面了解该技术领域中学界认可的习惯。这样，鉴定人才能够对医疗行为是否符合诊疗规范、技术规程加以剖析。从整个医疗行为的鉴定过程来看，这也不是法医可以胜任的。

(二)法医为什么要做医疗问题的鉴定

法医参加医疗鉴定的目的，无外乎三个：①发展学科理论，充分为司法服务；②为了追求公平正义，保护患者的合法权益；③为了可观的经济收益。从前两个目的来看，都具有法律层面高调，但与事实不符。因为前面已经分析了，医疗问题的鉴定不属于法医鉴定的范畴，法医鉴定人也无力承担这项鉴定。通过法医做出的鉴定结论，既不科学，也不公正，如何体现出为司法服务的目的呢，如何体现出对公平正义的追求呢？

长期以来，法医学司法鉴定都存在严重的利益争夺。2005 年 10 月 1 日以前，公、检、法、司、卫都设立有法医鉴定机构。由于刑事诉讼案件涉及公检法三家，因此，法医学鉴定市场的竞争主要在公检法三家之间展开，重复鉴定、多次鉴定也主要发生在公检法之间。之所以会如此，是因为法医鉴定可以收费，有的地方为此还搞成了法医产业，成了其所属公、检、法机关创收的一个部门。这个阶段法医学鉴定，隶属于卫生部门的鉴定机构主要在高等医学院校，且以法医学院系为依托，其技术实力和鉴定的水平相对较高，它虽然没有参与到公、检、法之间的鉴定竞争中，但是却担任着争议鉴定、复杂鉴定的最终裁判者的任务，与公、检、法之间的鉴定机构冲突不明显。司法行政机关起步较晚，力量也较弱，而且它不是诉讼中的一个必经环节，因此，隶属于司法行政机关的法医鉴定机构的声音很弱。在 2005 年 2 月 28 日全国人民代表大会常务委员会颁布了《关于司法鉴定管理问题的决定》，我国的司法鉴定行业进行了一番重新洗牌。2005 年 10 月 1 日起，全国的法院系统撤销了鉴定机构(即使鉴定机构不撤销也终止了司法鉴定的职能)，公安机关、检察机关的司法鉴定机构虽然保留下来，但其只能服务于本单位的侦查工作。与此同时，经司法行政机关批准，在全国各地成立了大量的司法鉴定机构，这些司法鉴定机构又以法医临床学鉴定机构为主。其中的原因在于，法医临床学鉴定的主要内容是损伤程度和伤残程度，这是两类需求量大、技术含量不高的鉴定。开展这些鉴定服务，从设备上来说，只需要简单的测量尺、关节活动测量器即可。从人员上来说，只需要有基本的医学常识即可以胜任这项工作。法医临床学鉴定机构多了，就存在业务量不够的问题，就开始寻求新的业务。而此时正赶上医疗纠纷愈演愈烈，且医疗事故技术鉴定的中立性、公正性正在遭受质疑，法医鉴定机构介入医疗鉴定也就成为自然了。

(三)法医是否是鉴定人

在法医学医疗问题鉴定中，法医是不是鉴定人呢？这种问题好像提得很荒唐，法医鉴定书上写着法医的名字，他能不是鉴定人吗？如果认定了法医是具体医疗鉴定的鉴定人，问题就出来了。前已述及，医疗鉴定必然会涉及具体的临床医学学科，有时还会涉及高精尖的亚学科。鉴定结论是鉴定专家针对案件中的专门问题根据自己的知识和经验出具的科学分析意见，显然法医没有这样的知识，更没有这样的经验，所以如果说法医作为涉及这类技术的案件的鉴定人，鉴定结论显然就没有科学性。面对这样的质疑，在鉴定书上署名的法医于是就会这样来解释：鉴定法医虽然没有这个学科的知识和经验，但是他聘请了具有这个学科的知识和经验的临床专家来参与了鉴定，提供了重要的咨询意见，法医正是依据临床专家的咨询意见做出的鉴定结论。这样解释好像把司法鉴定的科学性和专家鉴定的问题都解决了。可是这个临床专家是谁？怎么挑选出来的？这个临床专家的权威性如何保证和评价？这个专家与双方当事人之间是否具有应当回避的关系？这个专家是否是鉴定人？从法学理论和司法公正的角度来看，这些都是无法回答的问题。

在鉴定书上署名的是法医，提供重要鉴定意见的是临床专家。司法鉴定就是专家提供的其擅长学科的专业性意见，显然，从这个角度来看，鉴定人应当是法医鉴定机构挑选的临床专家，而不是法医鉴定人。但是这名临床专家却并不在鉴定书上署名，甚至他是怎么产生出来的都没有程序上的保证。一般都是法医鉴定人向有关医疗机构要求推荐临床专家或者直接找临床专家，这些专家所在的医疗机构水平如何，这些专家的知识结构、学术水平、实践经验如何，更是不得而知，他们可能知道的是这个专家所从事的临床学科和技术职称。至于这个专家与双方当事人之间是否具有应当回避的关系，更是无须考察的事情了。所以，在法医医疗问题鉴定中，鉴定人和提供鉴定意见的人是分离的，提供鉴定意见的人不仅匿名，而且没有任何程序性的保障；法医不提供鉴定意见，却在法医鉴定文书上署名。这样做的结果，首先是鉴定结论的科学性没有保障，其次是鉴定的公正性、客观性也没有保障。此时担任鉴定人的法医，与医疗事故技术鉴定相比，其角色和地位与医疗事故技术鉴定办公室的工作人员差不多，法医鉴定机构最多只是提供了一个鉴定的平台，是鉴定的组织者而已。但是相比较医疗事故技术鉴定机构，鉴定组织者就是组织者，不在鉴定书上署名，也不参与专家的鉴定意见，而他们在建立鉴定专家库和遴选具体案件的鉴定人时，严格依照《条例》和《医疗事故技术鉴定暂行办法》来办理,有严格的程序和筛选标准。因此,至少做到了程序公正。

有人说,法医参与医疗问题的鉴定,没有什么不好,因为法医既懂医又懂法。法医是否懂医,在前面已经做了分析,这里不再重复。那么法医是否懂法呢?这要从法医是怎么产生的角度来分析。我国的法医产生于如下几个途径。第一,由医学院校培养,这是有一定水准的正规法医产生的途径。目前有三十多个医学院校设立有法医学院(系),专门培养法医学人才。需要说明的是,这些院系都是建立在医学院校,要借助医学学科的教育背景来培养法医学人才。因此,在法医专业教育科目中,大量的课程都是基础医学、临床医学的课程,法律方面的课程,且不说其教学人员的水平和能力,单就其学时来看,充其量只有72学时,只是作为一门课程来讲授,法医所具备的也就是法律常识而已。而我们都知道,法学院校的主干学科至少有14门,法学专业的本科生也称不上精通法律。那么,只学了这么一点法律常识的人怎么就能够说他懂法了?第二,转业军人转化而来,安排工作时考虑其部队从医背景,因而政府部门安排到公安、司法机关从事法医工作。第三,由地方医疗卫生机构调动而来。尤其是在20世纪八、九十年代,司法机关面临大量的案件需要处理,其中涉及法医问题难以解决,于是就从医疗机构中调了一些医务人员到公安、司法机关来从事法医工作。虽然这后面两类人员在由医务人员变成法医的时候,都送到医学院校的法医学院系做过半年到1年的短期培训(即当时的专业证书班),这种培训主要是做法医知识和理论的培训,基本上不涉及法律培训。这些法医的水平如何,他们又掌握了多少法律知识,在此无须评价。这样看来,法医就是法医,法医是法医学问题的鉴定专家,对于其擅长的具体法医学领域中的问题有充分的鉴定能力,这是毋庸置疑的。但是,不一定懂法,至于有的法医在业余时间钻研法律,甚至参加司法考试,还拥有了法律职业资格,这是个案,不具有普遍代表性。因此,让法医来做医疗问题的鉴定,其科学性、权威性是有质疑的。

(四)法医学医疗问题鉴定的基本理论是什么

法医学是一门比较成熟的学科,法医学鉴定有相关的理论和技术,但是这是针对法医问题而言的,在作医疗问题的鉴定时,法医的鉴定理论是什么?鉴定方法是什么?鉴定程序是什么?目前没有业内认可的东西。我们能够看到的,目前仅有个别地方制定的地方规范。如重庆市司法局制定的2006年8月1日起实施的《医疗过错司法鉴定规则(试行)》,2009年12月北京司法鉴定业协会制定颁布了《关于办理医疗过失司法鉴定案件的若干意见》。但是这些地方性规范,从内容上来看,主要是从程序上进行规范,但相关规定并不具体。尤其是临床专家的资质要求、如何产生、是否参加鉴定会、在鉴定中的作用等,并没有具体规定。至于鉴定的基本方法和理论,更是没有涉及。因此,从鉴定程序的法律保障、鉴定的基本理论基本方法上来看,法医开展的医疗问题鉴定还不如医疗事故技术鉴定专家。

第二节　《侵权责任法》对医疗鉴定提出的要求

《侵权责任法》对医疗损害赔偿做出了全新规定，它彻底抛弃了医疗事故的概念，并且提出了一些新的概念，这些概念如何定义，这将是一个医学专业问题。对《侵权责任法》涉及的这些新概念的判断，应当是下一步医疗鉴定的内容。

一、在民事赔偿上彻底否定了医疗事故概念

(一)各法域对医疗损害使用的概念

的确，我国创立的"医疗事故"这个概念是有严重缺陷和问题的。纵观国内外有关医疗过失法律制度的情况，可以看出有关医疗事故的概念在日本的立法或者司法中有使用。不过日本的医疗事故概念与我国的医疗事故概念，在内涵和外延上是有区别的。在日本是将医疗纠纷统称为医疗事故。如日本当代法医学家松仓丰治教授指出：医疗事故未必全部是医疗过错。只有在发生事故的过程中存在某种医疗上的疏忽或过失，方能成为医疗过错，并产生法律上追究责任的问题。⑬ 类似的表述在我国翻译的松仓丰治的专著中也出现了：除去医疗设施上出现的事故外，凡是医师在诊断、治疗、判断预后、护士处置、对患者的身边护理及间接措施等广义的医疗过程中，发生医疗意外的恶化或者未能预测的不良后果，可统称为医疗事故。⑭ 在日本，一般认为，医疗事故是指医疗过程中患者作为受害人发生的一切事故……医疗事故不同于医疗过误，法律上对医疗过误的判定是指医务人员怠于医疗业务上的必要注意，使患者受到损害(死伤)，对此结果的发生具有过失的认定……⑮可见日本法理论上与我国医学、法学界所确定的医疗事故概念相对的是"医疗过误"，而其"医疗事故"范围比我国的医疗事故范围大得多，实际上相当于我国学界所称的医疗纠纷。它强调"医疗事故是指医疗过程中患者作为受害人发生的一切事故"，是一种患者在就医过程中遭受的客观的损害状态，没有对事件进行定性，也没有明确责任的承担，这更符合事故本身的含义。而与我国立法上使用的医疗事故相似的概念是医疗过误，强调医务工作者在医疗过程中"怠于医疗业务上的必要注意，使患者受到损害(死伤)"，明确了医疗机构及其医务人员有过失存在，因而要承担相应的责任。

---

⑬　李运午：《医疗纠纷》，南开大学出版社 1978 年版，第 15 页。

⑭　[日]松仓丰治：《怎样处理医疗纠纷》，郑严译，法律出版社，1982 年版，第 3 页。

⑮　[日]矶崎辰五郎、高岛学司：《医事、卫生法》有斐阁昭和 61 年版。

在其他国家则不存在能与我国立法上所使用的医疗事故概念相对应的概念。在英语中 accident 的解释是“意外事件，事故，未曾预料，不希望发生的事件”，与其组成的词组有飞行事故(air accident)、污染事故(contamination accident)、操作错误事故(human error accident)、责任事故(human element accident)、交通事故(traffic accident)等，没有医疗事故之说。在美国，与我国医疗事故相对应的最相类似的概念是 Medical malpractice，虽然有国内学者将其翻译为医疗事故，实际上是为了让国人更容易理解美国法律体系中这个词的含义，结合中国的法律制度来做的翻译，实际上是不准确的。

在中国其他法域，香港、澳门都没有与内地医疗事故类似的概念，在台湾的一些规范性文件中有医疗纠纷、医疗争议和医疗事故的混用，并且没有明确的定义，且医疗事故的使用相对较少，只在一些地方文件和学者的论著中出现。

这样看来，在医疗过程中发生的患者损害事件，各个国家和地区在立法和司法中所使用的概念相差非常大，选择中国内地立法中所使用的“医疗事故”这一概念的国家和地区并不多。我国立法中使用这一概念是否符合国情，尤其是在我国社会经济水平有了很大发展的今天，我国的医疗机构举办制度、医疗保障制度等发生了重大变化的今天，立法中仍然使用医疗事故这一概念是否合适？值得我们思考。

(二)使用医疗事故概念的弊端

事故是一类特殊的事件。按照《现代汉语词典》的解释，事故是指意外的损失或灾祸(多指在生产、工作中发生的)，[16]如工伤事故、责任事故、交通事故等。在汉语中，事故这个词的含义是确定的，并没有什么歧义，就是指在生产工作过程中发生的意外损失或灾祸。在我们的法典中使用事故这一概念的，主要有交通事故、环境污染事故、生产责任事故、医疗事故、食品中毒事故、食物污染事故等。所谓交通事故是指车辆在道路上因过错或者意外造成的人身伤亡或者财产损失的事件。[17]食品中毒事故、食物污染事故两个概念，见于《中华人民共和国食品卫生法》[18]的法条行文之中，但该法律没有给这两个概念下定义。环境污染事故是一个大概念，其子概念包括大气污染事故、水污染事故、放射线污染事故等。其中大气污染事故是指由于管理不善或者违反操作规程引起大气污染的事故，也可以是由于自然灾害或者第三者所造成的突发性事故；[19]水污染事故是指由于管理不善或违反操作规定引起设施发生故障、污染物超过正常排放量的情况。[20] 通过对这些事故的定义

[16] 中国社会科学院语言研究所词典编辑室：《现代汉语词典》，第 5 版，商务印书馆 2005 年版，第 1246 页。

[17] 《中华人民共和国道路交通安全法》，第一百一十九条第五项的规定。

[18] 《中华人民共和国食品卫生法》第三十三条、第三十七条、第三十九条、第四十八条、第五十二条。

[19] 金瑞林主编：《环境法学》，北京大学出版社 1994 年版，第 233 页。

[20] 同上，第 256 页。

比较，我们可以发现，在我国立法中使用的事故这一概念，应当是一种损害事件的客观表述，不问当事人是否有过失，既包括当事人没有过错造成的意外事件，也包括因当事人管理或者操作中的过失导致的不良后果两种情形，只有医疗事故这一概念仅指因医疗机构及其医务人员的工作过失给患者造成的损害事件。并且，医疗事故作为一个法律概念，在强调医疗过失的同时，作为医疗事故的认定更主要地强调了危害后果，并且以损害后果的严重程度来定医疗事故的等级。这样，医疗事故鉴定及等级评定又显得不科学。

医疗事故在法律上应当视为一个否定性评价词，一旦鉴定为医疗事故，对医疗机构及责任医务人员都是一场灾难。并且在普通人心目中，医疗事故的等级越高，医疗机构及责任医务人员的责任程度越重。因而，医疗机构及医务人员对医疗事故持排斥的、不认可的态度。医疗事故犹如戴在医疗机构及其责任医务人员头上的一顶黑帽子，是对医疗机构及其责任医务人员的医德医风、医疗技术的否定性评价，一旦被定性为医疗事故，医疗机构在医疗机构等级评定及医疗管理评价中将受严重影响，甚至可能被降级处理。对于责任医务人员而言，实际上面临葬送职业前途，技术职称晋升、行政职务升迁、医疗执业活动等都会受到影响，甚至可能面临失业的风险。因此，对于医疗机构来讲，医疗事故是个耻辱性的字眼儿，它不仅严重损害了医疗机构的声誉，还使其面临被吊销执照、停业整顿的危险。对于医务人员个人来讲，医疗事故的认定更是一个灾难性的事件，它不仅伴随着经济的处罚，更意味着个人声望扫地，晋升长期停滞，甚至是职业生涯的结束。一旦被定为医疗事故，医疗机构和医务人员就必须付出双重的代价。㉑

另外，医疗事故这一概念在刑法、行政法和民法中含义不同，用法不统一。按理说，无论是刑法、行政法，还是民法，只要出现了医疗事故这一概念，就无需对该概念进行专门定义和解释，各部门法讨论的语境应当是相同的。然而事实并非如此。目前，刑法、行政法和民法中都出现了医疗事故的概念，但其含义却各自不同，让人们产生困惑和不解，也破坏了法制的统一。

(三)《侵权责任法》抛弃了“医疗事故”

在民事法律范围内对医疗过失损害如何界定，长期以来都是一个颇受争议的话题。即使是这次《侵权责任法》的制定，在讨论和征求意见阶段，这种争论也非常激烈。有人认为，目前医疗卫生行政管理的法律、法规都以防范医疗事故作为行政管理的着眼点，并和现行的《医疗事故处理条例》对接，建议将第七章的标题改为“医疗事故责任”。㉒ 这以卫生行政部门为代表。为此，卫生部还专门跟全国人大

㉑　邢学毅:《医疗纠纷处理现状分析报告》，中国人民公安大学出版社 2008 年版，第 37 页。

㉒　参见全国人大法工委:《社会公众和有关单位对侵权责任法草案的意见》，载王胜明主编:《中华人民共和国侵权责任法解读》，中国法制出版社 2010 年版，第 466－473 页。

常委会法工委提出过建议。当然这一观点最后没有被采纳，在最终发布的《侵权责任法》文本中，仍然以"医疗损害责任"出现。这样做的结果，使得《侵权责任法》调整的范围涵盖了医疗事故和非医疗事故。患者在诊疗活动中受到损害的，统一适用《侵权责任法》的各项规定，从而有利于消除二元化现象。[23] 这表明立法机关在民事立法上彻底抛弃"医疗事故"这一概念。

我们赞同在民法领域用医疗损害责任代替医疗事故责任，虽然这不是最好的最准确的概念，但是在民法法律领域中使用医疗损害这一概念显然要比医疗事故要好得多。第一，避免使用医疗事故这一概念，可以解除医疗机构及医务人员的事故情节，不受医疗事故阴影的影响，可以放心大胆地开展医疗工作。第二，有利于在医疗纠纷民事处理适用法律上消除二元化，回归法律适用的一元化，从而保证法律统一。第三，既然世界各国各地区都没有使用医疗事故这一概念，我国在行政立法中使用，但又没有从行政管理上使用，而主要还是在为民事赔偿制造概念，《侵权责任法》使用医疗损害，也基本能够与其他法域接轨。

二、提出以医疗损害责任为核心的民事责任制度

《侵权责任法》第七章的名称"医疗损害责任"，有人说这会造成医疗纠纷的泛化，因为任何医疗行为都是有损害的，有"医疗损害"就有责任，就要对患方予以赔偿，这对医疗机构及医务人员是不公平的，也不利于我国医学事业的发展。应该说这是一种误会。作为章节标题，它具有高度的概括性，不可能穷尽该章节所要包含的一切内容。该章标题"医疗损害责任"，意指涉及医疗过失引起的侵权责任。至于如何追究这种医疗损害责任，需要什么样的构成要件，则是该章节之下各个条文的任务。并非标题为"医疗损害责任"，就是出现了"医疗损害"就要赔偿。

在《侵权责任法》之下的医疗损害责任，具有几层含义。第一，它是一种侵权责任，因而，在一般情况下应当按照侵权责任的一般要求来处理，会涉及侵权责任构成、归责原则、免责事由、责任形式、赔偿标准等一系列问题。第二，它是一个属概念，即在医疗损害责任之下，有一系列具体的责任形式。纵观《侵权责任法》第七章这 11 个条文，涉及"责任"的有 7 个条文，即第五十四条、第五十五条、第五十七条、第五十九条、第六十条"赔偿责任"，第六十二条"侵权责任"，第六十四条"法律责任"。具体医疗行为上涉及医疗技术过失损害责任、侵犯患方知情权同意权责任、药品缺陷损害责任、消毒药剂缺陷损害责任、医疗器械缺陷损害责任、使用不合格血液致患者损害责任、侵犯患者隐私权责任、公开患者个人信息责任等。第三，它

[23] 王胜明主编：《中华人民共和国侵权责任法解读》，中国法制出版社 2010 年版，第 270 页。

是一种特殊专业领域中的责任，甚至可以直接称其为专家责任。第四，它有其特殊性。正因为医疗损害责任是专家责任，是医疗服务领域中的责任承担问题，而医疗行为又具有技术专门性、风险不确定性、损害的必然性等特点，[24]因而在责任承担上就不可能适用一般的规定，而应当根据医疗行为的特殊性来设计特定的处理原则。

我国《侵权责任法》将医疗损害责任划分为医疗技术损害责任、医疗伦理损害责任、医疗产品损害责任三类。[25] 其中，医疗技术损害责任是医疗损害责任的主要类型，系指医疗机构及医务人员在医疗活动中，违反医疗技术上的高度注意义务，具有违背当时的医疗水平的技术过失，造成患者人身损害或者财产损失的责任，[26]主要体现在第五十四条、第五十七条、第五十八条、第六十条之中。医疗伦理损害责任系指医疗机构和医务人员违背医疗良知和医疗伦理的要求，违背医疗机构和医务人员的告知或者保密等义务，具有医疗伦理过失，造成患者人身损害以及其他合法权益损害时应当承担的医疗损害责任。[27] 主要体现在第五十五条、第五十六条、第六十一条、第六十二条、第六十三条之中，包括侵犯患方知情权同意权责任、侵犯患者隐私权责任、违法公开患者个人信息责任、过度医疗致患者人身损害财产损失的侵权责任等。医疗产品损害责任严格地说应当叫做医疗物品损害责任，是指医疗机构在医疗过程中使用有缺陷的药品、消毒药剂、医疗器械以及不合格的血液等医疗物品，因此造成患者人身损害，医疗机构或者医疗物品的生产者、提供者、销售者应当承担的医疗损害赔偿责任。主要体现在第五十九条之中，包括药品缺陷损害责任、消毒药剂缺陷损害责任、医疗器械缺陷损害责任、使用不合格血液致患者损害责任等。

三、医疗鉴定的新内容扩展

由于《侵权责任法》摒弃了医疗事故的概念，转而使用医疗损害这一中性的与《条例》无关的概念。并且在《侵权责任法》中还设立了一些新的可能要鉴定的问题。其中第六十条规定的“符合诊疗规范的诊疗”“合理诊疗”“限于当时的医疗水平难以诊疗”以及第六十三条“过度检查”的认定。显然，在《条例》及《医疗事故技术鉴定暂行办法(试行)》的基础上建立起来的医学会医疗事故技术鉴定机构是无法适应这一需要的。而法医学鉴定则可能面临新的机遇和商机。法医鉴定历来都

---

[24] 马军、温勇、刘鑫：《医疗侵权案件认定与处理实务》，中国检察出版社 2006 年版，第 4—9 页。

[25] 杨立新：《〈中华人民共和国侵权责任法〉精解》，知识产权出版社 2010 年版，第 17 页。

[26] 同上。

[27] 同上。

有“你需要什么我鉴定什么”的特点。可以预言，2010 年 7 月 1 日以后，我国患有“鉴定结论依赖症”的法官会向法医鉴定机构提出这一系列新的鉴定要求，法医也很快会适应司法需要提供新的鉴定服务。且由于这些鉴定属于新型的鉴定项目，既定的收费标准无法适用，那么，鉴定机构将会如何收费呢？

《侵权责任法》构建了全新的医疗纠纷处理模式，提出了与《条例》不同的全新的医疗侵权责任相关的概念，这些概念不是法律界可以解决的，而是需要借助医学理论和技术才可以解决，因而最终需要通过医学专家的鉴定才能明确。因此，为了避免社会上的法医鉴定机构违法开展鉴定，医学会鉴定机构的鉴定内容应当及时进行调整和扩充。

首先，在传统的医疗事故技术鉴定之外，增加医疗过错技术鉴定、医疗因果关系技术鉴定、后续治疗评估、康复评估、护理依赖评估等方面的鉴定。有人提出，既然《侵权责任法》不再使用医疗事故这个概念，那么医学会鉴定机构今后就无需开展医疗事故项目的鉴定。这是错误的观点，医疗事故技术鉴定应当保留。因为，《条例》并未废止，只是与《侵权责任法》相冲突的部分即民事责任部分失效了，而其他内容尤其是行政处理方面的内容仍然有效。而且卫生行政机关对医疗质量和医疗安全的监管乃法定职能，卫生行政机关对于构成医疗事故的医疗机构及其责任医务人员应当追究行政责任，这当然离不开医学会的医疗事故技术鉴定。

其次，针对《侵权责任法》提出的一些新概念，医学会鉴定机构应当增加新的鉴定内容。这些概念包括当时医疗水平、符合诊疗规范的诊疗、合理诊疗义务、当时的医疗水平难以诊疗、不合格的血液、过度医疗、严重精神损害等。医学会应当根据审判的需要，适时开展新的鉴定业务，为法庭审判服务。这些鉴定项目包括：医疗行为是否与当时医疗水平相一致；医疗行为是否是符合诊疗规范的诊疗；医疗行为是否为合理诊疗；患者所患疾病是否是当时的医疗水平难以诊疗；医疗机构输给患者的血液是否是合格的血液；医疗机构给患者提供的医疗行为是否存在应当承担责任的过度医疗项目；患者身体遭受的伤害，是否同时造成了严重精神损害等。

第三节　医疗鉴定制度的走向与变革

从前面的分析和论述中，我们可以看出，当前我国的医疗事故鉴定制度存在着缺陷，这些制度层面的缺陷导致医疗事故技术鉴定结论不能充分揭示医疗技术的过错本质，不能满足司法审判实践的需要。在一些地方医疗事故技术鉴定渠道甚至完全被架空，束之高阁。因此，我国的医疗事故技术鉴定体制有被当事人和人民法院彻底弃置不用的危险。要改变这种现状，必须从医疗事故技术鉴定体制的构建上着手，对鉴定机构的设置、鉴定专家的遴选、鉴定实施的程序、鉴定实施的方法、鉴定文书的内容等方面进行全新的改革。

一、国外的医疗鉴定模式

国外医疗纠纷处理中也同样存在法官无法判断医疗行为是否存在过错、医疗行为与患者的损害后果之间是否存在因果关系的难题。因此，法官必然也要启动医疗鉴定的程序。在国外，医疗鉴定基本上采取的是“同行评价”的模式。

(一)日本的医疗鉴定模式[28]

自 2000 年 10 月起，日本最高法院对医事关系诉讼体制进行改革：2001 年 4 月，在全国主要地方法院设立专门审理医疗诉讼案件的“医疗诉讼集中部”或者“联络协议会”；2001 年 7 月，最高裁判所下设“医事关系诉讼委员会”；2003 年修改现行《民事诉讼法》以及现行《民事诉讼规则》(2004 年 4 月 1 日实施)，增设“计划审理制度”和“专家委员制度”，并大幅调整鉴定相关规定等。在这次改革中，最高法院将医事关系诉讼委员会设定为委托日本医学会各分会推荐候选鉴定人的最高法律机构。因此，医事关系诉讼委员会的第二大任务是作为基层法院与医学会之间的直接联系人，为法院选定候选鉴定人。具体程序如下。

1. 基层法院委托医事关系诉讼委员会代为选定候选鉴定人，为保证鉴定人的公正性，法院在委托时，一般请当事人书面提出推荐候选鉴定人的注意事项(例如注意确认候选鉴定人与被告医院理事长是否大学时代同级生等)。

2. 医事关系诉讼委员受委托后，选择适当的医学会专科分会，委托其推荐候选鉴定人(仅推荐没有强制性)。

3. 医学会专科分会向医事诉讼委员会推荐候选鉴定人(一般需要 1～2 个月)。

4. 医事关系诉讼委员会从中选定候选鉴定人并通知基层法院。

5. 基层法院最后在候选鉴定人中选定鉴定人。

在鉴定方法上，日本的法院也进行了创新，采取了灵活多样的鉴定方式。

(1)日本医疗诉讼实务多采取由法院指定 1 名鉴定人提出书面鉴定结论之“1 人书面鉴定法”。

(2)聘请 1 名鉴定人对有争议的临床照片一边讲解一边陈述意见的“1 人口头鉴定法”。

(3)当鉴定事项涉及不同专科知识时，须请 2 名以上的分科不同的鉴定人分别

---

[28] 夏芸:《日本医疗诉讼改革及对鉴定结论的评价》,《证据科学》,2009 年第 3 期。

对不同分科领域的问题鉴定，或者采用请鉴定人分别提出鉴定结论的方法（被称为“狭义的多人鉴定”），或者采用请鉴定人共同出具一份鉴定结论的方法（被称为“共同鉴定”）。

（4）多个鉴定人在“圆桌法庭”针对鉴定事项一边讨论协商、一边陈述意见的“多人协议口头鉴定法”。

（5）由相同专科的2～3名鉴定人分别鉴定并分别提出鉴定结论的“多人分头书面鉴定法”。

（6）法院针对鉴定事项做成即使鉴定人不详细研究鉴定资料也能回答的问卷，交付给多位（实践中多为5～7名）鉴定人，请各鉴定人在问卷上填写书面答案的“多人问卷回答式鉴定法”。

（7）当事人委托医师鉴定的“私人鉴定方式”作为“公式鉴定”的补充。

（二）美国的医疗鉴定模式

由亨利·丹克尔（Henry Denker）著的美国畅销小说《被审判的女医生》（*Doctor on Trail*）详细介绍了美国纽约州医师协会的医疗纠纷仲裁制度。该仲裁制度中的核心环节是听证，听证的最终目的是裁决医师的医疗行为是否有过失，从而决定是否在本州内吊销该医师的行医执照。因此，听证会对医师有着更大的执业威胁。由听证委员会具体承担听证事宜：由3名成员组成：根据法律，2名成员必须是内科或者外科大夫，从137名州委员会成员中选出（所有专业成员都是根据医学和外科协会推荐选出）；第三位委员会成员不是学医的，从37名非医学专业成员中选出（经州长认可而直接任命，属于名誉上的头衔）。这3名成员中有1名将被指定为主持听证会的主席。以上人员由州委员会主席确定。在听证会上，由医师协会聘请的1名律师参加，以解决听证中遇到的法律问题。在医疗委员会的听证程序上，针对其中出现的法律问题，律师可以直接向州最高法院的法官提交申请，请求对具体法律事项作出裁决。㉙

美国的医疗机构非常重视同行评价工作。几乎所有的州都有与同行评价相关的法律，这些法律的规定大同小异，基本上是要求医院建立自己的同行评价部门和制度，如果发生任何医疗护理上的问题，该部门都应该进行内部调查。㉚ 当然，在美国的医疗纠纷诉讼处理中，如果需要对医学问题加以解决，采用的仍然是请专业医师担任专家证人的方式，在法庭上质证。

㉙ 亨利·丹克尔：《被审判的女医生》，王秋海译，群众出版社2000年版。

㉚ 刘涓、王朝曦、宋文质：《美国处理医疗损伤责任纠纷的法律程序》，《中国医院》，2006年11期；高野陶、吕略钧、陈进清：《中美医疗纠纷法律法规及专业规范比较研究》，南京大学出版社2003年版，第95－106页。

(三)德国的医疗鉴定模式[31]

德国的法院在审理医疗纠纷案件中对医生责任的鉴定,仍然采取由医师担任鉴定人的方式进行鉴定。但是在 20 世纪七八十年代,曾存在医师相互包庇的问题。法院认识到了这样的问题,对这样的鉴定结论的信任度大打折扣,同时进行了司法重点的转移。因此,联邦政府对医疗鉴定人进行培训,提高鉴定质量。当然他们还是医师,培训主要是对他们作为鉴定人的培养,突出他们的两个优势,一是专业培训,以使他们也能够成为科研上的骨干力量;二是他们是医师,最清楚医师所面临的问题,能够作出一个更为准确、更有价值的判断。在鉴定程序上,首先,鉴定是必经程序,但不是法定程序。遇到问题时,法官必须组织进行鉴定,如果法官自己的判断与专家的鉴定意见相左,则法官在判决书中必须作出说明,说明自己意见的理由,否则,判决将会被撤销。

法官启动的医疗鉴定是依照程序进行的。每一个医师都有义务就需要鉴定的问题为法官作出鉴定结论。在每一个法院都有一个列表,像候选人名单一样,列出每一个能够作为鉴定人的医师名单,以及在哪些领域里哪些医师最为权威。审理案件时,法官需要鉴定的,就从中确定鉴定人。在德国,最近 15 年来,法院内部有一个分工,有专门审理医师责任案件的合议庭,只受理这类案件,因此,审理这些案件的法官也就成了这类案件的专家,对鉴定意见能够进行判断,作出自己的意见。所以,鉴定人还存在着一个自己的鉴定能不能说服法官的问题。

德国也是有类似于我国医疗事故鉴定委员会的组织,这就是医师联合会,他对医师进行行政管理,代表医师的利益。在每一个州的医师协会分会中都存在一个鉴定委员会。如果发生了医师责任的争议,病人可以请求这个委员会进行鉴定,并且进行调解,如果患者能够接受调解和鉴定,则病人不再起诉,就解决了纠纷。病人如果不同意鉴定或者进行调解,则向法院起诉。这种调解的优势是不收费,对病人而言是有吸引力的。如果鉴定结论是偏袒医师,是不公正的,则起诉,法官有独立的决策权,可以以这个鉴定意见作为判决的依据,也可以找法院认可的专家作鉴定,以此作为依据。如果以鉴定委员会的鉴定作为依据,法官需要找鉴定委员会中的一个专家,写出鉴定委员会的鉴定意见,也可以完全抛开鉴定委员会的结论,另外找专家进行鉴定。在一般情况下,鉴定时间会很长,一般的要七八个月,加上上诉审,大概要用 1 年的时间。

(四)荷兰的医疗鉴定模式[32]

荷兰国家司法部下设医师纪律委员会。纪律委员会受理的投诉是与专业有关的问题。全国划分为 5 个地区,设立 5 个纪律委员会,之上设立 1 个高级纪律委员

㉛ 杨立新:《医疗侵权法律与适用》,法律出版社 2008 年版,第 24—25 页.

㉜ 同上,第 28—29 页。

会，是上诉的机构。例如，错误诊断，医师没有根据不来看病，医师或者护理人员的行为是错误的，态度不好等。5个委员会分别由2个法律人士、3个专业人士组成；高级纪律委员会则为3个法律人士、2个专业人士。

纪律委员会处理纠纷，第一步是确认护理、治疗是否有错误。第二步是采取何种措施改进医疗体制。当然，也可能有患者投诉赔偿。但是，很少有人这样做，因为追究纪律的投诉与赔偿的投诉在证据、责任上都是不一样的，2个机构的程序和职能都不一样，即使是纪律委员会认定为医疗过失，也不一定就会得到民事法官的认可。

民事法官认定医疗过失，有专门的程序和条件，可以聘请专家进行鉴定、调查，确定是否有医疗过失，是否有损失。即使是纪律委员会说有过失和损失，法官也不一定采信。对于医疗问题的鉴定，法官有权力指定1个专家或者大学教授审查这个案件的事实和证据，确定是不是有责任，是不是有过失，是不是有损失。在荷兰，没有官方组织的鉴定委员会，因为鉴定的专业范围过宽，没有什么都懂的专家，而是临时由法官指定专家进行鉴定。荷兰不存在医疗事故鉴定的医师作弊问题。任何医师被指定为鉴定专家，都是感到光荣的，都很珍惜它，根据自己的道德，不会袒护其他医院或者医师。

二、鉴定机构的设置应当中立化

医疗事故技术鉴定机构到底应当如何设置，应当归属哪一个系统来进行管理，长期以来争议不断。《条例》正是在这样的争议声中，才将其由卫生行政部门直接管理改为由医学会直接管理、卫生行政机关间接管理的模式。由于医疗事故技术鉴定机构始终有卫生行政机关的影子相随左右，因而其公正性、权威性一直难以树立。

作为一个鉴定机构，其更为重要的是鉴定的组织、管理职能，而不是鉴定实施功能。鉴定机构在组织、管理方面，严格规范鉴定程序，严把鉴定人遴选关，做好鉴定服务监督工作等，这对保障鉴定结论的客观性和科学性具有非常重要的意义。具体的鉴定结论如何，是否客观、科学、公正，更主要地取决于鉴定专家。而且医疗损害技术鉴定毕竟是医学专业鉴定，无论鉴定专家的遴选条件如何改变，鉴定专家都主要应当来源于医疗机构的医务人员，要让其彻底摆脱医学专业的背景恐怕非常困难。作者认为，鉴定机构仍然可以设立在各级医学会，但在对医疗损害技术鉴定机构的管理上，可以彻底摆脱卫生行政机关的约束，而改由司法行政机关进行管理。这样做，无论是在法律框架下还是在现实操作中，都具有可行性。

首先，医疗事故技术鉴定结论虽然是卫生行政机关处理医疗事故的重要技术依据，但更多的情况恐怕应当是人民法院审理医疗纠纷案件的证据。也就是说，人民法院是医疗损害技术鉴定机构的大主顾，人民法院委托鉴定、审查和质证鉴定以及采信鉴定的过程中都会启动医疗事故技术鉴定的程序。如果在法庭上一方当事人主张，实施医疗损害技术鉴定的机构缺乏中立性，因而要求法院对鉴定机构所作的鉴定结论不予采信，法院很难拒绝。从现代诉讼所强调的证据采信规则——排除合理怀疑来看，人民法院据此排除医疗损害技术鉴定没有太大的风险。

其次，我国目前正在进行司法鉴定体制的改革。根据全国人民代表大会常务委员会 2005 年 2 月 28 日发布的《关于司法鉴定管理问题的决定》的要求，面向社会的司法鉴定机构由司法行政机关实施管理。这次司法鉴定管理体制改革的主导思想，就是要让司法鉴定管理事务脱离具体办理案件的公、检、法机关，而由司法行政机关管理，让司法鉴定活动彻底摆脱公、检、法办案机关的利益束缚，以增强其中立性。虽然，时至今日，这次改革仍然充满很大的争议，改革的效果也在备受关注，改革后司法鉴定又滋生出许多新的问题。但是，改革的动机和目的是符合法治精神的，符合司法发展的方向。长远来看，我国司法鉴定体制必将朝着更加中立的方向发展。因此，在医疗损害技术鉴定机关的管理上，完全可以归入到司法行政机关的管理框架之下，实施统一管理，有利于医疗损害技术鉴定按照正常的司法鉴定模式来发展。这样做，可以彻底摆脱卫生行政管理部门的束缚，从而有效消除当前法律界及患方对医疗损害技术鉴定机构中立性的质疑，增强医疗损害技术鉴定结论的证据效力。

对于我国当前的医疗鉴定体制二元化的现状，法律理论界和实务界人士基本上都倾向于主张合二为一，即将医疗事故技术鉴定机构与司法鉴定机构合并。从有利于医疗损害赔偿纠纷的处理出发，应当建立由医学会和司法鉴定行政管理部门共同参与的统一的医疗过错鉴定体制。具体来说，鉴定的组织由医学会进行，鉴定人员由医学会推荐，资质由司法鉴定管理部门授予，司法鉴定管理部门建立医疗过错鉴定专家库，鉴定人员不必在司法鉴定机构专职执业，鉴定人员接受司法鉴定管理部门和医学会的监督管理，承担相应的法律责任。这种由医学会和司法鉴定行政管理部门共同参与的统一的医疗过错鉴定体制能够解决医疗过错鉴定的科学性和中立性问题，也避免了大量重复鉴定，拖延审理期限等现象。[33]

三、重置鉴定专家遴选制度

(一)遴选医疗损害技术鉴定专家的条件

鉴定专家是鉴定活动的核心，鉴定结论的科学性和公正性，取决于鉴定专家的

[33] 奚晓明主编：《〈中华人民共和国侵权责任法〉条文理解与适用》，人民法院出版社 2010 年版，第 414 页。

专门知识和鉴定水平，也取决于鉴定专家的职业伦理观念。而现在的医疗事故技术鉴定专家的遴选，主要强调医学专业权威性和临床执业道德素养。医学专业的权威性固然重要，但这不是医疗事故技术鉴定活动中的惟一重要因素，而只是其中的重要因素之一。另外，临床执业道德素养与从事鉴定活动所要求的职业道德水平还是有区别的，前者强调医师执业应当以人为本，强化医方对作为“人”的患者的服务；[34]后者则强调鉴定专家应当秉承客观公正的理念，为司法活动提供不偏不倚的诠释涉案专门问题的服务。因此，应当重新构建遴选医疗事故技术鉴定专家的条件，不能满足于《条例》第二十三条所规定的条件，而应当具备如下条件。

1. *具有丰富的临床医学专业理论、技术和经验*　在专业知识的要求方面，《条例》第二十三条要求的是具有“3 年或者 3 年以上的副高级、高级技术职称”。具有高级技术职称者当然可以称其为专家，但医疗事故技术鉴定是否有必要在技术职称上做如此高规格的要求呢？笔者认为没有必要，理由有两点。第一，相当一部分医疗事故技术鉴定所涉及的都是临床常见病症及常规诊疗措施，对于这些专门知识，一般的医师都已经具有，并非副高级以上技术职称的人才有。第二，对于案件中所涉及的专门性问题的判断，更重要的是要求鉴定专家能够从专业上进行全面衡量，包括什么级别的医院应当拥有什么技术，什么样的医务人员应当具有什么样的医疗水平，这需要从学科知识和实践情况中来把握。而身居高位的医学专家（在三级甲等医院工作，担任高级技术职务），往往活动于高层次的医疗机构之间，并不一定全面把握我国各级医疗机构的技术情况，这种鉴定专家实施鉴定，容易陷入以“我医院的做法”为参照标准，或者以自己的水平为参照对象来鉴定，使鉴定脱离医疗机构或者医师的技术实际，做出不切实际的鉴定结论。因此，笔者认为，鉴定专家在临床医学专业领域的知识和经验应当达到足够的丰富程度，更重要的是，鉴定专家应当对我国医疗机构及医务人员的技术能力和执业水平有一个全面而准确的把握，这显然不是技术职称高就可以达到的。笔者建议，在技术职称上，要求鉴定专家具有中级以上的技术职称即可，关键是考查其对技术全面把握的能力。

2. *有一定的法律知识和鉴定知识*　医疗损害技术鉴定是一种法律服务活动，既涉及法律的适用，也涉及证据的调查和审核，因而从事医疗损害技术鉴定的专家必须具有一定的法律知识，以满足其从事鉴定活动的需要。同时，鉴定活动是用专业技术知识来解决案件所涉及的专门性问题的活动，鉴定中要权衡、分析、评估鉴定材料，重建医疗技术过程，准确把握案件中的技术环节。这是鉴定的事实基础，当然是法律事实。同时要运用鉴定人掌握的医学科学理论和技术，运用现行法律、法规、规章、诊疗规范等，将其作为评判具体医疗过程是否存在过错的标准，这是鉴

[34] 参见王一方：《医学人文的复兴与职业信仰的重建》，载张大庆主编：《中国医学人文评论》，北京大学医学出版社 2007 年版，第 1—3 页。

定的法律基础。鉴定活动就是将二者有机结合、参照比较的过程。经过充分地分析、研究、推理，最后得出专业性结论。鉴定是一门科学，有其固有的理论、技术和方法，需要鉴定专家学习、研究、把握和发展。

3. *愿意为司法活动提供服务和帮助，有客观公正的职业精神*　目前鉴定专家存在的最大问题，就是缺乏为司法活动提供服务的精神，对客观公正的司法理念缺乏了解。产生这种现状的原因主要在于，目前遴选入鉴定专家库的专家都是一定范围内的医学权威人士，他们在自己的专业领域内已经非常繁忙，无论是施展技术才能的机会，还是所获得的经济收益，都已经达到非常可观的程度。让这样的权威专家来做鉴定，他们并不会把这种为司法服务的机会当做一种荣誉。因此在鉴定过程中，一旦对他们依法提出一些要求，如在鉴定书上署名、出庭质证等，他们就会断然拒绝，缺乏参加鉴定的积极性和主动性。

4. *身体健康，语言表达能力强，有充分的时间从事鉴定活动*　在目前的医疗事故技术鉴定活动中，医学会鉴定办公室经常会遇到鉴定专家在具体医疗事故争议鉴定案中被抽中作为候任鉴定专家，但是却常常告知身体不适不能参加鉴定。有的专家把进入鉴定专家库当做一种身份和名誉，他要这种鉴定专家的名分，但却不愿意承担鉴定活动的义务。因而对于多次抽中却以身体欠佳为由拒绝鉴定的专家，应当排除在鉴定专家库的门外。

（二）遴选医疗损害技术鉴定专家的程序

遴选符合上述条件的医学专家入医疗损害技术鉴定专家库，既困难又容易。如果按照现在的医疗事故技术鉴定专家的选任方法，当然就很困难，甚至不可能实现。如果对现有的医疗事故技术鉴定专家的选任方法进行改进，则很容易实现。笔者建议，我国的医疗事故技术鉴定专家的选任方法，应当实行鉴定专家考试注册制，鉴定专家仍然属于兼职鉴定人。核心的制度性要求在于：符合条件者报名，经过国家统一考试合格获得鉴定资格，获得资格者向有关鉴定管理部门申请注册之后，方可从事医疗损害技术鉴定执业。

1. *报名*　降低充当医疗损害技术鉴定专家的报名资格条件，技术职称达到中级技术职称即可。中级技术职称者已经具有某个医学学科的系统专业理论知识和经验，且有专业上的努力进取精神，但其施展技术才华和能力的机会却有限。这样的技术人员会重视和珍惜充当医疗事故技术鉴定专家的机会，且身体素质和个人精力都能够保障其参与鉴定工作。

2. *国家组织全国统一医疗损害技术鉴定资格考试*　作为医疗损害技术鉴定执业资格考试，应当考三门科目：基本医学理论和技术、基本法律理论和知识、医疗事故技术鉴定理论和实务。报名参加医疗损害技术鉴定执业资格考试者，在相关考试科目的大纲指导下，系统学习相关的理论知识，从而获得鉴定必备的系统而全面的知识理论。通过划定考试成绩合格线，达到或者超过划定的考试成绩合格线，即获得医疗损害技术鉴定资格。

3. *医疗损害技术鉴定执业资格注册管理* 持有国家有关部门颁发的医疗损害技术鉴定资格证书者，可以持该证书到有关司法行政机关进行注册，然后进入地方医学会鉴定专家库，作为候选鉴定专家。对于注册的医疗损害技术鉴定执业专家，由所在医学会每年定期出具考评意见，在其所注册的司法行政机关年检审核。

四、改革鉴定实施的程序

医疗损害技术鉴定的程序，是双方当事人看得见的医疗损害技术鉴定过程。鉴定程序的公正与否，是当事人衡量医疗损害技术鉴定公正性的重要依据，同时，医疗损害技术鉴定也是通过鉴定实施的程序公正来促进鉴定的实体公正。因此，对医疗损害技术鉴定程序的改革至关重要。

（一）确保医患双方在鉴定前的信息交流

患方提出医疗机构的医疗行为构成医疗事故，其理由和依据何在？医疗机构认为医疗行为不构成医疗事故，又有什么样的说辞？目前的医疗事故技术鉴定程序并没有要求双方在鉴定前做这方面的信息交流。为了保证鉴定会的效果和质量，保障医患双方的合法权益，促使双方在鉴定会上能够有观点和意见的交锋与辩论，有必要比照诉讼程序中将原告起诉状送达被告和将被告答辩状送达原告的做法，在鉴定前确定一个合理的期限，要求患方提交鉴定主张理由书并送达被告医疗机构，要求被告医疗机构在规定的时限内进行答辩，鉴定机构收到医方的答辩意见后，应当在规定的时间内送达患方。

（二）鉴定学科专业组的确定

鉴定学科专业组确定得是否准确、全面，将直接影响到鉴定结论的科学性、准确性和公正性。为了保证实施鉴定的学科专业组与医疗事故争议事件有密切的联系，笔者认为应当让医患双方都参与进来，充分听取医患双方代表的意见。在听取医患双方意见的时候，应当重点听取医方的意见，对于医方所提的意见和建议有疑问的，应当责成医疗机构提供书面的“确定鉴定学科专业组建议理由书”，充分阐述其提出的应当作为争议医疗纠纷事件鉴定的学科专业组的理由。在此基础上再由医疗损害技术鉴定办公室确定鉴定学科专业组。一般情况下，医疗损害技术鉴定办公室做出的确定实施鉴定的学科专业组，可以采用口头的方式告知双方当事人，医患双方没有争议的，医疗损害技术鉴定办公室工作人员应当予以记录在案。如果医患双方对于医疗损害技术鉴定办公室确定的结果有争议的，医疗损害技术鉴定办公室应当制作书面的决定书送达医患双方当事人，双方当事人均可对此向上级医学会医疗损害技术鉴定办公室提出复议申请,以上级医学会医疗损害技术鉴定办公室的答复或者决定为准。

(三)鉴定专家遴选和回避申请

在医疗损害技术鉴定学科专业组确定之后,由双方当事人在学科组中抽取一定数量的鉴定专家和备用专家,并公布鉴定专家的姓名和简历,双方当事人可以在法定时限内提出鉴定专家回避申请,但必须附书面的“申请鉴定专家回避理由说明书”。对于符合回避条件的,依法准予其回避申请。对于不符合回避条件的,应当告知双方当事人。当事人对于医疗损害技术鉴定办公室做出的不同意回避申请决定不服的,可以在规定的时间内向上级医学会医疗损害技术鉴定办公室申请复议。是否准许其回避申请,以上级医学会医疗损害技术鉴定办公室答复或者决定为准。

(四)鉴定听证会上让医患双方充分陈述与辩论

目前医疗事故技术鉴定的听证会的程序基本可行,所存在的问题主要是双方陈述时间限制太死和缺乏双方的辩论。

虽然,现行的《条例》并未就双方当事人在医疗事故技术鉴定听证会上发言的时间作出规定,但是基本上各医学会在实施医疗事故技术鉴定的时候都规定了陈述的时间,一般为 20 分钟,有的可以陈述 30 分钟。这种时间上的限制,必然会影响当事人对争议的医疗事件的情况进行充分说明。在争议的医疗行为涉及多家医疗机构时,还可能会要求几家医疗机构共用这 20 分钟或者 30 分钟的时间。表面上看,原被告双方陈述时间相同,实际上,这里的被告医疗机构都是独立的责任主体,让几个医疗机构在与原告陈述相同的时间内发表意见,严重地限制了医疗机构陈述的权利,显示了对被告医疗机构的不公平,剥夺了被告医疗机构的合法权利。

在鉴定过程中,只有医患双方各自的观点、主张都摆到桌面上来之后,接受对方的质证和提出相反的说明,在原被告双方分别对对方的观点、主张、理由进行辩论之后,才可能让医疗纠纷争议的事实和技术细节真正地呈现在鉴定专家面前。因此,鉴定过程中辩论环节必不可少。

五、明确鉴定实施的方法

医疗事故技术鉴定的方法,应当包括鉴定专家对鉴定材料的审查、医疗行为实施过程的调查、对被鉴定人的体检、专家评议等。其中,对证据真伪的判断和相关法律知识的运用,是作为鉴定人的临床专家的知识缺陷,严重地制约了鉴定专家的鉴定行为和鉴定效果。

(一)明确鉴定材料真伪审查义务

如何审查鉴定材料真伪,鉴定专家并不是专家,但是医疗损害技术鉴定专家却要使用这些鉴定材料来进行鉴定，鉴定材料的真伪将直接影响鉴定结论的科学性和准确性。因此，法律应当明确规定送交医学会鉴定的鉴定资料真伪审查的义务主体。由于医疗损害技术鉴定本质上是为鉴定委托人提供的技术服务，因此，作为委托方就有义务提供真实、可信的鉴定材料，至少是委托方认为这些鉴定材料真实、可信才行。由此可以推知，委托方是鉴定材料真伪的审查主体，对送鉴定的材料负责。

目前医疗事故技术鉴定的委托方式有三种：医患双方共同委托、卫生行政机关委托、人民法院委托。

1. 医患双方委托者，鉴定材料的真伪由医患双方负责，如果双方对鉴定材料真伪存在明显的争议，医学会应当拒绝鉴定。

2. 卫生行政机关委托实施的医疗事故技术鉴定，在将鉴定材料送交医学会之前，卫生行政机关应当对鉴定材料进行审查，可以依法组织纠纷涉及的医患双方当事人对鉴定资料进行质证，根据质证的结果来确定送鉴定的材料范围。

3. 人民法院委托实施的医疗事故技术鉴定，在将鉴定材料送交医学会之前，人民法院应当对鉴定材料进行审查，可以依照民事诉讼法的规定，依法开庭，组织诉讼的原被告双方当事人对鉴定资料进行质证，根据质证的结果来确定送鉴定的材料范围。

(二)引入法律专家参与鉴定程序

当前的医疗事故技术鉴定过程存在的一个亟须要解决的问题，就是鉴定办公室工作人员和专家鉴定组的专家缺乏法律知识。有时由于缺乏中立的法律专业人员的参与，鉴定过程中涉及法律问题而任由当事人的律师左右，造成鉴定过程的被动。虽然医疗事故技术鉴定是专业性的技术分析、判断活动，但鉴定过程绝非不会涉及法律问题，如果缺乏法律专业人士参与鉴定，就会不可避免地遇到一些法律问题，甚至会出现鉴定程序、鉴定过程违法的现象。

我们应当借鉴国外的一些做法，在鉴定小组的人选上可以采用"n+1"的方式来确定组成人员。所谓的"n"，就是当前医疗事故技术鉴定所要求的鉴定专家人数，所谓的"1"，是要求在鉴定过程中有一位法律专业人士参与，可以是律师、法官、法学教师等，他必须保持中立，主要是解答鉴定过程中遇到的一些法律问题，包括鉴定中一方当事人提交的证据效力的判断等，但该法律专家没有最后的投票表决权。笔者建议引入法律专业人士参与医疗损害技术鉴定程序，强调该法律人士仅仅参与鉴定的过程，并非参加专家鉴定组。鉴定活动的实施仍然是依照双方当事人抽签遴选的医疗损害技术鉴定专家。法律专家的遴选可以从公益法律专家库中随机遴选产生，法律专家遴选由医疗损害技术鉴定办公室决定，法律专家遴选的时间应当在医学会决定受理该医疗损害技术鉴定案件后，鉴定专家遴选产生之前。

法律专家只参加鉴定专家遴选程序（包括回避申请、审查）和鉴定听证会。法律专家只解答鉴定中遇到的法律问题，不参加鉴定专家的最后表决，亦无表决权。

六、重构鉴定文书的内容

当前医疗损害技术鉴定文书的缺陷，主要表现在：缺乏鉴定过程、鉴定方法的说明；缺乏充分的分析论证；鉴定结论过分单一、局限；鉴定专家不署名，没有鉴定专家的资质说明等几个方面。对医疗损害技术鉴定文书的改造，就应当在这几个方面下工夫，改变当前不恰当、不合法的做法，增加或者补充相应的内容。

（一）补充鉴定过程、鉴定方法说明

鉴定过程是否符合法律规定，是否符合程序正义的基本要求，是医疗损害技术鉴定是否具有证据能力的基本判断要素。因此，医疗损害技术鉴定书，应当根据鉴定实施的全部过程，载明以下内容：受理、双方理由意见书的送达、遴选法律专家、遴选鉴定专家及回避告知、鉴定听证会、鉴定评议等所有环节实施的过程和时间。以供双方当事人及其代理人、法官等进行审查。

鉴定所依据的科学理论和技术方法是否为相关学界所公认，直接关系到鉴定结论的科学性和权威性。对于鉴定中所采用的科学技术和方法的判断，是鉴定结论科学性和权威性判断的关键，也是鉴定结论是否具有可采性的判断标准。在美国经历了 Frye 标准（1923）[35]到《联邦证据规则》第七〇三条（1975）的演变，最终为 Daubert 标准（1993）[36]所取代。美国《联邦证据规则》在 2000 年对七〇二条做了修订，修订后的内容为：科学、技术和其他专业知识，如有助于事实审理者了解证据、决定系争事实，在因其知识、技能、经验、训练或者教育程度而具有专家资格之人，若①其证言乃基于充足之事实或资料；②其证言乃推论自可靠之原则和方法；③该专家证人乃可靠地将前述原则及方法适用于案件事实上，则该专家证人得以意见或其他形式对此等事项作证。[37] 该证据规则规定了专家证人的资格要求、科学技术和方法要求以及得出专家意见的过程要求。在科学技术和方法上，要求“必须依据可靠的原理和方法”。如果证言涉及科学领域，则该证言必须基于可靠的科学，而非垃圾科学；如果证言涉及技术领域，则该证言也必须基于可靠的方法。[38] 因此，笔者建议，应用于司法鉴定领域的技术和方法要真正做到“科学可靠”，因而需

[35] Frye v. United State, 293 F. 1012,1014(D. C. Cir. 1923).

[36] Daubert v. Merrell Dow Pharmaceuticals (92～102), 509 U. S. 579 (1993).

[37] ［美］Arthur Best:《证据法入门》，蔡秋明等译，元照出版公司，2002 年版，第 334 页。

[38] Stewen L. Emanual,《Evidence》(Fourth)，中信出版社 2003 年版，第 507－510 页。

要设立准入的门槛和审查机制，[39]在医疗损害技术鉴定过程中也是如此。医疗损害技术鉴定书对鉴定中所使用的科学技术和方法进行说明，有利于当事人及其代理人对鉴定中所使用的技术和方法进行审查，从而便于当事人在法庭上对鉴定结论进行质证。

(二)针对鉴定结论进行充分的技术分析和论证

鉴定结论是鉴定文书的精华，是鉴定专家对提交鉴定的医疗纠纷争议事件所做技术分析的结论性概括。但是，由于鉴定结论往往高度抽象而概括，用词用字非常简略，因而令人难以明确理解其中的含义，尤其是该结论是如何推导出来的，其分析论证的过程和具体理由如何，无法知晓。鉴定结论是否具有证明力，是否可以作为定案的依据，需要双方当事人从鉴定结论的分析、推理过程来加以理解、质证。强化医疗损害技术鉴定结论的分析、论证和说理，有利于当事人和法官对鉴定结论的阅读和理解，从而将鉴定结论由证据材料转化为定案根据。

(三)允许出现多样化的鉴定结论

目前的鉴定结论主要局限在是否构成医疗事故上，且采取少数服从多数的原则，在鉴定书上不出现不同意见。这不能充分反映鉴定的过程和鉴定的实际情况。鉴定结论的多样化，一方面要求鉴定结论可以围绕是否构成医疗事故来出具，也可以围绕鉴定委托方所提出的具体鉴定委托目的和要求来出具。比如，人民法院委托医疗损害技术鉴定机构鉴定争议的医疗纠纷事件是否存在医疗过错，鉴定结论就应当明确回答是否存在医疗过错；比如人民法院委托医学会鉴定医疗纠纷中患者疾病的预后情况，鉴定结论就应当根据患者病情分析患者疾病的发展和预后。另一方面，由于鉴定是多个专家集体做出的，如果鉴定过程中所有鉴定专家能够达成一致意见，可以出具统一的鉴定结论；如果鉴定专家不能达成一致的鉴定意见，则鉴定结论应当分别列举各个专家的鉴定意见。

(四)鉴定专家署名并附鉴定专家资质说明

鉴定结论在形式上属于证据，在内容上属于专家的专业技术性分析意见，虽然具有科学性，但是更是鉴定专家的主观分析意见，是鉴定专家以已知的科学理论和技术方法，来分析、推理未知事物的过程，是鉴定专家对未知事物的认识。鉴定结论只能是由具体的专家做出。因此，鉴定文书应当在最后署上具体实施鉴定的专家的姓名，以示鉴定专家对鉴定结论负责。同时还应当附上鉴定专家的简历和资质，以便当事人及法官审查鉴定专家是否具有从事该专业领域专业技术鉴定的能力和资格。

---

[39] 刘鑫:《司法鉴定技术与方法准入研究》,《中国刑事法杂志》,2008 年第 2 期。

七、制定鉴定的基本原则

目前医疗事故技术鉴定结论严重缺乏可重复性。同样的医疗争议事件，在不同的鉴定机构进行鉴定，很难得出同样的鉴定结论。除了鉴定专家个人认识上的原因和学术观点的差别之外，一个主要的原因恐怕就是缺乏统一的可供鉴定专家参照掌握的鉴定基本原则。

医疗损害技术鉴定的原则，就是在医疗损害技术鉴定过程中应当遵循的，用以指导鉴定人进行医疗行为过错及因果关系分析和判断是否构成医疗损害结论的基本准则。医疗损害技术鉴定的原则，是鉴定人员在长期医疗损害技术鉴定过程中总结的，根据临床基本知识和经验，结合医学科学技术本身的风险特性和技术特点，平衡医患双方的利益而提出来的智力成果。医疗损害技术鉴定的基本原则是医疗损害技术鉴定理论的精髓，同时它也随着临床医学的发展在发展，随着医疗损害处理法律法规和医疗损害技术鉴定的实践在不断进步和完善，医疗损害技术鉴定的基本原则的内容在实践中不断得到充实和完善，包括合法性原则、诊疗技术现有化原则、紧急处置原则、容许危险原则、法定免责事由等。具体内容可以参照王旭教授早先出版的专著。㊵

㊵　王旭：《医疗过失技术鉴定研究》，中国人民公安大学出版社 2009 年版，第 52—103 页。

第14章

医疗损害责任在司法实践中难点展望

第一节　医疗损害赔偿纠纷案件法律适用“二元化”问题的由来、弊病与解决

近年来全国法院系统受理的医疗损害赔偿纠纷案件逐年上升，社会广泛关注。① 在《侵权责任法》的立法征求意见过程中，社会各界普遍反映医疗损害赔偿纠纷案件在实际处理过程中存在着法律适用“二元化”的现象，成为当前解决医疗损害赔偿纠纷案件中的突出问题。为解决这一难题，《侵权责任法》第七章（第五十四条至六十四条）全面规定了医疗损害责任，意图全面改革当前的医疗损害责任制度。因此，要全面理解《侵权责任法》关于医疗损害责任的规定，有必要对该法颁布前的医疗损害责任制度做一介绍。

一、医疗损害赔偿纠纷案件法律适用“二元化”问题的由来

在《侵权责任法》颁布前，审理医疗损害赔偿纠纷案件的法律依据主要有《民法通则》、《医疗事故处理条例》（以下简称《条例》）、最高人民法院《关于参照〈医疗事故处理条例〉审理医疗纠纷民事案件的通知》（以下简称《通知》）、最高人民法院《关于民事诉讼证据的若干规定》（以下简称《证据规定》）等。但是，在审判实践中，人

① 据统计，2002 年至 2008 年，全国法院一审受理医疗事故损害赔偿案件分别是 10 249、9 079、8 854、9 601、10 248、11 009、13 875 件，结案分别是 8 741、9 046、8 738、9 029、10 129、10 477、12 858 件。由于统计是按照医疗事故损害赔偿纠纷这个案由进行的，还有大量的医疗纠纷案件不是用医疗事故损害赔偿纠纷这个案由的。引自：奚晓明主编：《〈中华人民共和国侵权责任法〉条文理解与适用》，人民法院出版社 2010 年版，第 385 页。

民法院审理医疗损害赔偿纠纷案件，有的案件适用《民法通则》，有的案件适用《条例》，出现了“二元化”现象。②

上述现象的存在，一个重要的原因在于实践中对《条例》的地位认识不一致。与已经失效的《医疗事故处理办法》相比，《条例》扩大了医疗事故的范围，完善了医疗事故技术鉴定的程序，提高了医疗事故损害赔偿的标准。但是，由于指导思想、立法技术等各方面的原因，在实践中，《条例》仍存在着医疗事故并不能涵盖所有的医疗损害、医疗事故技术鉴定程序不能解决所有的医疗鉴定问题、医疗事故损害赔偿项目少、标准低等诸多不足。③ 因此，自《条例》颁布之日起，关于在审判实践中应该如何对待《条例》的争论就一直存在。一种观点认为，《条例》的法律位阶低，且内容与《民法通则》的精神相冲突，因此，应直接适用《民法通则》及相关司法解释审理医疗损害赔偿纠纷案件，而不应该适用《条例》。另一种观点认为，《条例》是专门处理医疗事故的行政法规，体现了国家对医疗事故处理及其损害赔偿的特殊立法政策，因此，人民法院处理医疗事故引起的人身损害赔偿纠纷时应当以《条例》为依据。④

2003 年 1 月 6 日，最高人民法院下发了《关于参照〈医疗事故处理条例〉审理医疗纠纷民事案件的通知》（以下简称《通知》），《通知》的内容主要有：①《条例》施行后发生的医疗事故引起的医疗赔偿纠纷，诉到法院的，参照《条例》的有关规定办理；因医疗事故以外的原因引起的其他医疗赔偿纠纷，适用《民法通则》的规定。②人民法院在民事审判中，根据当事人的申请或者依职权决定进行医疗事故司法鉴定的，交由《条例》所规定的医学会组织鉴定。因医疗事故以外的原因引起的其他医疗赔偿纠纷需要进行司法鉴定的，按照《人民法院对外委托司法鉴定管理规定》组织鉴定。③《条例》施行后，人民法院审理因医疗事故引起的医疗赔偿纠纷民事案件，在确定医疗事故赔偿责任时，参照《条例》第四十九条、第五十条、第五十一条和第五十二条的规定办理。

从《通知》的内容可以看出，最高人民法院是同意前述第二种观点的，即人民法院处理医疗事故引起的人身损害赔偿纠纷时应当以《条例》为依据。

此后，在 2004 年 4 月，最高人民法院在人民法院报发表了《最高人民法院民一庭负责人就审理医疗纠纷案件的法律适用问题答记者问》（下称《答记者问》）。《答记者问》在《通知》的基础上，进一步明确了“区分不同案件类型分别适用法律”即

② 参见陈特：《关于医疗损害赔偿纠纷案件审理情况的调研报告》，载北京市高级人民法院编：《北京法院调研成果精选（2004 年卷）》，中国人民公安大学出版社 2005 年版。

③ 关于《条例》的这些不足，请参见张柳青、陈特：《医疗损害赔偿相关法律问题研究》，载最高人民法院民事审判第一庭编：《民事审判指导与参考》总第 20 期，法律出版社 2005 年版，第 123—130 页。

④ 参见汪治平：《〈医疗事故处理条例〉在民事审判中的运用》，《法律适用》2004 年第 1 期。

"二元化"的处理原则。

二、"二元化"问题的具体表现

关于医疗损害责任的"二元化"问题,杨立新教授作出了很精辟的概括。他指出,《侵权责任法》颁布前的医疗损害责任制度,是由三个双轨制构成的二元化医疗事故与医疗过错救济体制。即我国现行司法实务实行的是由三个双轨制构成的二元化医疗损害责任制度。⑤ 具体说,这三个双轨制的具体内容如下。

(一)医疗损害责任诉因的双轨制

医疗损害责任诉因的双轨制,指的是既有医疗事故责任,又有医疗过错责任。《条例》第二条规定,医疗事故"是指医疗机构及其医务人员在医疗活动中,违反医疗卫生管理法律、行政法规、部门规章和诊疗护理规范、常规,过失造成患者人身损害的事故。"《条例》的这一规定,比国务院 1987 年医疗事故处理办法规定的医疗事故的范围,已有明显扩大。但是,在医疗活动中仍有可能存在"违反医疗卫生管理法律、行政法规、部门规章和诊疗护理规范、常规"以外的,其他原因造成患者人身损害的情况。《条例》仅对医疗事故的赔偿作了专章规定,同时《条例》第四十九条第二款规定:"不属于医疗事故的,医疗机构不承担赔偿责任。"然而,《民法通则》第一〇六条第二款规定,公民、法人由于过错侵害他人财产、人身的,应当承担民事责任。《民法通则》是民事基本法,《民法通则》的这一规定,是我国法律对侵权行为造成损害予以救济的一般规定。

对比上述规定可以看出,医疗事故的概念难以涵盖所有的医疗损害。因此,《通知》规定:"条例施行后发生的医疗事故引起的医疗赔偿纠纷,诉到法院的,参照条例的有关规定办理;因医疗事故以外的原因引起的其他医疗赔偿纠纷,适用民法通则的规定。"这样,关于医疗损害责任的诉因,或者说是医疗损害的责任范围,就出现了医疗事故责任和非医疗事故的医疗过错责任。⑥

(二)医疗损害责任鉴定的双轨制

所谓医疗损害责任鉴定的双轨制,指的是既有医学会作为官方代表进行医疗事故责任鉴定,又有司法鉴定机构进行医疗过错责任鉴定。

司法实践中,根据《条例》和《通知》,医疗事故由医学会组织专家进行鉴定;因

---

⑤ 杨立新:《〈中华人民共和国侵权责任法〉精解》,知识产权出版社 2010 年版,第 226 页。

⑥ 针对这一现象,《北京市高级人民法院关于审理医疗损害赔偿纠纷案件若干问题的意见(试行)》第二条规定,医疗损害赔偿纠纷包括医疗事故损害赔偿纠纷和一般医疗损害赔偿纠纷。一般医疗损害赔偿纠纷指因医疗事故以外的原因引起的医疗损害赔偿纠纷,包括不申请进行医疗事故技术鉴定、经鉴定不构成医疗事故以及不涉及医疗事故争议的医疗损害赔偿纠纷。

医疗事故以外的原因引起的其他医疗赔偿纠纷，由司法鉴定机构进行鉴定。医疗事故鉴定主要由医学会组织的医疗卫生专业技术人员进行，司法鉴定主要由法医和其他医务人员进行。在医务界，由于医疗事故鉴定的结果既是医疗事故损害赔偿的依据，同时又是对医疗机构及其医务人员给予行政处分的依据。因此，医学会组织的专家存在不愿意出具构成医疗事故鉴定结论的现象。患者也普遍不信任医疗事故鉴定，即使经过医疗事故技术鉴定，往往还要申请医疗过错责任鉴定。⑦

(三)医疗损害赔偿标准的双轨制

医疗损害赔偿标准的双轨制，指的是既有《条例》规定的医疗事故赔偿，又有《民法通则》及最高人民法院《关于审理人身损害赔偿案件适用法律若干问题的解释》(以下简称《人身损害解释》)规定的医疗过错损害赔偿。

关于医疗损害的赔偿标准。《条例》规定了医疗费、误工费等 12 个赔偿项目，并分别规定了计算标准。2003 年 12 月，最高人民法院发布了《人身损害解释》，该司法解释根据民法通则等法律的有关规定，详细列明了人身损害的赔偿项目和计算方法。司法解释与《条例》的差别主要有以下几点：①死亡赔偿金。《条例》未规定死亡赔偿金，而司法解释作了规定。因而在医疗侵权造成患者死亡的情况下，按医疗事故适用《条例》所得到的赔偿将明显少于按非医疗事故适用《民法通则》和司法解释所得到的赔偿。司法解释规定的死亡赔偿金的计算标准是“按照受诉法院所在地上一年度城镇居民人均可支配收入或者农村居民人均纯收入标准，按二十年计算。”据统计，目前死亡赔偿金在农村平均 10 万元左右，在城市平均 20 万元左右，在一些经济较发达的城市，达到 40 万元左右。条例对于造成患者死亡的，规定了一项“精神损害抚慰金”，按照医疗事故发生地居民年平均生活费计算，“赔偿年限最长不超过 6 年”。②残疾赔偿金。《条例》规定了残疾生活补助费，其标准是，“根据伤残等级，按照医疗事故发生地居民年平均生活费计算，自定残之月起最长赔偿 30 年”；司法解释规定了残疾赔偿金，其计算标准是，“根据受害人丧失劳动能力程度或者伤残等级，按照受诉法院所在地上一年度城镇居民人均可支配收入或者农村居民人均纯收入标准，自定残之日起按二十年计算。”③被扶养人生活费。《条例》规定的标准是，“按照其户籍所在地或者居所地居民最低生活保障标准计算。对不满 16 周岁的，扶养到 16 周岁。对年满 16 周岁但无劳动能力的，扶养 20 年”；司法解释规定的标准是，“按照受诉法院所在地上一年度城镇居民人均消费性支出和农村居民人均年生活消费支出标准计算。被扶养

⑦　对此，《北京市高级人民法院关于审理医疗损害赔偿纠纷案件若干问题的意见(试行)》第十六条规定：医疗行为经鉴定构成医疗事故，当事人又申请就医疗过错进行司法鉴定的，不予支持。医疗行为经鉴定不构成医疗事故，当事人申请就医疗过错进行司法鉴定，人民法院认为有必要的，应予支持。

人为未成年人的，计算至十八周岁；被扶养人无劳动能力又无其他生活来源的，计算二十年。”④护理费。《条例》仅规定了陪护费，即“患者住院期间需要专人陪护的，按照医疗事故发生地上一年度职工年平均工资计算”；司法解释规定的护理费标准是，“护理人员有收入的，参照误工费的规定计算；护理人员没有收入或者雇用护工的，参照当地护工从事同等级别护理的劳务报酬标准计算。”“护理期限应计算至受害人恢复生活自理能力时止。受害人因残疾不能恢复生活自理能力的，可以根据其年龄、健康状况等因素确定合理的护理期限，但最长不超过二十年。”⑧

三、“二元化”问题的弊病

“二元化”问题的弊病，集中表现为两个方面，一是医疗损害赔偿纠纷案件处理过程的低效率，二是医疗损害赔偿纠纷案件处理结果有失公平。

（一）案件处理过程的低效率

医学的专业性决定了几乎所有的医疗损害赔偿纠纷案件的事实认定均必须借助一定的医学专业知识，因而鉴定就成为医疗损害赔偿纠纷案件中几近必经的程序。由于“二元化”问题的存在，有的案件还会出现多次鉴定。以北京市法院近3年来的案件为例，据统计，医疗专业技术鉴定在医疗损害赔偿纠纷案件中的运用比例为，约36%的案件进行了一次鉴定，约33%的案件进行了二次以上鉴定，约31%的案件没有委托鉴定。个别案件甚至曾委托两次医疗事故技术鉴定和两次司法鉴定，总共历时3年多。

由于上述原因，医疗损害赔偿纠纷案件的审理周期往往较长，而且难以由法官控制。从北京市法院3年来案件审理的情况看，实际审理期间在6个月以上的医疗损害赔偿纠纷案件大约占76%，北京市海淀区法院的一件案件的实际审理期间达到了1 096天。

（二）案件处理结果有失公平

上述差异的存在，产生了严重的不公平现象，实践中往往表现为：医院过错较重，患者损失较大，由于鉴定为医疗事故，按照《条例》的规定赔偿比较低；而医院过错较轻，患者损失较小，不构成医疗事故但有过错，适用《人身损害解释》的规定反

⑧ 王胜明主编：《中华人民共和国侵权责任法解读》，中国法制出版社2010年版，第268—269页。

而赔偿额更高。[⑨]

总之，二元化的医疗损害责任制度，典型地表现了我国医疗损害责任制度的现实状况和法律适用的混乱程度。这种二元体制，导致患者、医疗机构和法院都无所适从，严重损害了司法权威，损害了法律的确定性和预见性，导致产生新的矛盾。《侵权责任法》的制定实施，对于解决这些问题必将起到积极的作用。

四、《侵权责任法》的颁布对法律适用"二元化"问题的解决

在立法过程中，曾经有人建议使用"医疗事故责任"的章名，并主张针对使用"医疗事故"所带来的种种弊端，对医疗事故的概念进行扩张，对医疗事故技术鉴定进行改革，并提高医疗事故的赔偿标准。但是，这种观点最终没有被立法机关采纳。《侵权责任法》以"医疗损害责任"作为第七章的名称，说明立法机关采用医疗损害责任这一概念作为医疗侵权行为及其法律责任的统称。

侵权责任法草案的一审稿，即 2002 年 12 月提请九届全国人大常委会第三十一次会议审议的民法草案第八编，没有专章规定医疗损害责任。在以后公布的侵权责任法草案建议稿中，增加了"医疗损害责任"的规定，其原因大致有几点，一是医疗损害赔偿纠纷案件在全国法院受理的人身损害赔偿纠纷案件中占有相当比例，其办案的难度首当其冲；二是实践中医疗损害赔偿纠纷案件法律适用的"二元化"现象相当严重，已经影响了立法机关及司法机关的形象。

《侵权责任法》对医疗损害责任的统一规范，为解决长期存在的医患纠纷带来了曙光。《侵权责任法》颁布后，各界对于该法律解决实践中的"二元化"问题充满了信心。

在全国人大常委会法工委民法室编著的《中华人民共和国侵权责任法解读》一书中，作者指出：各方面普遍认为，医疗纠纷案件处理中法律适用二元化现象损害我国法制的严肃性和统一性，影响司法公正，加剧了医患矛盾，亟须通过立法加以解决。立法机关通过深入调研，广泛听取各方面意见，在侵权责任法草案中增加了

---

⑨ 例如，王某与某医院医疗损害赔偿纠纷一案，王某因头痛入住该院，在治疗过程中，产生面瘫。经鉴定，该事故不构成医疗事故，但事实责任认定书中载明：医院在治疗过程中存在记录不规范、预见病情不足等一定过错。依照相关规定，不构成医疗事故，但医院存在过错，法院遂根据王某的原有病情和医院过错，认定医院承担 40% 的赔偿责任，因不属医疗事故，法院依照人身损害司法解释核算王某的赔偿项目和标准，赔偿额为 3 万余元。如果属医疗事故，由医院承担全部赔偿责任，赔偿额为 7 万余元，为尽量避免上述不公平现象的发生，《北京市高级人民法院关于审理医疗损害赔偿纠纷案件若干问题的意见（试行）》第二十一条规定，确定医疗事故损害赔偿标准，应参照《医疗事故处理条例》第四十九条至第五十二条的规定；如参照《医疗事故处理条例》处理将使患者所受损失无法得到基本补偿的，可以适用《民法通则》及相关司法解释的规定适当提高赔偿数额。确定一般医疗损害赔偿标准，应适用《民法通则》及相关司法解释的规定。

医疗损害责任一章，调整范围涵盖了前述的医疗事故和非医疗事故。患者在诊疗活动中受到损害的，都统一适用本法的各项规定，从而有利于消除二元化现象。本章采用了"医疗损害责任"的章名，这里的"损害"指的是依照本法规定，医疗机构应当承担侵权责任的患者损害，不包括实施正常的医疗行为无法避免的患者机体损伤或者功能障碍。⑩

2009 年 12 月 29 日，在中国人民大学召开的庆祝法律通过的侵权责任法研讨会上，郭明瑞教授发表演讲认为："医疗损害责任，这是《侵权责任法》当中做了一个比较详细具体规定，很有操作性。但是最大的贡献，我觉得是废除了《医疗事故处理条例》的规定。根据《医疗事故处理条例》的规定，按照司法解释，把医疗损害分成医疗事故的损害和非医疗事故的损害。而两种损害的赔偿是不同的。医疗事故应该说是更严重的，但是赔偿标准恰恰是最低的。当时最高人民法院的司法解释的出发点是好的，要解决非医疗事故造成损害的责任问题。但是由于《医疗事故处理条例》的规定，出现了这种不公平、不公正的现象。现在我们的《侵权责任法》把这个问题纠正过来了。"⑪

对此，杨立新教授认为，《侵权责任法》重新构造了我国的医疗损害责任制度，建立了一个一元化结构的医疗损害责任制度。《侵权责任法》摒弃医疗事故责任和医疗过错责任两个不同概念，使用统一的"医疗损害责任"概念。医疗损害责任适用统一的人身损害赔偿标准。⑫

在《侵权责任法》颁布后，最高人民法院侵权责任法研究小组编著了《〈中华人民共和国侵权责任法〉条文理解与使用》一书，该书作者认为，《侵权责任法》对医疗损害责任作专章规定，一定程度上解决了当前存在的"二元化"问题。《侵权责任法》虽然没有明确规定医疗损害赔偿范围和标准，但不明确规定就是说医疗损害赔偿范围和标准没有特别规定，与其他侵权类型完全一样。侵权责任法的颁布实施，解决了司法实践中赔偿标准"二元化"问题，不再区分医疗事故与非医疗事故，因此，人民法院在审理医疗损害赔偿案件时，应统一适用《侵权责任法》关于赔偿范围和标准的规定。⑬

但是，全国人大常委会法制工作委员会副主任王胜明在上述研讨会上指出："国务院的《条例》目前尚没有废除，仍然有效。《侵权责任法》第七章叫医疗损害责任，《条例》的概念是医疗事故，医疗损害和医疗事故这两个概念是一回事还是两回

---

⑩ 王胜明主编：《中华人民共和国侵权责任法解读》，中国法制出版社 2010 年版，第 269—270 页。

⑪ 参见《〈中华人民共和国侵权责任法〉通过研讨会实录（二）》，载中国民商法网，2009-12-29。

⑫ 杨立新：《〈中华人民共和国侵权责任法〉精解》，知识产权出版社 2010 年版，第 227—228 页。

⑬ 奚晓明主编：《〈中华人民共和国侵权责任法〉条文理解与适用》，人民法院出版社 2010 年版，第 384—393 页。

事？还可以再研究，但国务院的《条例》目前仍然有效。”⑭

我们认为，从法理上分析，在《侵权责任法》生效之后，《条例》与《侵权责任法》相冲突的规定应当是无效的。在《侵权责任法》于 2010 年 7 月 1 日生效之前，《条例》面临着是废止还是修改的问题。当前，有一种看法认为，《侵权责任法》没有采纳“医疗事故”的概念，因此，将来无论在医院管理还是在民事审判中，都不宜采用“医疗事故”的概念，因此，与医疗事故相对应的医疗事故技术鉴定也不宜继续存在。这就面临着一个很现实的问题，我国从 2002 年《条例》生效之后逐步建立完善的医疗事故技术鉴定体制，包括已建立的全国的鉴定专家库等，应该何去何从，这些都是当前需要研究的问题。

众所周知，在《物权法》颁布实施之后，也有人乐观地认为，国务院的《城市房屋拆迁管理条例》已经自动废止了。但在实践中，《城市房屋拆迁管理条例》却依然实施如故，因执行《城市房屋拆迁管理条例》而引发的强制拆迁事件时有发生。所以，为避免发生同样的社会问题，我们建议，从现在到 2010 年 7 月 1 日《侵权责任法》生效之前，有关部门应当尽快对《条例》的废止或修改问题作出决策。同样，在《侵权责任法》颁布之后，各级立法部门及最高人民法院应当及时对其他有关的法律法规、司法解释进行清理，把与《侵权责任法》相冲突的法律条文清理掉，保留与《侵权责任法》基本原则不违背的法律条文，并通过制定司法解释明确《侵权责任法》没有详细规定的条文。

在《侵权责任法》实施之后，如果《条例》仍然没有废止或者修改，患者一方当事人在与医疗机构发生医疗损害争议后，如果依据《侵权责任法》将医疗机构诉至法院的，人民法院应当如何适用法律。我们认为，在这种情况下，应当尊重《侵权责任法》的立法本意，人民法院不应再区分医疗事故与非医疗事故，而应统一适用《侵权责任法》关于赔偿范围和标准的各项规定。因为，只有坚持法律适用的一元化，才能提高医疗损害赔偿纠纷案件处理的效率，并保证所有医疗损害赔偿纠纷案件得到公平的处理。

第二节　医疗损害责任归责原则的变迁及其影响

一、关于医疗损害责任归责原则的现行规定

在《侵权责任法》颁布之前，人民法院审理医疗损害赔偿纠纷案件，主要的法律

⑭　参见《〈中华人民共和国侵权责任法〉通过研讨会实录（二）》，载中国民商法网，2009-12-29。

依据是《民法通则》及其相关司法解释、《医疗事故处理条例》(以下简称《条例》)和最高人民法院《关于民事诉讼证据的若干规定》(以下简称《证据规定》)。而医疗损害责任的归责原则,就体现在这些法律法规及司法解释中。

(一)《民法通则》的相关规定

应该说,《民法通则》对医疗损害责任没有作出专门的规定。但是,《民法通则》第一〇六条第三款规定:没有过错,但法律规定应当承担民事责任的,应当承担民事责任。按照该规定,侵权责任仅在法律有明确规定的情况下适用无过错责任原则。因此,应当认定,在《民法通则》的体系下,医疗损害责任应当适用该法第一〇六条第二款的规定采过错责任原则。⑮

(二)《条例》的相关规定

《条例》第二条规定:本条例所称医疗事故,是指医疗机构及其医务人员在医疗活动中,违反医疗卫生管理法律、行政法规、部门规章和诊疗护理规范、常规,过失造成患者人身损害的事故。同时,《条例》第五章规定了医疗事故的赔偿。应该说,《条例》进一步明确了过错责任原则的适用,即《条例》第二条一方面规定了医疗损害责任采过错责任原则,另一方面规定了过错认定的客观标准。

需要指出的是,虽然《条例》第四十九条第二款规定,不属于医疗事故的,医疗机构不承担赔偿责任。但是,从性质上讲,医疗行为是一种民事行为,医疗机构在从事诊疗活动的时候,不但要遵循诊疗护理规范,还应遵守民事活动规范。虽然《条例》中规定“不属于医疗事故的,医疗机构不承担赔偿责任”,但依据我国《中华人民共和国立法法》的规定,法律的效力高于行政法规、地方性法规、规章。作为规定我国民法基本制度的《民法通则》,其法律效力高于《医疗事故处理条例》。《民法通则》中规定“公民、法人由于过错侵害国家的、集体的财产,侵害他人财产、人身的,应当承担民事责任”,故民事责任的承担以过错侵权造成损害为前提,并不以是否构成医疗事故为承担民事责任前提。医学会鉴定不认定为医疗事故的医疗行为,并不排除该医疗行为存在过错以及因医疗行为造成患者人身损害。因此,即使不构成医疗事故,但如果存在医疗损害且医疗机构确有过错,侵害人还是应当承担损害赔偿责任。⑯

因此,在司法实务中,对于经鉴定不构成医疗事故,但法院认为构成侵权行为的行为,法院亦判决医疗机构承担损害赔偿责任。在处理此类案件时,法院采用的

⑮ 王成:《论医疗损害侵权行为归责原则的配置》,《证据科学》2009 年第 17 卷第 3 期。

⑯ 参见陈特、马军:《医疗行为不构成医疗事故但造成患者人身损害,医疗机构存在过错的应承担损害赔偿责任》,《北京审判》2004 年第 6 期。

同样是过错归责原则。⑰

(三)《证据规定》的相关规定

《证据规定》第四条第一款第八项规定，因医疗行为引起的侵权诉讼，由医疗机构就医疗行为不存在医疗过错承担举证责任。依照该规定处理医疗损害赔偿纠纷案件，即产生了等同于过错推定原则的适用效果。换句话说，此项规定，确立了现行法上医疗损害责任采过错推定原则的做法。

综合上述规定，关于医疗损害责任的归责原则，现行的法律法规、司法解释采纳的是过错责任原则。在过错的证明责任配置上，采纳的是过错推定原则。也就是说，上述司法解释颁布后，对于医疗损害赔偿纠纷案件，在举证责任的分配上，适用的是举证责任倒置的规则，即由医院来证明其不存在过错。

应该说，如果没有司法解释的上述规定，患者一方在医疗损害赔偿诉讼中，举证是非常困难的。司法解释的制定，极大地促进了对患者权益的保护。举证责任倒置在医疗损害赔偿纠纷案件中适用，也可一定程度上理解为法律对患方权益保护做了一定的倾斜。

但是，也有人认为，在适用该司法解释以来，举证责任倒置条款带来了两个负面后果：一是部分患者没有损害也告医院，增加了许多诉讼案件；二是给医疗机构和医务人员造成了巨大的责任和负担，许多医务人员不得不采取“非常规”办法来保护自己，即在诊疗活动中多做检查，留下证据保护自己，在一定程度上导致了过度医疗越来越严重，看病也越来越贵。

由于举证责任的分配在很大程度上决定了一个案件的诉讼结果。因此，自2001 年最高人民法院的上述司法解释出台至今，因医疗损害赔偿纠纷案件适用举证责任倒置而引发的争议从未间断，直至 2009 年 12 月 26 日《侵权责任法》的正式

---

⑰　例如，北京市海淀区人民法院审理的杨某与某妇幼保健院医疗事故损害赔偿纠纷一案。杨某在某妇幼保健院进行产前检查。杨某怀孕 37^{+3}周时，经妇幼保健院诊断妊娠期糖耐量异常，行缩宫素滴注引产术，于 2002 年 7 月 25 日 17 时 14 分自娩一死女婴。随后，杨某诉至法院要求某妇幼保健院赔偿各项损失 11 万余元，经北京市某区医学会组织鉴定，鉴定结论为：本病例不属医疗事故。a. 医师发现胎心监护异常后，给产妇吸氧气、并嘱产妇第 2 天再来医院复查胎心监护及数胎动。b. 产妇自身存在一些异常情况：如羊水过多、糖耐量受损、胎儿先天性心脏病以及产妇当天回家后没有数胎动。上述情况，均可能成为胎死宫内的内在原因。c. 医院不足之处，当时应尽量说服产妇留院观察。但是，即使留院观察或者入院后做剖宫产，新生儿死亡可能还不能避免。据此，法院认为，某妇幼保健院未要求杨某留院观察，亦未告知杨某当时症状具有的危险性和发生事故的可能性。某妇幼保健院在医疗活动中未尽到注意义务，致使患者因此而丧失救治的机会，而目前尚不能作出即使留院救治，死亡仍必然不可避免的结论，故某妇幼保健院的医疗行为具有过错，其医疗行为与损害结果之间有一定的因果关系。考虑到患者自身内在原因，以及造成女婴不能存活原因的不确定性和损害的多因一果性，故医院仅应承担有限民事责任。综上所述，判决某妇幼保健院赔偿杨某精神抚慰金 2 万元。在本案中，法院参考鉴定机构的鉴定意见，认为某妇幼保健院违反了注意义务，存在过错，故判决某妇幼保健院承担相应的赔偿责任。

出台。

二、《侵权责任法》立法过程中的相关争论

对于医疗损害责任应当适用何种归责原则,理论界主要有四种不同的观点,分别是过错推定责任原则说、过错责任原则说、无过错责任原则说、综合性的归责原则体系说。⑱ 这些不同的观点在《侵权责任法》的立法过程中也有所反映。

在《侵权责任法(草案)》征求意见过程中,大体有三种意见。有的认为,医疗损害责任一般应当适用过错责任原则。医疗行为不同于一般的民事行为,其本身往往具有侵害性,即在治疗疾病的同时亦会给患者造成一定的损害后果。如果对医疗损害责任一般适用无过错责任或者过错推定责任,将会给医疗机构带来过重的负担,影响正常的医疗活动。有的认为,医学是一门探索性、经验性的学科,并受到患者体质特异的局限,简单地采用过错推定,加重医务人员的责任,可能会阻碍医学的发展,最终是对患者不利。有的认为,最高人民法院《证据规定》中的举证责任倒置规则应当在侵权责任法中继续保留。实行举证责任倒置更符合医疗侵权案件的特殊性。如果不规定举证责任倒置,对患者来说,打医疗官司实在太难。医学文书基本掌握在医疗机构手中,只要医疗机构在证据上采取一些对患者不利的措施,患者将毫无办法。有的提出,在举证责任分配方面,可采用"谁主张,谁举证"以及特定条件下的举证责任转移方式。在一般情况下,应当由患者就医疗机构存在过错承担初步的举证责任。在实践中,该举证责任可以通过提交相关证据或者专业鉴定的方式完成。如果有医疗机构隐匿或者销毁患者病历资料等情形,则可以推定医疗机构有过错,举证责任转移至医疗机构。⑲

三、对《侵权责任法》新规定的分析

(一)对条文的初步解读

关于医疗损害责任的归责原则,体现在《侵权责任法》第五十四条、第五十八条、第五十九条的规定当中。

1.《侵权责任法》第五十四条　本条体现的是一般医疗损害责任的过错责任原则。

2.《侵权责任法》第五十八条　本条体现的是法律规定的三种情形之下的过错

⑱ 关于这些学说的具体内容,请参见王成:《论医疗损害侵权行为归责原则的配置》,《证据科学》2009年第17卷第3期。

⑲ 王胜明主编:《中华人民共和国侵权责任法解读》,中国法制出版社2010年版,第271页。

推定原则。

3.《侵权责任》第五十九条规定　本条规定的是医疗产品损害责任。关于医疗产品损害责任的归责原则。梁慧星教授认为,医疗产品缺陷致损,虽然构成侵权,但应该适用产品质量法的规定。[20] 在梁慧星教授主持起草的《中国民法典草案建议稿(侵权行为编)》中,第一千五百八十八条第二款规定,因血液制品、药品和医疗器械等有缺陷致患者遭受损害的,适用本法第十六章第四节产品责任的规定。[21] 杨立新教授认为,医疗产品损害责任采应适用产品责任的一般原则,即无过错责任原则。[22] 此外,还有学者认为,生产者的产品责任是过错责任,而不是无过错责任。[23] 药品、消毒药剂、医疗器械等医疗产品造成患者的损害,是否应采用无过错责任,值得进一步讨论。对此,从《侵权责任法》的条文内容看,立法者采纳的是无过错责任原则。

综上所述,我们认为,《侵权责任法》上述条文的规定构建了我国医疗损害责任的归责原则体系。该归责原则体系由过错责任原则、过错推定原则和无过错责任原则构成,过错责任原则调整一般医疗损害责任,过错推定原则调整法律明文规定的三种情形下的医疗损害责任,无过错责任原则调整医疗产品损害责任。

(二)对条文的进一步思考

虽然从条文的规定内容看,《侵权责任法》构建了医疗损害责任的归责原则体系。但是,在对《侵权责任法》第七章的规定进行全面系统地研究分析之后,我们发现,从某种意义上说,对医疗机构的医疗损害责任而言,《侵权责任法》实质上规定的是过错责任原则。理由如下。

首先,毫无疑义的是,《侵权责任法》第五十四条规定的是一般医疗损害责任的过错责任原则。

其次,关于《侵权责任法》第五十八条的规定,从条文的表述看,本条是关于过错推定原则的规定。但是,仔细分析本条规定的 3 种情形,不难发现,本条规定仍然体现了过错责任原则。

《侵权责任法》第五十八条第一项规定,患者有损害,医疗机构存在违反法律、行政法规、规章以及其他有关诊疗规范规定的情形的,推定医疗机构有过错。应该说,本项规定医疗损害责任的范围与《侵权责任法》第五十四条的规定大致相同。因为,从目前的理论和实践看,判断医疗机构是否有过错,一般认为是看医疗机构是否违反了其应有的注意义务,而根据《侵权责任法》第五十七条的规定,医疗机构

[20] 梁慧星:《医疗损害赔偿案件的法律适用问题》,《人民法院报》2005 年 7 月 6 日。

[21] 梁慧星主编:《中国民法典草案建议稿(侵权行为编·继承编)》,法律出版社 2004 年版,第 66 页。

[22] 杨立新:《中国医疗损害责任制度改革》,《法学研究》2009 年第 4 期。

[23] 王成:《论医疗损害侵权行为归责原则的配置》,《证据科学》第 17 卷第 3 期。

及医务人员的注意义务就是应当尽到与当时的医疗水平相应的诊疗义务。[24]

随着立法的完善，越来越多的医疗方面的法律、行政法规、规章以及有关诊疗规范对医疗机构及医务人员的诊疗义务或者说注意义务作出了规定，如果排除了立法水平落后于实践的因素，可以说，医务人员注意义务的根据一般表现在相关的法律、行政法规、规章以及有关诊疗规范之中。[25] 医务人员违反了法律、行政法规、规章以及其他有关诊疗规范规定的诊疗义务，即违反了其应有的注意义务，就可以判断为该医务人员主观上有过错。有人把这种现象称为过错认定的客观化。我们同意这种看法，前文提及的《医疗事故处理条例》第二条的规定，就是一个明证。

因此，有学者认为，如果说能够证明医疗机构存在《侵权责任法》第五十八条第一项的情形，就应该直接认定医疗机构有过错，而不是推定医疗机构有过错。[26] 我们同意这种观点，从举证责任的角度分析，依照《侵权责任法》第七章的现有规定，患者一方对医疗机构存在《侵权责任法》第五十八条第一项规定的情形负有举证责任。依据《侵权责任法》第五十八条规定的逻辑，患者一方如果能够证明医疗机构存在违反法律、行政法规、规章以及其他有关诊疗规范的规定情形，则推定医疗机构有过错。但是，从实质的意义上说，在损害事实发生之后，如果患者证明了医疗机构存在违反法律、行政法规、规章以及其他有关诊疗规范的规定的情形，患者也就已经证明了医疗机构存在过错。这样的规定与《侵权责任法》第五十四条的规定并没有实质的差别，而只有用语上的差别。因此，我们据此认为《侵权责任法》第五十八条第一项实质上还是体现了过错责任原则。

同理，患者需要证明《侵权责任法》第五十八条第二项、第三项的存在，才能够依据《侵权责任法》第五十八条推定医疗机构过错的存在，而患者对《侵权责任法》第五十八条第二项、第三项负有举证责任亦说明了该条体现的并非真正意义上的过错推定，而是过错责任原则。

再次，关于《侵权责任法》第五十九条的规定。由于患者很难了解到医疗产品生产者或者血液提供机构的具体情况，而医疗机构因为合同关系和自身行业的性质等，对医疗产品生产者的情况更为清楚，《侵权责任法》在本条前半段规定，因药品、消毒药剂、医疗器械的缺陷，或者输入不合格的血液造成患者损害的，患者可以向生产者或者血液提供机构请求赔偿，也可以向医疗机构请求赔偿。

但是，根据本条后半段规定，患者向医疗机构请求赔偿的，医疗机构赔偿后，有

---

[24] 王胜明主编：《中华人民共和国侵权责任法解读》，中国法制出版社 2010 年 1 月第 1 版，第 282 页。

[25] 当然，注意义务还有其他的产生渊源，参见刘鑫、王岳、李大平：《医事法》，中国人民大学出版社 2009 年版，第 77 页。

[26] 王成：《论医疗损害侵权行为归责原则的配置》，载《证据科学》第 17 卷第 3 期 2009 年版，第 305—315 页。

权向负有责任的生产者或者血液提供机构追偿。也就是说，如果存在下列情况的，医疗机构享有追偿权。第一，因药品、消毒药剂、医疗器械本身存在缺陷造成损害，但医疗机构在采购产品时，已经尽到了足够的注意，但仍然未能发现产品存在的缺陷。而且医疗机构不存在对医疗器械操作不当或者对医疗产品未进行严格消毒造成感染等过错。此时，应当由产品的生产者承担赔偿责任，医疗机构不应当承担责任。医疗机构先行承担责任的，有权向医疗产品的生产者追偿。第二，因输入不合格的血液造成患者损害的，如果医疗机构尽到了法律规定的核查义务但仍未发现血液不合格的，应当由血液提供机构承担赔偿责任。医疗机构先行承担责任的，有权向血液提供机构追偿。

因此，对于医疗产品生产者和血液提供机构而言，它们依据《侵权责任法》承担的是无过错责任，而医疗机构仅在自身有过错的情况下才承担赔偿责任，如果医疗机构自身没有过错，其即使先行承担了赔偿责任，也有权向医疗产品生产者和血液提供机构追偿。从终局意义上说，或者说，对于医疗机构与医疗产品生产者或者血液提供机构的内部责任而言，医疗机构的医疗损害责任仍然适用的是过错责任原则。

最后，关于《侵权责任法》第五十五条的规定。杨立新教授认为，《侵权责任法》第五十五条规定的是医疗伦理损害责任，而医疗伦理损害责任应当适用过错推定的归责原则。也就是说，对于医疗伦理损害责任而言，医疗伦理过失的认定方式是过错推定。医疗伦理过失与《侵权责任法》第五十四条规定的医疗技术过失的认定不同，不是采取证明的方式，而是采取推定的方式。只要受害患者一方已经证明了医疗违法行为、损害事实以及因果关系的要件之后，法官就可以直接推定医疗机构及医务人员具有医疗伦理过失。推定之后，实行举证责任倒置，由医疗机构及医务人员承担举证责任，证明自己没有过失。这也是与《侵权责任法》第五十四条规定的医疗技术损害责任的显著区别。[27]

我们认为，杨立新教授的上述解读在理论上具有科学性，但是这种解释比较超前，超出了《侵权责任法》第五十五条自身。从《侵权责任法》第五十五条的条文内容看，该条规定的仍然是过错责任原则。

《侵权责任法》第五十五条规定，医务人员在诊疗活动中应当向患者说明病情和医疗措施。需要实施手术、特殊检查、特殊治疗的，医务人员应当及时向患者说明医疗风险、替代医疗方案等情况，并取得其书面同意；不宜向患者说明的，应当向患者的近亲属说明，并取得其书面同意。医务人员未尽到前款义务，造成患者损害的，医疗机构应当承担赔偿责任。

㉗　杨立新：《〈中华人民共和国侵权责任法〉条文释解与司法适用》，人民法院出版社 2010 年版，第 383 页。

从上述条文的内容看,并没有关于过错推定的规定。此外,对患者的告知义务,本身就是医疗卫生法律、行政法规、规章以及其他有关诊疗规范的重要内容。违反告知义务,就是违反上述法律及诊疗规范,同时也是医疗机构的一种医疗过错。因此,《侵权责任法》第五十五条的规定与《侵权责任法》第五十四条及第五十八条第一项的规定存在着重叠的部分。由此,我们可以看出,《侵权责任法》第五十五条规定的医疗过错的情形是可以被《侵权责任法》第五十四条或第五十八条第一项所包括的,《侵权责任法》对医疗机构的告知义务及违反告知义务的损害赔偿责任单独规定,只不过是为了特别强调医疗机构的告知义务。

综上所述,从某种意义上说,《侵权责任法》第七章关于医疗损害责任的规定,体现的是过错责任原则的归责原则。也正是这个原因,在《侵权责任法》颁布之后,有人认为,《侵权责任法》第七章的立法过程,其实也是医患双方的博弈过程。㉘

四、医疗损害责任归责原则的变化对司法实践的影响

《侵权责任法》关于医疗损害责任归责原则的新规定,直接影响医疗损害赔偿纠纷案件的举证责任分配,这将给司法实践带来许多新的问题。

民事诉讼证明责任分配规则以“谁主张,谁举证”为一般原则。但 2002 年 4 月 1 日实施的《证据规定》第四条的规定,使得医疗损害赔偿案件的证明责任分配规则成为特例之一,即适用举证责任倒置规则。即由医疗机构对其医疗行为与损害结果之间不存在因果关系或者其医疗行为不存在医疗过错进行举证,如果医疗机构举证不能,法院即可判决其承担败诉的不利后果。㉙

另外,最高人民法院民一庭负责人于 2004 年 4 月就审理医疗纠纷案件答记者问,对举证责任倒置的含义作了如下解释。第一,患者应当承担初步的举证责任。在医疗侵权损害赔偿诉讼中,患者应当对其损害赔偿请求权的成立,负有初步举证责任。即原告应当首先证明其与医疗机构之间存在医疗服务合同关系,接受过被告医疗机构的诊断、治疗,并因此受到损害。第二,行为意义上的举证责任是可以转移的。如果患者对损害赔偿请求权成立的证明达到了表见真实的程度,证明责任就向医疗机构转移。医疗机构应当证明其医疗行为与损害结果之间不存在因果关系或者其医疗行为没有过错。如果医疗机构不能提出具有合理说服力、足以使人信赖的证据,医疗机构就要承担败诉的结果。

上述在医疗诉讼中举证责任倒置规则的规定,引起了医务界的强烈反对。对此,立法机关给予了充分的关注与回应。《侵权责任法》第七章关于医疗损害责任

㉘ 《“倒举证”法条被删:患方的溃败?》,《南方周末》2010 年 1 月 14 日法治 A5 版。

㉙ 关于医疗损害责任构成的因果关系问题,限于文章篇幅及研究范围,本文不予讨论。

的规定中,通过第五十四条、第五十八条的规定,对举证责任倒置规则进行了限制,改变了原来的举证责任倒置的规定,采用了"谁主张,谁举证"一般原则。即在一般情况下,对于医疗机构的过错由患者举证证明。只有第五十八条规定的 3 种例外情形可以推定医疗机构存在过错。《侵权责任法》的上述规定,将有效遏制患者的滥诉行为,并且减少实践中存在的过度医疗和防御性医疗,最终下降所有患者的平均医疗费用。以下分析《侵权责任法》的上述新规定将对司法实践产生的影响。

(一)关于《侵权责任法》第五十四条

《侵权责任法》第五十四条明确规定,医疗侵权行为的归责原则为过错责任原则。那么,在患者一方因诊疗活动受到损害而与医疗机构发生损害赔偿纠纷的诉讼中,患者一方须就"医疗机构及其医务人员有过错"进行举证,并承担举证不能的后果。那么,对于具体的医疗损害赔偿纠纷案件而言,在《侵权责任法》颁布之前,根据《证据规定》第四条第一款第八项的规定,如果医疗机构不能证明自己没有过错,法院将推定医疗机构有过错,医疗机构将承担不利的诉讼后果。而按照《侵权责任法》第五十四条的规定,情况则发生了改变,即医疗机构不需要主动去证明自己没有过错,如果患者一方不能证明医疗机构有过错,那就应认定医疗机构没有过错,则患者一方将承担不利的诉讼后果。在《侵权责任法》于 2010 年 7 月 1 日生效之后,广大法官在审理医疗损害赔偿纠纷案件时,首先就需要面临这样一个观念上的改变。

(二)关于《侵权责任法》第五十八条的规定

《侵权责任法》第五十八条规定,"患者有损害,因下列情形之一的,推定医疗机构有过错……"这种推定过错在诉讼中实际上体现为举证责任的倒置,但它与《证据规定》第四条第一款第八项规定的举证责任倒置有很大的不同。也就是说,原来的规定是从"医疗损害"直接推定医疗机构的"过错",而从现在的规定来看,患者一方不仅要证明存在医疗损害,还要证明医疗机构存在"违反法律、行政法规、规章以及其他有关诊疗规范的规定"等 3 种情形之一,才能推定医疗机构的"过错",虽然过错的推定依然适用举证责任倒置,但这仅仅是一定程度上的有条件的过错推定。基于此,对于《侵权责任法》第五十八条的适用,还需要注意以下问题。

1. 根据本条规定,有法定 3 种情形之一的,推定医务人员有过错。因此,首先需要证明该 3 种情形之一的存在,才可以推定过错的存在。在医疗损害赔偿纠纷案件中,法院首先需要查明是否存在上述 3 种情形,当这些情形能够被证实后,过错的推定自然是非常容易的事。

2. 根据本条第二项规定,医疗机构在诉讼中必须提供与纠纷有关的病历资料,否则将被推定过错的存在。因此,在《侵权责任法》生效之后,医疗机构在诉讼中必须主动向法院提供完整的病历,以避免对其产生不利的后果。

3. 根据本条第三项规定，医疗机构不得伪造、篡改或者销毁病历资料。那么，在诉讼中，如果双方当事人就医学文书的真实性和完整性发生争议，比如就病历中记载的事项及签名的真实性发生争议。此时，除非属于显而易见的情况，否则，法官一般需要借助鉴定来判断真伪。

同样，由于本条第一项的规定，双方当事人在诉讼中可能会就病历资料的内容发生争议，即根据病历的记载来判定医疗机构是否存在违反法律、行政法规、规章、诊疗规范的情况。同样，除非特别明显的情况，否则，法官也需要委托鉴定来解决问题。那么，需要研究的是鉴定程序的启动问题。

《最高人民法院关于民事诉讼证据的若干规定》第二十五条第二款规定，对需要鉴定的事项负有举证责任的当事人，在人民法院指定的期限内无正当理由不提出鉴定申请或者不预交鉴定费用或者拒不提供相关材料，致使对案件争议的事实无法通过鉴定结论予以认定的，应当对该事实承担举证不能的法律后果。

在《侵权责任法》实施之后，由于《侵权责任法》没有明确规定医疗侵权诉讼是否仍实行举证责任倒置的规则，因此，是患者还是医疗机构对需要鉴定的事项负有举证责任，成为一个需要予以明确的问题。也就是说，从法律的规定看，是哪一方当事人对于本条规定的3种情形负有举证责任目前尚不明确。具体到鉴定事宜，就是在这样的情况下，哪方当事人对鉴定的提起负有义务？如果双方都不提起，是否需要法院依职权委托鉴定？如果法院主动依职权委托鉴定，那么应该由谁负担鉴定费的预交呢？这些问题的存在，都需要最高人民法院作出进一步的司法解释。

在司法解释尚未出台之前，我们认为，依据《侵权责任法》第五十四条的规定，医疗损害赔偿诉讼总体上已经实行一般的举证责任原则。因此，患者一方对需要鉴定的事项负有举证责任。而对于《侵权责任法》第五十八条而言，应该是患者一方对于该条规定的3种情形负有举证责任，具体到鉴定事宜，患者一方应当申请鉴定并预交鉴定费。如果双方都不提起，法院可以主动依职权委托鉴定，但是，还是应该由患者一方负担鉴定费的预交。这样可能带来一个新的难题，就是可能加重患者一方的负担，特别是对于那些因病致穷的患者一方当事人。这个问题如何解决，需要我们进一步研究。

4. 关于鉴定不能的后果。《侵权责任法》的现有规定，还可能给医疗损害赔偿案件带来一个新的变化。那就是在现有技术条件下，如果医疗鉴定无法得出医疗机构是否有过错的结论，依据《证据规定》，由于实行举证责任倒置，则医疗机构应当承担败诉的风险。而依据《侵权责任法》，如果出现鉴定不能的情况，则应当由患者一方承担不利的诉讼后果。

附录A 中华人民共和国侵权责任法

中华人民共和国主席令

第二十一号

《中华人民共和国侵权责任法》已由中华人民共和国第十一届全国人民代表大会常务委员会第十二次会议于2009年12月26日通过，现予公布，自2010年7月1日起施行。

中华人民共和国主席 胡锦涛

2009年12月26日

中华人民共和国侵权责任法

（2009年12月26日第十一届全国人民代表大会常务委员会第十二次会议通过）

目录

第一章 一般规定

第一条 为保护民事主体的合法权益，明确侵权责任，预防并制裁侵权行为，促进社会和谐稳定，制定本法。

第二条 侵害民事权益，应当依照本法承担侵权责任。

本法所称民事权益，包括生命权、健康权、姓名权、名誉权、荣誉权、肖像权、隐私权、婚姻自主权、监护权、所有权、用益物权、担保物权、著作权、专利权、商标专用权、发现权、股权、继承权等人身、财产权益。

第三条 被侵权人有权请求侵权人承担侵权责任。

第四条 侵权人因同一行为应当承担行政责任或者刑事责任的，不影响依法承担侵权责任。

因同一行为应当承担侵权责任和行政责任、刑事责任，侵权人的财产不足以支付的，先承担侵权责任。

第五条 其他法律对侵权责任另有特别规定的，依照其规定。

第二章 责任构成和责任方式

第六条 行为人因过错侵害他人民事权益，应当承担侵权责任。

根据法律规定推定行为人有过错，行为人不能证明自己没有过错的，应当承担侵权责任。

第七条 行为人损害他人民事权益，不论行为人有无过错，法律规定应当承担侵权责任的，依照其规定。

第八条 二人以上共同实施侵权行为，造成他人损害的，应当承担连带责任。

第九条 教唆、帮助他人实施侵权行为的，应当与行为人承担连带责任。

教唆、帮助无民事行为能力人、限制民事行为能力人实施侵权行为的，应当承担侵权责任；该无民事行为能力人、限制民事行为能力人的监护人未尽到监护责任的，应当承担相应的责任。

第十条 二人以上实施危及他人人身、财产安全的行为，其中一人或者数人的行为造成他人损害，能够确定具体侵权人的，由侵权人承担责任；不能确定具体侵权人的，行为人承担连带责任。

第十一条 二人以上分别实施侵权行为造成同一损害，每个人的侵权行为都足以造成全部损害的，行为人承担连带责任。

第十二条 二人以上分别实施侵权行为造成同一损害，能够确定责任大小的，各自承担相应的责任；难以确定责任大小的，平均承担赔偿责任。

第十三条 法律规定承担连带责任的，被侵权人有权请求部分或者全部连带责任人承担责任。

第十四条 连带责任人根据各自责任大小确定相应的赔偿数额；难以确定责任大小的，平均承担赔偿责任。

支付超出自己赔偿数额的连带责任人，有权向其他连带责任人追偿。

第十五条 承担侵权责任的方式主要有：

（一）停止侵害；

（二）排除妨碍；

（三）消除危险；

（四）返还财产；

（五）恢复原状；

（六）赔偿损失；

（七）赔礼道歉；

（八）消除影响、恢复名誉。

以上承担侵权责任的方式，可以单独适用，也可以合并适用。

第十六条 侵害他人造成人身损害的，应当赔偿医疗费、护理费、交通费等为治疗和康复支出的合理费用，以及因误工减少的收入。造成残疾的，还应当赔偿残疾生活辅助具费和残疾赔偿金。造成死亡的，还应当赔偿丧葬费和死亡赔偿金。

第十七条 因同一侵权行为造成多人死亡的，可以以相同数额确定死亡赔偿金。

第十八条 被侵权人死亡的，其近亲属有权请求侵权人承担侵权责任。被侵权人为单位，该单位分立、合并的，承继权利的单位有权请求侵权人承担侵权责任。

被侵权人死亡的，支付被侵权人医疗费、丧葬费等合理费用的人有权请求侵权人赔偿费用，但侵权人已支付该费用的除外。

第十九条 侵害他人财产的，财产损失按照损失发生时的市场价格或者其他方式计算。

第二十条 侵害他人人身权益造成财产损失的，按照被侵权人因此受到的损失赔偿；被侵权人的损失难以确定，侵权人因此获得利益的，按照其获得的利益赔偿；侵权人因此获得的利益难以确定，被侵权人和侵权人就赔偿数额协商不一致，向人民法院提起诉讼的，由人民法院根据实际情况确定赔偿数额。

第二十一条 侵权行为危及他人人身、财产安全的，被侵权人可以请求侵权人承担停止侵害、排除妨碍、消除危险等侵权责任。

第二十二条 侵害他人人身权益，造成他人严重精神损害的，被侵权人可以请求精神损害赔偿。

第二十三条 因防止、制止他人民事权益被侵害而使自己受到损害的，由侵权人承担责任。侵权人逃逸或者无力承担责任，被侵权人请求补偿的，受益人应当给予适当补偿。

第二十四条 受害人和行为人对损害的发生都没有过错的，可以根据实际情况，由双方分担损失。

第二十五条 损害发生后，当事人可以协商赔偿费用的支付方式。协商不一致的，赔偿费用应当一次性支付；一次性支付确有困难的，可以分期支付，但应当提供相应的担保。

第三章　不承担责任和减轻责任的情形

第二十六条　被侵权人对损害的发生也有过错的，可以减轻侵权人的责任。

第二十七条　损害是因受害人故意造成的，行为人不承担责任。

第二十八条　损害是因第三人造成的，第三人应当承担侵权责任。

第二十九条　因不可抗力造成他人损害的，不承担责任。法律另有规定的，依照其规定。

第三十条　因正当防卫造成损害的，不承担责任。正当防卫超过必要的限度，造成不应有的损害的，正当防卫人应当承担适当的责任。

第三十一条　因紧急避险造成损害的，由引起险情发生的人承担责任。如果危险是由自然原因引起的，紧急避险人不承担责任或者给予适当补偿。紧急避险采取措施不当或者超过必要的限度，造成不应有的损害的，紧急避险人应当承担适当的责任。

第四章　关于责任主体的特殊规定

第三十二条　无民事行为能力人、限制民事行为能力人造成他人损害的，由监护人承担侵权责任。监护人尽到监护责任的，可以减轻其侵权责任。

有财产的无民事行为能力人、限制民事行为能力人造成他人损害的，从本人财产中支付赔偿费用。不足部分，由监护人赔偿。

第三十三条　完全民事行为能力人对自己的行为暂时没有意识或者失去控制造成他人损害有过错的，应当承担侵权责任；没有过错的，根据行为人的经济状况对受害人适当补偿。

完全民事行为能力人因醉酒、滥用麻醉药品或者精神药品对自己的行为暂时没有意识或者失去控制造成他人损害的，应当承担侵权责任。

第三十四条　用人单位的工作人员因执行工作任务造成他人损害的，由用人单位承担侵权责任。

劳务派遣期间，被派遣的工作人员因执行工作任务造成他人损害的，由接受劳务派遣的用工单位承担侵权责任；劳务派遣单位有过错的，承担相应的补充责任。

第三十五条　个人之间形成劳务关系，提供劳务一方因劳务造成他人损害的，由接受劳务一方承担侵权责任。提供劳务一方因劳务自己受到损害的，根据双方各自的过错承担相应的责任。

第三十六条　网络用户、网络服务提供者利用网络侵害他人民事权益的，应当承担侵权责任。

网络用户利用网络服务实施侵权行为的，被侵权人有权通知网络服务提供者采取删除、屏蔽、断开链接等必要措施。网络服务提供者接到通知后未及时采取必要措施的，对损害的扩大部分与该网络用户承担连带责任。

网络服务提供者知道网络用户利用其网络服务侵害他人民事权益，未采取必要措施的，与该网络用户承担连带责任。

第三十七条 宾馆、商场、银行、车站、娱乐场所等公共场所的管理人或者群众性活动的组织者，未尽到安全保障义务，造成他人损害的，应当承担侵权责任。

因第三人的行为造成他人损害的，由第三人承担侵权责任；管理人或者组织者未尽到安全保障义务的，承担相应的补充责任。

第三十八条 无民事行为能力人在幼儿园、学校或者其他教育机构学习、生活期间受到人身损害的，幼儿园、学校或者其他教育机构应当承担责任，但能够证明尽到教育、管理职责的，不承担责任。

第三十九条 限制民事行为能力人在学校或者其他教育机构学习、生活期间受到人身损害，学校或者其他教育机构未尽到教育、管理职责的，应当承担责任。

第四十条 无民事行为能力人或者限制民事行为能力人在幼儿园、学校或者其他教育机构学习、生活期间，受到幼儿园、学校或者其他教育机构以外的人员人身损害的，由侵权人承担侵权责任；幼儿园、学校或者其他教育机构未尽到管理职责的，承担相应的补充责任。

第五章 产品责任

第四十一条 因产品存在缺陷造成他人损害的，生产者应当承担侵权责任。

第四十二条 因销售者的过错使产品存在缺陷，造成他人损害的，销售者应当承担侵权责任。

销售者不能指明缺陷产品的生产者也不能指明缺陷产品的供货者的，销售者应当承担侵权责任。

第四十三条 因产品存在缺陷造成损害的，被侵权人可以向产品的生产者请求赔偿，也可以向产品的销售者请求赔偿。

产品缺陷由生产者造成的，销售者赔偿后，有权向生产者追偿。

因销售者的过错使产品存在缺陷的，生产者赔偿后，有权向销售者追偿。

第四十四条 因运输者、仓储者等第三人的过错使产品存在缺陷，造成他人损害的，产品的生产者、销售者赔偿后，有权向第三人追偿。

第四十五条 因产品缺陷危及他人人身、财产安全的，被侵权人有权请求生产者、销售者承担排除妨碍、消除危险等侵权责任。

第四十六条 产品投入流通后发现存在缺陷的，生产者、销售者应当及时采取警示、召回等补救措施。未及时采取补救措施或者补救措施不力造成损害的，应当承担侵权责任。

第四十七条 明知产品存在缺陷仍然生产、销售，造成他人死亡或者健康严重损害的，被侵权人有权请求相应的惩罚性赔偿。

第六章 机动车交通事故责任

第四十八条 机动车发生交通事故造成损害的，依照道路交通安全法的有关规定承担赔偿责任。

第四十九条 因租赁、借用等情形机动车所有人与使用人不是同一人时，发生交通事故后属于该机动车一方责任的，由保险公司在机动车强制保险责任限额范围内予以赔偿。不足部分，由机动车使用人承担赔偿责任；机动车所有人对损害的发生有过错的，承担相应的赔偿责任。

第五十条 当事人之间已经以买卖等方式转让并交付机动车但未办理所有权转移登记，发生交通事故后属于该机动车一方责任的，由保险公司在机动车强制保险责任限额范围内予以赔偿。不足部分，由受让人承担赔偿责任。

第五十一条 以买卖等方式转让拼装或者已达到报废标准的机动车，发生交通事故造成损害的，由转让人和受让人承担连带责任。

第五十二条 盗窃、抢劫或者抢夺的机动车发生交通事故造成损害的，由盗窃人、抢劫人或者抢夺人承担赔偿责任。保险公司在机动车强制保险责任限额范围内垫付抢救费用的，有权向交通事故责任人追偿。

第五十三条 机动车驾驶人发生交通事故后逃逸，该机动车参加强制保险的，由保险公司在机动车强制保险责任限额范围内予以赔偿；机动车不明或者该机动车未参加强制保险，需要支付被侵权人人身伤亡的抢救、丧葬等费用的，由道路交通事故社会救助基金垫付。道路交通事故社会救助基金垫付后，其管理机构有权向交通事故责任人追偿。

第七章 医疗损害责任

第五十四条 患者在诊疗活动中受到损害，医疗机构及其医务人员有过错的，由医疗机构承担赔偿责任。

第五十五条 医务人员在诊疗活动中应当向患者说明病情和医疗措施。需要实施手术、特殊检查、特殊治疗的，医务人员应当及时向患者说明医疗风险、替代医疗方案等情况，并取得其书面同意；不宜向患者说明的，应当向患者的近亲属说明，并取得其书面同意。

医务人员未尽到前款义务，造成患者损害的，医疗机构应当承担赔偿责任。

第五十六条 因抢救生命垂危的患者等紧急情况，不能取得患者或者其近亲属意见的，经医疗机构负责人或者授权的负责人批准，可以立即实施相应的医疗措施。

第五十七条 医务人员在诊疗活动中未尽到与当时的医疗水平相应的诊疗义务，造成患者损害的，医疗机构应当承担赔偿责任。

第五十八条 患者有损害，因下列情形之一的，推定医疗机构有过错：

（一）违反法律、行政法规、规章以及其他有关诊疗规范的规定；

（二）隐匿或者拒绝提供与纠纷有关的病历资料；

（三）伪造、篡改或者销毁病历资料。

第五十九条 因药品、消毒药剂、医疗器械的缺陷，或者输入不合格的血液造成患者损害的，患者可以向生产者或者血液提供机构请求赔偿，也可以向医疗机构请求赔偿。患者向医疗机构请求赔偿的，医疗机构赔偿后，有权向负有责任的生产者或者血液提供机构追偿。

第六十条 患者有损害，因下列情形之一的，医疗机构不承担赔偿责任：

（一）患者或者其近亲属不配合医疗机构进行符合诊疗规范的诊疗；

（二）医务人员在抢救生命垂危的患者等紧急情况下已经尽到合理诊疗义务；

（三）限于当时的医疗水平难以诊疗。

前款第一项情形中，医疗机构及其医务人员也有过错的，应当承担相应的赔偿责任。

第六十一条 医疗机构及其医务人员应当按照规定填写并妥善保管住院志、医嘱单、检验报告、手术及麻醉记录、病理资料、护理记录、医疗费用等病历资料。

患者要求查阅、复制前款规定的病历资料的，医疗机构应当提供。

第六十二条 医疗机构及其医务人员应当对患者的隐私保密。泄露患者隐私或者未经患者同意公开其病历资料，造成患者损害的，应当承担侵权责任。

第六十三条 医疗机构及其医务人员不得违反诊疗规范实施不必要的检查。

第六十四条 医疗机构及其医务人员的合法权益受法律保护。干扰医疗秩序，妨害医务人员工作、生活的，应当依法承担法律责任。

第八章 环境污染责任

第六十五条 因污染环境造成损害的，污染者应当承担侵权责任。

第六十六条 因污染环境发生纠纷，污染者应当就法律规定的不承担责任或者减轻责任的情形及其行为与损害之间不存在因果关系承担举证责任。

第六十七条 两个以上污染者污染环境，污染者承担责任的大小，根据污染物的种类、排放量等因素确定。

第六十八条 因第三人的过错污染环境造成损害的，被侵权人可以向污染者请求赔偿，也可以向第三人请求赔偿。污染者赔偿后，有权向第三人追偿。

第九章　高度危险责任

第六十九条　从事高度危险作业造成他人损害的，应当承担侵权责任。

第七十条　民用核设施发生核事故造成他人损害的，民用核设施的经营者应当承担侵权责任，但能够证明损害是因战争等情形或者受害人故意造成的，不承担责任。

第七十一条　民用航空器造成他人损害的，民用航空器的经营者应当承担侵权责任，但能够证明损害是因受害人故意造成的，不承担责任。

第七十二条　占有或者使用易燃、易爆、剧毒、放射性等高度危险物造成他人损害的，占有人或者使用人应当承担侵权责任，但能够证明损害是因受害人故意或者不可抗力造成的，不承担责任。被侵权人对损害的发生有重大过失的，可以减轻占有人或者使用人的责任。

第七十三条　从事高空、高压、地下挖掘活动或者使用高速轨道运输工具造成他人损害的，经营者应当承担侵权责任，但能够证明损害是因受害人故意或者不可抗力造成的，不承担责任。被侵权人对损害的发生有过失的，可以减轻经营者的责任。

第七十四条　遗失、抛弃高度危险物造成他人损害的，由所有人承担侵权责任。所有人将高度危险物交由他人管理的，由管理人承担侵权责任；所有人有过错的，与管理人承担连带责任。

第七十五条　非法占有高度危险物造成他人损害的，由非法占有人承担侵权责任。所有人、管理人不能证明对防止他人非法占有尽到高度注意义务的，与非法占有人承担连带责任。

第七十六条　未经许可进入高度危险活动区域或者高度危险物存放区域受到损害，管理人已经采取安全措施并尽到警示义务的，可以减轻或者不承担责任。

第七十七条　承担高度危险责任，法律规定赔偿限额的，依照其规定。

第十章　饲养动物损害责任

第七十八条　饲养的动物造成他人损害的，动物饲养人或者管理人应当承担侵权责任，但能够证明损害是因被侵权人故意或者重大过失造成的，可以不承担或者减轻责任。

第七十九条　违反管理规定，未对动物采取安全措施造成他人损害的，动物饲养人或者管理人应当承担侵权责任。

第八十条　禁止饲养的烈性犬等危险动物造成他人损害的，动物饲养人或者管理人应当承担侵权责任。

第八十一条　动物园的动物造成他人损害的，动物园应当承担侵权责任，但能够证明尽到管理职责的，不承担责任。

第八十二条　遗弃、逃逸的动物在遗弃、逃逸期间造成他人损害的，由原动物饲养人或者管理人承担侵权责任。

第八十三条　因第三人的过错致使动物造成他人损害的，被侵权人可以向动物饲养人或者管理人请求赔偿，也可以向第三人请求赔偿。动物饲养人或者管理人赔偿后，有权向第三人追偿。

第八十四条　饲养动物应当遵守法律，尊重社会公德，不得妨害他人生活。

第十一章　物件损害责任

第八十五条　建筑物、构筑物或者其他设施及其搁置物、悬挂物发生脱落、坠落造成他人损害，所有人、管理人或者使用人不能证明自己没有过错的，应当承担侵权责任。所有人、管理人或者使用人赔偿后，有其他责任人的，有权向其他责任人追偿。

第八十六条　建筑物、构筑物或者其他设施倒塌造成他人损害的，由建设单位与施工单位承担连带责任。建设单位、施工单位赔偿后，有其他责任人的，有权向其他责任人追偿。

因其他责任人的原因，建筑物、构筑物或者其他设施倒塌造成他人损害的，由其他责任人承担侵权责任。

第八十七条　从建筑物中抛掷物品或者从建筑物上坠落的物品造成他人损害，难以确定具体侵权人的，除能够证明自己不是侵权人的外，由可能加害的建筑物使用人给予补偿。

第八十八条　堆放物倒塌造成他人损害，堆放人不能证明自己没有过错的，应当承担侵权责任。

第八十九条　在公共道路上堆放、倾倒、遗撒妨碍通行的物品造成他人损害的，有关单位或者个人应当承担侵权责任。

第九十条　因林木折断造成他人损害，林木的所有人或者管理人不能证明自己没有过错的，应当承担侵权责任。

第九十一条　在公共场所或者道路上挖坑、修缮安装地下设施等，没有设置明显标志和采取安全措施造成他人损害的，施工人应当承担侵权责任。

窨井等地下设施造成他人损害，管理人不能证明尽到管理职责的，应当承担侵权责任。

第十二章　附则

第九十二条　本法自 2010 年 7 月 1 日起施行。

附录B　卫生部关于印发《病历书写基本规范》的通知

中华人民共和国卫生部

卫医政发[2010]11号

各省、自治区、直辖市卫生厅局，新疆生产建设兵团卫生局：

为规范我国医疗机构病历书写行为，提高病历质量，保障医疗质量和医疗安全，根据《医疗事故处理条例》有关规定，2002年我部印发了《病历书写基本规范（试行）》（以下简称《规范》）。《规范》实施7年多来，在各级卫生行政部门和医疗机构的共同努力下，我国医疗机构病历质量有了很大提高。

在总结各地《规范》实施情况的基础上，结合当前医疗机构管理和医疗质量管理面临的新形势和新特点，我部对《规范》进行了修订和完善，制定了《病历书写基本规范》。现印发给你们，请遵照执行。执行中遇到的情况及问题，及时报我部医政司。

联系人：马旭东、焦雅辉

联系电话：010-68792825、68792097

二〇一〇年一月二十二日

病历书写基本规范

第一章　基本要求

第一条　病历是指医务人员在医疗活动过程中形成的文字、符号、图表、影像、切片等资料的总和，包括门（急）诊病历和住院病历。

第二条　病历书写是指医务人员通过问诊、查体、辅助检查、诊断、治疗、护理等医疗活动获得有关资料，并进行归纳、分析、整理形成医疗活动记录的行为。

第三条　病历书写应当客观、真实、准确、及时、完整、规范。

第四条　病历书写应当使用蓝黑墨水、碳素墨水，需复写的病历资料可以使用蓝或黑色油水的圆珠笔。计算机打印的病历应当符合病历保存的要求。

第五条　病历书写应当使用中文，通用的外文缩写和无正式中文译名的症状、体征、疾病名称等可以使用外文。

第六条　病历书写应规范使用医学术语，文字工整，字迹清晰，表述准确，语句通顺，标点正确。

第七条　病历书写过程中出现错字时，应当用双线划在错字上，保留原记录清

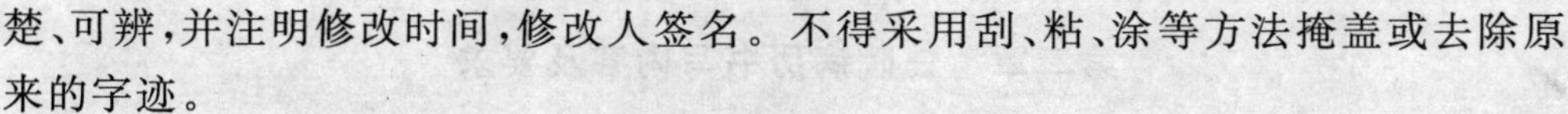

楚、可辨，并注明修改时间，修改人签名。不得采用刮、粘、涂等方法掩盖或去除原来的字迹。

上级医务人员有审查修改下级医务人员书写的病历的责任。

第八条　病历应当按照规定的内容书写，并由相应医务人员签名。

实习医务人员、试用期医务人员书写的病历，应当经过本医疗机构注册的医务人员审阅、修改并签名。

进修医务人员由医疗机构根据其胜任本专业工作实际情况认定后书写病历。

第九条　病历书写一律使用阿拉伯数字书写日期和时间，采用24小时制记录。

第十条　对需取得患者书面同意方可进行的医疗活动，应当由患者本人签署知情同意书。患者不具备完全民事行为能力时，应当由其法定代理人签字；患者因病无法签字时，应当由其授权的人员签字；为抢救患者，在法定代理人或被授权人无法及时签字的情况下，可由医疗机构负责人或者授权的负责人签字。

因实施保护性医疗措施不宜向患者说明情况的，应当将有关情况告知患者近亲属，由患者近亲属签署知情同意书，并及时记录。患者无近亲属的或者患者近亲属无法签署同意书的，由患者的法定代理人或者关系人签署同意书。

第十一条　门（急）诊病历内容包括门（急）诊病历首页[门（急）诊手册封面]、病历记录、化验单（检验报告）、医学影像检查资料等。

第十二条　门（急）诊病历首页内容应当包括患者姓名、性别、出生年月日、民族、婚姻状况、职业、工作单位、住址、药物过敏史等项目。

门诊手册封面内容应当包括患者姓名、性别、年龄、工作单位或住址、药物过敏史等项目。

第十三条　门（急）诊病历记录分为初诊病历记录和复诊病历记录。

初诊病历记录书写内容应当包括就诊时间、科别、主诉、现病史、既往史，阳性体征、必要的阴性体征和辅助检查结果，诊断及治疗意见和医师签名等。

复诊病历记录书写内容应当包括就诊时间、科别、主诉、病史、必要的体格检查和辅助检查结果、诊断、治疗处理意见和医师签名等。

急诊病历书写就诊时间应当具体到分钟。

第十四条　门（急）诊病历记录应当由接诊医师在患者就诊时及时完成。

第十五条　急诊留观记录是急诊患者因病情需要留院观察期间的记录，重点记录观察期间病情变化和诊疗措施，记录简明扼要，并注明患者去向。抢救危重患者时，应当书写抢救记录。门（急）诊抢救记录书写内容及要求按照住院病历抢救记录书写内容及要求执行。

第二章　住院病历书写内容及要求

第十六条　住院病历内容包括住院病案首页、入院记录、病程记录、手术同意书、麻醉同意书、输血治疗知情同意书、特殊检查(特殊治疗)同意书、病危(重)通知书、医嘱单、辅助检查报告单、体温单、医学影像检查资料、病理资料等。

第十七条　入院记录是指患者入院后，由经治医师通过问诊、查体、辅助检查获得有关资料，并对这些资料归纳分析书写而成的记录。可分为入院记录、再次或多次入院记录、24 小时内入出院记录、24 小时内入院死亡记录。

入院记录、再次或多次入院记录应当于患者入院后 24 小时内完成；24 小时内入出院记录应当于患者出院后 24 小时内完成，24 小时内入院死亡记录应当于患者死亡后 24 小时内完成。

第十八条　入院记录的要求及内容。

(一)患者一般情况包括姓名、性别、年龄、民族、婚姻状况、出生地、职业、入院时间、记录时间、病史陈述者。

(二)主诉是指促使患者就诊的主要症状(或体征)及持续时间。

(三)现病史是指患者本次疾病的发生、演变、诊疗等方面的详细情况，应当按时间顺序书写。内容包括发病情况、主要症状特点及其发展变化情况、伴随症状、发病后诊疗经过及结果、睡眠和饮食等一般情况的变化，以及与鉴别诊断有关的阳性或阴性资料等。

1. 发病情况：记录发病的时间、地点、起病缓急、前驱症状、可能的原因或诱因。

2. 主要症状特点及其发展变化情况：按发生的先后顺序描述主要症状的部位、性质、持续时间、程度、缓解或加剧因素，以及演变发展情况。

3. 伴随症状：记录伴随症状，描述伴随症状与主要症状之间的相互关系。

4. 发病以来诊治经过及结果：记录患者发病后到入院前，在院内、外接受检查与治疗的详细经过及效果。对患者提供的药名、诊断和手术名称需加引号(“”)以示区别。

5. 发病以来一般情况：简要记录患者发病后的精神状态、睡眠、食欲、大小便、体重等情况。

与本次疾病虽无紧密关系，但仍需治疗的其他疾病情况，可在现病史后另起一段予以记录。

(四)既往史是指患者过去的健康和疾病情况。内容包括既往一般健康状况、疾病史、传染病史、预防接种史、手术外伤史、输血史、食物或药物过敏史等。

(五)个人史，婚育史、月经史，家族史。

1. 个人史：记录出生地及长期居留地，生活习惯及有无烟、酒、药物等嗜好，职业与工作条件及有无工业毒物、粉尘、放射性物质接触史，有无冶游史。

2. 婚育史、月经史：婚姻状况、结婚年龄、配偶健康状况、有无子女等。女性患者记录初潮年龄、行经期天数、间隔天数、末次月经时间（或闭经年龄）、月经量、痛经及生育等情况。

3. 家族史：父母、兄弟、姐妹健康状况，有无与患者类似疾病，有无家族遗传倾向的疾病。

（六）体格检查应当按照系统循序进行书写。内容包括体温、脉搏、呼吸、血压，一般情况，皮肤、黏膜，全身浅表淋巴结，头部及其器官，颈部，胸部（胸廓、肺部、心脏、血管），腹部（肝、脾等），直肠肛门，外生殖器，脊柱，四肢，神经系统等。

（七）专科情况应当根据专科需要记录专科特殊情况。

（八）辅助检查指入院前所作的与本次疾病相关的主要检查及其结果。应分类按检查时间顺序记录检查结果，如系在其他医疗机构所作检查，应当写明该机构名称及检查号。

（九）初步诊断是指经治医师根据患者入院时情况，综合分析所作出的诊断。如初步诊断为多项时，应当主次分明。对待查病例应列出可能性较大的诊断。

（十）书写入院记录的医师签名。

第十九条　再次或多次入院记录，是指患者因同一种疾病再次或多次住入同一医疗机构时书写的记录。要求及内容基本同入院记录。主诉是记录患者本次入院的主要症状（或体征）及持续时间；现病史中要求首先对本次住院前历次有关住院诊疗经过进行小结，然后再书写本次入院的现病史。

第二十条　患者入院不足24小时出院的，可以书写24小时内入出院记录。内容包括患者姓名、性别、年龄、职业、入院时间、出院时间、主诉、入院情况、入院诊断、诊疗经过、出院情况、出院诊断、出院医嘱、医师签名等。

第二十一条　患者入院不足24小时死亡的，可以书写24小时内入院死亡记录。内容包括患者姓名、性别、年龄、职业、入院时间、死亡时间、主诉、入院情况、入院诊断、诊疗经过（抢救经过）、死亡原因、死亡诊断、医师签名等。

第二十二条　病程记录是指继入院记录之后，对患者病情和诊疗过程所进行的连续性记录。内容包括患者的病情变化情况、重要的辅助检查结果及临床意义、上级医师查房意见、会诊意见、医师分析讨论意见、所采取的诊疗措施及效果、医嘱更改及理由、向患者及其近亲属告知的重要事项等。

病程记录的要求及内容：

（一）首次病程记录是指患者入院后由经治医师或值班医师书写的第一次病程记录，应当在患者入院8小时内完成。首次病程记录的内容包括病例特点、拟诊讨论(诊断依据及鉴别诊断)、诊疗计划等。

1. 病例特点:应当在对病史、体格检查和辅助检查进行全面分析、归纳和整理后写出本病例特征,包括阳性发现和具有鉴别诊断意义的阴性症状和体征等。

2. 拟诊讨论(诊断依据及鉴别诊断):根据病例特点,提出初步诊断和诊断依据;对诊断不明的写出鉴别诊断并进行分析;并对下一步诊治措施进行分析。

3. 诊疗计划:提出具体的检查及治疗措施安排。

(二)日常病程记录是指对患者住院期间诊疗过程的经常性、连续性记录。由经治医师书写,也可以由实习医务人员或试用期医务人员书写,但应有经治医师签名。书写日常病程记录时,首先标明记录时间,另起一行记录具体内容。对病危患者应当根据病情变化随时书写病程记录,每天至少1次,记录时间应当具体到分钟。对病重患者,至少2天记录一次病程记录。对病情稳定的患者,至少3天记录一次病程记录。

(三)上级医师查房记录是指上级医师查房时对患者病情、诊断、鉴别诊断、当前治疗措施疗效的分析及下一步诊疗意见等的记录。

主治医师首次查房记录应当于患者入院48小时内完成。内容包括查房医师的姓名、专业技术职务、补充的病史和体征、诊断依据与鉴别诊断的分析及诊疗计划等。

主治医师日常查房记录间隔时间视病情和诊疗情况确定,内容包括查房医师的姓名、专业技术职务、对病情的分析和诊疗意见等。

科主任或具有副主任医师以上专业技术职务任职资格医师查房的记录,内容包括查房医师的姓名、专业技术职务、对病情的分析和诊疗意见等。

(四)疑难病例讨论记录是指由科主任或具有副主任医师以上专业技术任职资格的医师主持、召集有关医务人员对确诊困难或疗效不确切病例讨论的记录。内容包括讨论日期、主持人、参加人员姓名及专业技术职务、具体讨论意见及主持人小结意见等。

(五)交(接)班记录是指患者经治医师发生变更之际,交班医师和接班医师分别对患者病情及诊疗情况进行简要总结的记录。交班记录应当在交班前由交班医师书写完成;接班记录应当由接班医师于接班后24小时内完成。交(接)班记录的内容包括入院日期、交班或接班日期、患者姓名、性别、年龄、主诉、入院情况、入院诊断、诊疗经过、目前情况、目前诊断、交班注意事项或接班诊疗计划、医师签名等。

(六)转科记录是指患者住院期间需要转科时,经转入科室医师会诊并同意接收后,由转出科室和转入科室医师分别书写的记录。包括转出记录和转入记录。转出记录由转出科室医师在患者转出科室前书写完成(紧急情况除外);转入记录由转入科室医师于患者转入后24小时内完成。转科记录内容包括入院日期,转出或转入日期，转出、转入科室，患者姓名、性别、年龄、主诉、入院情况、入院诊断、诊疗经过、目前情况、目前诊断、转科目的及注意事项或转入诊疗计划、医师签名等。

（七）阶段小结是指患者住院时间较长，由经治医师每月所作病情及诊疗情况总结。阶段小结的内容包括入院日期、小结日期，患者姓名、性别、年龄、主诉、入院情况、入院诊断、诊疗经过、目前情况、目前诊断、诊疗计划、医师签名等。

交（接）班记录、转科记录可代替阶段小结。

（八）抢救记录是指患者病情危重，采取抢救措施时作的记录。因抢救急危患者，未能及时书写病历的，有关医务人员应当在抢救结束后6小时内据实补记，并加以注明。内容包括病情变化情况、抢救时间及措施、参加抢救的医务人员姓名及专业技术职称等。记录抢救时间应当具体到分钟。

（九）有创诊疗操作记录是指在临床诊疗活动过程中进行的各种诊断、治疗性操作（如胸腔穿刺、腹腔穿刺等）的记录。应当在操作完成后即刻书写。内容包括操作名称、操作时间、操作步骤、结果及患者一般情况，记录过程是否顺利、有无不良反应，术后注意事项及是否向患者说明，操作医师签名。

（十）会诊记录（含会诊意见）是指患者在住院期间需要其他科室或者其他医疗机构协助诊疗时，分别由申请医师和会诊医师书写的记录。会诊记录应另页书写。内容包括申请会诊记录和会诊意见记录。申请会诊记录应当简要载明患者病情及诊疗情况、申请会诊的理由和目的，申请会诊医师签名等。常规会诊意见记录应当由会诊医师在会诊申请发出后48小时内完成，急会诊时会诊医师应当在会诊申请发出后10分钟内到场，并在会诊结束后即刻完成会诊记录。会诊记录内容包括会诊意见、会诊医师所在的科别或者医疗机构名称、会诊时间及会诊医师签名等。申请会诊医师应在病程记录中记录会诊意见执行情况。

（十一）术前小结是指在患者手术前，由经治医师对患者病情所作的总结。内容包括简要病情、术前诊断、手术指征、拟施手术名称和方式、拟施麻醉方式、注意事项，并记录手术者术前查看患者相关情况等。

（十二）术前讨论记录是指因患者病情较重或手术难度较大，手术前在上级医师主持下，对拟实施手术方式和术中可能出现的问题及应对措施所作的讨论。讨论内容包括术前准备情况、手术指征、手术方案、可能出现的意外及防范措施、参加讨论者的姓名及专业技术职务、具体讨论意见及主持人小结意见、讨论日期、记录者的签名等。

（十三）麻醉术前访视记录是指在麻醉实施前，由麻醉医师对患者拟施麻醉进行风险评估的记录。麻醉术前访视可另立单页，也可在病程中记录。内容包括姓名、性别、年龄、科别、病案号，患者一般情况、简要病史、与麻醉相关的辅助检查结果、拟行手术方式、拟行麻醉方式、麻醉适应证及麻醉中需注意的问题、术前麻醉医嘱、麻醉医师签字并填写日期。

(十四)麻醉记录是指麻醉医师在麻醉实施中书写的麻醉经过及处理措施的记录。麻醉记录应当另页书写，内容包括患者一般情况、术前特殊情况、麻醉前用药、术前诊断、术中诊断、手术方式及日期、麻醉方式、麻醉诱导及各项操作开始及结束时间、麻醉期间用药名称、方式及剂量、麻醉期间特殊或突发情况及处理、手术起止时间、麻醉医师签名等。

(十五)手术记录是指手术者书写的反映手术一般情况、手术经过、术中发现及处理等情况的特殊记录，应当在术后24小时内完成。特殊情况下由第一助手书写时，应有手术者签名。手术记录应当另页书写，内容包括一般项目(患者姓名、性别、科别、病房、床位号、住院病历号或病案号)、手术日期、术前诊断、术中诊断、手术名称、手术者及助手姓名、麻醉方法、手术经过、术中出现的情况及处理等。

(十六)手术安全核查记录是指由手术医师、麻醉医师和巡回护士三方，在麻醉实施前、手术开始前和病人离室前，共同对病人身份、手术部位、手术方式、麻醉及手术风险、手术使用物品清点等内容进行核对的记录，输血的病人还应对血型、用血量进行核对。应有手术医师、麻醉医师和巡回护士三方核对、确认并签字。

(十七)手术清点记录是指巡回护士对手术患者术中所用血液、器械、敷料等的记录，应当在手术结束后即时完成。手术清点记录应当另页书写，内容包括患者姓名、住院病历号(或病案号)、手术日期、手术名称、术中所用各种器械和敷料数量的清点核对、巡回护士和手术器械护士签名等。

(十八)术后首次病程记录是指参加手术的医师在患者术后即时完成的病程记录。内容包括手术时间、术中诊断、麻醉方式、手术方式、手术简要经过、术后处理措施、术后应当特别注意观察的事项等。

(十九)麻醉术后访视记录是指麻醉实施后，由麻醉医师对术后患者麻醉恢复情况进行访视的记录。麻醉术后访视可另立单页，也可在病程中记录。内容包括姓名、性别、年龄、科别、病案号，患者一般情况、麻醉恢复情况、清醒时间、术后医嘱、是否拔除气管插管等，如有特殊情况应详细记录，麻醉医师签字并填写日期。

(二十)出院记录是指经治医师对患者此次住院期间诊疗情况的总结，应当在患者出院后24小时内完成。内容主要包括入院日期、出院日期、入院情况、入院诊断、诊疗经过、出院诊断、出院情况、出院医嘱、医师签名等。

(二十一)死亡记录是指经治医师对死亡患者住院期间诊疗和抢救经过的记录，应当在患者死亡后24小时内完成。内容包括入院日期、死亡时间、入院情况、入院诊断、诊疗经过(重点记录病情演变、抢救经过)、死亡原因、死亡诊断等。记录死亡时间应当具体到分钟。

(二十二)死亡病例讨论记录是指在患者死亡一周内，由科主任或具有副主任医师以上专业技术职务任职资格的医师主持，对死亡病例进行讨论、分析的记录。内容包括讨论日期、主持人及参加人员姓名、专业技术职务、具体讨论意见及主持人小结意见、记录者的签名等。

（二十三）病重（病危）患者护理记录是指护士根据医嘱和病情对病重（病危）患者住院期间护理过程的客观记录。病重（病危）患者护理记录应当根据相应专科的护理特点书写。内容包括患者姓名、科别、住院病历号（或病案号）、床位号、页码、记录日期和时间、出入液量、体温、脉搏、呼吸、血压等病情观察、护理措施和效果、护士签名等。记录时间应当具体到分钟。

第二十三条 手术同意书是指手术前，经治医师向患者告知拟施手术的相关情况，并由患者签署是否同意手术的医学文书。内容包括术前诊断、手术名称、术中或术后可能出现的并发症、手术风险、患者签署意见并签名、经治医师和术者签名等。

第二十四条 麻醉同意书是指麻醉前，麻醉医师向患者告知拟施麻醉的相关情况，并由患者签署是否同意麻醉意见的医学文书。内容包括患者姓名、性别、年龄、病案号、科别、术前诊断、拟行手术方式、拟行麻醉方式，患者基础疾病及可能对麻醉产生影响的特殊情况，麻醉中拟行的有创操作和监测，麻醉风险、可能发生的并发症及意外情况，患者签署意见并签名、麻醉医师签名并填写日期。

第二十五条 输血治疗知情同意书是指输血前，经治医师向患者告知输血的相关情况，并由患者签署是否同意输血的医学文书。输血治疗知情同意书内容包括患者姓名、性别、年龄、科别、病案号、诊断、输血指征、拟输血成分、输血前有关检查结果、输血风险及可能产生的不良后果、患者签署意见并签名、医师签名并填写日期。

第二十六条 特殊检查、特殊治疗同意书是指在实施特殊检查、特殊治疗前，经治医师向患者告知特殊检查、特殊治疗的相关情况，并由患者签署是否同意检查、治疗的医学文书。内容包括特殊检查、特殊治疗项目名称、目的、可能出现的并发症及风险、患者签名、医师签名等。

第二十七条 病危（重）通知书是指因患者病情危、重时，由经治医师或值班医师向患者家属告知病情，并由患方签名的医疗文书。内容包括患者姓名、性别、年龄、科别，目前诊断及病情危重情况，患方签名、医师签名并填写日期。一式两份，一份交患方保存，另一份归病历中保存。

第二十八条 医嘱是指医师在医疗活动中下达的医学指令。医嘱单分为长期医嘱单和临时医嘱单。

长期医嘱单内容包括患者姓名、科别、住院病历号（或病案号）、页码、起始日期和时间、长期医嘱内容、停止日期和时间、医师签名、执行时间、执行护士签名。临时医嘱单内容包括医嘱时间、临时医嘱内容、医师签名、执行时间、执行护士签名等。

医嘱内容及起始、停止时间应当由医师书写。医嘱内容应当准确、清楚，每项医嘱应当只包含一个内容，并注明下达时间，应当具体到分钟。医嘱不得涂改。需要取消时，应当使用红色墨水标注“取消”字样并签名。

一般情况下，医师不得下达口头医嘱。因抢救急危患者需要下达口头医嘱时，护士应当复诵一遍。抢救结束后，医师应当即刻据实补记医嘱。

第二十九条 辅助检查报告单是指患者住院期间所做各项检验、检查结果的记录。内容包括患者姓名、性别、年龄、住院病历号（或病案号）、检查项目、检查结果、报告日期、报告人员签名或者印章等。

第三十条 体温单为表格式，以护士填写为主。内容包括患者姓名、科室、床号、入院日期、住院病历号（或病案号）、日期、手术后天数、体温、脉搏、呼吸、血压、大便次数、出入液量、体重、住院周数等。

第三章 打印病历内容及要求

第三十一条 打印病历是指应用字处理软件编辑生成并打印的病历（如 Word 文档、WPS 文档等）。打印病历应当按照本规定的内容录入并及时打印，由相应医务人员手写签名。

第三十二条 医疗机构打印病历应当统一纸张、字体、字号及排版格式。打印字迹应清楚易认，符合病历保存期限和复印的要求。

第三十三条 打印病历编辑过程中应当按照权限要求进行修改，已完成录入打印并签名的病历不得修改。

第四章 其他

第三十四条 住院病案首页按照《卫生部关于修订下发住院病案首页的通知》（卫医发[2001]286 号）的规定书写。

第三十五条 特殊检查、特殊治疗按照《医疗机构管理条例实施细则》（1994 年卫生部令第 35 号）有关规定执行。

第三十六条 中医病历书写基本规范由国家中医药管理局另行制定。

第三十七条 电子病历基本规范由卫生部另行制定。

第三十八条 本规范自 2010 年 3 月 1 日起施行。我部于 2002 年颁布的《病历书写基本规范（试行）》（卫医发[2002]190 号）同时废止。

附录C　最高人民法院关于审理人身损害赔偿案件适用法律若干问题的解释

（2003年12月4日最高人民法院审判委员会第1299次会议通过）

（法释[2003]20号）

为正确审理人身损害赔偿案件，依法保护当事人的合法权益，根据《中华人民共和国民法通则》（以下简称民法通则）《中华人民共和国民事诉讼法》（以下简称民事诉讼法）等有关法律规定，结合审判实践，就有关适用法律的问题作如下解释：

第一条　因生命、健康、身体遭受侵害，赔偿权利人起诉请求赔偿义务人赔偿财产损失和精神损害的，人民法院应予受理。

本条所称“赔偿权利人”，是指因侵权行为或者其他致害原因直接遭受人身损害的受害人、依法由受害人承担扶养义务的被扶养人以及死亡受害人的近亲属。

本条所称“赔偿义务人”，是指因自己或者他人的侵权行为以及其他致害原因依法应当承担民事责任的自然人、法人或者其他组织。

第二条　受害人对同一损害的发生或者扩大有故意、过失的，依照民法通则第一百三十一条的规定，可以减轻或者免除赔偿义务人的赔偿责任。但侵权人因故意或者重大过失致人损害，受害人只有一般过失的，不减轻赔偿义务人的赔偿责任。

适用民法通则第一〇六条第三款规定确定赔偿义务人的赔偿责任时，受害人有重大过失的，可以减轻赔偿义务人的赔偿责任。

第三条　二人以上共同故意或者共同过失致人损害，或者虽无共同故意、共同过失，但其侵害行为直接结合发生同一损害后果的，构成共同侵权，应当依照民法通则第一百三十条规定承担连带责任。

二人以上没有共同故意或者共同过失，但其分别实施的数个行为间接结合发生同一损害后果的，应当根据过失大小或者原因力比例各自承担相应的赔偿责任。

第四条　二人以上共同实施危及他人人身安全的行为并造成损害后果，不能确定实际侵害行为人的，应当依照民法通则第一百三十条规定承担连带责任。共同危险行为人能够证明损害后果不是由其行为造成的，不承担赔偿责任。

第五条　赔偿权利人起诉部分共同侵权人的，人民法院应当追加其他共同侵权人作为共同被告。赔偿权利人在诉讼中放弃对部分共同侵权人的诉讼请求的，其他共同侵权人对被放弃诉讼请求的被告应当承担的赔偿份额不承担连带责任。责任范围难以确定的，推定各共同侵权人承担同等责任。

人民法院应当将放弃诉讼请求的法律后果告知赔偿权利人，并将放弃诉讼请求的情况在法律文书中叙明。

第六条 从事住宿、餐饮、娱乐等经营活动或者其他社会活动的自然人、法人、其他组织，未尽合理限度范围内的安全保障义务致使他人遭受人身损害，赔偿权利人请求其承担相应赔偿责任的，人民法院应予支持。

因第三人侵权导致损害结果发生的，由实施侵权行为的第三人承担赔偿责任。安全保障义务人有过错的，应当在其能够防止或者制止损害的范围内承担相应的补充赔偿责任。安全保障义务人承担责任后，可以向第三人追偿。赔偿权利人起诉安全保障义务人的，应当将第三人作为共同被告，但第三人不能确定的除外。

第七条 对未成年人依法负有教育、管理、保护义务的学校、幼儿园或者其他教育机构，未尽职责范围内的相关义务致使未成年人遭受人身损害，或者未成年人致他人人身损害的，应当承担与其过错相应的赔偿责任。

第三人侵权致未成年人遭受人身损害的，应当承担赔偿责任。学校、幼儿园等教育机构有过错的，应当承担相应的补充赔偿责任。

第八条 法人或者其他组织的法定代表人、负责人以及工作人员，在执行职务中致人损害的，依照民法通则第一百二十一条的规定，由该法人或者其他组织承担民事责任。上述人员实施与职务无关的行为致人损害的，应当由行为人承担赔偿责任。

属于《国家赔偿法》赔偿事由的，依照《国家赔偿法》的规定处理。

第九条 雇员在从事雇佣活动中致人损害的，雇主应当承担赔偿责任；雇员因故意或者重大过失致人损害的，应当与雇主承担连带赔偿责任。雇主承担连带赔偿责任的，可以向雇员追偿。

前款所称"从事雇佣活动"，是指从事雇主授权或者指示范围内的生产经营活动或者其他劳务活动。雇员的行为超出授权范围，但其表现形式是履行职务或者与履行职务有内在联系的，应当认定为"从事雇佣活动"。

第十条 承揽人在完成工作过程中对第三人造成损害或者造成自身损害的，定作人不承担赔偿责任。但定作人对定作、指示或者选任有过失的，应当承担相应的赔偿责任。

第十一条 雇员在从事雇佣活动中遭受人身损害，雇主应当承担赔偿责任。雇佣关系以外的第三人造成雇员人身损害的，赔偿权利人可以请求第三人承担赔偿责任，也可以请求雇主承担赔偿责任。雇主承担赔偿责任后，可以向第三人追偿。

雇员在从事雇佣活动中因安全生产事故遭受人身损害，发包人、分包人知道或者应当知道接受发包或者分包业务的雇主没有相应资质或者安全生产条件的，应当与雇主承担连带赔偿责任。

属于《工伤保险条例》调整的劳动关系和工伤保险范围的，不适用本条规定。

第十二条　依法应当参加工伤保险统筹的用人单位的劳动者，因工伤事故遭受人身损害，劳动者或者其近亲属向人民法院起诉请求用人单位承担民事赔偿责任的，告知其按《工伤保险条例》的规定处理。

因用人单位以外的第三人侵权造成劳动者人身损害，赔偿权利人请求第三人承担民事赔偿责任的，人民法院应予支持。

第十三条　为他人无偿提供劳务的帮工人，在从事帮工活动中致人损害的，被帮工人应当承担赔偿责任。被帮工人明确拒绝帮工的，不承担赔偿责任。帮工人存在故意或者重大过失，赔偿权利人请求帮工人和被帮工人承担连带责任的，人民法院应予支持。

第十四条　帮工人因帮工活动遭受人身损害的，被帮工人应当承担赔偿责任。被帮工人明确拒绝帮工的，不承担赔偿责任；但可以在受益范围内予以适当补偿。

帮工人因第三人侵权遭受人身损害的，由第三人承担赔偿责任。第三人不能确定或者没有赔偿能力的，可以由被帮工人予以适当补偿。

第十五条　为维护国家、集体或者他人的合法权益而使自己受到人身损害，因没有侵权人、不能确定侵权人或者侵权人没有赔偿能力，赔偿权利人请求受益人在受益范围内予以适当补偿的，人民法院应予支持。

第十六条　下列情形，适用民法通则第一百二十六条的规定，由所有人或者管理人承担赔偿责任，但能够证明自己没有过错的除外：

（一）道路、桥梁、隧道等人工建造的构筑物因维护、管理瑕疵致人损害的；

（二）堆放物品滚落、滑落或者堆放物倒塌致人损害的；

（三）树木倾倒、折断或者果实坠落致人损害的。

前款第（一）项情形，因设计、施工缺陷造成损害的，由所有人、管理人与设计、施工者承担连带责任。

第十七条　受害人遭受人身损害，因就医治疗支出的各项费用以及因误工减少的收入，包括医疗费、误工费、护理费、交通费、住宿费、住院伙食补助费、必要的营养费，赔偿义务人应当予以赔偿。

受害人因伤致残的，其因增加生活上需要所支出的必要费用以及因丧失劳动能力导致的收入损失，包括残疾赔偿金、残疾辅助器具费、被扶养人生活费，以及因康复护理、继续治疗实际发生的必要的康复费、护理费、后续治疗费，赔偿义务人也应当予以赔偿。

受害人死亡的，赔偿义务人除应当根据抢救治疗情况赔偿本条第一款规定的相关费用外，还应当赔偿丧葬费、被扶养人生活费、死亡补偿费以及受害人亲属办理丧葬事宜支出的交通费、住宿费和误工损失等其他合理费用。

第十八条 受害人或者死者近亲属遭受精神损害，赔偿权利人向人民法院请求赔偿精神损害抚慰金的，适用《最高人民法院关于确定民事侵权精神损害赔偿责任若干问题的解释》予以确定。

精神损害抚慰金的请求权，不得让与或者继承。但赔偿义务人已经以书面方式承诺给予金钱赔偿，或者赔偿权利人已经向人民法院起诉的除外。

第十九条 医疗费根据医疗机构出具的医药费、住院费等收款凭证，结合病历和诊断证明等相关证据确定。赔偿义务人对治疗的必要性和合理性有异议的，应当承担相应的举证责任。

医疗费的赔偿数额，按照一审法庭辩论终结前实际发生的数额确定。器官功能恢复训练所必要的康复费、适当的整容费以及其他后续治疗费，赔偿权利人可以待实际发生后另行起诉。但根据医疗证明或者鉴定结论确定必然发生的费用，可以与已经发生的医疗费一并予以赔偿。

第二十条 误工费根据受害人的误工时间和收入状况确定。

误工时间根据受害人接受治疗的医疗机构出具的证明确定。受害人因伤致残持续误工的，误工时间可以计算至定残日前一天。

受害人有固定收入的，误工费按照实际减少的收入计算。受害人无固定收入的，按照其最近三年的平均收入计算；受害人不能举证证明其最近三年的平均收入状况的，可以参照受诉法院所在地相同或者相近行业上一年度职工的平均工资计算。

第二十一条 护理费根据护理人员的收入状况和护理人数、护理期限确定。

护理人员有收入的，参照误工费的规定计算；护理人员没有收入或者雇佣护工的，参照当地护工从事同等级别护理的劳务报酬标准计算。护理人员原则上为一人，但医疗机构或者鉴定机构有明确意见的，可以参照确定护理人员人数。

护理期限应计算至受害人恢复生活自理能力时止。受害人因残疾不能恢复生活自理能力的，可以根据其年龄、健康状况等因素确定合理的护理期限，但最长不超过二十年。

受害人定残后的护理，应当根据其护理依赖程度并结合配置残疾辅助器具的情况确定护理级别。

第二十二条 交通费根据受害人及其必要的陪护人员因就医或者转院治疗实际发生的费用计算。交通费应当以正式票据为凭；有关凭据应当与就医地点、时间、人数、次数相符合。

第二十三条 住院伙食补助费可以参照当地国家机关一般工作人员的出差伙食补助标准予以确定。

受害人确有必要到外地治疗，因客观原因不能住院，受害人本人及其陪护人员实际发生的住宿费和伙食费，其合理部分应予赔偿。

第二十四条 营养费根据受害人伤残情况参照医疗机构的意见确定。

第二十五条 残疾赔偿金根据受害人丧失劳动能力程度或者伤残等级，按照受诉法院所在地上一年度城镇居民人均可支配收入或者农村居民人均纯收入标准，自定残之日起按二十年计算。但六十周岁以上的，年龄每增加一岁减少一年；七十五周岁以上的，按五年计算。

受害人因伤致残但实际收入没有减少，或者伤残等级较轻但造成职业妨害严重影响其劳动就业的，可以对残疾赔偿金作相应调整。

第二十六条 残疾辅助器具费按照普通适用器具的合理费用标准计算。伤情有特殊需要的，可以参照辅助器具配置机构的意见确定相应的合理费用标准。

辅助器具的更换周期和赔偿期限参照配置机构的意见确定。

第二十七条 丧葬费按照受诉法院所在地上一年度职工月平均工资标准，以六个月总额计算。

第二十八条 被扶养人生活费根据扶养人丧失劳动能力程度，按照受诉法院所在地上一年度城镇居民人均消费性支出和农村居民人均年生活消费支出标准计算。被扶养人为未成年人的，计算至十八周岁；被扶养人无劳动能力又无其他生活来源的，计算二十年。但六十周岁以上的，年龄每增加一岁减少一年；七十五周岁以上的，按五年计算。

被扶养人是指受害人依法应当承担扶养义务的未成年人或者丧失劳动能力又无其他生活来源的成年近亲属。被扶养人还有其他扶养人的，赔偿义务人只赔偿受害人依法应当负担的部分。被扶养人有数人的，年赔偿总额累计不超过上一年度城镇居民人均消费性支出额或者农村居民人均年生活消费支出额。

第二十九条 死亡赔偿金按照受诉法院所在地上一年度城镇居民人均可支配收入或者农村居民人均纯收入标准，按二十年计算。但六十周岁以上的，年龄每增加一岁减少一年；七十五周岁以上的，按五年计算。

第三十条 赔偿权利人举证证明其住所地或者经常居住地城镇居民人均可支配收入或者农村居民人均纯收入高于受诉法院所在地标准的，残疾赔偿金或者死亡赔偿金可以按照其住所地或者经常居住地的相关标准计算。

被扶养人生活费的相关计算标准，依照前款原则确定。

第三十一条 人民法院应当按照民法通则第一百三十一条以及本解释第二条的规定，确定第十九条至第二十九条各项财产损失的实际赔偿金额。

前款确定的物质损害赔偿金与按照第十八条第一款规定确定的精神损害抚慰金，原则上应当一次性给付。

第三十二条 超过确定的护理期限、辅助器具费给付年限或者残疾赔偿金给付年限，赔偿权利人向人民法院起诉请求继续给付护理费、辅助器具费或者残疾赔偿金的，人民法院应予受理。赔偿权利人确需继续护理、配置辅助器具，或者没有劳动能力和生活来源的，人民法院应当判令赔偿义务人继续给付相关费用五至十年。

第三十三条 赔偿义务人请求以定期金方式给付残疾赔偿金、被扶养人生活费、残疾辅助器具费的，应当提供相应的担保。人民法院可以根据赔偿义务人的给付能力和提供担保的情况，确定以定期金方式给付相关费用。但一审法庭辩论终结前已经发生的费用、死亡赔偿金以及精神损害抚慰金，应当一次性给付。

第三十四条 人民法院应当在法律文书中明确定期金的给付时间、方式以及每期给付标准。执行期间有关统计数据发生变化的，给付金额应当适时进行相应调整。

定期金按照赔偿权利人的实际生存年限给付，不受本解释有关赔偿期限的限制。

第三十五条 本解释所称“城镇居民人均可支配收入”“农村居民人均纯收入”“城镇居民人均消费性支出”“农村居民人均年生活消费支出”“职工平均工资”，按照政府统计部门公布的各省、自治区、直辖市以及经济特区和计划单列市上一年度相关统计数据确定。

“上一年度”，是指一审法庭辩论终结时的上一统计年度。

第三十六条 本解释自 2004 年 5 月 1 日起施行。2004 年 5 月 1 日后新受理的一审人身损害赔偿案件，适用本解释的规定。已经作出生效裁判的人身损害赔偿案件依法再审的，不适用本解释的规定。

在本解释公布施行之前已经生效施行的司法解释，其内容与本解释不一致的，以本解释为准。

附录D 最高人民法院关于确定民事侵权精神损害赔偿责任若干问题的解释

(2001年2月26日最高人民法院审判委员会第1161次会议通过 法释[2001]7号)

为在审理民事侵权案件中正确确定精神损害赔偿责任,根据《中华人民共和国民法通则》等有关法律规定,结合审判实践经验,对有关问题作如下解释。

第一条 自然人因下列人格权利遭受非法侵害,向人民法院起诉请求赔偿精神损害的,人民法院应当依法予以受理:

(一)生命权、健康权、身体权;

(二)姓名权、肖像权、名誉权、荣誉权;

(三)人格尊严权、人身自由权。

违反社会公共利益、社会公德侵害他人隐私或者其他人格利益,受害人以侵权为由向人民法院起诉请求赔偿精神损害的,人民法院应当依法予以受理。

第二条 非法使被监护人脱离监护,导致亲子关系或者近亲属间的亲属关系遭受严重损害,监护人向人民法院起诉请求赔偿精神损害的,人民法院应当依法予以受理。

第三条 自然人死亡后,其近亲属因下列侵权行为遭受精神痛苦,向人民法院起诉请求赔偿精神损害的,人民法院应当依法予以受理:

(一)以侮辱、诽谤、贬损、丑化或者违反社会公共利益、社会公德的其他方式,侵害死者姓名、肖像、名誉、荣誉;

(二)非法披露、利用死者隐私,或者以违反社会公共利益、社会公德的其他方式侵害死者隐私;

(三)非法利用、损害遗体、遗骨,或者以违反社会公共利益、社会公德的其他方式侵害遗体、遗骨。

第四条 具有人格象征意义的特定纪念物品,因侵权行为而永久性灭失或者毁损,物品所有人以侵权为由,向人民法院起诉请求赔偿精神损害的,人民法院应当依法予以受理。

第五条 法人或者其他组织以人格权利遭受侵害为由,向人民法院起诉请求赔偿精神损害的,人民法院不予受理。

第六条 当事人在侵权诉讼中没有提出赔偿精神损害的诉讼请求,诉讼终结后又基于同一侵权事实另行起诉请求赔偿精神损害的,人民法院不予受理。

第七条 自然人因侵权行为致死,或者自然人死亡后其人格或者遗体遭受侵害，死者的配偶、父母和子女向人民法院起诉请求赔偿精神损害的，列其配偶、父母和子女为原告；没有配偶、父母和子女的，可以由其他近亲属提起诉讼，列其他近亲属为原告。

第八条 因侵权致人精神损害，但未造成严重后果，受害人请求赔偿精神损害的，一般不予支持，人民法院可以根据情形判令侵权人停止侵害、恢复名誉、消除影响、赔礼道歉。

因侵权致人精神损害，造成严重后果的，人民法院除判令侵权人承担停止侵害、恢复名誉、消除影响、赔礼道歉等民事责任外，可以根据受害人一方的请求判令其赔偿相应的精神损害抚慰金。

第九条 精神损害抚慰金包括以下方式：

(一)致人残疾的，为残疾赔偿金；

(二)致人死亡的，为死亡赔偿金；

(三)其他损害情形的精神抚慰金。

第十条 精神损害的赔偿数额根据以下因素确定：

(一)侵权人的过错程度，法律另有规定的除外；

(二)侵害的手段、场合、行为方式等具体情节；

(三)侵权行为所造成的后果；

(四)侵权人的获利情况；

(五)侵权人承担责任的经济能力；

(六)受诉法院所在地平均生活水平。

法律、行政法规对残疾赔偿金、死亡赔偿金等有明确规定的，适用法律、行政法规的规定。

第十一条 受害人对损害事实和损害后果的发生有过错的，可以根据其过错程度减轻或者免除侵权人的精神损害赔偿责任。

第十二条 在本解释公布施行之前已经生效施行的司法解释，其内容有与本解释不一致的，以本解释为准。